डेराडंगर

[आत्मकथा]

डेराडंगर

दादासाहब मोरे

अनुवाद

डॉ. अर्जुन चव्हाण

राधाकृष्ण प्रकाशन

ISBN : 978-81-7119-717-0

डेराडंगर (आत्मकथा)

पहला संस्करण : 2001

पहली आवृत्ति : 2022

मूल्य : ₹ 595

प्रकाशक

राधाकृष्ण प्रकाशन प्राइवेट लिमिटेड

जी-17, जगतपुरी, दिल्ली-110 051

शाखाएँ : अशोक राजपथ, साइंस कॉलेज के सामने, पटना-800 006

पहली मंज़िल, दरबारी बिल्डिंग, महात्मा गांधी मार्ग, प्रयागराज-211 001

36 ए, शेक्सपियर सरणी, कोलकाता-700 017

वेबसाइट : www.radhakrishnaprakashan.com

ई-मेल : info@radhakrishnaprakashan.com

मुद्रक

बी.के. ऑफसेट

नवीन शाहदरा, दिल्ली-110 032

DERADANGAR

(Autobiography) by Dadasaheb More

अनुवादकीय

जाने क्यों, लेकिन साहित्य की विविध विधाओं में मुझे सर्वाधिक प्रिय विधा अगर कोई लगती है तो वह है आत्मकथा। वस्तुतः आत्मकथा की आधार-भूमि है व्यष्टिगत जीवनानुभूति किन्तु उसका लक्ष्य है समष्टिगत अभिव्यक्ति और उसकी उन्नति। फलस्वरूप आत्मकथा को अपने आपमें साहित्य की एक विशिष्ट विधा मानना होगा। विगत कुछ वर्षों में मराठी से हिन्दी में अनेक श्रेष्ठ आत्मकथाएँ अनूदित होकर आई हुई दिखाई दीं। खासकर वे आत्मकथाएँ जिन्होंने दलित साहित्य-आन्दोलन में अपने अलग तेवर के जरिये न सिर्फ मराठी साहित्य को बल्कि सम्पूर्ण भारतीय साहित्य को एक नई दिशा, सोच और समझ प्रदान की तथा ऊर्जा भी। इन आत्मकथाओं से भारतीय समाज-व्यवस्था में मृतप्राय जीवन जी रहे लोगों का अर्थात् विविध जाति-जनजातियों की जिन्दा लाशों का अस्तित्वहीन ही नहीं तो नारकीय जीवन यथार्थ रूप में स्पष्ट हुआ, इसमें दो राय नहीं। इनमें एक ओर नायक के अभावग्रस्त जीवन का चित्रण है तो दूसरी ओर उसके उन गुणों का रेखांकन जिनसे नायक की महानता स्पष्ट होने में देर नहीं लगती। हिन्दी में भी ऐसी आत्मकथाओं का अभाव नहीं कि जिनमें प्रायः आत्मकथाकार ने उन प्रसंगों को स्थान दिया जिनसे उसके महान गुणों का, बड़प्पन का और उसके प्रति आकर्षित अन्य स्त्रियों का तथा उनके सम्बन्धों तक का खुलकर दर्शन होता है। ऐसी आत्मकथाओं से नायक के श्रेष्ठत्व का बोध सहजता से होता है।

किन्तु यहीं पर 'डेराडंगर' की अपनी भिन्नता परिलक्षित होती है। इसमें नायक गौण और उसका परिवेश तथा समाज प्रधान है। इसमें नायक पर प्रकाश कम और उस व्यवस्था पर ही ज्यादा है कि जिसमें नायक के सम्पूर्ण समाज के लोग अपना दुखी, पीड़ित, यातनामय और नारकीय जीवन जी रहे हैं। यहाँ नायक के गुणों का बखान करना आत्मकथाकार का प्रयोजन कतई नजर नहीं आता। इसमें उसने न नायक की श्रेष्ठता, महानता अथवा धीरोदात्तता का प्रदर्शन किया है और न ही उसे प्रतिनायक (विलेन) के गुणों से मंडित दिखलाया है। तात्पर्य यह कि पूरी रचना में आत्मकथाकार को केन्द्र में रखकर उसको 'हीरो' सिद्ध करने का मोह लेखक में बिलकुल नजर नहीं आता। वह एक बहते पानी के स्रोतवत् अपने जीवन में बहता रहता है। उस स्रोत

में निर्मलता कम और सामाजिक विषमताओं, सड़ाँध, परम्पराओं और असंगतियों की बदबू ही अधिक परिलक्षित होती है। किन्तु उसमें अतिशयोक्ति के अभाव और ईमानदारी के प्रभावस्वरूप वह बदबू ही इस कृति के लिए खुशबू सिद्ध हुई है। अतः इसमें नायक की महानता अगर हो तो उसकी दयनीय और दिशाहीन जिन्दगी में ही हो सकती है, वह ऐसी जिन्दगी कि जो आम आदमी की हो सकती है। वह हमारे देश के किसी भी कोने में, किसी भी भाषा और प्रान्त में, किसी भी जाति-धर्म तथा समुदाय या समाज में किसी-न-किसी रूप में अवश्य दृष्टिगोचर हो सकती है।

तटस्थता और वस्तुनिष्ठता प्रस्तुत आत्मकथा में गजब की मिलेगी। विश्वसनीयता तो इस रचना की महत्त्वपूर्ण विशेषता माननी होगी। इसमें जो घटना एवं प्रसंग हैं वे वास्तविक हैं। कुछ दिन पहले एक रचना पढ़ी थी जिसमें लेखक ने लिखा था कि मुम्बई के वी.टी. स्टेशन में उतरा और वहाँ से रिक्शा लेकर आगे निकल पड़ा। जब कि सच्चाई यह है कि वहाँ पर अर्थात् दादर के उस पार से ही, अनुमति न होने के कारण रिक्शा चलती ही नहीं। 'डेराडंगर' का नायक मानवसुलभ भावनाओं से युक्त होने के कारण यह रचना और अधिक सहज एवं विश्वसनीय लगती है। उसके जीवन में जितनी वेदना, करुणा और निराशा की भावना है उतनी ही जीवन के प्रति आशा-आकांक्षा और अदम्य अभिलाषा है। उसमें खुदकुशी करके कभी जीवन से मुक्ति पाने जैसी पलायनवादी वृत्ति है तो कभी जीवन में खूब शिक्षा पाने, डॉक्टर बनने जैसी महत्त्वाकांक्षा।

वस्तुतः 'डेराडंगर' वह आत्मकथा है जो एक व्यक्ति का, उसके जरिए एक पूरे समाज का, उसकी जीवन प्रणाली का, उसकी संस्कृति का, उसकी प्रश्न-पीड़ित जिन्दगी का, व्यथा और वेदना का, हारने, गिरने तथा उभारने का और मर नहीं सकते इसलिए जीनेवालों की दिशाहीन जिन्दगी का अर्थबोध कराती है जो भारतीय समाज का ही एक अंग है लेकिन उसके अन्याय और दमन से आक्रान्त तथा यायावर जीवन जीने के लिए अभिशप्त।

असल में अनुवाद-कार्य हमेशा व्यवस्था से प्रभावित एवं संचालित होता है। जहाँ जैसी व्यवस्था हो वैसा ही अनुवाद-कार्य सम्पन्न हुआ दिखाई देगा। इसके सन्दर्भ में इन पंक्तियों के लेखक की मान्यता है कि "जो समाज जितना अधिक ज्ञानपिपासु, उदारमना, गतिशील, स्वातन्त्र्य, समता तथा बन्धुता के मूल्यों से युक्त होता है, जहाँ औरों के धर्म-सिद्धान्त एवं संस्कृति के प्रति जितना अधिक आदर एवं जिज्ञासा की भावना होती है, वहाँ उतना ही अधिक अनुवाद-कार्य होता है। वहीं पर अनुवाद के अनुकूल वातावरण प्राप्त होता है। ठीक इसके विपरीत स्थिति होती है उस समाज-व्यवस्था में जिसमें ज्ञान के सार्वत्रिकरण के विरोधी, शिक्षा को अपनी बपौती मानकर चलनेवाले, वर्ण-व्यवस्था के कायल, अपने ऊँचे कुल-वंश के दुराभिमानी, सामन्ती मानसिकता के संरक्षक, परिवर्तन के विरोधी, यथास्थिति के हिमायती, अनुदार, अहंकारग्रस्त तथा औरों के प्रति उपेक्षा या नफरत और हिकारत की भावना के पालनहार होते हैं उसमें अनुवाद-कार्य न के बराबर होता है।" (*अनुवाद चिन्तन*, पृ. 5-6)

अनुवाद-कार्य मूलतः मानवीय संवेदना का कार्य है। वह आलोचना और तुलना की दृष्टि तो देता है पर 'हम कितने पानी में हैं' का बोध कराते हुए आत्मालोचना तथा आत्मपरीक्षण के लिए भी बाध्य करता है। 'स्व' के परे जाकर 'पर' को जानने-पहचानने की ललक और जिज्ञासा अनुवाद से तुष्ट होती है। अनुवाद भावात्मक एकता का सेतु है, वह मनुष्य-मनुष्य के बीच की दूरियाँ मिटाता है और अन्य भाषाभाषी समाज की सभ्यता एवं संस्कृति से परिचय कराता है जिससे दो भिन्न भाषाभाषी समाज में एक-दूसरे के प्रति उदारता, सहिष्णुता, आत्मीयता वृद्धिगत होकर मानवधर्म-प्रसार तथा 'वसुधैवकुटुम्बकम्' की संकल्पना को साकार करने में सहयोग मिलता है। अनुवाद साहित्यिक सामग्री का हो, चाहे साहित्येतर सामग्री का, उससे विविध प्रयोजनों की पूर्ति, भावात्मक एकता की सम्पूर्ति तथा विविध प्रकार की उन्नति का मार्ग प्रशस्त होता है। स्पष्ट है कि जिस समाज तथा राष्ट्र में अनुवाद के लिए अनुकूल व्यवस्था रही, जहाँ अनुवाद-कार्य को प्रेरणा और प्रोत्साहन मिला और अनुवादकों का यथोचित सम्मान किया गया, आज वह समाज और राष्ट्र सर्वाधिक उन्नत और विकास की चरम सीमा पर पहुँचा। जिन्होंने अनुवाद का स्वागत और अनुवादक का गौरव किया, निश्चय ही उनकी सोच और समझ में व्यापकता आई, संवेदना के दायरे विशाल हुए जिसके फलस्वरूप सामाजिक तथा वैज्ञानिक विकास में वे शिखर पर पहुँचे। अमरीका, रूस, जापान जैसे राष्ट्र इसके उदाहरणस्वरूप देखे जा सकते हैं। यदि कोई श्रेष्ठ साहित्यिक रचना प्रकाशित होती है तो अमरीका-रूस में सिर्फ दो महीने के भीतर उनके अनुवाद उपलब्ध करा लिए जाते हैं। कारण चाहे जो भी हो किन्तु हमारे यहाँ यह स्थिति आना अब भी बाकी है।

भारत जैसे बहुभाषी, बहुधर्मी, बहुजाति और बहुप्रान्ति विशालकाय देश में तो अनुवाद का महत्त्व असाधारण सिद्ध हुआ है। आज यहाँ अनेक भाषाभाषी लोग अनुवाद के कारण ही एक-दूसरे की सभ्यता और संस्कृति से परिचित हो रहे हैं, भावात्मक स्तर पर एक-दूसरे से निकटता स्थापित कर रहे हैं। मराठी के ज्ञानपीठ पुरस्कार प्राप्तकर्ता साहित्यिक वि.स. खांडेकर अनुवाद के कारण मलियालम भाषा-भाषियों में पहुँचे, बँगला के शरद बाबू तथा रवीन्द्रनाथ मराठी-हिन्दी में पहुँचे। आज कन्नड़ के द.रा. बेन्द्रे, शिवराम कारन्त, गुजराती के उमाशंकर जोशी, पन्नालाल पटेल, मलियालम के शं.कु. पोट्टेक्काट, तकृषी शिवशंकर पिल्ले, उड़िया के गोपिनाथ महांती, सच्चिदानन्द राउतराय, तमिल के प.वै. अखिलन्दम तथा असमी के वीरेन्द्रकुमार भट्टाचार्य अनुवाद के कारण ही विभिन्न भारतीय भाषाओं में पहुँचे। आज हमारे देश में अनुवाद ही विभिन्न भाषाभाषियों को एक-दूसरे के निकट ले जाने और भावात्मक एकता बढ़ाने की महत्त्वपूर्ण भूमिका निभा रहा है।

'डेराडंगर', जो मराठी में 'गबाळ' नाम से सर्वज्ञात है, का अनुवाद अपने आपमें एक चुनौती का कार्य था। इसके अनुवाद-कार्य से मेरी यह विनम्र धरणा बनी है कि इस रचना के अनुवाद-कार्य के लिए जितना समय लगा उतना समय अगर मैं अपने

लेखन के लिए दे देता तो अनुसंधानात्मक, विचारात्मक या समीक्षात्मक कोटि की कम-से-कम दो मौलिक रचनाएँ तो अवश्य दे पाता। मूल रचना में ऐसे अनेक शब्द और संकल्पनाएँ थीं जिन्हें मराठी तक में पर्याय मिलना संभव नहीं, तब हिन्दी में लाना तो काफी कठिन था। हाडप, भांबा, कटाल, पसारी, ढोणा, गुद्दू, पेनं, परवा, किंच्च, पुरणपोळ्या तथा गुळ्वणी जैसे सैकड़ों शब्द और संकल्पनाएँ थीं जिनका हिन्दी अनुवाद सहज संभव नहीं था। 'पालजत्रा करणे', 'मांडी लावणे' तथा 'होरी बसविणे' जैसे कई विधि-विधान थे जिनको अनूदित करना टेढ़ी खीर ही कहना पड़ेगा। मराठी का मशहूर काव्य प्रकार 'लावणी' जैसे गीतों का प्रयोग भी मूल रचना में मिलता है जिसे अपनी मूल की गरिमा के साथ लाना श्रमसाध्य कार्य था।...और सर्वाधिक कठिन काम था स्रोत-भाषा की बोली के संवादों को लक्ष्य-भाषा में लाना। क्योंकि ये संवाद मानक मराठी में होते तो कोई बात न होती, उनको आसानी से परिनिष्ठित हिन्दी में लाना सहज संभव होता। परन्तु मूल में प्रयुक्त बोली के उन संवादों को परिनिष्ठित हिन्दी में लाता तो अनुवाद में मूल का आशय तो जरूर आता परन्तु मूल के भाव और भाषा के तेवर न आते।

वस्तुतः अनुवाद में प्रथमतः भावों का अन्तरण पहली महत्त्वपूर्ण शर्त है किन्तु यह करते समय मूल के शैली की उपेक्षा न हो वरना ऐसा होने पर मूल रचना के अभिव्यक्ति सौष्ठव से पाठक वंचित-अपरिचित रहता है। अतः अनुवाद में मूल के अभिव्यक्ति शैली की उपेक्षा करना मूल के साथ अन्यायकारक और अनुवाद की अपूर्णता का द्योतक है। अनुवाद में मूल के भावों के साथ-साथ भाषा के तेवर भी आते हों तो उस अनुवाद की सफलता सन्देह से परे होगी। इससे अनुवाद में मूलनिष्ठता आती है। किन्तु मूल की शैली का अनुसरण लक्ष्य भाषा की प्रकृति के अनुसार ही हो वरना अनुवाद बेढंगा होगा। असल में अनुवाद-कार्य निष्ठा का कार्य है। अतः अनुवादक को मूल के प्रति निष्ठावान रहना होगा। वह अपनी ओर से न कुछ जोड़े और न कुछ छोड़े। वह मूल में 'जो' और 'जितना' है 'वह' और 'उतना' ही अनुवाद में दे। अनुवादक न अधिकानुवाद दे, न न्यूनानुवाद। बहुत बार अनुवाद को खूबसूरत बनाने के चक्कर में अनुवादक मूल रचना के साथ ज्यादती करता है जिससे मूल रचना अनुवाद के नीचे दब-सी जाती है और मूल रचनाकार के व्यक्तित्व पर अनुवादक का व्यक्तित्व हावी हो जाता है। इससे अनुवादक प्रधान और मूल लेखक गौण होता है। दूसरी तरफ अनुवादक मूल का भावार्थ ग्रहण करने में तनिक भी चूक जाता हो अथवा उसे लक्ष्य भाषा में अन्तरित करने में थोड़ा भी कसूर करता हो तो अनुवाद बेढंगा, हास्यास्पद और कभी-कभी हानिकारक भी होता है। अतः अनुवाद-कार्य मूलतः कठिन ही नहीं बल्कि जिम्मेदाराना कार्य है। जो आजादी मूल रचनाकार को होती है वह अनुवादक को नहीं होती। इस माने में मौलिक लेखन कार्य जितना आसान कार्य है उतना अनुवाद-कार्य आसान नहीं। अनुवादक को मूलनिष्ठ रहना होगा। सच्चे प्रेम में जितनी निष्ठा और वफादारी मिलती है, अनुवादक में भी मूल के प्रति उतनी ही निष्ठा और

वफादारी अपेक्षित होती है।

पाश्चात्य देश में अनुवाद को लेकर यह भी एक मान्यता रही कि अनुवाद उस स्त्री के समान होता है जो सुन्दर होती है तो वफादार नहीं होती और वफादार होती है तो सुन्दर नहीं होती। किन्तु इस मान्यता को नियम या सिद्धान्त के रूप में स्थापित करना सर्वथा एकांगी होगा। वस्तुतः सुन्दरता और वफादारी में इतना अन्तर्विरोध स्थापित नहीं किया जा सकता क्योंकि हर सुन्दर स्त्री बेवफा नहीं होती और हर बदसूरत स्त्री वफादार नहीं रहती। ठीक उसी तरह, ऐसा भी कि हर खूबसूरत अनुवाद आदर्श अनुवाद होता है और हर मूलनिष्ठ अनुवाद नीरस या बदसूरत। जहाँ तक 'डेराडंगर' के अनुवाद की बात है, इसमें मूल रचना और रचनाकार के साथ मूलनिष्ठता बरती है। यहाँ तक कि मूल के भावों के साथ-साथ भाषा-शैली में निहित तेवर को भी लक्ष्य-भाषा की प्रकृति का ध्यान रखते हुए अन्तरित करने का आद्यन्त प्रयास किया है।

प्रस्तुत आत्मकथा अति सामान्य व्यक्ति और समाज की, निम्न तथा मध्यवर्गीय व्यक्ति की, आम आदमी की और हममें से प्रत्येक व्यक्ति की प्रतिनिधि रचना कही जा सकती है जो किसी-न-किसी रूप में जीवन के किसी-न-किसी अभाव में जीये हैं अथवा जी रहे हैं। दादासाहब मोरे इस रूप में इस रचना का प्रातिनिधिक पात्र है। इसलिए इस रचना में स्थित व्यष्टिगत अनुभव समष्टिगत अनुभव प्रतीत न होते तो ही आश्चर्य होता। मेरे लिए प्रस्तुत रचना के अनुवाद-कार्य का प्रेरक-बिन्दु और बुनियादी कारण शायद यही रहा हो।

प्रस्तुत रचना को अनूदित करने का तात्कालिक कारण बड़ा मजेदार है और रोचक भी। किसी कारणवश होली के दिन एस.टी. बस से गाँव जा रहा था। सफर करीब दस घंटों का रहा होगा। लगभग एक घंटे के सफर के बाद बस सांगली शहर से आगे निकल पड़ी तो पीछे से आवाज आई—"सर !" पीछे मुड़कर देखा तो मेरे विश्वविद्यालय के ही एम.ए. मराठी के मेधावी छात्र श्री नेताजी महाडीक दिखाई दिए। मुझे अकेला देखकर वे आकर बाजू में खाली सीट पर बैठ गए। उनसे पता चला कि एक चर्चित अध्यापक के रूप में वे मुझे जानते हैं। उनके विचार से मेरे साथ सफर का अवसर उनके लिए सुखदायी था और मेरे लिए आह्लाददायी क्योंकि मराठी साहित्य के छात्र से कुछ साहित्यिक चर्चा मेरे लिए आनन्ददायी बात थी। बहस विभिन्न विषयों पर हुई—अध्ययन, अध्यापन, अनुसंधान, अध्यापकों की हड़ताल, इन दिनों के छात्रों एवं अध्यापकों की मानसिकता, गाँव और परिवार आदि के साथ-साथ छात्र कैसे अध्यापक के अध्यापन से कम, उसके व्यक्तिगत आचरण से ज्यादा प्रभावित होते हैं इत्यादि...इत्यादि...। बात मराठी से हिन्दी में अनूदित आत्मकथाओं पर आई। मैंने चर्चा छेड़ी कि मराठी के 'उचल्या' (उठाईगीर), 'आठवणीचे पक्षी' (यादों के पंछी), 'बलूतं' और 'उपरा' से लेकर 'अक्करमाशी' (हिन्दी में यह इसी नाम से अनूदित) तक की कई आत्मकथाओं के हिन्दी अनुवाद उपलब्ध हैं किन्तु 'गबाळ' का अनुवाद पढ़ने में नहीं आया। तब नेताजी ने कहा—"सर, 'गबाळ' के लेखक हमारे विश्वविद्यालय में

ही एक साल के लिए मराठी विभाग में अध्यापक के रूप में नासिक से आए हैं, मैं उनको आपसे मिला दूँगा।''

उस सफर के ठीक एक सप्ताह बाद 'गबाळ' के लेखक दादासाहब मोरे को लेकर श्री नेताजी महाडीक मेरे कार्यालय में आए। काफी चर्चा हुई। पता चला कि इस रचना को चार-पाँच साल पहले हिन्दी में अनूदित करने के लिए महाराष्ट्र के दिग्गज विचारवन्त हिन्दी के विद्वान डॉ. सूर्यनारायण जी रणसुभे ने लिया है। परन्तु यह भी ज्ञात हुआ कि नांदेड में नया विश्वविद्यालय खुलने और एक बुजुर्ग अध्यापक होने की वजह से अधिष्ठाता और ऐसे अनेक पदों की जिम्मेदारी सौंपी जाने के कारण डॉ. रणसुभे जी से यह कार्य नहीं हो पाया है। तब दादासाहब ने मुझसे कहा कि यदि आप 'गबाळ' का हिन्दी अनुवाद करने के लिए तैयार हैं तो मैं प्रसन्नतापूर्वक अनुमति दूँगा। परन्तु मैंने यह कहकर विनम्रता से इनकार किया था कि मैं यह कार्य चाहकर भी नहीं कर सकता क्योंकि मैं डॉ. रणसुभे जी को माननेवालों में से एक हूँ और उनसे आत्मीयता महसूस करता हूँ। उन्होंने इस रचना को अनुवाद हेतु लिया था सो उसे ही अनुवाद के लिए लेना उचित नहीं लगा था। इस पर बिना कोई प्रतिक्रिया दिए दादासाहब मोरे चल दिए और ठीक दस दिन बाद मुझे डॉ. सूर्यनारायण जी रणसुभे का पत्र प्राप्त हुआ जिसमें लिखा था—''प्रिय डॉ. अर्जुन चव्हाण, सप्रेम नमस्कार। दादासाहब मोरे की इच्छा और मेरा आग्रह है कि आप 'गबाळ' का अनुवाद करें। उससे 'गबाळ' को एक सुयोग्य अनुवादक मिलेगा और हिन्दी को एक सशक्त अनूदित रचना।'' इसी दिन दादासाहब को भी उनका एक छोटा-सा पत्र मिला था जिसे लेकर वे मुझसे मिलने आए थे और जिसमें लिखा था कि ''यदि डॉ. अर्जुन चव्हाण 'गबाळ' के अनुवाद के लिए तैयार हैं तो पुस्तक उनको अवश्य दें। मैं भी उनको अलग से लिख रहा हूँ।'' बस, उसके उपरान्त जो कुछ हुआ उसका फल आपके हाथ में है और आप उसे पढ़ ही रहे हैं।

वस्तुतः इस रचना के अनुवाद में जिन विद्वानों के साथ मैंने परामर्श किया और जिनका प्रत्यक्ष एवं परोक्ष रूप से सहयोग प्राप्त हुआ उनके नामों की सूची बहुत लम्बी होगी। यदि नाम दे दूँ तो कुछ तो अवश्य छूट जाएँगे। अतः उन सबका नामोल्लेख किए बिना उनको अपने हृदय में आत्मीय रूप में स्थान देता हूँ और उन सबके प्रति कृतज्ञता की भावना रखता हूँ। इस अनूदित रचना की पांडुलिपि के सुलेखन/पुनर्लेखन कार्य में जिन्होंने मेरी सहायता की उनका स्मरण होना स्वाभाविक ही होगा। इस सिलसिले में सबसे पहले मैं अपनी अनू को सस्नेह याद करता हूँ। साथ ही मेरे छात्र चतुर्भुज गिड्डे, हनुमन्त शेवाले और अमोल कासार को साधुवाद देता हूँ। दूसरी बात यह कि मूल रचना की अनेक संकल्पनाओं को समझने के लिए मेरी सर्वाधिक सहायता स्वयं आत्मकथाकार दादासाहब ने की अतः उनके प्रति आभार प्रकट करना अपना फर्ज मानता हूँ। अपने परिवारजनों को याद न करूँ यह कैसे संभव होगा ? उन सबके कारण ही मैं अपने कर्त्तव्य में बना रहा। प्रकाशक बन्धु श्री अशोक महेश्वरी, राधाकृष्ण प्रकाशन, नई दिल्ली

के कारण ही यह रचना आप तक पहुँच पाई है अतः उनका धन्यवाद यहाँ अनिवार्य हो जाता है।

अन्तिम वाक्य का पूर्णविराम आने से पहले मेरे मन में एक ही धारणा है कि यदि यह रचना साहित्य जगत में स्वागत योग्य और सामाजिक सुधारों के लिए उपयोगी तथा मार्गदर्शक सिद्ध होती हो तो मुझे अपने श्रम की सार्थकता पर प्रसन्नता होगी।

कोल्हापुर
6 दिसम्बर, 1999

डॉ. अर्जुन चव्हाण

लेखकीय

इस आत्मकथा को पाठकों तक पहुँचाने का सच्चा श्रेय प्रा.म.द. हातकणंगलेकर सर को जाता है। आपका आत्मीय सहयोग मिलने के कारण ही मैं अपनी वेदना और दुःख समाज के सामने प्रस्तुत कर सका। आपका सहयोग वाकई 'आभार' जैसे शब्दों से परे है। अतः मेरे प्रति आपमें जो आत्मीयता है उसे 'आभार' जैसे शब्द प्रयोग से औपचारिक नहीं बनाना चाहता। कामना करता हूँ कि यह अपनापन इसी तरह बना रहे।

अपनी आत्मकथा 'गबाळ' (डेराडंगर) में मैंने आज तक जो अनुभव किया, देखा, भुगता और जिसे आज भी जी रहा हूँ, भुगत रहा हूँ उसका यथार्थ चित्रण किया है। इस आत्मकथा का प्रत्येक पात्र आज वास्तविक परिस्थिति में जी रहा है। समाज में स्थित ऐसी इकाई की जिसका खुद का अपना अस्तित्व नहीं उस 'कुडमुडे जोशी' (डुग्गी जोशी) जाति का जीवन इसमें विस्तृत रूप से चित्रित किया है। यायावर जाति के दुख-दर्द, व्यथा-वेदना, रूढ़ि-परम्परा, रीति-रिवाज, अंधश्रद्धा, अशिक्षा और स्त्रियों के पशुतुल्य जीवन का वास्तविक दस्तावेज मैंने आपके सम्मुख प्रस्तुत किया है।

मेरी आत्मकथा की सम्पूर्ण प्रक्रिया में सहयोग प्रदान करनेवाले डॉ. अनिल अवचट का कार्य अत्यन्त कीमती है। उन्होंने इस आत्मकथा की पांडुलिपि को परिश्रमपूर्वक पढ़ा, एक लाचार जाति के दुख-दर्द को समाज के सामने लाने का सत्कार्य किया इसलिए मैं उनका ऋणी हूँ। जिन्होंने मेरी कठिन परिस्थिति में मदद की वे मेरे मित्र बालू कांबले, हरीष मालाणी, शेखर स्वामी और राजेन्द्र शेंडगे का भी मैं आभारी हूँ।

इस आत्मकथा की प्रक्रिया का अन्तिम भाग यानी 'प्रकाशन'। मेरी पुस्तक को प्रकाशित कर श्रीमान मधुकाका कुलकर्णी ने परम आत्मीयतापूर्वक मेरी व्यथा-वेदना को समाज के सामने लाकर रखा। उन्होंने एक उदयोन्मुख लेखक को प्रोत्साहन देने का महत्त्वपूर्ण कार्य किया। मैं उनका ऋणी हूँ। मैं उन सबका आभारी हूँ जिन्होंने मेरी आज तक मदद की और अब भी कर रहे हैं। मेरे दुख-दर्द में पाठक कहाँ तक तादात्म्य स्थापित कर सकेगा अथवा मैं अपनी वेदना पाठक के अन्तःकरण तक पहुँचाने में कहाँ तक सफल हो सकूँगा, इसी पर मेरा यश निर्भर है।

सांगली **दादासाहब मोरे**

3 अक्टूबर, 1983

मुझे याद है कि 1967-68 का नवम्बर महीना था। मिरज तहसील में एक शहरनुमा गाँव था। उसका नाम था सलगरे। बाजार सलगरे के नाम से उस क्षेत्र के लोग उसे जानते हैं। मिरज से करीब 12-13 मील पर बसे सलगरे में गाँव से पश्चिम की ओर कम-से-कम मील-डेढ़ मील की दूरी पर कोंडिबा कुम्हार की बस्ती थी। घास-पात से बनाई बस्ती। उस दिन वहाँ पर हमारे तिरपालों की भीड़ बढ़ गई थी। लगभग चालीस-पचास तिरपालों का समूह बड़े ठाट से अपना जीवन जीता था। कोंडिबा कुम्हार की पाँच एकड़ असिंचित कंकरीली जमीन थी, जिसे इन भिखमंगों को वह हर साल, कुछ दिन के लिए दे दिया करता था। कहें कि उसे भी उसका लाभ ही होता था क्योंकि इन भिखमंगों के घोड़ों से उसे लीद मिलती थी और उस पर वह अपना मटकी बनाने का व्यवसाय साल भर चलाया करता था। दूसरी बात यह कि इन भिखमंगों को भी रहने के लिए जगह मिलती थी—यानी यह दोनों को सुविधाजनक था।...और नहीं तो इन भिखमंगों का क्या ? किसी-न-किसी जगह पर तो रहना ही था। जहाँ रहे वहीं अपना गाँव समझनेवाली यायावर जाति यह। फिर उन्हें कोंडिबा की कंकरीली जमीन क्या अथवा कोई और क्या ? सब कुछ एक जैसा ही...।

देश के चारों ओर बिखरी हुई, दिग्भ्रमित यह जाति चार-छह तिरपालों की संख्या से वहाँ पर इकट्ठा होती थी। कोंडिबा कुम्हार की बस्ती पर उनका हर साल नवम्बर से दिसम्बर तक यानी एक महीना पड़ाव हुआ करता था। अपना डेराडंगर, जिसे हम गृहस्थी कहते हैं, घोड़ों की पीठ पर डालकर जहाँ उदरनिर्वाह के लिए मिलेगा वहाँ भटकनेवाले ये लोग उस समय ऐसे इकट्ठा होते जैसे एक-दूसरे से बिछुड़े पंछी। उनकी खुशियों में उफान आया था। किसी की बेटी आती और फिर उसकी माँ बड़े भारी अन्तःकरण से उसे बाँहों में लेती। किसी का दामाद, किसी का भाई तो किसी का बेटा—अपनी भटकती गृहस्थी लेकर आते और एक-दूसरे से खुशी से मिलते। अपना सुख-दुःख एक-दूसरे को बताते। कुल मिलाकर वहाँ आनन्द की कोई सीमा न थी।

दो लाठियों पर बोरे डालकर बनाया गया तिरपाल यानी उनका घर था। तिरपाल के सामने तीन पत्थर लाकर रखना, खेत से लकड़ियाँ-उपलियाँ ढूँढ़कर लाना और उन्हें उन तीन पत्थर के बनाए चूल्हे में डालकर सुलगाना—वही उनका चूल्हा होता था। फिर ऊपर एकाध फूटी पतीली रखते, उसमें थोड़ा-सा पानी तथा गुड़ डालते। चाय-पत्ती कभी होती ही नहीं थी। किसी के पास हो तो ठीक न हो तो कहीं से अमरूद के पेड़ के पत्ते तोड़कर लाना और पतीली में डालना। थोड़ी देर आग जलाना कि हो गई चाय। फिर बड़े गर्व से दूसरों को बुलाते—"अरे...ओ रामा ऽ ऽ ऽ। चाय पीने आ ऽ ऽ ऽ...।" राम जल्दी

ही कहता—"मैंने पी ली...सुबह माँगने जाते वकत...तू पी ले... ।" तब फिर दूसरे को बुलाते। कुल मिलाकर ऐसा वहाँ का जीवन था। तिरपाल के सामने ही एक बड़ा पत्थर लाकर रखा जाता और उस पर बैठकर नहा लेते। औरतें भी वहीं नहा लेतीं। उनको शर्म आती ही नहीं थी। शायद उनके जीवन के हिसाब में लज्जा का खाता ही खुला न हो। नंगे-धड़ंगे, नकबहे बच्चे खेलते, झगड़ते और रोते रहते। बर्फ अथवा गुब्बारा बेचनेवाला एकाध व्यक्ति आता और नंगे-धड़ंगे बच्चे गन्दे बालों के साथ एकदम दौड़ पड़ते। वे उसे घेर लेते। उस व्यक्ति को भी यह दृश्य देखने में मजा आता। मुफ्त का तमाशा देखने को मिलता है तो फिर क्यों न देखें ? तब नकबहा एकाध बच्चा अपनी माँ के पास रोता हुआ जाता—"अम्मा-अम्मा, मुझे लाल-लाल बरफ चाहिए।" दूसरा एकाध बच्चा क़हता—"मुझे एक बड़ा गुब्बारा ले... ।" बेचारी माँ उन्हें गालियाँ देती और कहती—"तेरी अरथी निकाली... । तेरे बाप ने कल पाँच पैसे दिए थे...क्या किया तूने उसका ? मैं एक धेला भी नहीं दूँगी...जा बोंब मारता हुआ उधर... ।" तब वे बच्चे चुप बैठ जाते।

वहाँ उस पाँच एकड़ कंकरीली जमीन पर लगता कि जैसे मेला लगा हो। सिर्फ दुःख और लाचारी की ही लेन-देन उस मेले में होती थी। फिर भी उस चालीस-पचास तिरपालों की दुनिया में हर कोई यह जतलाने का प्रयास करता कि मैं ही सबसे बड़ा हूँ। तिरपाल के सामने एक घोड़ा बँधा हुआ होता और दो-चार कुत्ते भौंकते रहते। कुत्ते तिरपाल की रखवाली तथा शिकार के लिए पाले हुए थे। घोड़ा उनके जीवन का अभिन्न अंग था। घोड़े की पीठ पर उनकी गृहस्थी होती है और उनका दिशाहीन भ्रमण घोड़े के साथ जारी रहता है। किसी के पास एकाध रेडियो हुआ करता परन्तु उसके बटन भी टूटे हुए होते। केवल बक्सा ही। फिर भी पूरा बटन खोल जितना संभव हो उतनी आवाज बढ़ाकर उसे तिरपाल के सामनेवाले खम्भे पर लटकाकर पाँव फैलाते हुए वह बैठा करता। तिरपाल के लोगों को वह प्रतिष्ठित लगता। कोई किसी पुराने बाजार से लाई हुई एकाध कमीज पहनता और उस छोटी-सी दुनिया में शान से घूमा करता। हर कोई यह सिद्ध करने का प्रयास करता कि 'मैं ही सबसे बड़ा हूँ।' दीप जलने के बाद रात को चारों ओर खामोशी हुआ करती। सिर्फ कुत्तों के भौंकने की आवाज ही सुनाई देती। सब लोग अपने दुःख-दर्द को भूलकर इन प्रश्नों के बवंडर में अटकते और सो जाते कि भोर होने पर भीख माँगने के लिए किस गाँव जाएँ ? रास्ता अच्छा होगा कि नहीं ? कल मुझे रोटी के टुकड़े कहाँ मिलेंगे ? इसी चिन्ता में नींद कब आती समझ में नहीं आता था। दूसरे दिन वही जीवन शुरू होता। रात अनेक दुःखों को लेकर निकल जाती। सूरज नए संकटों को लेकर उदित होता और उन संकटों को गोद में ले रात फिर निकल जाती।

मेरी उम्र उस समय सात साल की थी। मैं बड़ा दिखाई देने लगा। तब मेरे चचेरे दादा नागू मोरे, जो मेरे पिताजी के चाचा थे, पिताजी से बोले—"मलारी ऽ ऽ ऽ छोरा अब बड़ा हुआ है...तो बनाकर दे उसे एक झोली...रोटी के चार टुकड़े तो माँगकर लाएगा। घर का एक वकत का खाना तो बाहर निकलेगा।" पिताजी ने व्याकुलता से

कहा—"अजी चाचा ! छोरा अभी बहुत छोटा है...भीख माँगने कु भेजा तो एकाध कुत्ता-वित्ता काटेगा...उसकु समझता है क्या कइसा माँगना है...? नागू चाचा ! मैं अपने दादासाब कु इस्कूल मां डालनेवाला हूँ...।" सुनकर नागू दादा बहुत ही चिढ़ गए और कहने लगे—"अरे मलारी ऽ ऽ ऽ तू पागल-वागल हुआ कि क्या ? छोरे कु इस्कूल में भेजना हो तो किसी-न-किसी गाँव में रहना होगा...इस्कूल ऐसे जंगल में तेरे तिरपाल के साथ आता है क्या ?" इस तरह की बातें सुनकर मेरे पिताजी चुप बैठा करते।... और नहीं तो करते भी क्या ? हर नए गाँव के पास दो-तीन दिन तक ही हमारा पड़ाव हुआ करता। तब किस स्कूल में नाम डाल दें? पिताजी ने मुझसे कहा—"दादासाब... कल से तू हयाँ के इस्कूल में जा...जा के दूर बैटना...मास्टर क्या बोलता है सो ध्यान से सुनना...क्या कहता हूँ मैं...?" सुनकर मैंने 'हाँ' कहकर गर्दन हिलाई। गाँव से मील-डेढ़ मील पर हमारे तिरपाल थे। वहाँ से हर दिन स्कूल जाना। सुबह भयंकर जाड़ा होगा। मन में विचार आता कि जाने दें, कब जाएँ स्कूल ? किन्तु दूसरा विचार मन में आता कि एक बार जाकर तो देखें ? मास्टर मारता न हो तो जाएँगे स्कूल। नहीं तो फिर जाना ही नहीं। उस रात को इस खुशी में सो गया कि दूसरे दिन सुबह स्कूल जाना है।

दूसरे दिन सुबह में सलगरे के प्राथमिक स्कूल में गया। स्कूल में पहुँचते ही सभी बच्चे मेरी ओर किसी सर्कस के विदूषक के समान देखने लगे। उनका इस तरह देखना भी सही था क्योंकि कुल मिलाकर मेरा हुलिया ही देखने लायक था। एक छोटी पैन्ट थी और वह भी पुट्ठों पर फटी हुई। बेढंगे बाल भेड़ों के बालों के समान काफी बढ़े हुए थे। एक कमीज पहनी हुई थी जिसमें थिगली लगाने के लिए भी जगह शेष नहीं थी। स्कूल जाना था इसलिए वह भी उसी दिन पहनी थी नहीं तो नंगा-धड़ंगा ही रहा करता। हाथ-पैर ऐसे मटमैले कि दो-दो इंच मैल बैठा हुआ। मुझे देखते ही मास्टर जोर से चिल्लाए—"ऐ छोरे ऽऽऽ, किसका है तू...?" वह आवाज सुनकर मैं डर गया। जैसे-तैसे डरते हुए उत्तर दिया—"""मैं जोशी का हूँ...।" तब मास्टर फिर से गुस्से में बोले—"यहाँ क्यों आया है...?" मैंने रोयी-सी आवाज में उत्तर दिया—"इस्कूल में पढ़ने के लिए आया हूँ। मेरे बाप ने मुझे इस्कूल जाने को कहा इसलिए।" मास्टर नम्रता से बोले—"तू भिखारी का बेटा...तेरा नाम कैसे दाखिल करें स्कूल में...जा...तेरे बाप को बोल...तुझे स्कूल में प्रवेश नहीं दिया जा सकता। जा...भाग...।" मुझे बहुत बुरा लगा। मैं बड़ी खुशी से स्कूल तक आया था। मैंने रोना शुरू किया। मास्टरजी को मुझ पर तरस आया। वे बोले—"यह देख...आज आया है तो रहने दे...उस आँगन में बैठ...तुझे जो सुनना है सुन...और स्कूल छुटने के बाद जा...।" मैं स्कूल के बाहर आँगन में बैठ गया। गुरुजी वहाँ से काफी दूर थे। वे जो कुछ सिखा रहे थे वह मुझे ढंग से सुनाई भी नहीं देता था। जैसे-तैसे बैठकर सुनने लगा। अन्य लोगों को लगता कि यह लड़का आँगन में बैठकर भीख माँगने लगा है। लेकिन मुझे उसका कुछ भी नहीं लगता था। मेरे बाल-मन को समझ नहीं थी कि हमारे जैसे गरीब, बंजारा तथा निराधार जाति के

लिए कोई स्कूल नहीं है। जैसे-तैसे चार शब्द सुनने को मिले। मेरे पास न तख्ती थी, न अंकनी। स्कूल छूट गया। अन्य लड़के मुड़कर मेरी ओर देखते हुए अपने-अपने घर जाने लगे। मैं भी हमारी अपनी दुनिया में चला आया। तिरपाल में घुसा। माँ प्रतीक्षा में बैठी ही थी। उसे गर्व हो रहा था कि अपना बेटा स्कूल गया है। जाते ही माँ ने मुझसे पूछा—"क्या...क्या...पढ़ाया मास्टर ने...?" मैं क्या उत्तर देता ? मुझे भी तो कहाँ सुनाई दिया था ? लेकिन मैंने वैसे ही जोर देकर कहा—"माँ...माँ...आज...गुरुजी ने बोत पढ़ाया...!" बहुत पढ़ाया यानी माँ को भी तो क्या समझनेवाला था। उसे लगा कि अपना बेटा एक दिन में काफी कुछ सीखा होगा। हमारे तिरपाल के पास ही पिताजी की चचेरी बहन का तिरपाल था। माँ उसे जोर से चिल्लाकर बोली—"अजी ऽ ऽ ऽ किसना सायबा...आज दादासाब इस्कूल में बोत सीखा...अभी तो आया... ।" किसना सायबा को भी तो क्या समझ में आता कि बहुत सीखा यानी क्या ? वह तुरन्त बोली—"अरी ऽ ऽ ऽ अनुसया, छोरे को रोटी और मिर्च दे। भूखा होगा... । मिर्च पर तेल भी डाल। आज इस्कूल जाके आया है... ।" फिर माँ ने मुझे पास बुलाकर सहलाया। मिर्च-तेल डालकर पूरी एक रोटी दे दी। मैं वह रोटी खा रहा था। रोटी खत्म होने से पहले ही माँ ने कहा—"अरे...शाम को चूल्हा जलाने को कुछ भी नहीं...जरा मेंगनियाँ, उपलियाँ और लकड़ियाँ तो जाकर देख...जरा सँभलकर जा...काँटे-विटे चुभेंगे... ।" मैंने उठकर सूप हाथ में लिया और आसपास में उपलियाँ, मेंगनियाँ ढूँढ़ना शुरू किया।

दोपहर हुई थी। प्रत्येक तिरपाल के एक-दो पुरुष भीख माँगकर जो भी मिला, बगल में लटकाकर धूप में आ रहे थे। औरतें बड़ी आशा से उनकी झोली देखा करती थीं। रोटी के एकाध टुकड़े पर कोई सब्जी मिल जाती तो बड़ी खुशी से वे उसे खाया करती थीं। नकबहे, नंगे-धड़ंगे बच्चे...रोते हुए खाने को माँगते थे।...किन्तु वह इतनी-सी सब्जी किसके हिस्से में आएगी ? फिर जोर-जोर से बोंब मारते बच्चे तिरपाल से बाहर पैर पटकते हुए दौड़ते थे। मेरे पिताजी आ गए...बड़ी खुशी से मैं और मेरे छोटे भाई-बहन पिताजी के पास गए। उनके कन्धे की झोली ली और अन्दर क्या है इसे रास्ते में ही टटोलने लगे। किन्तु खाने के लिए कुछ भी दिखाई नहीं दिया। आशा निराशा में बदल गई। तिरपाल में आ गए। आते ही पिताजी ने पूछा—"तू गया था क्या इस्कूल...?" मैंने 'हाँ' कहा तो तुरन्त दूसरा प्रश्न सुनाई दिया—"क्या-क्या सीखा...?" मैं क्या बताता ? एक ही दिन स्कूल गया था। वह भी गुरुजी ने बाहर आँगन में ही बिठाया था। अच्छी तरह से सुनाई भी नहीं देता था। मन में आया कि कह डालूँ एकदम कि मैं आज आँगन में बैठा था, मुझे स्कूल में लिया ही नहीं इसलिए सुनाई नहीं दिया। किन्तु मन में विचार आया कि पिताजी फिर कल स्कूल नहीं भेजेंगे। अतः मैं वैसे ही चुप्पी साधे बैठा रहा। माँ ने ही मेरी स्थिति सँभाली। उसने कहा—"आज दादासाब बोत सीखकर आया... ।" यह सुनकर पिताजी को सन्तोष हुआ। दूसरे दिन मंगलवार था। मंगल के दिन ही सलगरे में बाजार होता था। बाजार से मुझे बारह आने की एक तख्ती लाना तय हुआ। मेरा आनन्द उफनने लगा। कल तख्ती मिलेगी...उसके बाद मैं लिखना

सीखूँगा...इसी कल्पना ने मुझे बेचैन किया...। लगा कि आज का दिन कब बीतेगा ? लेकिन तुरन्त दूसरा विचार आया कि उस तख्ती पर क्या लिखें ? मुझे तो कुछ भी नहीं आता था। लिखना न सही, सिर्फ चित्र तो खींच सकूँगा। मैंने खुद को समझाया। प्रत्येक तिरपाल के पुरुष कल के बाजार की तैयार करते थे। वे कल की प्रतीक्षा करते थे।

एक बार कल उदय हो ही गया। मंगल का दिन था। उस दिन बहुत-से लोग भीख माँगने नहीं गए। हर सप्ताह की छुट्टी के समान ही बाजार के दिन वे बैठे रहते। सुबह जल्दी ही भीख माँगकर पाए हुए अनाज में से जो बचाकर रखा हुआ था उसे इकट्ठा करना शुरू हुआ। अनाज कैसा वह ! कई घरों में भीख के रूप में मिली अनेक चीजें जिसमें चावल, गेहूँ, चना, मूँग, बाजरा, मक्का जैसी कई प्रकार की चीजें इकट्ठा करते थे। वह मिलावटी अनाज बेचकर नमक, मिर्च, तेल आदि लाया जाता। इस तरह अनेक प्रकार का अनाज और कुछ मुर्गियाँ भी पायी हुई हुआ करतीं। पायी हुई कैसी, दूसरों को झूठ बोलकर उनसे ली हुई मुर्गियाँ। यानी एकाध व्यक्ति को बताना कि तेरे घर में सुख-शान्ति निर्माण करता हूँ, तेरी सम्पत्ति में वृद्धि लाता हूँ, तेरे बच्चे तेरी बातें मानें ऐसा करता हूँ, घर का झगड़ा मिटाता हूँ; लेकिन उसके लिए कुर्बानी के रूप में एक मुर्गी चाहिए। अज्ञानी तथा अंधश्रद्धा से ग्रस्त लोग उनकी सुनते और बलि (कुर्बानी) के रूप में उनको मुर्गी दिया करते। इस समाज को समझ ही नहीं आता कि हमें सम्पत्ति के शिखर पर पहुँचानेवाला यह आदमी रोटी के टुकड़े के लिए स्वयं दर-दर की भीख क्यों माँगता फिरता है ? वह खुद के लिए सम्पत्ति का निर्माण क्यों नहीं कर सकता ? सुख प्राप्ति की झूठी आशा से समाज हमारे लोगों को मुर्गियाँ देता है। वे मुर्गियाँ बेचकर हमारे लोग कुछ रुपये पाते हैं। इस तरह से प्राप्त की मुर्गियाँ आज बाजार में बेचने के लिए कई लोगों ने ली थीं। हम लोगों का झुंड बाजार के लिए निकल पड़ा। करीब पचास पुरुष एक समूह से जा रहे थे। कुछ की धोतियाँ घुटनों तक फटी हुईं तो कुछ की धोतियों में चार-पाँच रंग की थिगलियाँ लगी हुईं और किसी की कमीज में एक बाँह ही नहीं। बटनों का तो पता ही नहीं। सर पर चिंदियों के समान ही लपेटी हुई पगड़ी। उसमें से आधा सर खुला ही दिखाई देता। खेतों के बाड़ के समान ही पगड़ी सर के चारों ओर बाँधी हुई होती और बीच का टक्कल खुला ही हुआ करता। एक पैर में स्लिपर तो दूसरे पैर में चमड़े की जूती दिखाई देती थी। किन्तु ज्यादातर लोगों के पैरों में कुछ भी नहीं था। औरतों का भी लिबास विस्मयजनक दिखाई देता। साड़ी में विविध रंगों की थिगलियाँ लगाई हुई थीं। जैसे चमार जूती को सी लेता है वैसे ही सुई से लगाई गई थिगलियाँ रंग-बिरंगी दिखाई देती थीं। चोली को देखने पर देखनेवाला ही समझ नहीं पाता कि यह क्या है ? क्योंकि चोली को फटी हुई जगह पर रोटी बाँधने के कपड़े की थिगली लगाई हुई होती। कई रंग उस चोली में दिखाई देते। सर के बाल काटने नहीं इसलिए बढ़ाए हुए थे।...और नहीं तो क्या ? तेल और उन बालों की कभी भेंट ही नहीं होती थी। बालों की जटाएँ बनी थीं। पीछे नंगे-धड़ंगे, काले, कीचड़ से भरे, गन्दगी से भरे नकबहे बच्चे रोते हुए भागते आ रहे थे। इस तरह का यह झुंड बाजार के लिए

निकला था। आने-जानेवाले लोग, यह एक घूमता हुआ चित्रपट चल रहा है इस दृष्टि से देखकर मन-ही-मन हँसते और निकल जाते थे। हम बाजार में आ पहुँचे।

बाजार के लोग हम लोगों से ज्यादा-से-ज्यादा दूर जाने की कोशिश करते थे क्योंकि उनकी धारणा थी कि हम लोग चोरी करेंगे। हमारे पास जो मिलावटी अनाज और एकाध दूसरी मुर्गी थी उसे भी कोई खरीद नहीं रहा था। यह मानकर कि शायद मुर्गी चोरी की हो। सारा बाजार हमारी ओर चोर की निगाह से देखता था। मिलावटी अनाज मुर्गियों अथवा जानवरों के खाद्य के रूप में बाजार-दरों से आधे दामों पर बेचना पड़ता था। मुर्गियाँ भी अन्य लोगों की मुर्गियों की अपेक्षा कई गुना कम दामों में बेची जातीं। यानी हमारी चीजों का उस बाजार में कोई मूल्य ही नहीं था। समाज में हमारी अपनी कोई हैसियत नहीं थी। हमारी दुनिया ही अलग थी। अनाज और मुर्गियाँ बेचकर थोड़े पैसे मिलने पर हमारे लोग बाजार से कुछ चीजें खरीदते थे। चवन्नी-अठन्नी का हफ्तेभर के लिए तेल लिया जाता। सब्जी कभी बनाई ही नहीं जाती थी। केवल मिर्च पर लेने के लिए ही उस तेल का उपयोग हुआ करता। इसलिए उतना तेल हफ्ते भर के लिए ज्यादा ही था। नमक आदि चीजें ली जातीं। बाजार में मिठाई देखकर छोटे-छोटे बच्चे जोर-जोर से रोने लगते। एकाध बच्चा अगर बहुत ही रोने लगा तो उसका बाप उसे एक-दो थप्पड़ लगाता। बच्चा चुप बैठता क्योंकि वह जानता था कि ज्यादा रोने पर उसे मारपीट ही मिलेगी। जिसके पास ज्यादा पैसे आए वह आठ-बारह आने की शराब पीता हुआ दुःख, चिन्ता आदि सब कुछ भूलकर उस शराब के नशे में झूमता हुआ अपने तिरपाल की ओर लौट जाता।

मैं और पिताजी, दोनों मिलकर बाजार में आए थे। मुझे बाजार से तख्ती लेनी थी। मेरे पीछे-पीछे मेरा छोटा भाई आबास भी रोते-गिरते नंगा-धड़ंगा ही आया था। हमारे पास बेचने के लिए कुछ भी नहीं था। पिताजी के पास कितने पैसे थे, मुझे मालूम नहीं था। उन्होंने मुझे बारह आने की तख्ती लेकर दे दी। पाँच पैसे की दो अंकनियाँ लीं। करीब-करीब अस्सी पैसे मुझ अकेले के लिए खर्च हुए थे। एक रुपए में हमारे घर की हफ्ते भर की चीजें आ जाती थीं। वहाँ पर अस्सी पैसे मुझ अकेले के लिए खर्च होने के कारण पिताजी की मनोदशा बिगड़ गई थी। ऐसी स्थिति में सामने बेर बेचनेवाली बैठी हुई मुझे दिखाई दी। मैंने पिताजी से कहा—"पिताजी...मुझे पाँच पैसे के बेर ले दो...।" पिताजी को बहुत गुस्सा आया। उन्होंने बिना सोचे-समझे तड़ाक से एक थप्पड़ मारा और कहा—"अब इतने पैसे अकेले तेरे लिए खर्च हुए...इस्कूल में पढ़ेगा कि नहीं किसे मालूम...चुपचाप कुत्ते जैसा चल...।" मेरा भाई आबास भी मिठाई माँगता था। परन्तु उसे भी कुछ नहीं मिला। रोई-सी सूरत करके मैं और आबास तिरपाल की ओर निकल पड़े। चलते-चलते पिताजी ने दस पैसे के बेर तथा चार आने के अमरूद लिए। किन्तु यह स्पष्ट था कि वे हमें घर जाने पर ही मिलेंगे।

सब जन बाजार से शाम छह बजे तक तिरपाल पर पहुँच गए। कोई शराब पीकर झूमता था तो कोई ज्यादा पैसे खर्च हुए इसलिए तिलमिलाता था। उस छोटी-सी दुनिया

में चार-पाँच आदमी ऐसे थे जो नियमित रूप से हर हफ्ते बिना भूले शराब पीते थे। वे थे नागू दोरकर, रामा शिन्दे, निवृत्ति शिन्दे, शिवाजी ढांगापुरे तथा सुभाष भोसले। ये पांडव शराब पीकर अपने-अपने तिरपाल में जोर-जोर से चिल्लाते—"अरी ऽ ऽ ऽ ऐ ऽ ऽ ऽ बानी (बानुबाई का बोली रूप)...खाना पकाया कि नहीं...? खाना परोस...नहीं तो तेरी जान ही लूँगा...।" अन्य लोग तमाशा देखा करते थे। रामा शिन्दे बीच में ही चिल्लाता—"इसकी माँ की...जीना ही काहे कु...आदमी मरते दम तक कमाए और मर जाए...तब फिर चैन और मस्ती में जीना क्या बुरा है...?" फिर शीघ्र ही निवृत्ति शिन्दे अपनी बेटी पर गुस्सा उतारता—"ऐं ऽ ऽ ऽ ज्यांते (जानती नाम का बोली रूप)...कहाँ मरी हो...कब से बोंब मारता हूँ फिर भी सुनती नहीं...तेरी माँ को गोश्त जल्दी पकाने को बोल...।" इस तरह अलग-अलग स्वर सुनाई देते थे। बुजुर्ग लोग शराब पीनेवालों को गालियाँ देते थे। कुल मिलाकर पूरा माहौल बहुत मनोरंजक दिखाई देता था। मेरे पिताजी भी शराब पीते थे लेकिन हर हफ्ते के बाजार में नहीं तो एक-दो हफ्ते के बाद। जब शराब पीकर आते तो हम सब पर बरस पड़ते। तब घर में सब के सब चुपचाप बैठते। थोड़ी देर बाद बड़बड़ाते हुए वे सो आते। रात को कुछ देर बाद उन तिरपालों में शान्ति फैल जाती।

दूसरे दिन मैं स्कूल गया। वहाँ पर बाहर आँगन में ही बैठा रहा। गुरुजी पढ़ाते थे। मैं कान खोलकर सुनता था। सात-आठ दिन ऐसे ही निकल गए। मैं हर दिन स्कूल आता और आँगन में बैठता था। अब मुझे ग, म, भ, न आता था। किंतु बदनसीब को अच्छा साथ कब और कैसे मिले ? अगले हफ्ते में हमारा डेराडंगर दूसरे गाँव निकल पड़ा। तिरपाल निकाले। बोरिया-बिस्तर समेट लिया। उसका बोझ घोड़े पर लादा। कुछ गठरियाँ बाँधकर लोगों ने अपनी पीठ पर लीं। इस तरह हमारी यात्रा दूसरे गाँव के लिए आरम्भ हुई। लेकिन किस गाँव जाना है यह निश्चित नहीं था क्योंकि जहाँ पेट के लिए मिलेगा, रहने को जगह मिलेगी, घोड़े के चरने के लिए घास होगी और पानी की सुविधा पास में ही होगी उस गाँव जाकर रहना था। परंतु ऐसा सारी सुविधाओं से युक्त गाँव सहजता से मिलना कठिन था। एकाध दिन तो सुबह से शाम तक चलते रहते। बच्चे धूप में प्यासे हो जाते। पैर जलते रहते। एकाध छोटा जानवर किसी की फसल में जाता तो वहाँ के किसान की भली-बुरी सुननी पड़ती। कभी-कभी वह किसान मारने के लिए भी आता। तब भी हम उसे कुछ बोल नहीं सकते थे क्योंकि समाज की अत्यन्त हीन जाति में हम जन्मे थे। इसलिए हमें उनकी गाली-गलौज, मारपीट चुपचाप सहनी पड़ती थी। हमारी यात्रा दूसरे गाँव के लिए आरम्भ हुईं। धूप कड़ी थी। जमीन तपी हुई थी। कुत्ते धूप से व्याकुल हुए थे। आगे कहीं एकाध पेड़ दिखाई देने पर वे जी-जान से भागते और अपने लोग वहाँ पहुँचें तब तक उस पेड़ की छाया में बैठे रहते। लोग पास आते ही वे सबके साथ चलते रहते। इस तरह करीब आठ-दस परिवार रास्ते जा रहे थे। बाकी के तिरपाल सलगरे में ही रहे थे। वहाँ से वे एक-दो दिन बाद पाँच-पाँच, छह-छह परिवार एक-साथ दूसरी दिशा से जानेवाले थे। करीबन पन्द्रह घोड़े आठ-दस परिवार की

भटकती गृहस्थी को पीठ पर लेकर चल रहे थे। घोड़े पर बोझ लदा हुआ था। बोझ गिर न पड़े इसलिए उसे रस्सी से कसकर बाँधके उस पर एकाध मुर्गी बाँधी हुई होती। वह भी धूप के कारण मृतप्राय पड़ी हुई दिखाई देती।

प्रत्येक परिवार का कोई-न-कोई अपने-अपने घोड़े पर बैठा हुआ था। किसी परिवार की एकाध स्त्री छोटे बच्चे को साथ ले घोड़े पर बैठी थी। एकाध घोड़े पर बूढ़ा तो एकाध पर छोटे-छोटे बच्चे बैठे हुए थे। एक सफेद घोड़े पर साठ-पैंसठ साल का बूढ़ा पांडुरंग वायफळकर बैठा था। दाहिनी ओर मुर्गी बाँधी हुई थी। वह मरी-सी पड़ी थी। बाईं ओर कुत्ते का पिल्ला बाँधा था। उसे चलना नहीं आता था इसलिए घोड़े पर बाँधा था। पांडुरंग वायफळकर बहुत दिनों से बीमार थे। आज धूप उन्हें ज्यादा लगी और वे अस्वस्थ हो गए। घोड़े पर बैठे-बैठे ही तिलमिलाने लगे। उनके घोड़े के साथ चल रही उनकी बेटी सुन्द्रा का ध्यान उनकी ओर गया। वह अचानक चिल्लाई—"अजी ऽऽऽ लोगो...दौड़ो... दौड़ो...मेरा बाप मरने लगा!..." कहते हुए वह जोर से रोने लगी। पांडुरंग वायफळकर का घोड़ा बीचोबीच था। कुछ लोग घोड़ों के साथ आगे गए थे तो कुछ पीछे रहे थे। उस आवाज को सुनकर पिछले लोगों ने घोड़ों को दौड़ाया। आगे के लोगों ने घोड़ों को पीछे मोड़ा। सब तरफ चीखना-चिल्लाना शुरू हुआ। औरतों ने जोर-जोर से रोना शुरू किया। पांडुरंग दादा इस कोलाहल से ही बेहोश हुए। लोगों ने उनको घोड़े से नीचे उतारा। हम छोटे बच्चे केवल घबराकर देखते ही रहे। लेकिन क्या हुआ, समझ में नहीं आता था। केवल इतना ही समझ में आता था कि लोग रोने-चीखने लगे हैं। पास में ही थोड़ी दूरी पर रास्ते के किनारे एक नीम का पेड़ था। पांडुरंग दादा को उस पेड़ के नीचे लाया गया। पीठ पर लादे बोझ के साथ घोड़े रास्ते के किनारे बौनी घास पर चर रहे थे। कुत्ते पेड़ के नीचे कबके जा बैठे थे। क्या उनको इस दुःख की कल्पना होगी ? घोड़ों को अपनी पीठ पर लदे बोझ का ही दुःख ज्यादा हुआ था। दादाजी को छाँव में रखा। औरतों-मर्दों ने उन्हें चारों ओर से घेर लिया। इतने में उनका भाई मारुती वायफळकर चिल्लाया—"अरे...अरे हट जाओ...खुली हवा आने दो...। वरना मर जाएगा...।" लोगों की भीड़ कुछ कम हुई। कोई स्वयं को गिरा देता तो कोई सीना पीट-पीटकर रोता। हमारे भटकनेवाले परिवारों पर बहुत बड़ा आघात हुआ था। पास में कोई गाँव भी नहीं था। जंगल में ही यह समाज दुःख की खाई में गिर गया था। निवृत्ति शिन्दे कहीं से गगरी-भर पानी लाया। दादाजी के मुँह पर पानी छिड़का। फिर भी वे बेहोश ही थे। औरतों ने जोर से रोना शुरू किया। तब तक गंगू मौसी अभुआने के कारण जोर-जोर से घुघुआने लगी। चीखते-चिल्लाते हुए वह इशारा करने लगी। हममें से कुछ जानकार लोग कानाफूसी करने लगे—"ऐ ऽ ऽ ऽ मारुती मामा...अजी...गंगू मौसी के अभुआने अम्बा देवी आई है।" हमारे समाज में गंगूबाई दोरकरीन अभुआनेवाली औरतों में एक अच्छी समझी जाती थी। उसके अभुआने से हर तरह की बीमारी ठीक होती है ऐसी हमारी जाति की धारणा थी। सब जन शान्त हुए। गंगू मौसी घुघुआती थी। चीखती-चिल्लाती थी। तब पांडुरंग दादा की बेटी सुन्द्रा गंगू मौसी के चरणों में गिर

पड़ी। वह रोते हुए कहने लगी—"माँ अम्बा...तुझे जो चाहिए माँग...पर मेरे बाप को स्वस्थ कर...हमारे घर में कमानेवाला कोई भी नहीं...तुझे मालूम ही है... ।" फिर तुरन्त गंगू मौसी ने ऊँची आवाज में कहा—"अरे ऽऽऽ मैं ऽऽऽ यहाँ का भूत हूँ...कड़ी धूप में तुम मेरी सीमा में से जा रहे हो...निश्चय ही मुझे समय पर मिल गया है...मैं इसे नहीं छोड़ूँगा... ।" तब गंगू मौसी के सामने गिरकर मारुती मामा विनती करने लगा—"बाबा ...झोटिंग राजा...तू कुच्छ बी माँग...पर मेरे भैया को छोड़... ।" फिर गंगू मौसी चीखते हुए बोली—"मुझे छुड़वाना हो तो...एक मुर्गी...पाँच चपाती...एक नारियल...चावल और नींबू...आज शाम को पहुँचने पर तुम...मेरे नाम पर...इस रास्ते की ओर मुँह करके निछावर करना...तभी मैं जानेवाला हूँ...वरना इसे अपने साथ ले जानेवाला हूँ... ।"

उन आठ-दस परिवारों के प्रत्येक व्यक्ति ने झोटिंग को उतारा देना कबूल किया। फिर कहीं गंगू मौसी का अभुआना गया। उसमें संचरित देवी अम्बा धीरे-धीरे चली जा रही थी। औरतें गंगू मौसी को पकड़कर बिठा रही थीं। कोई उसके चरण छूता था तो कोई उसकी तारीफ करता था। रामा शिन्दे कह रहा था—"कुच्छ बी कहो...गंगू मौसी यानी साक्षात् देवी है... ।" अन्य लोग सर हिलाकर उसका साथ देते थे। उस गड़बड़ी में मेरे पिताजी कब बाहर गए थे किसी को मालूम नहीं था। वे दौड़ते-दौड़ते आए। उनके हाथ में पत्तीदार प्याज था। किसी के खेत से उखाड़कर लाए थे। वह प्याज जल्दी से फोड़ा और पांडुरंग दादा की नाक को लगाना शुरू हुआ। इतने में हाथ में कोड़ा लेकर एक किसान दौड़ता हुआ आया। आते ही उसने हमारे सुभाष पर एक जोरदार प्रहार किया। "अरी माँ ऽ ऽ ऽ म ऽ ऽ ऽ र ऽ ऽ ऽ गया... ।" सुभाष कराह उठा। सबने उस किसान को देखा। वह किसान गुस्से से आगबबूला हुआ था। उसने सख्त आवाज से पूछा—"अभी मेरे खेत से कौन दौड़ते आया...? मैंने अपनी आँखों से देखा है... ।" मेरे पिताजी आगे बढ़े और कहने लगे—"मालिक, मैं ही आया था आपके खेत में...अजी ! हमारा एक बूढ़ा मरने लगा था...होश में ही नहीं था...इसलिए प्याज लाया...गलती हो गई मालिक... ।" मेरे पिताजी व्याकुल होकर बोल रहे थे और मेरा कलेजा काँप रहा था। मैं कुछ भी नहीं कर सकता था। यदि कुछ बोलता तो कोड़े से अवश्य पीटा जाता। उल्टे हमारे ही लोग मुझे पीटते। मैं चुप बैठा। इतने में उस किसान के घर के कुछ और लोग दौड़ते हुए आए। मुझे लगा कि अब वे पिताजी को पीटेंगे। मैं रोने लगा। माँ दौड़ते हुए जाकर उस किसान के पैरों पर गिर पड़ी। वह रोते-रोते कहने लगी—"मालिक... हम पर इतनी दया करो...उन्हें छोड़ दो...मैं आपके पैर पड़ती हूँ... ।" किसान ने पूछा—"मुझसे बिना पूछे क्यों प्याज ले आया...?" पिताजी ने कहा—"मालिक...वहाँ कोई दीखता न था...किसी को खोजने में देर होगी इसलिए पूछके नहीं लाया जी... ।" तब जाकर किसान एक इंसान के स्वर में कहने लगा—"फिर कभी ऐसा मत करना...नहीं तो कोई भी तुम्हें बुरी तरह से पीट लेगा... ।" इतना कहकर वह किसान और उसके घर के आए हुए लोग वापस लौटे। हमारे लोगों को लगा कि जैसे संकट से छुटकारा हुआ।...और नहीं तो क्या ? एक संकट समाप्त होने से पहले दूसरा संकट आया था।

इस कोलाहल में सूरज काफी नीचे उतर गया था। घोड़ों पर लादे बोझ वैसे ही थे। उनकी ओर ध्यान देगा ही कौन ? पांडुरंग दादा अब होश में आए थे। थोड़ी देर बाद उनको कुछ राहत महसूस हुई। नागू दोरकर कहने लगा—"चलो अब...जाने में रात होगी...।" लोग शीघ्रता से उठने लगे। पहले पांडुरंग दादा को घोड़े पर बिठाया। उनके घोड़े के साथ पाँच-छः औरतें और दो-तीन आदमी चलने लगे। लोगों ने अपने-अपने घोड़े पकड़े। ऊपर छोटे-नन्हे बच्चों को ली हुई औरतें बिठाईं। इस तरह हमारी यात्रा फिर से मार्गस्थ हुई। पेड़ के नीचे बैठे कुत्ते कान खोलकर खड़े हुए। उनको देर तक आराम मिला था। अब तक का घटित प्रसंग उनकी दृष्टि से लाभदायक सिद्ध हुआ था। जैसे-तैसे गिरते-सँभालते आरग पहुँच गए। आरग गाँव की पूरब की ओर थोड़ी दूरी पर पथरीली बंजर भूमि थी। उसकी ओर घोड़ों को घुमाया। एक-एक घोड़ा वहाँ जाकर ठहरने लगा। जब सब घोड़े और लोग वहाँ पर इकट्ठा हुए तब मेरे पिताजी के चाचा नागू मोरे ने कहा—"यहाँ रहने...तिरपाल फैलाने के लिए खुली जगह है...पास में ही नाला है...घोड़ों को बी घास मिलेगी...हमारे लिए मछली-वछली पाने की सुविधा होगी...।" सब लोगों ने स्वीकृति दी। पहले पांडुरंग दादा को नीचे उतरवाया। उन्हें लेटने के लिए किसी के घोड़े से एक चीथड़ा ला दिया। फिर सब लोग अपना-अपना बोझ उतार लेने के काम में लग गए।

घोड़े की पीठ पर बाँधकर रखी हुई मुर्गियाँ, जो घोड़े पर ही लुढ़क गई थीं, छोड़ दी गईं। पानी गरम करने के पतीले, मिट्टी और टिन की गगरियाँ निकाल लीं। माथे पर गगरी और बगल में पतीले लेकर औरतें पानी का कुआँ खोजने के लिए निकल पड़ीं। माँ ने मुझसे कहा—"दादासाब, मैं पानी लाती हूँ...तू इस बच्ची को देख...।" छाया वर्ष-सवा वर्ष की ही थी। मैं उसे लेकर बैठा। पिताजी घोड़े पर लदा सामान नीचे उतारने लगे। पहले 'कटाल'[1] नीचे उतार ली। फिर कम्बल की बनाई एक बड़ी 'हाउप'[2] नीचे उतार ली। घोड़े का खोगीर निकाला। जिसे अकेले सामान उतारना नहीं आता था वह दूसरों को मदद के लिए बुलाता था। जब घोड़े के ऊपर से बोझ नीचे उतारे तब पसीने से उनकी पीठें नहाई हुई-सी दिखाई दे रही थीं। घोड़ों को अब मुक्त-उन्मुक्त-सा लग रहा था। पिताजी सामान ढंग से रखने लगे। घोड़े को 'शिकंजा'[3] डाला। घोड़े चरने को छोड़ दिए। पिताजी ने झोले में से खूँटियाँ निकाल लीं। जमीन खुदवाकर उसमें आमने-सामने दो लकड़ी के खम्भे गाड़ दिए। अन्य लोग भी अपने-अपने तिरपाल फैलाने के काम में जुट गए थे। पिताजी ने दो खम्भों पर एक लकड़ी को कसकर बाँधा। उस पर बोरे का तिरपाल, जो घोड़े पर तह करके रखा था, डाल दिया। इस बीच मेरे पास बैठी हुई छोटी बहन छाया जोर-जोर से रोने लगी। वह रोना सुनकर पिताजी को गुस्सा आया। वे मुझ पर ही बरस पड़े—"दादास्या ऽऽऽ फेंक दे उस छोरी को...उसकी माँ

1. वह थैलीनुमा चीज, जिसमें कई वस्तुएँ रखी जाती हैं।
2. एक बड़ा-सा झोला, जिसमें सामान रखा जाता है।
3. वह रस्सी जो घोड़े के पाँवों में बाँधी जाती है, ताकि वह दूर न भाग जा सके।

की...रोने-धोने का समय-वमय होता है कि नहीं...!" किन्तु उस नन्हे बाल-जीव को समय क्या मालूम ? मैं भी कुछ नहीं बोला क्योंकि पिताजी काम के कारण परेशान हुए थे। वे सुबह से पैदल चल रहे थे। दोपहर के समय उस किसान ने बहुत कुछ सुनाया था और अब यह तिरपाल फैलाने का काम चल रहा था। पिताजी ने फिर कहा—"दादास्या...ये देख...यहाँ आ... यहाँ का छोर पकड़...।" मैंने छाया को वहीं छोड़ा और तिरपाल की एक बाजू पकड़ी। खम्भे के दोनों ओर खूँटियाँ गाड़ देनी थीं। मैं तिरपाल का एक सिरा पकड़कर एक तरफ खड़ा रहा था। पिताजी फिर बरस पड़े—"अरे...ऐं ऽऽऽ सीधा पकड़। इतना मोटा यार हो गया...तेरे को अभी पकड़ना नहीं आता...कल भीख माँगने को कइसा जायए ?" सुनकर मैंने तिरपाल खींचकर पकड़ा। एक बाजू की खूँटियाँ गाड़कर पिताजी दूसरी बाजू की खूँटियाँ गाड़ने लगे। इस बीच कुत्ता हड़बड़ी से आया और अन्दर बैठने लगा। पिताजी ने उसे गाली दी—"अरे हा ऽ ऽ ऽ ड़...तेरे को गिद्ध ने खाया... ।" यह सुनकर कुत्ता वहाँ से उठ दूसरी बाजू को जा बैठा। इसके बाद पीछे की तरफ 'लगान' बाँध लिया। 'लगान' यानी छोटा तिरपाल, अर्थात पीछे की ओर से हवा अन्दर न आए इस हेतु बाँधी जानेवाली ओट।

हो गया जैसे-तैसे घर तैयार। तिरपाल के अन्दर आकर पिताजी ने सब सामान ढंग से एक बाजू रखा। एक फटा-पुराना कम्बल बिछाया और उस पर बैठ गए। छोटी बच्ची लगातार रोये जा रही थी। छोटा भाई पानी लाने माँ के साथ गया था। कुछ समय बाद माँ आई। सिर पर मिट्टी की गगरी थी, जिसमें कई जगहों पर छेद थे। उनसे पानी न टपके इसलिए छेदों में चीथड़े की गाँठें लगा रखी थीं। उस गगरी पर अल्यूमीनियम का एक बड़ा पतीला रखा था, जिसमें पानी गर्म किया जाता था। वह बाहर से बहुत ही काला था। उससे माँ के बदन पर पानी गिरता था। माँ सिर से पाँव तक भीग गई थी। उसने मुझसे कहा—"दादासाब ! यह पतीला धीरे से नीचे ले... ।" इतना कहकर माँ वैसे नीचे बैठी। उसे बिना मेरे पतीला नीचे उतारना ही न आता। मैंने पानी का पतीला नीचे लिया। माँ ने मिट्टी की गगरी नीचे रखी और नन्ही बच्ची को लेकर दूध पिलाने लगी। वह नन्ही-मुन्नी रोते-रोते ही पी रही थी और फिर पीते-पीते ही सो गई। तब तक मेरा भाई आबास छोटी-सी फूटी हुई पतीली माथे पर लेकर आया। दो लोटे पानी बैठ पाएगा इतनी-सी वह पतीली थी। उसमें से एक लोटा पानी तो रास्ते में ही उसके बदन पर गिर गया था। उसका अंग ऐसा दिखाई देता था जैसे उस पर कुत्ते के पेशाब के निशान हों। बालों से पानी टपकता था। नंगा-धड़ंगा ही था वह। सिर के बाल बहुत बढ़ जाने के कारण उसकी गर्दन एकदम छोटी दिखाई देती थी। गुड्डी की गर्दन जैसी वह कृत्रिम लगती थी। आबास ने पानी की पतीली नीचे रखी। पिताजी ने पास लेकर उसे चूम लिया और गोद में बिठाया। जिस तरह गड़रिया को मेमना प्यारा होता है उसी तरह भिखारी को अपना छोकरा प्यारा होता है चाहे वह कितना भी गन्दा हो, फिर भी उसे प्यारा होता है। पिताजी ने माँ से कहा—"रोटियाँ कुछ हैं क्या ?" माँ ने झोली में से छोटी-सी गठरी निकाली। सुबह के भोजन से जैसे-तैसे तीन रोटियाँ बची

हुई थीं। वे सबके सामने रख दीं। उनमें से दोनों कुत्तों को थोड़ी-थोड़ी डालकर बची हुई रोटियाँ हम चारों ने मिलकर खा लीं। रोटी किसी को पेटभर नहीं मिली इसलिए अन्ततः बची हुई चटनी भी वैसे ही खा डाली। क्या करते, पेट में चूहे जो दौड़ रहे थे।

माँ ने मुझसे कहा—"दादासाब ! रात हो गई है...जरा-सी उपलियाँ, मेंगनियाँ ढूँढ़ेंगे, चल...आबास सँभालेगा छोरी कु...।" मैं उठकर खड़ा हुआ। हाथ में सूप लिया। माँ ने चंगेरी ली और चलते-चलते आबास से कहा—"अरे ऽ ऽ ऽ ऐं ऽ ऽ ऽ आबा...छोरी सोई है। उसे जगाना मत...नहीं उठकर रोएगी...।" आबास ने उठकर कहा—"माँ ऽऽऽ... माँ...मैं भी आऊँ जलावन लाने...?"—"चुप बैठता है कि नहीं ? इतने लोग भटक रहे हैं सारी बंजर भूमि पर, रात हो गई और तेरे को जलावन मिलेगा क्या...? बड़ा सयाना बना...।" माँ ने कहा था। सुनकर आबास नीचे बैठा। माँ और मैं—दोनों मेंगनियाँ, उपलियाँ, लकड़ियाँ आदि ढूँढ़ने के लिए भटकने लगे। सूर्यास्त कब का हो चुका था। प्रत्येक परिवार की औरतें और बच्चे जलावन पाने के लिए भटक रहे थे। मुझे एकाध लकड़ी दिखाई देती कि अँधेरे की परवाह किए बिना मैं दौड़ पड़ता। इसलिए कि मुझसे पहले जाकर कोई न ले। थोड़ी देरी बाद माँ और मैं दोनों तिरपाल की ओर लौट आए। तिरपाल के सामने जलावन रखा। माँ बड़े-बड़े तीन पत्थर लाई। उनका चूल्हा बनाया। वहाँ पर किसी के तिरपाल के सामने जला हुआ चूल्हा देख वहाँ से अंगारा लाकर अपना चूल्हा सुलगाया जाता था। माँ ने मुझे सावित्री मामी के चूल्हे से अंगारा लाने को कहा। मैं चीथड़े में अंगारा लाया। माँ ने चूल्हा सुलगाया। उन तीन पत्थरों के चूल्हे पर तवा रखा। उसके नीचे लकड़ियाँ डालकर आग लगाई। माँ ने एक फूटी थाली में आटा गूँथ लिया। रोटियाँ बनाने का कार्यक्रम शुरू हुआ। प्रत्येक परिवार के चूल्हे जल रहे थे। कुत्ते भौंकते, बच्चे रोते और बीच में ही किसी पर एकाध गाना गाने की सनक सवार होती। ऊँची आवाज में वह एकाध गीत की दो-तीन पंक्तियाँ ही गाता। औरतें खाना बनाने के काम में लगी थीं। पिताजी ने नागू दादा को पुकारा—"अजी ऽ ऽ ऽ नागू चाचा ऽ ऽ ऽ इधर आ...।" नागू दादा हमारे तिरपाल की ओर आए। पिताजी ने उन्हें बैठने के लिए चीथड़ा बिछाया और चिन्तित आवाज में पूछा—"अजी...अब अपुन इस गाँव में आ गए...तब दादासाब के इस्कूल का क्या...?" नागू दादा ने थोड़ी देर तक सोचा और कहा—"ये देख मलारी...उसे कल से भीख माँगने को भेज...उसके नसीब में यदि इस्कूल ना हो तो...कल तो भीख माँगकर खाना भी उसे संभव नहीं होगा।...और इस्कूल भी नहीं...अरे...अपुन तो ऐसे भटकनेवाले...अपुन का पेट...घोड़े पर...तब उसकु इस्कूल भेजेंगे कैसे...? कल आवारा बनके भटकेगा...अपन की जाति को कोई गोबर उठाने को भी नहीं रखता...।" पिताजी को इसकी कल्पना थी लेकिन उनकी इच्छा थी कि अपना बेटा सीखे। परन्तु हालात को देखते हुए उन्होंने अपना विचार बदल दिया।

पिताजी और नागू दादा ने मेरे बारे में अन्तिम निर्णय लिया कि कल से मैं भीख माँगने जाऊँ। दोनों थोड़ी देर इधर-उधर की बातें करते बैठे थे। इतने में दादाजी के बेटे ईश्वर चाचा ने पुकारा "ऐं ऽ ऽ ऽ बाबा ऽ ऽ ऽ इधर आओ...जरा काम है...।"

दादाजी चले गए। मेरी माँ का अन्तःकरण रहा नहीं। उसने मेरे पिताजी से कहा—"अजी...! अभी छोरे को भीख माँगना नहीं आता...उसकु कैसे माँगने कु भेजते हैं ?" पिताजी ने गुस्से में ही जवाब दिया—"तो फिर बूढ़ा होने पर जाने दें क्या माँगने...? वह कुछ नहीं...दादास्या...तू...कल से माँगने जा... ।" मेरा क्या ? जैसे पालतू कुत्ता इशारा करने पर कान खड़े करके तैयार होता है, ठीक वैसे ही मेरी स्थिति थी। लेकिन भीख माँगे कैसे, यही समझ में नहीं आता था। फिर पिताजी से मैंने व्याकुल स्वर में पूछा—"पिताजी... । मैं क्या-क्या कहकर माँगूँ...? पहले क्या कहना चाहिए...?" मेरी बात सुनकर माँ का अन्तःकरण भर आया। वह रोने लगी। पिताजी को भी बुरा लगा। लेकिन मेरे आनेवाले कल का विचार कर उन्होंने तुरन्त कहा—"ये देख...किसी के घर के सामने जाते ही कहना...'जय आती है...लक्ष्मी मिलती है...द्वंद्व बढ़ता है...यह मिलता है...एक रोटी का टुकड़ा दो मौसी ऽ ऽ ऽ' कहना और रोटी का टुकड़ा लिये बिना वहाँ से हिलना नहीं...वैसे ही माँगते खड़े-खड़े रहना...और कुत्ते का ध्यान रखते जाना...कुत्ता-वित्ता काटने को आया तो...छड़ी को बीच में लाना...उसकु मारना नहीं...कुत्ते के सामने दौड़ना नहीं...धीरे-धीरे जाना...ठीक याद रखना... ।" मैंने वह सब सुन लिया। माँ ने हम सबको खाना परोसा। भूख लगी थी। मैं जल्दी-जल्दी कौर निगल रहा था। पिताजी नागू दादा को बुला रहे थे—"ऐं ऽ ऽ ऽ चाचा...आ भोजन करने... ।" अन्य तिरपालों से भी इसी तरह की आवाजें आती थीं—"ऐं ऽ ऽ ऽ रामा...आ भोजन करने... ।" रामा कहता था—"खाओ...खाओ जी ! मैंने खा लिया ऽ ऽ ऽ।" इस प्रकार एक-दूसरे को भोजन का निमन्त्रण देना शुरू हुआ। खाने के सिवा मेरा ध्यान कहीं भी नहीं था। सिर्फ खाने का ही एकमात्र काम था।

रात का भोजन हुआ। माँ ने बिछौना बिछाया। वह बिछौना कैसा ? कुल दो गुदड़ियाँ। माँ कहती थी कि वे भी मेरे जन्म के समय सी ली थीं। उनमें बड़े-बड़े सूराख थे। गुदड़ी ओढ़ लेने पर सूराख से सिर बाहर आ जाता। छोटे-छोटे छिद्रों की तो पूछिए मत। उनमें से बाहर का सब दिखाई देता था। नीचे बिछौना के लिए एक गुदड़ी थी। वह भी आधी से ज्यादा फटी हुई। आधा बदन जमीन पर ही होता। उन दो गुदड़ियों में हम सब पाँव सिकोड़कर सोया करते। तिरपाल में ठंडी लगती। परन्तु वैसे ही चुपचाप पड़े रहते। सोते-सोते मन में विचार आया—कल अपने को भीख माँगने के लिए जाना पड़ेगा। पिताजी ने जो-जो कहना सिखाया उसे मैं याद करने लगा—'जय आती है...लक्ष्मी मिलती है...द्वंद्व बढ़ता है...यश मिलता है...एक रोटी का टुकड़ा दो मौसी... ।' इसी को लेकर मैं बहुत देर तक सोचता रहा। घर के सब लोग कब सोए मुझे समझ में नहीं आया। सोचते-सोचते मुझे भी नींद कब आई, पता नहीं चला।

पिताजी हड़बड़ाकर उठे इसलिए मैं भी जाग उठा। पिताजी ने अपने मुँह पर पानी मारा। शायद आज उठने में उन्हें देर हुई थी। इसलिए वे जल्दबाजी कर रहे थे। इतने में भोर होने के कारण कहीं से मुर्गे की कुकडूँ कू सुनाई दी। उसे सुनकर पिताजी ने मारुती मामा को पुकारा—"ऐं ऽ ऽ ऽ मामा...मामा ऽ ऽ ऽ मुर्गा टेरा है...चलना है कि

नहीं...?" मारुती मामा भी शायद हड़बड़ी में उठे हों क्योंकि शीघ्र ही बाहर आकर उन्होंने कहा—"हो गया...हो गया...तू भी जल्दी निकल...।" फिर पिताजी ने फटा हुआ कोट पहना। सिर को धज्जियों के समान तार-तार हुई पगड़ी बाँधी। डुग्गी गले में लटकाई। पंचांग झोली में डाल दिया और इस तरह की पोशाक करके झोली कंधे पर डाल दी। एक हाथ में लाठी पकड़ी। मारुती मामा की भी इसी तरह की पोशाक थी। अँधेरे में रास्ता दिखाई दे इसलिए सिर्फ उनके पास एक लालटेन ही ज्यादा वस्तु थी। हम सबको सोया देखकर किसी को भी बोले बिना पिताजी वैसे ही मारुती मामा के साथ निकल गए।

प्रत्येक 'जोशी'[1] की पोशाक ऐसी ही होती है। उसके बिना 'पिंगला जोशी'[2] पहचाना नहीं जाता। हमारे सब पुरुष लोग, मुर्गे की पहली टेर से सूर्योदय तक माँगते थे। सूर्योदय होने पर उनको तिरपाल की ओर लौटना पड़ता था क्योंकि 'पिंगला'[3] सिर्फ भोर के समय ही बोलता है और उसकी भाषा हमारी जाति समझती है यही धारणा कुल मिलाकर हमारे देश के समाज की रही है। डुग्गी बजाते हुए गाँव में घूमना, किसी के दरवाजे पर खड़े रहना और जो मुँह में आए सो बड़बड़ाना। वह 'जोशी' कुछ भी बड़बड़ करे तब भी समाज यह मानता है कि पिंगला पंछी जो बोला वही यह जोशी बड़बड़ाता है। वह पिंगला पंछी भला क्यों दुनिया के दुःख की चिन्ता करेगा ? सच तो यह भी है कि हमारी जाति के प्रत्येक व्यक्ति को मालूम है कि न पिंगला पंछी हमसे बोलता है और न ही हमें उसकी भाषा समझ में आती है। भिखारियों को वह पंछी कहीं दिखाई भी नहीं देता। भोर के समय कहाँ दिखाई देगा वह पंछी ? फिर भी जीने के एक साधन के रूप में उस पंछी के नाम पर हमारी जाति जीती है। सिर्फ दूसरों को बुरा नहीं बोलना चाहिए—अच्छा होगा, आपके घर में लक्ष्मी आएगी, इसी तरह के उद्‌गार हमारे जोशी लोग निकालते हैं। किन्तु समाज को यह समझता नहीं। आशा किसे नहीं होती ? अपना भला होगा यह मानकर लोग भीख देते हैं। ऐसा भोर से सूर्योदय तक तक चलता है। सूर्योदय होते ही माँगना बन्द करके जोशी तिरपाल की ओर लौट आते हैं। वे आते न आते तो ही उनके बच्चे, छोटे हों या बड़े—हाथ में थालियाँ, फूटी पतीलियाँ, डिब्बे जो भी हो सो लेकर गाँव में रोटी के टुकड़े माँगने के लिए दौड़ते चले जाते हैं।

सुबह हुई थी। सूर्य काफी ऊपर आया था। मैं उठ गया। करीब-करीब सभी तिरपालों के बच्चे, जिनमें लड़कियाँ भी थीं, हाथ में कुछ-न-कुछ बर्तन ले गाँव की ओर

1. डुग्गी बजाकर सबेरे-सबेरे भीख माँगनेवाली जाति का व्यक्ति या उसकी जाति।
2. पिंगला नामक पंछी के समान ही किलबिल-किलबिल जैसी न समझ में आनेवाली बातें करके भीख माँगनेवाला जोशी जाति का व्यक्ति। यह व्यक्ति भी बड़ी भोर से सूर्योदय के काल में ही भीख माँगता है।
3. एक पंछी जो सिर्फ बड़ी भोर के समय ही किलबिल-किलबिल जैसी आवाज करता है और वही उसकी बोली मानी जाती है।

दौड़ रहे थे। एक के आगे एक दौड़े जा रहे थे। आशा बहुत बुरी होती है। एक फूटी थाली लेकर मैं भी उनके साथ दौड़ता चला गया। माँ मेरी ओर सिर्फ देखती रही। पुट्ठों पर फटी हुई चड्डी ही मैंने पहनी थी बाकी बदन नंगा ही था। हम सब गाँव में पहुँच गए। हर एक ने गली में अकेले प्रवेश किया। मुझे भीख माँगने के सम्बन्ध में कुछ भी मालूम नहीं था। स्कूल में भेजना था इसलिए पिताजी ने कभी माँगने के लिए भिजवाया नहीं था। पिताजी ने कहा था इसलिए घर से ही सेमल की छड़ी हाथ में ली थी। पहले घर के सामने गया और कहना शुरू किया—"जय आती है...लक्ष्मी मिलती है...यश मिलता है...रोटी का कोई टुकड़ा दो मौसी... ।" घर से कोई भी बाहर नहीं आ रहा था। मैं वही वाक्य जोर-जोरे से कहने लगा। थोड़ी देर बाद एक औरत बाहर आई और मुझ पर बरस पड़ी—"कहाँ से तुम्हें उफान आया रे ऽ ऽ ऽ ? दूसरी ओर अकाल पड़ा कि क्या...? जाओ, मर जाओ...जीना नहीं आता तो...क्यूँ हमार कु सताने लगा... ।" इतना कहकर उसने रोटी का चौथाई टुकड़ा कुत्ते के समान मेरी थाली में फेंक दिया। मेरी आँखों में आँसू आए। सोचा कि इसके बाद दूसरे घर माँगने नहीं जाना। किन्तु अनजाने में दूसरा विचार स्पर्श कर गया कि लौट जाने पर पिताजी क्या कहेंगे ?—'रोटी का एक ही टुकड़ा लाया क्या...?' इसलिए अगले दरवाजे पर गया। गला भर आया था। बोलने को शब्द नहीं सूझ रहा था। तब भी मन को कड़ाकर मैं वैसा ही पहलेवाले वाक्य कहता हुआ खड़ा रहा। उस घर से एक आदमी बाहर आया और कहने लगा—"ऐं ऽ ऽ ऽ छोरे...हमारी भैंस का गोबर उठाने के लिए रहता क्या...? इनकी माँ की...फुकट का खाने की तुम्हारी जाति को आदत ही पड़ी है...जा...आगे जा... ।" मैं वहीं खड़ा था। यह देखकर उस आदमी का सिर फिरा और वह जोर से चिल्लाया—"अब जाता है...कि ठोकर मारूँ... ।" सुनकर मुझे बहुत डर लगा और वहाँ से आगे निकल गया। तब तक एक बड़ा कुत्ता भौं ऽ ऽ ऽ भौं करते हुए मेरे पीछे लगा। क्या करें समझ में नहीं आता था। मैं चुप खड़ा रहा। तब वह कुत्ता भी खड़ा होकर भौंकने लगा। लगा कि जोर से दौड़ूँ किन्तु पिताजी का कहा तुरन्त याद आया। अतः धीरे-धीरे चलने लगा। वह कुत्ता भौंकते-भौंकते कुछ दूरी तक मेरे पीछे आया और फिर वहाँ से निकल गया। उसने अपना कर्त्तव्य निभाया। अपने मालिक के घर की रखवाली की। उसका काम समाप्त हुआ। दूसरे घर में मुझे रोटी का एक और टुकड़ा मिला। उसके अगले घर का आदमी जरा रहमदिल दिखाई दिया। उसने मुझे आधी रोटी और आलू की बासी सब्जी दे दी। मेरे मुँह में पानी आया। वह चीज आज दिखाई दी थी जो जिन्दगी में कभी खाने को नहीं मिली थी। मैं भीख माँगते-माँगते ही खाने लगा। वह आदमी मेरी ओर आश्चर्य से देख रहा था किन्तु मुझे उसकी ओर देखने की फुर्सत कहाँ थी ? मैं एक ही साँस में वह रोटी और सब्जी खा बैठा। अगले घर के सामने जाकर—"जय आती है...लक्ष्मी मिलती है..." वाक्य कह रहा था कि तब तक हमारी ही जाति का मुझसे जरा छोटा लड़का मेरे पास आकर खड़ा रहा। घर के अन्दर से एक औरत बाहर आई और हम दोनों को देखकर बोली—"दो-दो जन आए हो, क्यों तुम्हारे बाप ने खली लाके रखी है...?" उस

लड़के ने तुरंत कहा—"मौसी...मैं अकेला ही आया हूँ...मुझे दे दें...।" उस औरत ने अपने साथ लाया हुआ रोटी का टुकड़ा उस लड़के की थाली में डाल दिया। वह लड़का वहाँ से निकल गया। एक पूरी गली माँगकर वह मेरे आड़े आया था। मुझे लगा क्या इन लड़कों को कोई कुछ नहीं बोलता ? किन्तु मुझसे वह पहेली बुझती नहीं थी। वहाँ से आगे मैं वैसा ही एक के बाद एक घर में भीख माँगता गया। हर घर में रोटी न सही गालियों का प्रसाद तो मिलता था। मैंने वैसे ही गालियाँ खाते-खाते टुकड़े माँगे।

भीख माँगकर सारा गाँव समाप्त होने पर मैं तिरपाल की ओर निकल पड़ा। हमारे साथ आए हुए बच्चों में से बहुत-से तिरपाल की ओर निकल गए थे। जो कुछ थोड़े से बचे थे वे पीछे से आ रहे थे। मेरे पीछे गंगू मौसी का म्हवन्या आता था। वह दौड़ता हुआ मुझ तक आया और मुझे कहने लगा—"तेरे को रोटियाँ कितनी मिलीं रे ऽ ऽ ऽ।" मैंने अपनी थाली उसे दिखाई। उसमें जैसे-जैसे तीन-चार रोटियों के टुकड़े थे। किन्तु उसकी थाली में बहुत से टुकड़े थे। हम तिरपाल पर पहुँच गए। माँ ने मेरे हाथ से थाली ली और उसमें से टुकड़े निकालकर बड़े गर्व से खाने लगी। वह खुद से कहने लगी—"अब मेरा बेटा कमाने लगा।" पन्द्रह दिन पहले लगी हुई पाटी निकाली। पाटी की ओर देखकर अनजाने में ही आँखों से आँसुओं की दो बूँदें टपकीं। फूट न जाए इसलिए वह कपड़े की एक गठरी में बाँधकर रख दी। बाद में पिताजी भी आए थे। उनको मेरा आश्चर्य लगता था। पंछी के चेटुवा को उड़ना आने पर पंछी को खुशी होगी ही। किन्तु मैं अन्दर-ही-अन्दर जलता था। सुबह कितनी सारी गालियाँ खाई थीं। अनेक शब्द चुभतें थे। मेरे बाल-मन को वे असहनीय शब्द लगातार अस्वस्थ करते थे। मैं चुप बैठा था। पांडुरंग दादा माँगकर आए हुए दिखाई दिए। मुझे ताज्जुब हुआ कि कल मौत के दरवाजे पर खड़ा यह बूढ़ा आज माँगने के लिए कैसे गया ? मैंने माँ से पूछा—"माँ...पांडुरंग दादा आज माँगने को कैसा गया ? कल वह बीमार था...।" माँ ने कहा—"उनकु चलने के लिए माँ अम्बा ने बल दिया...एक दिन में ही उनकु बीमारी से मुक्त कर स्वस्थ बनाया...।" मुझे कुछ भी समझ में नहीं आ रहा था। अतः मैं बिना कुछ कहे चुप बैठा। मैं और पिताजी—हम दोनों के लाए टुकड़े माँ ने इकट्ठा किए। मुझे और आबास को वे खाने के लिए दिए। हम दोनों खाने लगे। उसमें लोगों के दिए हुए अचार, हरी मिर्च की चटनी तथा 'सुनका'[1] जैसी कई चीजें थीं। पिताजी हमसे पहले ही रूखी-सूखी खाकर बैठे थे। माँ हमारे साथ ही खाने लगी थी।

दिन काफी ऊपर चढ़ आया था। सब लोग भीख माँगकर आए थे। पिताजी ने झोले से एक बड़ा जाल निकाला और आवाज दी—"ऐं ऽ ऽ ऽ दोस्तो ऽ ऽ ऽ चलो मछलियाँ पकड़ने...नाले पर...।" आवाज सुनकर कोई पगड़ी सँभालते हुए बाहर आया तो कोई धोती सँभालते हुए। सब-के-सब बाहर आए। पांडुरंग दादा को छोड़ बाकी सब जन मछलियाँ पकड़ने के लिए निकले क्योंकि दादाजी बिस्तर पर पड़े थे। नाइलाज के

---

1. वह सालन जो बेसन से बनाया जाता है और जो गाढ़ा भी और पतला भी हो सकता है।

कारण वे भीख माँगने के लिए गए थे। न जाते तो बिना भीख माँगे क्या खाते ? घर के अन्य लोगों को क्या खाने के लिए देते ? उनकी बीमारी दिन-ब-दिन बढ़ती थी और हमारे लोग देवी-देवता के नाम पर, भूत-पिशाच के नाम पर उनको भीख माँगने को जाने के लिए प्रोत्साहन देते थे। सबके साथ मैं भी मछलियाँ पकड़ने के लिए निकल पड़ा। मेरी उम्र के अन्य बहुत से लड़के भी साथ में निकल पड़े। हमारे तिरपालों से करीब एक मील की दूरी पर नाला था। पत्थर-काँटे आदि से होते हुए जैसे-तैसे नाले तक पहुँच गए। केवल बड़ों ने ही कपड़े निकाले। हम बच्चों को कपड़े थे ही कहाँ जो निकाले जाएँ ? सबके कपड़े एक गठड़ी में बाँध दिए। लोग जाल लेकर पानी में गए। उनमें से कुछ ने दोनों ओर से जाल पकड़ा। उसे 'फैलाव धरना' कहते हैं। कुछ लोग 'ढोल' करने लगे। ढोल करना यानी दोनों हाथों से जोर-जोर से पानी बजाना अर्थात् पानी में आवाज करना। नाले में सभी ओर चीखना-चिल्लाना शुरू हुआ। नारायण मामा जोर से चिल्लाए—"दोस्तो ऽ ऽ ऽ जरा ढंग से 'ढोल' करो...एक बहुत बड़ी मछली है...मुझे धक्का देकर गई...।" सुनकर सब जन होशियारी से पकड़ने लगे। जाल को पानी से बाहर निकाला किन्तु बड़ी मछली उसमें नहीं आई। लोग तिलमिलाने लगे। वे जाल लेकर फिर पानी में गए। कोई जाल से मछलियाँ पकड़ता था तो कोई सूराख में हाथ डालकर केकड़े पकड़ता था। यह कार्य बहुत देर तक चलता रहा। अन्त में मछलियाँ पकड़ना बन्द किया। केकड़े पकड़नेवाले भी पानी से बाहर आए। कुछ लोग अपने घोड़े के लिए घास काटने लगे कि इस बीच प्रह्लाद मोरे चिल्लाए—"अरे ऽ ऽ ऽ चलो...सूर्यास्त हो रहा है...।" तब शीघ्रता से घास की गठरियाँ माथे पर ले सबके सब नाले से बाहर निकल आए। मेरे समान अन्य लड़के, जैसे—ईश्वर काका का सुरेश, मनोहर, गुंडाप्पा तथा माणिक—हम सब नंगे-धड़ंगे ही भाग निकले। इस खुशी में कि शाम को हमें भी मछली का आधा हिस्सा मिलेगा। हमारे घर के बड़े लोग हमें इसलिए साथ ले जाते थे कि मछली के साझे में आधा साझा ज्यादा मिले। पिताजी ने भीगा हुआ जाल ही कन्धे पर लिया था। उसमें से पानी टपकता था। पिताजी तेजी से चल रहे थे। मैं उनके पीछे पूँछ के समान भाग रहा था। हम तिरपाल के निकट पहुँचे। नजदीक आते ही मानो पैर से जान निकल गई क्योंकि पांडुरंग दादा के तिरपाल के सामने औरतों की भीड़ थी। नागू दादा सबको सम्बोधित कर बोल रहे थे। हमें लगा कि कोई भयंकर घटना घटित हुई है। हम सब दौड़ पड़े। मछली की थैली, घास की गठरी आदि के साथ सबके सब दौड़ने लगे। किसी के सिर की गठरी से घास गिरने लगी तो किसी की थैली से मछलियाँ गिरने लगीं। पिताजी भीगे जाल के साथ दौड़ रहे थे। सब जन पांडुरंग दादा के तिरपाल के सामने आए। पिताजी ने शीघ्रता से पूछा, "अजी ऽ ऽ ऽ चाचा ऽ ऽ ऽ क्या हुआ...?" नागू दादा ने नम्रता से कहा—"क्या होना था...कल हमने उस भूत का उतारा कब दिया...? इसलिए गंगाबाई के अभुआने आया था...।" सब लोग अपने-अपने तिरपाल की ओर गए थे।

गंगू मौसी के अभुआने से अम्बा देवी कब की निकल गई थी और महिलाएँ उसकी

तारीफ करते बैठी थीं। लेकिन पांडुरंग दादा बिस्तर पर तिलमिलाते हुए पड़े थे। उनको कष्ट होना स्वाभाविक ही था क्योंकि स्वास्थ्य अच्छा न होते हुए भी वे भीख माँगने के लिए गए थे। धूप में पैदल आए थे। बदन में शक्ति न थी।...और बीमारी क्या है यह स्वयं उनको ही मालूम न था। वैसे तो पांडुरंग दादा को कौन-सी बीमारी है इसकी जानकारी किसी को भी नहीं थी। तब दवा लेने का सवाल ही कहाँ पैदा होता है ? फिर कष्ट नहीं होगा तो क्या स्वास्थ्य सुधरेगा ? हमारी पूरी जाति गंगू मौसी के भरोसे पर निश्चिन्त रहती थी। उस समय महिलाएँ उठकर तिरपाल में गईं। माँ आई तो मैंने उससे पूछा—"माँ ! दादाजी को क्या हुआ था ?" माँ ने घटित घटना सुना दी। उसने कहा—"दोपर कु...पांडुरंग मामा बोत तिलमिलाने लगा था...गंगू मौसी पांडुरंग मामा के पास आ बैठी...फिर तुरन्त उसके अभुआने अम्बा देवी आई...कल उस झुटिंग कु उतारा देना था...वह अब तक नहीं दिया... ।" मैंने बीच में माँ से पूछा—"पर माँ...कल का उतारा आज गंगू मौसी के ध्यान में कैसे आया...?" माँ ने कहा—"अरे पगले !...वह देवी है...उसे सारी दुनिया का समझता है...और क्या उतारा ध्यान में नहीं रहता...? उसने आज कहा है...एक मुर्गी...सात चपातियाँ...पाँच नीबू...दो नारियल और थालीभर चावल...आज शाम तक रखा तो भला...नहीं तो वो झुटिंग पांडुरंग मामा को ले जानेवाला है... ।" सुनकर मुझे आश्चर्य हुआ। एक दिन का विलम्ब होने से उतारे की संख्या में काफी बढ़ोतरी हुई थी। प्रत्येक तिरपाल में उतारे पर चर्चा चल रही थी। पांडुरंग दादा की पत्नी आनसा प्रत्येक के पास जाती थी। उसके पास एक मुर्गी थी परन्तु गेहूँ का आटा नहीं था। तब प्रश्न यह था कि चपातियाँ कैसे करें ? उनकी संख्या भी आज पाँच के बदले सात हुई थी। यह स्पष्ट था कि यदि और देर होगी तो उनकी संख्या अधिक बढ़ेगी। नारियल लाने के लिए पैसे नहीं थे। पकाने के लिए चावल मिलना तो दूर ही था। गेहूँ का दाना भी किसी के पास नहीं था। ज्यादा गेहूँ किसी को मिलते ही न थे।...और अगर मिल भी जाते तो बाजार में उसे अधिक रुपये मिलते हैं इसलिए जान के समान सँभालकर गेहूँ के चार-चार दाने इकट्ठा करके बेचे जाते। इसलिए गेहूँ किसी के पास मिलना कठिन था। मछलियों का साझा करते-करते ही लोगों ने तय किया कि पांडुरंग दादा को पैसे उधार देंगे। अठन्नी-चवन्नी करके पैसे इकट्ठे किए।

कुल पाँच-छः रुपये जमा हुए। सुभाष भोसले दौड़ते-दौड़ते आरग गया। वह दुकान से एक किलो गेहूँ, एक किलो चावल, नीबू और दो नारियल ले आया। मछलियों का बँटवारा हुआ था। उसमें दादा को भी एक हिस्सा दिया था। उनके बेटा नहीं था। सिर्फ चार बेटियाँ थीं। तीन बेटियों की शादियाँ हुई थीं। अन्त में सुन्द्रा अकेली बिनब्याही बची थी। इसलिए उनके यहाँ से मछलियाँ पकड़ने के लिए आनेवाला कोई नहीं था। उनके हिस्से में कुछ ज्यादा ही मछलियाँ दे दीं। इसलिए कि वे बीमार थे और उनको खाने को भी ज्यादा मिले। हर एक ने अपना-अपना हिस्सा लिया। तिरपाल के सामने आकर लोग मछलियाँ धोकर साफ करने लगे। कुछ औरतों ने रोटियाँ बनाईं तो कुछ ने नहीं क्योंकि सुबह के माँगकर लाए हुए टुकड़ों पर ही वे काम चलानेवाली थीं। तवा

चूल्हे पर रखा था। रोटियाँ सेंकने के बाद लोग तपे हुए तवे पर बड़ी मछलियों के पेट से धोकर निकाली हुई चीजें और छोटी मछलियों का एक गोला डाल देते। पकने के बाद उसे रोटी के टुकड़ों पर लेकर हर कोई सूखी रोटियाँ फोड़ने लगता। मछलियाँ धो लीं। तीन पत्थरों के चूल्हे पर एकाध फूटी पतीली चढ़ा दी।...और उसमें मछलियों का सालन पकने लगा। एक-दूसरे के यहाँ मिर्च माँगना शुरू हुआ। हमारे यहाँ भी मिर्च नहीं था। माँ ने मुझसे कहा–"दादासाब...सन्ता चाची के पास मिर्च है क्या देख...।" मैं सन्ता चाची के पास गया। उनका कुत्ता बहुत काटनेवाला था। पास आते ही वह आदमी को काटता था। इसलिए मैंने डरते-डरते दूर से कहा–"हमारी माँ ने मिर्च माँगा है...।" सन्ता चाची ने कहा–"अरे ऽ ऽ ऽ बाबा...मैं अभी राधा चाची के यहाँ से लाई हूँ...।" मैं खाली हाथ लौट आया। मिर्च मिलेगा कैसे ? क्योंकि देनेवालों से वहाँ पर माँगनेवालों की संख्या ज्यादा थी। माँ ने एक गठरी से हरी सूखी मिर्च निकाली। कब रखी थी कौन जाने ? वे थाली में ले ली और नारियल के कवच से रगड़ना शुरू किया। ऐसे रगड़कर वे बारीक थोड़े ही होनेवाली थी ? आधी-अधूरी रगड़ी हुई मिर्च को सालन में वैसे ही डाल दिया।

उस बंजर भूमि पर मच्छी के शोरबे की महक आने लगी। भोजन शुरू हुआ। एक-दूसरे को भोजन के लिए बुलाना शुरू हुआ। कोई कहता–"ऐं ऽ ऽ ऽ नेवरा ऽ ऽ ऽ खाने को आ...।" निवृत्ति शिन्दे कहते–"नहीं-नहीं...खा लो तुम... है हमारे घर में बी...।" इस प्रकार सिर्फ एक-दूसरे को बुलाते ही थे। सिर्फ औपचारिकता से बुलाते होंगे। हर कोई खाने में व्यस्त था। सब भूखे थे। दूसरे की प्रतीक्षा करने के लिए समय था ही कहाँ ? पांडुरंग दादा के तिरपाल में सुन्द्रा और आनसा दादी चावल पकाने तथा चपातियाँ बनाने जैसे कामों में व्यस्त थीं। मुर्गी पकड़ने, नीबू इकट्ठा करने, नारियल के बाल निकालने आदि कामों के कारण उनको खाने के लिए फुर्सत ही नहीं थी। बच्चों का रोना-धोना शुरू हुआ था–"मुझे इतना-सा परोसा है", "मुझे बड़ी मच्छी चाहिए" जैसी आवाजें रोते-रोते ही सुनाई दे रही थीं। माँ-बाप रोनेवाले बच्चे को समझाते थे। कोई माँ रोनेवाले बच्चों को समझाती थी तो कोई बच्चे को रोने के कारण पीटती थी। पीटने से वह बच्चा ज्यादा ही रोता था। अन्त में औरतें भोजन के लिए बैठीं। आनसा दादी तथा सुन्द्रा को भूत का उतारा दिए बिना भोजन नहीं करना था। खाते-खाते औरतें एक-दूसरे को बुलाती थीं–"अजी ऽ ऽ ऽ राधा आक्का...आओ तो...खाना खाने...।" राधा मामी तुरन्त जवाब देती–"मैं खा रही हूँ...तुम ही खाओ...।" मेरी माँ ने कृष्णा बुआ को पुकारा–"अजी ऽ ऽ ऽ किसना सायबा...दो कौर खाके जावो तो...।" कृष्णा बुआ माँ से कहती थी–"अरी ऽ ऽ ऽ आनसुया ऽ ऽ ऽ आ इधर ही आ...छोरे रोने लगे हैं...।" इस प्रकार लोग एक-दूसरे से अपने प्रेम का इजहार कर भोजन करते थे। थोड़ी देर बाद सबका भोजन समाप्त हुआ। लोग पांडुरंग दादा के तिरपाल के सामने जमा हुए। सबने एक-एक करके उतारे का सामान ले लिया। ईश्वर चाचा ने लालटेन ले लिया। ईश्वर चाचा आगे-आगे और अन्य सब उनके पीछे चल दिए। सलगरे से आए

रास्ते से काफी दूर तक चलते गए। तब निवृत्ति शिन्दे ने कहा–"यहीं से ही दो तो उतारा...कितने दूर जाना है...?" सुनकर तुरन्त मारुती मामा ने ताना मार ही दिया–ज्यादा होशियार मत बन...हयाँ का हयाँ वापस लौट आया तो मालूम होगा...।"

हम लोग बहुत दूर तक आगे चलते गए। एक अँधेरी जगह पर रास्ते के किनारे बैठ गए। एक मुर्गी...दो नारियल...सात चपातियाँ...पाँच नीबू...एक थाली चावल रखा और पाँव पड़के उठ गए। नागू दादा ने कहा–"झोटिंग राजा ऽ ऽ ऽ यह खा ले...आउर निकल जा बाबा...हम गरीबों को सताना मत...।" फिर हम वहाँ से निकल पड़े। जिस थाली में चावल रखा था वह थाली वहीं छोड़ दी क्योंकि उस थाली के साथ भूत वापस आएगा इसलिए वह ली नहीं। हम सब वापस लौट आए। औरतें बच्चों को लेकर चुपचाप सोई थीं। जिस तरह श्मशान में खामोशी होती है उसी तरह तिरपालों में खामोशी थी। कुत्तों ने हमें देखकर उस खामोशी को भंग किया। कुत्ते भौंकने लगे। वे तब चुप बैठे जब उनको यकीन हुआ कि ये अपने ही लोग हैं। लोगों ने गगरी से पानी लिया, पैर धोए और पीछे मुड़कर नमस्कार किया। थोड़ी देर तक तिरपाल के सामने बैठे और अपने-अपने तिरपाल में जाकर सो गए। मैं अपने पिताजी के पास सो गया।

आरग में ही हमने चार-पाँच दिन निकाले। मैं रोज सुबह माँगने के लिए जाता था। अब मुझे लोगों से मिली गालियों से या कुछ भला-बुरा कहने से कुछ भी नहीं लगता था क्योंकि अब मैं उसका आदी बना था। पाँचवें दिन शाम को हमारे वे आठ-दस परिवारों के सयाने और मुखिया लोग, जिन्हें नेता समझा जाता था, इकट्ठा हुए। अन्य लोग अपने-अपने तिरपाल में बैठे थे। नेता लोगों में नागू दादा, मारुती वायफळकर, नारायण शिन्दे और मेरे पिताजी थे। उनको भिखारियों के लिए हर गाँव में जगह कहाँ है उसका नक्शा ही मालूम रहा हो। नागू दादा ने कहा–"मारुती...कल अपुन मलंवाड़ी जाएँगे...क्यूँकि घोड़ों कु चारा भी मिलेगा...आउर हयाँ से नजिक बी है।" मारुती मामा ने कहा–"अजी ऽ ऽ ऽ मामा... ! मलंवाड़ी हयाँ से बोत नजिक है...। नजिक सब गाँव माँग चुके...व्हाँ जाके फिर क्या माँगेंगे...?" उसके बाद थोड़ी देर तक खामोशी रही। सब सोचते बैठे थे। तब नारायण मामा बीच में ही बोले–"मालगाँव जाएँगे चलो... वहाँ माँगने कु पास-पडुस में चार गाँव हैं...आउर जानवरों का चारा बी...गाँव जरा बड़ा है...छोरे गाँव से टुकड़े तो माँगके लाएँगे...।" यह विचार सबको मान्य था। लेकिन निवृत्ति शिन्दे ने बीच में ही अड़ंगा लगाया–"अजी ऽ ऽ ऽ हयाँ से मालगाँव क्या नजिक है...? घोड़े मरेंगे कि नहीं बोझ से...?" मेरे पिताजी ने समझाने के स्वर में कहा–"अरे नेवरा ऽ ऽ ऽ जरा जल्दी निकलने का...यानी धूप से पहले पहुँच जाएँगे...और धूप से पहले जानवरों कु भी चलने कु कुछ तकलीफ नहीं होती...नहीं तो दूर गए बिगर पेट कु मिलेगा कैसे...?" सबने पक्ष-विपक्ष में चर्चा करके मालगाँव जाना निश्चित किया। सब लोग यह सुनने के लिए उत्सुक हुआ करते कि कल कौन से गाँव जाना है? दूर जाना हो तो जल्दी उठना चाहिए, बोरिया-बिस्तर समेटकर संभव हुआ तो दो-चार रोटियाँ

बना लेनी चाहिए। इसलिए यह समझना जरूरी होता कि कल किस गाँव जाना है ? नागू दादा ऊँची आवाज में बोले—"सब लोग सुनो...! कल अपुन कु...मालगाँव जाना है...जल्दी उठकर सब समेटना चाहिए...।" बस, एक बार सभा तो समाप्त हुई। कल अपने को जल्दी उठना है इसलिए निर्णय घोषित हो जाने के बाद सब जन चुपचाप सो गए।

पिताजी पौ फटने से पहले ही जाग उठे। उन्होंने माँ को जगाया और कहा—"अरी ऽ ऽ ऽ आज शाम के लिए कुछ आटा है क्या ?" माँ ने कहा—"सुबह के लिए दो-चार रोटियाँ बन सकेंगी...न शाम के लिए आटा है...आउर न पीसने के लिए दाना...जित्ता था उत्ता कल ही पीसकर लाया...।" पिताजी ने थोड़ी देर सोचा। फिर मुझे उठाने के लिए चिल्लाए—"दादासाब... ! उठ...।" मैं पहले से ही जाग उठा था। मैंने उनका संभाषण सुना था। अतः तुरन्त उठ बैठा। तब पिताजी ने कहा—"ये देखो ! आज मैं आगे जाता हूँ...रास्ते की बस्तियाँ, एकाध गाँव माँग के मालगाँव आता हूँ...तुम डेराडंगर लेके आओ...ठीक सँभालके लावो...कुछ छोड़ के आना नहीं...।" इतना कहकर उन्होंने फटा-पुराना कोट पहना, पगड़ी, जो सिर के लिए पर्याप्त थी ही नहीं, बाँधी, गले में डुग्गी लटकाई। कन्धे पर झोला डाल लिया और हाथ में लाठी लेकर निकल पड़े। मुझे कुछ भी बुरा नहीं लगा क्योंकि मैं भी भीख माँगने जाता था। सोचने लगा कि यह सारा डेराडंगर मैं कैसे समेट लूँ ? आबास तो छोटा है। वह बहुत हुआ तो बच्ची को सँभालेगा। कहें तो पिताजी की भी क्या गलती थी। वे भीख माँगने के लिए आगे न जाते तो शाम को हम पेट की आग कैसे बुझाते ? माँ उठ गई। कल ही दियासलाई लाई थी। उसने चूल्हा जलाया। तवा माँज लिया। उसकी आवाज सुनकर अन्य तिरपालों की औरतें जाग उठीं। थोड़ी देर में सबके चूल्हे जले। यात्रा दूर की थी इसलिए यहीं पर सबने रोटियाँ बना लेना शुरू किया। तब तक मैंने तिरपाल की बाँधी हुई खूँटियाँ छोड़ीं और उखाड़कर निकाल लीं। तिरपाल निकाला और उसकी तह की। तिरपाल निकालने के कारण छाया और आबास को ठंडी हवा लगी। वे दोनों भी उठ गए। छाया रोने लगी। रोटियाँ बनाते-बनाते ही उठकर माँ ने उसे ले लिया और सीने से लगाकर उसे पिलाते-पिलाते रोटियाँ बनाने लगी। आबास लकड़ियों के खम्भे उखाड़ने के लिए मदद करने लगा। तब तक पौ फटी। सब जन जल्दीबाजी करने लगे। माँ ने रोटियाँ बनाने का काम समेट लिया। बर्तन माँजकर झोले में भर दिए। खूँटियाँ 'कटाली'[1] में डाल दीं। मैं और आबास छोटा-मोटा काम करने लगे। पड़ोस में ही मारुती मामा का तिरपाल था। उनका अपना डेराडंगर समेटना चल रहा था। मारुती मामा को मेरे पिताजी कहीं दिखाई नहीं दिए। उन्होंने पूछा—"आनुसया...! मलारी कहाँ है...?" माँ ने जवाब दिया—"शाम के लिए आटा नहीं था इसलिए वे आगे गए...।" घोड़े को लगाम चढ़ाया। परन्तु खोगीर डालना मुझे कहाँ आता था ? माँ ने खोगीर डाला। उसने कहा—"दादासाब...उस नेवरा जीजा

1. वह थैलीनुमा चीज जिसमें कई वस्तुएँ रखी जाती हैं।

कु जरा इधर बुला...घोड़े पर बोझ डालना है... ।" मैं निवृत्ति शिन्दे की ओर जाकर उनको बुला लाया। माँ तथा निवृत्ति शिन्दे ने मिलकर घोड़े पर झोला डाल दिया। उस पर 'कटाल' को लादा। फिर निवृत्ति शिन्दे अपने घोड़े पर बोझ डालने के लिए निकल गए। माँ ने एक रस्सी लेकर बोरियाबिस्तर बाँधा। मैं पतीली तथा गगरी जैसी चीजें उठा देने के काम में माँ का हाथ बटोरता था। आबास छाया को लेकर बैठा था। किसी तरह हमारी गृहस्थी अपने घोड़े पर लादी। अन्य लोगों ने भी अपनी-अपनी गृहस्थी अपने-अपने घोड़े पर लादी।

फिर मुखिया लोगों ने घोड़ों को आगे खींचा। पांडुरंग दादा को भी घोड़े पर बिठाया था। उनके बदन पर एक गुदड़ी डाली थी। दिशाहीन हवा के समान हमारा जीवन भटकता चला जा रहा था। हम सबके कुल मिलाकर पच्चीस-तीस कुत्ते थें। किसी ने घोड़े पर मुर्गियाँ बाँधी थीं तो किसी के हाथों में कुत्तों को बाँधी हुई जंजीरें थीं। इस तरह हमारी यात्रा आरम्भ हुई। गाँव के निकट से जाते समय वहाँ के लोग घर से बाहर दरवाजे में आकर देखते हुए खड़े रहते थे। उनके कुत्ते हमारे कुत्तों पर हमला करने के लिए आते थे। हम वैसे ही कुत्तों को बचाते हुए, कभी स्वयं को बचाते हुए आगे जा रहे थे। आबास और छाया को घोड़े पर बिठाया था। मेरे हाथ में कुत्ते को बाँधी हुई जंजीर थी। माँ के हाथ में भी कुत्ते को बाँधी हुई जंजीर थी। कुत्ता बीच में ही झटका मारता और उसके साथ मैं नीचे गिरता था। तब माँ कुत्ते को गाली देती–"अरे ऽ ऽ ऽ हा ऽ ऽ ऽ ऽ...मार डालूँगी... ।" कुत्ते की दौड़ के अनुसार मुझे भी दौड़ना पड़ता था। लगा कि पिताजी होते तो भला होता। मुझे यह कुत्ता तो पकड़ना न पड़ता। हम वैसे ही आगे काफी दूर तक पैदल गए। पैर दुखने लगे किन्तु कोई इलाज नहीं था। चलना पड़ता था। माँ ने कहा–" तू थक गया क्या रे ऽ ऽ ऽ ?" मेरी सूरत ही रोई-सी थी। फिर ना कहने से भी क्या लाभ होता ? इसलिए मैंने 'हाँ' कहा। माँ ने आबास को घोड़े से नीचे उतारा और मुझे घोड़े पर बिठाया। दोनों कुत्तों की जंजीरें अपने हाथों में पकड़ने के कारण माँ की खींचातानी होती थी। मैं भी तो क्या करता ? मेरे भी पैर बहुत दुख रहे थे। आबास ने माँ से कहा–"माँ ऽ ऽ ऽ मैं एक कुत्ता पकडूँ क्या...?" माँ को उसकी बात सुनकर सन्तोष हुआ। इतनी उसकी उम्र नहीं थी कि हाथ में कुत्ता दे दे। अगर उसके हाथ में एक कुत्ता दिया होता तो वह नटखट कुत्ता उसके काबू में न रहता। वह झटका देकर भाग जाता। माँ ने आबास से कहा–"तू ऽ ऽ ऽ सिरफ चल...यानी वही बोत होगा... ।" आबास चलता रहा। अन्य लोगों के साथ उसे दौड़ना ही पड़ता था। सुबह का माहौल होने के कारण पांडुरंग दादा को भी कोई कष्ट नहीं होता था। मील भर का अन्तर चलने के बाद यह कहते हुए आबास रोने लगा कि "माँ ! मुझे घोड़े पर बिठा... ।" तब माँ ने मुझे घोड़ा रोकने के लिए कहा। मेरे पीछे आबास को बिठाया। वह मेरी कमर पकड़कर बैठ गया। उसने कहा–"भैया ऽ ऽ ऽ माँ कु घोड़े पर बैठने दे क्या...?" आबास नन्हा-मुन्ना, उसे क्या मालूम कि घोड़े पर बैठने के लिए जगह ही नहीं थी। मैंने उसे कहा–"ठहर...आगे जाने पर मैं ही उतरता हूँ...फिर माँ को बिठा

देंगे घोड़े पर...।" आबास चुप बैठा।

सफर का आधे से ज्यादा रास्ता हमने समाप्त किया था। रास्ते पर यह दृश्य मेले के समान दिखाई देता था। माँ घोड़े के साथ चलती थी। बच्चे नीचे गिरेंगे यही उसे चिन्ता थी। मैंने माँ से कहा—"माँ ऽ ऽ ऽ तू घोड़े पर बैठ...तेरे पैर दुखते होंगे...।" माँ ने कहा—"नजिक आ गया...अपुन के रहने का गाँव...तब तक मैं चलती हूँ...तुम बैठो...।" माँ चलती ही रही। मालगाँव वाबुई दिखाई देने लगा। धूप लगना शुरू हुआ था। किसी तरह हम मालगाँव पहुँच गए। गाँव के इस पार रास्ते पर ही पिताजी बैठे थे। वे हमारा ही रास्ता देखते थे। हम उनके पास गए। उन्होंने अपने कन्धे पर रखा झोला घोड़े पर डाल दिया। मैं और आबास बैठे-बैठे झोला टटोलने लगे। छोटी बच्ची छाया माँ को देखकर रोने लगी। हम देख रहे थे कि पिताजी खाने को कुछ लाए हैं या नहीं ? पिताजी ने रोती हुई बच्ची को देखा और मुझे एक गाली दी—"कडुआ बीज...क्या देखता है...रोती छोरी दीखती नहीं...?" मैंने तुरन्त ही छाया को समझाने की कोशिश की। फिर आगे देखता हुआ घोड़े पर चुप बैठा रहा। पिताजी ने माँ के हाथ से एक जंजीर पकड़ ली जो कुत्ते को बाँधी हुई थी। अन्य लोग अपने घोड़े के साथ आगे गए थे। घोड़े मालगाँव के नीचे की बाजू से गाँव के उस पार जा रहे थे। रहने के लिए जगह ही गाँव के उस पार थी। सबसे आगे मारुती मामा का परिवार था। हम पूरे गाँव का फेरा लगाकर रहने की जगह तक पहुँचे। लगा कि अच्छा हुआ धूप के पहले पहुँच गए। सबके चेहरे पर सन्तोष झलकता था।

मारुती मामा को वहाँ पारधियों के कुछ तिरपाल दिखाई दिए। उन्होंने अपना घोड़ा पीछे घुमाया और दबी-सी आवाज में कहा—"अरे ऽ ऽ ऽ घोड़ों को पीछे घुमाओ... हयाँ पारधी रहे हैं...।" हमारी जाति के सब-के-सब ने घोड़ों को तुरन्त पीछे घुमाया। मुझे कुछ भी समझ में नहीं आया। वे लोग भी हमारे जैसे ही तिरपाल फैलाकर रहे थे। सिर्फ उनके पास घोड़े नहीं थे। तिरपाल के सामने गायें बाँधी थीं। वे दीखने में हमसे थोड़े गन्दे लग रहे थे। वरना हममें और उनमें कोई विशेष अन्तर नहीं था। फिर भी मेरी समझ में नहीं आ रहा था कि हमारी जाति उनसे क्यों डरती है ? घोड़े गाँव के इस पार लाए। गाँव से काफी दूर पर हमारे लोग, घोड़े, कुत्ते आदि सब लवाजिमा इकट्ठा हुआ। नागू दादा ने कहा—"अब अपुन कु इस गाँव में नहीं रहना...तब दूसरे कउन से गाँव जाएँ...?" वहाँ सोचने के लिए अधिक समय नहीं था। पिताजी ने कहा—"हयाँ के...हयाँ...नागज कु चलें। चलो...धूप आने से पहले पहुँचना है...नहीं तो कड़ी धूप में जानवरों आउर लोगों को परेशानी होगी...।" उनका कहना सबने माना। हमारा डेराडंगर नागज की ओर मुड़ गया। मुझे एक ही सवाल सताता था कि हमारी जाति पारधियों से दूर क्यों भागती है ? मुझसे रहा नहीं गया। मैंने घोड़े पर बैठे-बैठे ही पैदल चल रहे पिताजी से पूछा—"पिताजी ! अपुन उन पारधियों के पास क्यूँ नहीं रहे...?" उन्होंने कहा—"ओ पारधी...चोरी करते रहते हैं...घोड़े के बाल काटके ले जाते रहते हैं...रात में बर्तन भी उठा ले जाते हैं...ओ जात बहुत बुरी रहती है भला

क्या...?" तब मुझे समझ में आया कि हमारे लोगों ने घोड़ों को इतनी शीघ्रता से क्यों वहाँ से मोड़ दिया। इसके पहले मुझे भी तो कैसे समझ में आता ? डरते-डरते चुप सुनता रहा।

भटकनेवाली जातियों में अनेक उपजातियाँ होती हैं। वे ही एक-दूसरे से दूर जा रही थीं। एक-दूसरे से अलग रहने की कोशिश करती थीं। 'कुड़मुड़े जोशी'[1], 'पारधी'[2], 'डोंबारी'[3], 'डवरी'[4], 'गोंधळी'[5],'गोसावी'[6], 'नन्दीवाला'[7] और 'रोहीली'[8] जैसी अनेक उपजातियाँ भटकनेवाली जातियों में देखने को मिलती हैं। किन्तु प्रत्येक जाति स्वयं से दूसरे को छोटा समझने की कोशिश करती रहती है। उनका एक-दूसरे के निकट जाना तो बिलकुल असंभव। फिर कैसे उनका उद्धार होगा ? अर्थात् उनमें एकता ही नहीं अतः उनके उद्धार की बात बहुत ही दूर की है। हमारी जाति के विवाह सम्बन्ध 'गोंधळी' जाति से हुआ करते थे। मेरी माँ 'गोंधळी' जाति की थी। गोंधळेवाड़ी यानी जत तहसील में स्थित एक देहात। वही मेरा ननिहाल था। मैं बहुत बार गोंधळेवाड़ी गया हूँगा किन्तु अब धुँधली याद आ रही कि वहाँ भी हमारे जैसे ही भिखारी रहते थे। उनकी भीख माँगने की रीति अलग थी। हमारी जाति में भीख भविष्य कथन कर, 'होरा' कथन करके 'पिंगळा जोशी'[9] कहकर माँगी जाती है। किन्तु 'गोंधळी' जाति में 'गोंधळ'[10] करके देवी के पुजारी के रूप में भीख माँगी जाती है।

उनका जीवन हमसे अच्छा है, फिर चाहे वह कुछ मात्रा में ही क्यों न हो। वे घोड़े पर गृहस्थी लेकर गाँव-गाँव भटकते नहीं। नजदीक के गाँव जाना हो तो गठरी कन्धे पर लटकाते हैं। औरतें अपनी गृहस्थी का सामान बाँधकर अपने माथे पर लेती हैं। एक बहुत बड़ी गठरी बाँधकर उसमें रसोई के बर्तन, गगरी आदि ले वे कपड़े पहनकर गठरी सिर पर लेती हैं। उनकी गृहस्थी उन्हीं की पीठ पर होती है। मुझे याद आता है कि यात्रा दूर की हो तो ही गोंधळी लोग एस.टी. बस से जाते थे। किसी भी गाँव जाते तो उनका

---

1. एक जाति का नाम जिसके लोग डुग्गी बजाकर भीख माँगकर जीविका चलाते हैं।
2. वह जाति जिसके लोग जंगल में रहते हैं और शिकार आदि कर निर्वाह करते हैं।
3. ऐसी जाति जिसके लोग खेल आदि करके लोगों का मनोरंजन करते हैं और उसके बदले में इन्हें भीख मिलती है।
4. जोगियों की एक उपजाति जो जीविकोपार्जन हेतु भटकती रहती है।
5. वह जाति जिसके लोग देवी के नाम पर गा-नाचकर कीर्तन करते हैं और इससे उनको लोगों से पैसे आदि मिलते हैं।
6. जीविकोपार्जन के लिए भटककर भीख माँगनेवाली एक जाति।
7. ऐसी जाति जिसके लोग बैल को पालते हैं, उसे सजाते हैं और दर-दर ले जाकर उसके नाम पर भीख माँगते हैं।
8. वह जाति जिसके लोग जीविकोपार्जन हेतु भटकते हैं।
9. भविष्य कथन।
10. एक विधि जो शादी-ब्याह के समय 'गोंधळी' लोगों द्वारा सम्पन्न कराई जाती है और जिसमें देवी-देवता की पूजा कर पूरी रात कीर्तन किया जाता है।

मुकाम धर्मशाला में, चौपाल में, एकाध टूटे-फूटे मन्दिर में अथवा बस स्टैंड पर होता था। स्कूल, मन्दिर अथवा बस स्टैंड के मैदान में हमारे जैसे ही वे तीन पत्थर का चूल्हा करके दो-चार आधी-कच्ची रोटियाँ सेंककर खाते हैं। शादी-ब्याह के मौसम में 'गोंधळी' जाति के लोगों की मिल्कियत ठीक होती है। दूसरे के विवाह में 'गोंधळ' करके चार पैसे कमाए जाते हैं। अन्य मौसम में उनकी स्थिति हमारी जैसी ही होती है। उनमें और हममें इतना ही अन्तर कि वे घोड़े का इस्तेमाल नहीं करते और भीख माँगने के लिए साधन के रूप में देवी-देवता का उपयोग करते हैं और हम 'पिंगळा' पंछी का। धर्मशाला, मन्दिर, चौपाल और बस स्टैंड का उपयोग वे निवास के रूप में करते हैं और हम तिरपाल बनाकर रहते हैं। मैंने देखा था कि उनका बाकी सारा जीवन हमारे जैसा ही था।

मैं विचार-चक्र के साथ चक्रायित था। इतने में पिताजी के शब्द सुनाई दिए—"दादासाब ऽ ऽ ऽ नीचे उतर...ठहरने की जगह आ गई।" मैं पूरी तरह होश में आया। एक छोटे-से गाँव के पास उस भूमि पर हमारे घोड़े तथा लोग रुके थे जहाँ गाँव के सब लोग टट्टी के लिए जाते थे। पूरे गाँव के टट्टी की जगह थी वह। सभी ओर गू-गन्दगी दिखाई देती थी। किंतु हमारे लोगों को उसकी बदबू नहीं आती थी। उस गंदगी में ही हमने बोझ उतारना शुरू किया। धूप कड़ी थी। कुत्ते व्याकुल हुए थे। पारधियों के डर से हम गाँव से दूर नहीं ठहरे थे। घोड़े पर लादे बोझ जल्दी-जल्दी उतार लिये। कुत्ते झोले में मुँह डालने लगे। मुर्गियाँ ऐसी पड़ी थीं जैसे किसी बीमारी में बेहोश हों। छोटे बच्चे रोने लगे। पुरुष लोग तिरपाल फैलाने के काम में जुट गए। कुछ लोगों ने दो लकड़ियाँ जमीन में गाड़ उस पर गुदड़ी डालकर पांडुरंग दादा के लिए छाया कर दी। औरतें, पतीली, गगरी आदि लेकर पानी लाने गईं। मैंने अपनी जगह की गन्दगी साफ कर डाली। सारा मैला ही था वहाँ। लेकिन हम उसी जगह पर तिरपाल बना रहे थे। पुरुषों ने तिरपाल बना दिए। औरतें पानी लाईं। धूप कड़ी थी। लू ऐसी दीखती थी जैसे आग लगी हो। माँ ने झोले से रोटी की गठरी निकाली। हमने हाथ में रोटी ली और उस पर वह अचार लेकर खाने लगे जिसे आज ही पिताजी माँगकर लाए थे। भूख लगी थी। अतः उस गन्दी जगह को कौन देखता ? हर कोई सबसे पहले खाना चाहता था, निगलना चाहता था। किसी तरह लोग खाना खाकर अलग हुए। अब प्रश्न यह था कि घोड़ों को चरायेंगे कहाँ ? प्रत्येक तिरपाल के बच्चों को सुनाया गया—"घोड़ों को लेके नाले में जाना...घोड़े के पास से हिलना नहीं...पारधी आए हैं पास के गाँव में...बाल काटके ले जाएँगे घोड़े के...।" अपने-अपने घोड़े को लेकर सब लड़के नाले की ओर जाने लगे। मैंने भी अपना घोड़ा ले लिया। मरियल टट्टू। उसे जख्म हुआ था। फिर भी किसी तरह बोझ ढोता था। नाला घोड़ों से भरा था। घोड़े जोर-जोर से हिनहिनाते थे। झगड़ा करते थे। किन्तु हम दूर से ही पत्थर मारकर उनका झगड़ा छुड़ाते थे। सूर्यास्त तक हमने घोड़े चराए। फिर घोड़ों को लेकर तिरपाल की ओर आए। तब पिताजी आज का मिला हुआ मिलावटी अनाज पीसकर लाए थे। आते-आते वे पाँच पैसे के बिस्कुट भी लाए थे। उसमें से एक मुझे, दो आबास को और दो छाया को—इस तरह

बिस्कुटों का बँटवारा हुआ। मुझे एक ही बिस्कुट मिला था। वह जल्दी खत्म न हो इसलिए थोड़ा-थोड़ा खाता था।

औरतों ने जलावन बटोरा था। कुछ बच्चे नाले से ही जलावन लाए थे। चूल्हे जल गए। उस गन्दी जगह पर रोशनी दिखाई देने लगी। गाँव के लोगों को पाखाना जाना कठिन हुआ। गाँव के पाखाने की जगह पर ही हम ठहरे थे। 'हम' यानी गाँव के लोगों के लिए मुसीबत ही हुई थी। उस रात गाँववाले पाखाने के लिए नाले की ओर गए। जाते-जाते एक-दूसरे में खुसुर-फुसुर होती—"...के माँ की...यह क्या बला है...टट्टी के स्थान पर क्यूँ मरने कु रहे...बदबू लेने...।" लेकिन हम सुनकर भी अनसुना करते थे। खाना बनाना शुरू हुआ था। गाँव के लोगों को देखकर कुत्ते भौंकते थे। लेकिन तब गाँववाले भद्दी गालियाँ देते और निकल जाते। रात का भोजन शुरू हुआ। एक-दूसरे को भोजन के लिए बुलाना शुरू हुआ। सब कुछ पहले जैसा यन्त्रवत चल रहा था। रातें बीत जाती थीं। सूर्योदय होता था...और दिशाहीन हवा के समान हमारा जीवन बहता था। गाँव के बाद गाँव आते और निकल जाते थे। पड़ाव बदलता रहता और हमारी भटकन हरदम चलती रहती थी।

अब मुझे अच्छी तरह से भीख माँगना आता था। कभी-कभी बीच में ही पाटी की याद आती। तब मैं पाटी लेकर ग म भ न ये चार अक्षर ही घोटता रहता क्योंकि मुझे इतना ही आता था। पांडुरंग दादा का स्वास्थ्य दिन-ब-दिन बिगड़ता जा रहा था। हमारी जाति के लोगों के अभु अलग-अलग देवी-देवता आते थे। किसी के अभु अम्बा देवी आती, किसी के 'म्हसोबा'[1] आता तो किसी के कोई और ही...। उनके अभुआने ने पांडुरंग दादा को मौत के दरवाजे में खड़ा किया था। वे न उठ सकते थे, न बैठ सकते थे। उनसे खाना भी खाया नहीं जा सकता था। वे पानी में घोले आटे को पीकर जैसे-तैसे दिन काटते थे। लोग उनको पकड़कर उठाते-बिठाते थे। दूसरे गाँव के लिए निकलने पर दो-तीन लोग मिलकर उनको घोड़े पर बिठाते थे। दो जन उनके घोड़े के साथ चलते। आनसा दादी और सुन्द्रा उधार लेकर किसी से माँगकर जी रही थीं। उनके लिए कमाकर लानेवाला ही कोई नहीं था। वे रोज रोते हुए दिन काटती थीं। उधार लेकर धरम-करम करती थीं। किन्तु उन गरीबों की ओर देखने के लिए ईश्वर के पास भी समय कहाँ था ? लेकिन पांडुरंग दादा को कौन-सी बीमारी है यह बात किसी की समझ में नहीं आ रही थी। अस्पताल जाने का तो नाम तक कोई नहीं लेता था।

शनीचर का दिन था। हम घोरपड़ी नामक गाँव में रहे थे। सब लोग भोर के समय ही माँगने के लिए गए थे। कल रात से पांडुरंग दादा की तबीयत बिगड़ती जा रही थी। सब लोग पूरी रात जागते रहे थे। कई लोगों को दादाजी बच जाएँगे इसका भरोसा नहीं था। फिर भी लोगों को पेट के लिए भीख माँगने जाना पड़ता था। सुबह किसी का चूल्हा नहीं जला था। सभी औरतें दादाजी के तिरपाल के सामने बैठी थीं। एकाध दूसरा

---

1. एक देवता जिसका निवास खेतों-जंगलों में माना जाता है।

पुरुष पीछे आता था। दादाजी बोलते नहीं थे। उनकी बोलती बन्द हुई थी। आनसा दादी और सुन्द्रा जोर-जोर से रो रही थीं। अन्य औरतें अंचल आँखों को लगाकर आँसू ढालती थीं। थोड़ी देर में दादाजी ने पानी के लिए मुँह खोला। उनकी बेटी सुन्द्रा ने मुँह में पानी डाला। फिर दादाजी ने मुँह जो बन्द किया वह खोलने के लिए नहीं तो हमेशा के लिए। सभी ओर रोने-धोने, चीखने-चिल्लाने का कोलाहल शुरू हुआ। सुन्द्रा तिरपाल के खम्भे पर सिर पटककर रोने लगी। आनसा दादी तो मुँह में मिट्टी डाल लेने लगी। औरतें, मर्द और बच्चे--सब रोते-चिल्लाते थे। वह रोना-धोना, चीखना-चिल्लाना सुनकर घोरपड़ी गाँव के लोग, औरतें और बच्चे दौड़ते हुए आ रहे थे। दादाजी की लाश तिरपाल में आगे के खम्भे को टेककर रखी थी। लाश के पास निवृत्ति शिन्दे और रामा शिन्दे बैठे थे। सारा गाँव इकट्ठा हुआ। गाँव की महिलाएँ कानाफूसी कर रही थीं--''क्या ऽ ऽ ऽ री बला ऽ ऽ ऽ भिखारी का बूढ़ा मरा...प्रेत जंगल में ही परदेसी हुआ... ।'' कहते हुए वे अपना दुख प्रकट करती थीं। अनजाने में उनकी आँखों से आँसू बहते थे।

मौत का प्रसंग एक अजीब प्रसंग होता है। अन्य समय पर हिकारत की दृष्टि से देखनेवाली जाति को आज उसमें से एक व्यक्ति की मृत्यु होने के कारण गाँव के लोग दया दिखा रहे थे। उनका अन्तःकरण भर आया था। उन लोगों को थोड़ी देर के लिए क्यों न हो इस जाति पर दया आई थी। हमारा एकाध आदमी भीख माँगकर यदि देर से लौट आता तो वह निश्चय ही समझ जाता कि पांडुरंग दादा नहीं रहे। भीख माँगने के लिए गए हमारे लोग दोपहर तक जमा हुए। रो-रोकर औरतों की आँखें सूज गई थीं। पिटवा लेने से मुँह सूज गए थे। आनसा दादी, सुन्द्रा और सावित्री मामी की हालत देखने योग्य नहीं थी। सुन्द्रा कहती थी--''बा ऽ ऽ ऽ बूजी ऽ ऽ ऽ अब हम कैसे जीएँ ऽ ऽ ऽ अब हमारा कौन है... ।'' आनसा दादी भी जोर-जोर से रोते हुए स्वयं को पीट लेती और कहतीं--''मे ऽ ऽ ऽ री माँग ऽ ऽ ऽ उजड़ गई...हे भगवान ऽ ऽ ऽ ! अब मैं ऽ ऽ ऽ क्या करूँ ऽ ऽ ऽ ?'' सावित्री मामी कहती थी--''तु ऽ ऽ ऽ झे अब ऽ ऽ ऽ देखने कु नाहीं मिलेगा ऽ ऽ ऽ मे ऽ ऽ ऽ री माँ ऽ ऽ ऽ कु...पीछे छोड़के गया... ।'' हमारे समाज की अन्य औरतें उनको समझाती थीं। वे एक तरफ आँखें पोंछती थीं तो दूसरी तरफ उनको धीरज बँधाती थीं। कृष्णा बुआ कहती थी--''आनसाक्का ऽ ऽ ऽ अब क्या लौटेगा क्या ...कुछ भी करके...अपना नसीब ही फूटा...उसकु क्या करें...?'' माँ कहती थी--''मामी...सूखा पत्ता...कबी तो एक बार...जाएगा ही...रह के बी तो क्या...ऐसे कुत्ते के समान बेहाल ही थे...अपुन क्या...एक जगह पर रहते हैं...?'' हर कोई उन तीनों को समझाता था। समझाने के अलावा कोई दूसरा रास्ता ही नहीं था। मारुती मामा कहते थे--''आज शनीचर को मर गया...भला हुआ...मारुती का जनम मिलेगा... ।'' तब अन्य लोग सिर हिलाकर 'जी' कहते। पेट के पीछे पड़े उस छोटे से समाज पर दुःख का पहाड़ टूट पड़ा था। हर कोई गर्दन घुटनों में डालकर रोता था। थोड़ी देर बाद नागू दादा ने कहा--''चलें...नाले के किनारे...गड्ढा खोदके आयें... ।'' सुभाषा, रामा, मारुती मामा और मेरे पिताजी जैसे कई लोग नाले की ओर जाने लगे। जाते-जाते गाँव के एक आदमी

से कुदाली, फावड़ा और टोकरी माँगकर ली। नाले के किनारे छोटा-सा गड्ढा खोदा। जैसे-तैसे एक व्यक्ति का शरीर बैठे इतना ही फिर सब जन तिरपाल की ओर लौट आए। दादाजी की लाश एक फटी गुदड़ी में डाली। औरतें जोर-जोर से रोने लगीं। उनको नागू दादा और मारुती मामा ने पीछे धकेला। गुदड़ी का चरसा किया। चार लोगों ने चार बाजू को पकड़ा। निवृत्ति शिन्दे पांडुरंग दादा के दामाद थे। इसलिए उन्होंने हाँडी पकड़ी थी। अन्य सब जन उनके पीछे रोते-गिरते चल रहे थे। अंत्ययात्रा नाले की दिशा में निकल पड़ी। मेरे छोटे भाई ने पूछा—"माँ ! ये लोग कहाँ चले हैं...?" "नाले में...।" इतना कहकर माँ चुप हुई।

जहाँ गड्ढा खोदा था वहाँ पहुँच गए। हमारे सामान की रखवाली करने के लिए कुत्ते ही थे। ऐसे प्रसंग में सामान-वामान की चिन्ता कौन करता है ? लाश को गुदड़ी के साथ गड्ढे में डाला। उस पर मिट्टी डाली। दादाजी का आधा शरीर खुला ही था। पुरुष लोग नाले में ही ठहर गए। औरतों ने भी अपने शरीर को भिगो लिया। बच्चों को पानी से भिगवा लिया। न जाने आज कितने दिनों के बाद नहाने को मिला था। वह भी दादाजी की मौत के कारण। पहले औरतें तिरपाल की ओर गईं। पुरुषों में दफन के स्थान पर बैठकर कोई बीड़ी पीने लगा तो कोई तमाखू खाने लगा। थोड़ी देर बाद वे भी तिरपाल की ओर निकल पड़े। हर एक ने चूल्हा जलाकर चाय बनाई। कैसी चाय वह ? गुड़ का पानी ही गर्म किया था। दूसरे लोग सुन्द्रा, आनसा दादी और सावित्री मामी को बुलाकर चाय देने लगे थे। वे कैसे चाय पी लेंगी ? यह परम्परा ही थी कि मरे हुए व्यक्ति के घर के लोगों को मुँह मीठा करना चाहिए। हर कोई उन तीनों को सहारा देता था। वैसे अगर देखें तो सुन्द्रा और आनसा दादी के ही हालात बुरे थे। सावित्री मामी निवृत्ति शिन्दे की पत्नी थी इसलिए उसके बेसहारा होने का कोई सवाल नहीं था। किन्तु वह पांडुरंग दादा की द्वितीय कन्या थी इसलिए अन्य लोग उसे भी सांत्वना के चार शब्द कहते थे। सुबह से किसी ने कुछ खाया नहीं था। ऐसे वक्त रोटियाँ बनाने की सुविधा तो थी ही नहीं और बच्चे भी भीख माँगने के लिए नहीं गए थे। पुरुष लोग जो दो-चार टुकड़े माँगकर लाए थे उनको भी खा नहीं सकते थे। उस रात वैसे ही भूखे रहे। रातभर किसी को भी नींद नहीं आ रही थी। कोई अच्छे व्यक्ति की मौत होने के कारण तिलमिला रहा था तो कोई पेट में चूहे दौड़ रहे थे इसलिए तिलमिला रहा था। कुल मिलाकर सब जन तिलमिला रहे थे।

दूसरे दिन से रोजाना जीवन शुरू हुआ। सब लोग भीख माँगने के लिए गए। जो गया सो जीवन और जगत से वंचित हुआ। ठीक इसी रीति के अनुसार अब सब जन अपनी-अपनी जिन्दगी जीने लगे। तीसरे दिन दादाजी का मीठा भोजन देना था। मिट्टी डालनी थी। सुन्द्रा और आनसा दादी के पास पैसे थे ही नहीं। सावित्री मामी भी पैसे कहाँ से देगी ? हर एक से दो रुपये चन्दा लेना तय हुआ। चन्दा इकट्ठा किया। कुल बीस रुपए जमा हुए। घोरपड़ी (नामक गाँव) से गेहूँ, गुड़, नारियल, अगरबत्ती और पान-सुपारी आदि लाया। रामा शिन्दे ने कहा—"गंगू मौसी ऽ ऽ ऽ तू नैवेद्य कर...।" उसे

थोड़ा गेहूँ का आटा दिया। खीर बनानी थी सो कृष्णा बुआ और माँ को कूटने के लिए गेहूँ दिए। हर औरत को एक इस हिसाब से कामकाज बाँटकर दिए। पुरुष लोग उस दिन माँगने को गए ही नहीं। सब लोग काम किया करते थे। मुझे और सुरेश को केला के पत्ते लाने के लिए भेज दिया। हम दोनों दौड़ते-दौड़ते एक खेत में गए। वह किसान गन्ने को पानी दे रहा था। मैंने कहा—"मालिक...हमको...एक केला का पत्ता चाहिए... ।" किसान ने कहा—"बहुत हाविस आई क्या रे...केला के पत्ते की...खेलने कु चाहिए क्या...?" मैंने कहा—"नहीं...हमारी बिरादरी का एक बूढ़ा मर गया...दो दिन हुए...आज नैवेद ले जाना है... ।" तब उसने केला का एक पत्ता निकालकर दे दिया। उसे लेकर हम दोनों दौड़ते हुए ही तिरपाल की ओर आए। नैवेद्य तैयार करके रखा था। नागू दादा ने केला के पत्ते पर नैवेद्य तथा पान-सुपारी रखी। अगरबत्ती जलाई। उस पत्ते को उठाया और दादाजी आगे निकल पड़े। उनके पीछे-पीछे पुरुष, स्त्रियाँ और बच्चे चलने लगे। दो-चार लोग ही हमारे डेराडंगर के पास रहे क्योंकि खीर पकानी थी इसलिए। कूटे हुए गेहूँ पानी गर्म करने के बड़े पतीले में डाल दिए। तीन बड़े-बड़े पत्थर लाए थे। उनका चूल्हा बनाया और उस पर पतीला रखकर उसमें पानी डाला। इस तरह खीर बनाने का काम शुरू हुआ था। सब लोग नाले में पहुँच गए। सबने मिट्टी डाली। उस पर नैवेद्य रखा और वहाँ से अलग हटकर लोग कौवे के आगमन की प्रतीक्षा करने लगे। इस धारणा से कि यदि कौवे ने नैवेद्य छुआ तो मृत व्यक्ति की आत्मा तुष्ट हुई और नहीं छुआ तो उसकी आत्मा स्वर्ग में नहीं जाती, वह भटकती रहती है। बहुत देर हुई किन्तु कौआ नहीं आया। थोड़ी देर बाद कहीं से दो कौवे आकर पड़ोस के पेड़ पर बैठे। उनका ध्यान नैवेद्य की ओर नहीं था इसलिए वे वहीं बैठ गए। मारुती मामा ने धीरे से कहा—"कौआ आया भला क्या...आपस में मत बोलो... ।" सब जन शान्त बैठे थे। कौआ नीचे नहीं आ रहा था क्योंकि वहाँ बहुत-से लोग बैठे हुए थे। तब कैसे आएगा वह नैवेद्य खाने ? नारायण मामा ने कहा—"पांडुरंग मामा ने कुछ तो जिद पकड़ी है...पाँव पड़ो उनके...माँग के ले कुछ तो... ।" सुनकर मारुती मामा आगे बढ़े और बोले—"भैया ऽ ऽ ऽ तेरे पाँव पड़ता हूँ...लेकिन यह नेवेद छू...मैं तेरे परिवार के लोगों का पूरा ध्यान रखूँगा...खाने-वाने की कोई कमी महसूस नहीं होने दूँगा...मैं जानता हूँ तेरे कु चिन्ता लगी है...अपने लोगों का क्या होगा करके...पर हम उनको नहीं भूलेंगे... ।" किन्तु कौवे के पाँव पड़ने से वह खानेवाला थोड़े ही था ? लेकिन हम लोगों का निश्चय दृढ़ था। हर कोई उस कौवे की विनती करता था। निवृत्ति शिन्दे ने उठकर कहा—"मामा ऽ ऽ ऽ मैं हूँ पीछे...देखने कु...तुम चिन्ता मत करना... ।" लोग कौवे को नमस्कार करते थे और वह अपने को लोग देख रहे हैं इसलिए और थोड़ा पीछे खिसक जाता था। दिन माथे पर चढ़ आया था। हम सब धूप में तप रहे थे। इतने में पिताजी बोले—"चलो...जरा जगह बदल लें... ।" सब जन पीछे हट गए। लोग पीछे हट गए हैं इसे देखकर कौआ नीचे आया। दोनों पैरों पर छलाँग लगाते-लगाते वह सतर्कता से नैवेद्य के पास गया। खाने की चीज थी इसलिए वह खाने लगा। उसके लिए भी अच्छा अवसर

था। अनायास ही खाने को मिला इसलिए वह खुश था और कौवे ने नैवेद्य छू लिया इसलिए हमारे लोग खुश थे। 'अपने पास कोई आता है क्या' इसे देखने के लिए कौआ अपनी गर्दन ऊपर उठाकर हमारी ओर देखता था। इसे देखकर निवृत्ति शिन्दे कहते थे–"अब भी देखो...मामा की जान अपने लोगों में कैसे अटक गई है...।" अन्य लोग भी दादाजी की जान की तारीफ करते थे। आखिर उस कौवे ने जो कुछ भी था खा लिया और उड़ गया। उसका इस मृत व्यक्ति से क्या रिश्ता था ? खाने को मिला सो खा लिया। उसका काम खत्म हुआ। लेकिन हमारे लोग इसलिए खुश थे कि कौवे ने सब खाया। सब लोग दफन के गड्ढे को नमस्कार करने लगे। किसी ने आँसू भी ढाले और फिर हम सब वहाँ से निकल पड़े।

तिरपाल पर लौटने के लिए बहुत देर हुई थी। इसलिए सबको भूख लगी थी। खीर कब की पक गई थी। छोटे बच्चों की पंक्ति पहले बैठी। थालियों में खीर परोसी गई। बच्चे चटखारा मारे खाने लगे। उसके बाद बड़े लोग खाने के लिए बैठे। वे जल्दी-जल्दी कौर निगलते और डकारते हुए उठते थे। डकारते-डकारते ही वे कहते थे–"अब...मिली शान्ति...पांडुरंग मामा की आत्मा को...।" औरतों ने भी प्रसाद समझकर पेट भर खीर खा ली। सारा दिन भोजन में ही बीत गया। अतः शाम को भोजन की आवश्यकता नहीं थी। हर एक ने काफी खा लिया था। सवाल था आनसा दादी और सुन्द्रा का कि कल से वे दोनों क्या खायेंगी ? रात के समय हमारे समाज के मुखिया लोग इकट्ठा बैठे। तब नागू दादा बोले–"अब हम ऐसा करेंगे...हममें से प्रत्येक जन एक-एक कटोरी आटा और थोड़ी-थोड़ी चटनी रोज आनसाबाई और सुन्द्रा कु देगा...डेराडंगर जाते वक्त...हर बार कोई एक घोड़े कु खुगिर डालेगा...उस पर बोझ लादेगा...इसी तरह उनकु अपुन के गाँव तक ले जाके छोड़ना है...नहीं तो उनकु इस जंगल में कहाँ छोड़ें...छोरी जवान है...नेवरा से भी सँभालना होगा नहीं...अपने बच्चे सँभालते-सँभालते ही उसकी नाक में दम आता है...तब वह क्या इनका पेट पालेगा...?" सभी पंचों ने प्रस्ताव को मान्यता दी। सिवा उसके कोई चारा नहीं था। वहाँ से आगे हर कोई एक-एक कटोरी आटा और थोड़ी-थोड़ी चटनी आनसा दादी और सुन्द्रा को दे देता था। कभी उनको सावित्री मामी भी अपने यहाँ भोजन के लिए ले जाती थी। कम-ज्यादा देखती थी। डेराडंगर उठाते समय कोई खोगीर डालकर घोड़े पर बोझ लाद देने में सहायता करता था। इस तरह हमारी बिरादरी के लोग उनका दुःख बाँट लेने की कोशिश करते थे। दिन एक के बाद एक बीतते जा रहे थे।...और लोग पांडुरंग दादा को भूलने लगे थे। एक दिन नागू दादा बोले–"आसाढ़...अब पूरा एक महीना रहा है...तब अपुन...अब अपने गाँव की ओर जाएँगे...।" तब हमारे डेराडंगर की दिशा बदल गई। गाँव जाने के उद्‌देश्य से हमारे पड़ाव गाँव की दिशा में तय होने लगे। हम सब दिन-ब-दिन गाँव के निकट जा रहे थे।

मुझे अपने गाँव का चित्र दिखाई देने लगा। हमारे गाँव का नाम था बावची। मंगलवेढ़ा तहसील (जि. सोलपुर) का एक छोटा-सा देहात। गाँव की आबादी जैसे-तैसे

हजार-ग्यारह सौ थी। उसमें से चालीस घर तो हमारी ही जाति के थे। घर भी कैसे ? मिट्टी की बनाई गई छोटी-छोटी दीवारें और उस पर बनाए छप्पर। वे घर बाँधे भी जाने कितने साल हुए हों ? हमारे घर यानी ऐसे घर की धूपक़ाल में धूप लगे, वर्षा में पानी आए और जाड़े में ठंडक लगे। समाज में जिस तरह व्यक्ति को पहचानने के लिए प्रत्येक का अपना विशिष्ट नाम रखा जाता है, ठीक उसी तरह विशिष्ट गाँव के भिखमंगे के रूप में पहचानने के लिए हमारे समाज ने उस गाँव का आश्रय लिया था। वह भी बावची में मरगम्मा देवी का मंदिर था इसलिए। प्रत्येक आषाढ़ महीने में मरगम्मा देवी का मेला होता था। उसे ही 'आषाढ़' कहा जाता। तय करके आषाढ़ महीने में किसी एक मंगलवार को मरगम्मा देवी को बकरे की बलि दी जाती। देवी को उसका नैवेद्य दिया जाता और फिर अगले कार्य का आरम्भ किया जाता। यही हमारे गाँव का नियम था। अन्यत्र भटकनेवाले भिखारी आषाढ़ के मेले के लिए अपने-अपने गाँव लौट आते थे। गोंधळेवाड़ी में भी मरगम्मा देवी का मन्दिर है इसलिए वहाँ गोंधळी जाति के लोग रहते हैं। वह भी महीनाभर ही। गोंधळी जाति का गाँव था इसलिए उसे गोंधळेवाड़ी कहा जाता था। नराळ यह सांगोला तहसील में स्थित एक बहुत ही छोटा देहात है। वहाँ भी मरगम्मा देवी का मन्दिर है इसलिए हमारी जाति के कुछ लोग नराळ में रहते हैं। इसलिए हमारी बिरादरी के कुछ लोगों का गाँव नराळ था। हमारे पुरखा जब चारों ओर बीमारी फैली थी तब इन अलग-अलग गाँवों में जा बसे थे। उनकी धारणा थी कि उनकी रक्षा मरगम्मा देवी ने की। मरगम्मा देवी की कृपा से उन पर बीमारी का कोई प्रभाव नहीं पड़ा, कोई हानि नहीं हुई। इसलिए वे देवी का मेला करते थे। तब से आज तक हर साल यह मेला चलता रहा है।

हमारे गाँव का इतिहास पिताजी ने मुझे पहले ही बताया था। अब गाँव जाना था इसलिए मुझे खुशी हुई थी। गाँव जाने पर मुझे स्कूल जाने के लिए मिलनेवाला था। कम-से-कम दो-तीन सप्ताह तक हम गाँव में रहते थे। मन को थोड़ी तसल्ली हुई। दिन एक के बाद एक बीत रहे थे। हमारा जीवन प्रतिदिन के अनुसार बीत रहा था। उस जीवन को स्थैर्य नहीं था। मेरे साथ छोटा भाई आबास भी भीख माँगने के लिए आता था। एक दरवाजे में वह और दूसरे दरवाजे में मैं खड़ा रहता और हम दोनों रोटी के टुकड़े माँगते थे। जिस दिन पहली बार आबास माँगने के लिए मेरे साथ आया था उस दिन मुझे बहुत बुरा लगा था। माँ ने मुझे घर पर ही समझाया था—"दादासाब...! छोरा बहुत छोटा है...उसे सँभालके लाना बाबा...!" हम कुमठा में रहे थे। मैं और आबास माँगने के लिए गए थे। दरवाजे में खड़े होकर आबास कहता था—"रोटी...का एक टुकड़ा दो मावसी...मेरे कु बोत भूख लगी... ।" यह सुनकर मेरा हृदय फट गया था। इस जिन्दगी से ही मुझे नफरत हो रही थी। हम दोनों भीख माँगते थे। इसलिए अब घर में ठीक चल रहा था। चार टुकड़े मैं लाता, चार टुकड़े आबास लाता और पिताजी कुछ अनाज तथा टुकड़े लाते थे।

हम सब बाज नामक गाँव में रहे थे। दोपहर तक सब लोग माँगकर लौटे थे। कोई

सोया था तो कोई मछलियाँ, केकड़े पकड़ने के लिए नाले पर गया था। दिन ढलने पर रामा शिन्दे अनाज पीसकर लाने के लिए गाँव में गए थे। उनके साथ छोटे-छोटे बच्चे भी नंगे-धड़ंगे ही पीसने के लिए अपना-अपना अनाज फूटी पतीली में लेकर दौड़ते जा रहे थे। पतीली की तह से वह मिलावटी अनाज दीखता भी नहीं था। बहुत देर के बाद वे बच्चे दौड़ते हुए वापस लौटते दिखाई दिए। उनके पीछे रामा शिन्दे चले आ रहे थे। बच्चे खुशी से छलाँगें लगाते थे। रामा शिन्दे तेजी से चलते हुए आए और बोले—"भिखारियो...! आज बाज में दो शादियाँ हैं...पाटिल के यहाँ...'पूरन पुरियाँ' बनाई हैं...तब शाम कु सब जन चले...भोजन कु... ।" जिस तरह मेहमान को निमन्त्रण दिया जाता है उसी तरह रामा शिन्दे सबको बता रहे थे। हमारे लोगों को भी खुशी हुई। क्योंकि आज घर में खाना पकाने का सवाल ही नहीं था और खाने के लिए महाभोज मिलनेवाला था। सूर्यास्त होते ही सिवा औरतों के तिरपाल के लड़के-लड़कियाँ और सब लोग हाथ में फूटी थालियाँ, पतीलियाँ आदि लेकर एक के आगे एक दौड़ रहे थे। अपने को मिलेगा कि नहीं यह सोचकर हर कोई पीछे रहना नहीं चाहता था। सब लोग पाटिल के घर के सामने आकर खड़े हुए। स्पीकर लगा हुआ था। हम दूर ही बैठे थे। भोजन की पंक्तियाँ बैठने को अभी काफी समय बाकी था। हम दूर से ही वह मंडप देख रहे थे। हमें उसमें कौन आने देता ? मारुती मामा कहते थे—"बच्चो...यहीं...बैठो...कहीं जाना नहीं...नहीं तो पारधी का छोरा है...करके पीट जाओगे... ।" बच्चे वहाँ से हिलते ही क्यों ? वे देखते हुए चुपचाप बैठे रहे। इतने में सामने पड़े हुए रंग-बिरंगे कागज को लेने म्हवन्या (मोहन) उठ गया। तब पिताजी जोर से चिल्लाए—"ऐं ऽ ऽ ऽ लौंडे...चुप बैठता है कि नहीं...?" सुनकर म्हवन्या अपनी जगह पर आकर बैठा। भोजन की पंक्तियाँ मंडप में बैठीं। गाँव के लोग पंक्तियों में बैठे। गाँववाले उनको परोसने लगे। पंक्तियों के लोग खाते थे और हम उनको देखते थे। इतने में दो-चार कुत्ते आकर हमारे पास खड़े रहे। हर कोई अपने ही काम में व्यस्त था। कोई खाने के काम में तो कोई परोसने के काम में। हमारी ओर कौन ध्यान देता ? वहाँ निकम्मे हम ही थे। पंक्तियों में एक रोबदार आदमी घूमता-फिरता था। वह कहता था—"ले लो...शरमाओ नहीं... अजी ! शादी आपके ही घर की है...ऐं ऽ ऽ ऽ गणप्पा, हयाँ परोस... ।" फिर गणपति तुरन्त ही दौड़ते हुए वहाँ जाकर परोसता था। नागू दादा ने तर्क किया कि शायद यही आदमी पाटिल होगा। दादाजी उठकर उस आदमी के पास गए और कहने लगे—"साब...हम जोशी लोग हैं...भीख माँगकर खाते आउर...भटकते हैं...आपके घर में सादी है करके मालूम हुआ...बड़ी आसा से आए हैं...थोड़ा-थोड़ा परोसना जी... ।" पाटिल ने एक नजर हम पर डाली। करीब-करीब पच्चीस-तीस लोगों का झुंड बैठा था। हाथ में थालियाँ और पतीलियाँ बजाते हुए। पाटिल ने गुस्से से कहा—"आउर कोई बचा है क्या...? हो तो आ लेके...तुम्हारी माँ की...फोकट का खाने कु मिलता है करके सारी बिरादरी ही लेके आया तो...जा...जा...बड़ा चतुर है तो... ।" नागू दादा विनती करते थे—"अजी....! ऐसा मत करो...आप ही हमारे अन्नदाता हैं...आप ऐसा करेंगे तो हम

जीएँगे कैसे...?" फिर मेरे पिताजी ने कहा—"अजी...! मालिक...थोड़ा-थोड़ा...परसाद करके तो परोसना...इतनी दूर से आए हैं... ।" पाटिल को बहुत गुस्सा आया। उसने गुस्से में ही कहा—"इतनी दूर से आया...क्या अहसान करने कु आया मुझ पर...जाता है कि नहीं...नहीं तो लाठी से पीट दूँगा... ।" इसे सुनकर हमारे भोजन की आशा धूप में रखी बर्फ के समान ही पिघल गई। तब मारुति मामा बोले—"आप इनकार ही करने लगे तो क्या इलाज है क्या...? पर आपकु जरा हमारी दया तो आने दो... ।" इस पर पाटिल ने थोड़ा विचार कर परोसनेवाले को पुकारा—"ऐं ऽ ऽ ऽ परश्या ऽ ऽ ऽ, ऐं गणप्पा ऽ ऽ ऽ इधर आओ...इनको थोड़ा-थोड़ा खीर का पानी परसो...इनकी माँ की...सताने के लिए आए हैं... ।" फिर तुरन्त हमारी पंक्ति बैठ गई। हमारी फूटी थाली में थोड़ी-थोड़ी खीर डाली जाने लगी। बच्चे और बड़े शीघ्रता से खाते थे। लेकिन परोसनेवाले एक बार जो परोसकर गए सो दुबारा लौटे ही नहीं। हमारी पंक्ति वैसे ही हाथ अड़ककर बैठी थी। पड़ोस के कुत्ते जूठन तो कम-से-कम भेटभर खाते थे किन्तु हम थोड़ा-सा जो मिला उसे खाकर हाथ अकड़कर बैठे थे। मारुती मामा कहते थे—"अजी ! हमारी थाली अब खाली है...आवो तो... ।" उसे सुनकर पाटिल गुर्राया—"अब जाता है कि नहीं...? इनके माँ की...जात ही तुमारी बोत आशावान...जावो...उठो...भागो... ।" हमारे मुखिया लोगों ने बहुत ही मिन्नतें कीं लेकिन उसका कोई असर नहीं हुआ। हम अधभूखे जूठे मुँह लेकर तिरपाल की ओर आए। अधभूखे कैसे ? पूरे ही भूखे थे। लौट आए तब औरतें आराम से सोई हुई थीं। उनको भी आशा थी कि लोग खाकर लौटते समय अपने लिए भी कुछ तो लाएँगे। इसलिए किसी ने भी खाना नहीं पकाया था। इस तरह उस दिन सबका उपवास हुआ। बढ़िया भोजन तो मिला ही नहीं, बासी टुकड़े भी रात को खाने के लिए नहीं मिले। कुत्ते के समान चुपचाप सो गए... और नहीं तो करते भी क्या ? इस तरह एक के बाद एक गाँव पीछे छोड़कर हम अपने गाँव के निकट जा रहे थे। आषाढ़ बहुत निकट आया था। आषाढ़ में खर्च करने के लिए पैसे लगते हैं इसलिए सबने हाथ अकड़ लिया था। बाजार से बच्चों को खाने के लिए भी नहीं लाते थे। आषाढ़ की तैयारी शुरू हुई थी।

हम नन्देश्वर में रहे थे। बावची से नन्देश्वर सिर्फ नौ मील पर था। वह जरा बड़ा देहात था। वहाँ पर सप्ताहिक बाजार हुआ करता था। पास-पड़ोस के करीबन दस-पन्द्रह मील के अंदर के लोग उस बाजार में भेड़-बकरियाँ, मुर्गियाँ, अनाज, सब्जी और अन्य सामान्य चीजों को खरीदते और बेचते थे। गाँव के निकट ही एक नाला था। हमने नाले के किनारे ही सामान उतार दिया। सभी लोगों ने तिरपाल फैलाए। औरतें पानी लाने गईं। हमेशा की तरह नियमित रूप से कार्यक्रम शुरू हुआ। शाम के समय नागू दादा ने कहा—"बाजार चार दिन पर आया...जिनकु आसाढ़ के लिए भेड़-बकरी लेनी है... सो ले लें...गाँव जाने पर उसके लिए वापस कब आए..?" सबने सुन लिया। सब जन मन में सोचने लगे कि एकाध दूसरी भेड़-बकरी लेंगे सो बात खत्म। मेरे पिताजी ने माँ से कहा—"अरी ऽ ऽ ऽ अपुन क्या करें...? यानी कि गाँव कु जाना है कि नहीं...? अपुन

के पास तो पैसे नहीं...बच्चों कु कपड़े लेने चाहिए...एकाध बकरी लेनी चाहिए...।" परन्तु माँ भी तो क्या कहती ? सवाल पैसे का था। माँ ने कहा—"रहने दो फिर गाँव जाना...अपुन यहीं रहके देवी कु एकाध मुर्गा काटेंगे...।" पिताजी ने थोड़ी देर सोचा। वे खुद ही से बुदबुदाए और उठकर नागू दादा के तिरपाल की ओर गए। उन्होंने दादाजी को बताया—"चाचा ऽ ऽ ऽ मैं गाँव कु नहीं आ सकूँगा...मैं यहीं रहूँगा...आउर यहीं से देवी कु नेवर दिखाऊँगा...एकाध मुर्गा काटके...।" सुनकर नागू दादा को आश्चर्य हुआ। क्योंकि न जाने पर देवी का कोप होता है इसलिए उसके मेले के लिए जाना कोई नहीं भूलता था। परन्तु पिताजी तो न जा पाने की बात कह रहे थे। अतः दादाजी एकदम बरस पड़े—"मलारी ऽ ऽ ऽ तेरे कु कुछ दिमाग है कि नहीं...? अरे...! उसके बलबूते पर तो अपुन जीते हैं...आउर उसे ही बिसरना क्या...? अन्न मिलेगा नहीं तेरे कु... चुपचाप गाँव चल...!" पिताजी चिन्तित होकर बोले—"अजी...चाचा...! पास में पैसे नहीं...बच्चों को कपड़े-वपड़े लेने पड़ेंगे...भेड़-बकरी लेनी पड़ेगी...गाँव में रहने के लिए पैसे चाहिए...वहाँ सब कुछ बिकत ही लेना पड़ता है...तब क्या करूँ...मेरे कु समज में नहीं आता...।" दादाजी ने तुरन्त साथ दिया—"मैं तेरे कु पैसा देता हूँ...तू चिन्ता मत कर...जा...सो जा...।"

पिताजी वहाँ से उठकर हमारे तिरपाल की ओर आए और बिस्तर पर सोचते पड़े। नागू दादा की हालत अन्य लोगों से अच्छी थी। घर में कमानेवाले दो बड़े व्यक्ति थे। उनके घर का खर्च भी बहुत ज्यादा न था। घर में कुल पाँच सदस्य थे। ईश्वर चाचा के दो बच्चे—सुरेश और बकुला तथा तीन बड़े लोग थे। वे थे ईश्वर चाचा, उनकी पत्नी सन्ता चाची और स्वयं दादाजी। इसलिए उनके यहाँ बचत बहुत होती थी। पिताजी को चिन्ता में ही नींद लगी।

शनीचर का दिन था। उस दिन नन्देश्वर का बाजार था। सभी ने पास में जितना अनाज था उतना बेचने के लिए ले लिया। मुर्गियाँ भी बेचने के लिए लीं। अनाज और मुर्गियाँ बेचकर पैसे पाने थे क्योंकि उसी पैसे से एकाध भेड़-बकरी और बच्चों के लिए कपड़े लेने थे। मेले के लिए नमक-मिर्च भी ले जाना था। लोग हाथ में रोटी ले जल्दबाजी में खा रहे थे। तब तक औरतों ने बेचने के लिए अनाज निकालकर रखा था। उनके पास बेचने के लिए था ही क्या ? जैसे-तैसे आटा और नमक-मिर्च देकर अन्य लोग ही उनको जिलाते थे। पिताजी भीख माँगकर लौट आए। आज बाजार था इसलिए वे दोपहर तक माँगते रहे, सूर्योदय के पूर्व तक 'पिंगळा जोशी' के रूप में तो सूर्योदय के बाद ज्योतिष के रूप में। मैं और आबास माँगकर गाँव से जल्दी ही लौटे थे। दोपहर में लोग बाजार के लिए निकले। कोई मुर्गियाँ और अनाज लेकर जा रहा था। कोई अगर हो तो घर से पैसे लेकर भी जा रहा था। अनाज और मुर्गियाँ—जो आए सो दाम पर बेचे जाते थे। पिताजी ने नागू दादा से सौ रुपए उधार लिए थे। हम भी बकरा लेनेवाले थे। पिताजी ने दो-चार बकरों को देखा किन्तु उनको उनमें से एक भी पसन्द नहीं आया। निवृत्ति शिन्दे ने एक छोटा-सा बकरा लिया। रामा शिन्दे ने एक बूढ़ी,

डोकरी भेड़ी ली। घर में लोग ज्यादा हैं इसलिए नारायण मामा ने क़र्जा लेकर दो बकरे लिए। सबने एक-दो, एक-दो भेड़ लिये। पिताजी ने भी एक बकरा लिया। मारुती मामा ने बाजार में ही कहा—"अजी ऽ ऽ ऽ नागू मामा ऽ ऽ ऽ सुन्द्रा और आनसा मामी का क्या करेंगे ?" नागू दादा ने थोड़ी देर सोचा और कहा—"अपुन...यहीं सबसे...दो-दो रुपये चन्दा इकट्ठा करेंगे...बकरा न सही...एकाध मुर्गा तो लेके देना चाहिए उनको...।" सबने दो-दो रुपये चन्दा दिया। कुल बीस रुपये जमा हुए। उसमें से बारह रुपये का एक मुर्गा लिया। दो रुपए की मिर्च ली। एक रुपए का मसाला लिया और शेष पाँच रुपए उनको खर्चे के लिए रखे।

इस तरह मेले की तैयारी हुई। हम तिरपाल की ओर लौटने के लिए निकल पड़े। पिताजी ने माँ से कहा—"यह बकरा लेके तू...घर जा...मैं वच्चों कु कपड़े लेके आता हूँ...।" माँ ने बकरे को पकड़ लिया और अन्य लोगों के साथ तिरपाल की ओर जाने लगी। किन्तु माँ के साथ जाने का मेरा मन नहीं हुआ। कपड़े के लिए मैं मरने पर भी उठूँगा क्योंकि कभी पहनने के लिए मिले ही नहीं। पिताजी आज नए कपड़े लेनेवाले थे। मेरी खुशी का कोई ठिकाना नहीं रहा। मैं पिताजी के पीछे दौड़ने लगा। तैयार कपड़े बेचनेवालों की एक ही कतार थी। कपड़े बेचनेवाले एक दुकानदार के पास पिताजी ठहरे। पिताजी ने पहले मुझे देखा और फिर कपड़ा बेचनेवाले से कहा—"इसके नाप का कुर्ता निकालो भला...सूत का बना हुआ निकालना...।" मैं कुछ समझा नहीं किन्तु बेचनेवाला तुरन्त समझ गया। उसने एक कुर्ता निकालकर पिताजी के सामने रखा। गिताजी ने चार-पाँच बार उठाकर आगे-पीछे से देखा और कीमत पूछी—"क्या लेंगे इसका...?"

दुकानदार ने बताया—"पाँच रुपए...।" दुकानदार के कीमत बताते ही पिताजी ने कुर्ता वहीं छोड़ा और उठ गए। मुझे बहुत बुरा लगा क्योंकि ऐसा लगा कि पिताजी अब कपड़े लेंगे नहीं। दुकानदार कहता था—"अजी ऽ ऽ ऽ क्या हुआ...? ऐसा क्यों करते हैं? आप माँगो तो...आपको जितने में पुसता है उतने को माँगो...।" पिताजी गुस्से से बोले—"मैंने आपकु एक कुर्ते की कीमत पूछी थी...सबी कपड़े की नहीं...दाम इतना बताते हैं क्या...?" दुकानदार ने कहा—"मैंने बताया...सो क्या आपने दिया...? आप बोलो क्या देंगे ?" पिताजी बोले—"एक रुपया दूँगा...।" शायद दुकानदार को पिताजी पर गुस्सा आया होगा। परन्तु उसने प्रकट नहीं किया। उल्टे वह सीधी तरह से बोलता था—"एक रुपये में क्या आता है ? भला, वह जाने दो, चार रुपये दो...।" पिताजी को वह थोड़े ही जँचनेवाला था ? उन्होंने कहा—"वो कुछ नहीं...दो रुपये दूँगा... देखो...देना हो तो दो नहीं तो रख लो...।" उस दुकानदार को इस तरह का अजीब ग्राहक कभी मिला ही नहीं होगा। उसे इसलिए अजीब लगता था कि पिताजी उस कुर्ते को साग-सब्जी समझते थे। उसे भी तो क्या मालूम था कि हमारी जाति में एक रुपए की कीमत क्या है ? अन्ततः किसी तरह तीन रुपए में वह कुर्ता ले लिया। चड्डी लेने के लिए दूसरी ही दुकान। मेरे, आबास के और छाया के कपड़े लेने के लिए मैंने और

पिताजी ने पूरे बाजार के कम-से-कम आठ-नौ फेरे लगाए। पिताजी के पीछे मैं चुपचाप चलता था। बोलने की कुछ भी सुविधा नहीं थी। पैसे बहुत से खर्च हुए थे। यदि मैं कुछ बोलता तो पिताजी एकाध थप्पड़ अवश्य मारते।

अन्ततः एक दफा हो गया कपड़े खरीदना।...और निकल पड़े तिरपाल की ओर आने के लिए। पिताजी ने दस पैसे के गाजर और पन्द्रह पैसे का चिउड़ा लिया। किन्तु मुझे वहाँ कुछ भी नहीं दिया। नमक-मिर्च, मसाला पहले ही लेकर माँ के साथ भेज दिया था। पिताजी को बहुत बुरा लग रहा था क्योंकि दूसरे से कर्जा लेकर कपड़े खरीद लिये थे।...और मुझे बहुत खुशी हो रही थी क्योंकि नये कपड़े पहनने के लिए मिलनेवाले थे। हम तिरपाल पर आ गए। हर एक के तिरपाल के सामने भेड़, बकरी और बकरे बँधे हुए दिखाई देते थे। लाए हुए नये कपड़े बच्चों को बैठते हैं कि नहीं यह देखने के लिए पहनाए गए थे। नये कपड़े पहनकर बच्चे नाच रहे थे। लेकिन उनके माता-पिता तुरन्त ही उनको कपड़े उतारने के लिए कहते थे—"ऐं ऽ ऽ ऽ गन्दा मत कर...उतार दे पहले, मेले में क्या पहनेगा...?" माँ-बाप खींचकर कपड़े निकाल लेते थे। बच्चे मुँह फैलाकर जोर-जोर से रोते थे। आबास कपड़े पहननेवाले प्रत्येक बच्चे की ओर देखता था। माँ ने चूल्हा जलाया था। हमें आते देख आबास दौड़ता हुआ आया। पिताजी ने उसे उठाकर लिया। हम तिरपाल के सामने बैठे। पिताजी ने कपड़े पहनने के लिए कहा। हमने कपड़े पहने। एक बाँह थोड़ी कम तो दूसरी बाँह थोड़ी लम्बी हो गई थी। फिर भी कुर्ता अच्छा है करके हम नाचते थे। पतली-सी पट्टीदार चड्डी लाई थी। वैसे तो हमें कपड़े बैठते ही थे। फिर भी आते हैं कि नहीं देखना था। मैंने कपड़े निकालकर रखे। किन्तु आबास कपड़े नहीं निकाल रहा था। कहने लगा—"मैं कपले पहन के सोनेवाला हूँ...।" पिताजी बोले—"आब्या ऽ ऽ ऽ कपड़े निकाल दे...नहीं तो लौटाके आता हूँ...।" लेकिन तब आबास ने चुपचाप कपड़े निकाल दिए। छाया को कपड़े लाए थे किन्तु उसे पहनाए ही नहीं। जैसे पत्थर पर वर्षा होती है फिर भी वह पहले की तरह रहता है, वैसे हम भी नंगे-धड़ंगे रहे। कपड़े मेले के लिए गठरी में बाँधकर रखे। माँ की साड़ी फटी हुई थी। लेकिन उन्होंने अपने लिए कुछ भी नहीं लिया था।

दूसरे दिन सुबह हम अपने गाँव बावची की ओर निकल पड़े। तिरपाल निकाल लिए। सामान की गठरियाँ बाँधीं। घोड़ों को खोगीर डाले। उन पर सामान लादा। डेराडंगर उठाया और वहाँ से निकल पड़े। गाँव जाने की उत्सुकता हर एक को थी। सिर्फ सुन्द्रा, आनसा दादी और सावित्री मामी को भयंकर दुख होता था। रास्ता पहचान का था। उनको पांडुरंग दादा की याद आती थी। उनकी आँखें भर आई थीं। अन्य लोग जब उनकी ओर देखते थे तब उनका आनन्द भी खत्म होता था और चेहरे पर निराशा दिखाई देने लगती थी। छोटे बच्चों को बहुत आनन्द हुआ था। गाँव जाने पर नाले में नहाने को जाने के लिए मिलता था। इस वर्ष पन्द्रह दिन हुए मृग नक्षत्र निकलकर फिर भी वर्षा का कोई लक्षण नहीं दीखता था। लोगों ने समझ लिया था कि इस वर्ष अकाल ही पड़ेगा। आसमान में केवल बादल मँडराते थे और हवा से लुप्त हो जाते थे। देखते

ही देखते हम गाँव की सीमा में आए। जैसे-जैसे गाँव निकट आने लगा वैसे-वैसे सुन्द्रा, आनसा दादी और सावित्री मामी रोने लगीं। गाँव के निकट हम टट्टी के स्थान तक आए तब उन तीनों ने बहुत जोर से रोना शुरू किया। सुन्द्रा खुद को पीट लेती और कहती—"बा ऽ ऽ ऽ बा ऽ ऽ ऽ तेरे कु गाँव देखने कु नहीं मिला...इस साल....कैसा आसाढ़ आया है ऽ ऽ ऽ तू निकल गया ऽ ऽ ऽ।" कहते हुए वह जोर-जोर से रोती थी। औरतें उसे समझाती थीं। वह रोना-धोना सुनकर गाँव के हमारी जाति के लोग दौड़कर आए। वे समझ गए कि पांडुरंग दादा मर गए। सब जन एक-दूसरे को गले लगाकर रोने लगे। सारा गाँव जमा हुआ। उस वक्त हमारा पूरा समाज रो रहा था। हमारी बिरादरी के लोगों ने हमें गाँव के किनारे ही पानी की भरी गगरी ला दी। डेराडंगर के लोगों ने कुल्ले किए। औरतें सुन्द्रा, आनसा दादी और सावित्री मामी को पकड़कर उनके घर ले गईं। अन्य लोगों ने घोड़ों को अपने-अपने घर की ओर घुमाया। हम अपने घर की ओर आए।

सामान दरवाजे में ही रख दिया। दीवार के पास खूँटी गाड़कर घोड़े को बाँधा। घर के दरवाजे को कुंडी लगाई थी और उसे निकालकर कोई अन्दर न जाए, इसलिए चिथड़े से बाँधा था। ताला था ही नहीं। लेकिन ताले की आवश्यकता ही किसलिए ? क्या था घर में जो ताला लगा देते ? इस आषाढ़ में खोला कि फिर अगले आषाढ़ में ही खोला जाता। फिर किसलिए लगेगा ताला ? पिताजी ने चिन्दियाँ छोड़कर कुंडी निकाल दी। दरवाजा खोला। घर से पाखाने जैसी बदबू आती थी। घर का सिर्फ कबाड़खाना ही हुआ था। बड़े-बड़े सूराख पड़े थे। उनमें से आधा सूर्य दिखाई देता था। चूहे-बिल्लियों ने छपरी की घास-पात नीचे गिराई थी। यह सब देखकर लगा कि जंगल में थे सो वही अच्छा था। बंजर भूमि पर कम-से-कम इतनी गन्दगी तो नहीं थी। माँ ने घर में झाड़ू लगाया। एक गाड़ी भर कूड़ा-कचरा निकाला। सामान घर में रख दिया। चूल्हा तो फूटा हुआ था। इस तरह घर की दुर्दशा हुई थी। पिताजी भी नाले से पानी की गगरी भरकर लाए। मैं और आबास कूड़ा-करकट बाहर फेंकने तथा साफ-सफाई के काम में जुट गए थे। छाया सामान की गठरी पर बैठकर खेल रही थी। हमने पूरा घर साफ किया। सुबह की पकाई हुई रोटियाँ सबने मिलकर थोड़ी-थोड़ी खा लीं। माँ ने सब सामान करीने से लगाया और हाथ में टोकरी लेकर कहा—"दादासाब...तू आउर आबास घर में खेलते बैटो...मैं जरा गोबर लाती हूँ...।" मैंने गर्दन हिलाई। माँ गोबर लाने के लिए निकल गई। घर में कुल दो ही आले थे। उसमें से एक में मैं और दूसरे में आबास खेलने के लिए कुछ मिलता है या नहीं, देखते थे। परन्तु कुछ भी नहीं मिला। थोड़ी देर बाद माँ लौट आई। पिताजी भोजन करने के बाद ही गाँव में गए थे। माँ घर की पोताई करने लगी। मैं और आबास खेलने के लिए बाहर निकल पड़े।

जाते-जाते सुन्द्रा और आनसा दादी के दरवाजे से निकल गए। उनका सारा घर बच्चों और औरतों से भरा था। औरतें रोती थीं। कोई कहती—"भगवान ने बोत...बुरा किया...उनका दरवाजा बन्द किया...विधवा औरत अब छोरी कु कैसे सँभालेगी...।" कहते हुए औरतें दुःख प्रकट करती थीं। पांडुरंग दादा की बड़ी बेटी चन्द्रा मेरे पिताजी

के बड़े भाई से ब्याही थी। चन्द्रा ताई तो दीवार पर जोर-जोर से सिर पटक देती थी। वे कहती थीं—"बा ऽ ऽ ऽ बा ऽ ऽ ऽ तेरे कु कहाँ देखूँ...? तेरी ऽ ऽ ऽ लाश भी तो...मुझे देखने कु नहीं मिली...।" ऐसा कहकर वे सिर पटका लेती थीं। दादाजी की एक और बेटी अब भी गाँव नहीं आई थी। भगवान ने उनके पिता की छत्र-छाया को तोड़ दिया था। अतः उनका अन्तःकरण भर आना स्वाभाविक था। चन्द्रा ताई गाँव में ही रहती थी। मेरे ताऊ येदू मोरे अपना परिवार लेकर जंगल नहीं जाते थे। वे अकेले ही एस.टी. बस से भीख माँगने के लिए जाते। दो-चार महीने माँगते रहते और फिर घर लौट आते। वे कहते—"जंगल में जाने पर बी उतना ही खरच होता है...आउर घर में रहने पर भी उतना ही खरच होता है...तब परेशानी उठाने कु क्यूँ जंगल में जाएँ... ?" उनका कहना सही था किन्तु हमारी जाति में एक-दूसरे को छोड़कर जाना यानी बनवास जाने जैसा लगता था। इसलिए एक-दूसरे को छोड़े बिना सभी परिवार एक साथ गाँव-गाँव भटका करते थे।

पिताजी की माँ सोना दादी येदू ताऊ के पास ही थी। पिताजी को जितना संभव होता उतना वे दादी के पेट के लिए पैसे के रूप में देते थे। हमें हर दिन एक नए गाँव जाना पड़ता था इसलिए उसे साथ में लेकर भटकना संभव नहीं था। दूसरी बात यह कि सोना दादी ने माला पहनी थी...और हम हर दिन मछलियाँ तथा केकड़े पकड़कर खाया करते, जो उसे बिलकुल पसन्द नहीं था। इसलिए दादी येदू ताऊ के पास ही रहती थी।...और नहीं तो रहेगी कहाँ ? उसके दो बेटे और एक बेटी थी। बेटी का नाम वेणूताई था। वह भी अपने पति के साथ भीख माँगकर खाते हुए भटकती थी। वेणू बूआ को गोंधळेवाड़ी में पुजारी के घर में ब्याहा था। सोना दादी हमें पास में लेकर बताती—"बच्चो ऽ ऽ ऽ मैं बोत बुरे हालात में रही हूँ...मलारी आउर यिदू तुमारे जितने भी नहीं थे...तब उनका बाप मर गया...यिणू नन्ही-मुन्नी थी...तब से इस कलाई के बल पर बच्चों कु पाला है...लोगों की...कमली की दसियों कु बटकर गोट बनाते थे...तीनों मिलकर...बच्चे बी बोत बेहाल जिन्दगी जीये...उनके अरमान अब पूरे हुए...तुम जो पैदा हुए...मेरे कु अब कितना भला लगता है...इट्ठल ने भला किया...दोनों का बी...।" दादी बताती रहती और हम कहानी जैसे सुनते बैठते थे। भेड़-बकरियों को काटना उसे पसन्द नहीं था। वह विट्ठल की भक्ति करती थी। प्रतिदिन हनुमान को चन्दन-तिलक आदि लगाकर पूजा करके आती थी। दादी की याद आई और आनसा दादी और सुन्द्रा के घर के सामने से दौड़ते हुए हम सोना दादी के यहाँ गए।

दादी दादाजी के द्वारा बाँधे गए घर में ही रहती थी। एक छप्पर येदू ताऊ ने बाँधा था तो एक हमने। लेकिन दादी अपने धाबे के छप्पर में ही रहती थी। कुछ काम-धाम होने पर ही वह अपने बेटों के घर जाया करती थी। ना हो तो पूजा-पाठ करते हुए अपने ही घर में बैठी रहती थी। मैं और आबास भागते-भागते दादी के यहाँ गए। दादी ने हमें पास लिया। माथे और पीठ पर से हाथ घुमाया, प्यार से सिर और पीठ को हाथ से सहलाया। उन खुरदरे हाथों में भी प्यार की नमी थी। दादी बोली—"दादासाब...

आबा...तुमार कु देखने पर...कितनी खुशी होती है...कबी नजर नहीं आते तुम...कबी तो सालभर में एक ही बार आते हो...सोने जैसा लगता है... ।" इतना बोलते हुए दादी ने प्रसाद कहकर मुरमुरे दिए। ढक्कनी में पीने के लिए पानी दे दिया। आबास ने कहा—"दादी ऽ ऽ ऽ मुझे दे तो...आउर मुलमुले... ।" तब दादी ने आबास को और थोड़े मुरमुरे दिए और मुझे बोली—"अब तू पढ़ाई कर...भीख मत माँग... ।" पढ़ाई और स्कूल का नाम लेते ही मुझे पाटी की याद आई। मैंने दादी से कहा—"दादी, मैं घर जाता हूँ...शाम को फिर आऊँगा... ।" फिर दादी क्या कहती है यह सुने बिना ही मैं घर की ओर दौड़ने लगा। आबास भी मेरे पीछे दौड़ता आ रहा था। घर आकर मैं झोले को बिखराने लगा। परन्तु पाटी कहीं नजर नहीं आई। मुझे सामान को इधर-उधर बिखराता हुआ देखकर माँ ने कहा—"क्या खोजने लगा...?" मैंने कहा—"तख्ती देखता हूँ...इस्कूल की...मिल नहीं रही... ।" तब माँ आई और उसने एक गठरी से तख्ती निकालकर दे दी। मैंने कहा—"माँ...पिताजी को बोल...मुझे इस्कूल में डाल करके... ।" माँ ने गर्दन हिलाई। मैंने तख्ती पर ग, म, न लिखा। लेकिन बीच में कौन-सा अक्षर है इसका स्मरण नहीं हो रहा था। सिर्फ इतना समझता था कि बीच में एक अक्षर छूट गया है। लेकिन कौन-सा छूट गया यह नहीं समझता था। वहाँ पूछता भी किसे ? इसलिए मैं ग, म, न ही घोटता था। दादी हमारे घर में आई। दादी को आया देख माँ ने लिपाई-पोताई को अलग रखा और दादी के पाँव पड़ी। दादी ने आशीर्वाद दिया—"जुग-जुग जी...खुश रह... ।" कहते हुए वह बैठ गई। माँ और दादी बातें करने लगीं। माँ ने कहा—"अजी... । अम्मा...पांडुरंग मामा...घोरपड़ी में मरा तो...तुम कु मालूम हुआ क्या...?" दादी अचानक उठ खड़ी हुई। बहुत दिनों का पुराना आदमी वह। दादी के ही उम्र का। इसलिए दादी को बुरा लगना स्वाभाविक था। उसने कहा—"कइसा मरा री ऽ ऽ ऽ ? बेचारा भला आदमी था...बोत बुरा हुआ...!" यह कहकर दादी सुन्द्रा के घर की ओर जाने लगी।

थोड़ी देर बाद पिताजी आए। माँ ने पिताजी से कहा—"अजी... । छोरा इस्कूल में जाना चाहता है...तब उसका नाम तो डालो हयाँ इस्कूल में... ।" पिताजी बोले—"कल इस्कूल जाता हूँ...मास्टर कु मिलके आता हूँ... ।" मुझे थोड़ा धीरज आया। कल स्कूल जाने को मिलनेवाला था। मेरे बदन पर फटे हुए कपड़े ही थे। कैसे स्कूल जाए समझ में नहीं आता था। मैंने पिताजी से कहा—"पिताजी ऽ ऽ ऽ कल इस्कूल में जाने कु कपड़े कहाँ हैं...?" तब पिताजी चिन्ता में पड़ गए। थोड़ी देर वे सोचते ही रहे। कुछ समय बाद उन्होंने कहा—"कल नन्दीसुर के बाजार से लाए...कपड़े पहन...कबी तो पहनने हैं...पर गन्दे नहीं करने... ।" परन्तु यह सुनकर मुझे बहुत आश्चर्य हुआ था क्योंकि पहनने से कपड़े गन्दे तो होते ही हैं। और फिर स्कूल में तो नीचे बैठना पड़ता था। फिर भी मैंने कुछ नहीं कहा। यदि कुछ कहता तो वे कपड़े भी पहनने के लिए न मिलते, इसकी मुझे कल्पना थी। मैं कल के सूर्योदय की प्रतीक्षा करने लगा था। खेलने के लिए मैं घर से बाहर निकल पड़ा। हम बच्चे, घेरे में रखकर आम की गुठलियों से खेलते थे।

सब जन अपने-अपने घर की लिपाई कर रहे थे। मिट्टी और गोबर मिलाकर, उसमें पानी डालकर लिपन बनाते और उससे दीवारों की लिपाई करते थे। कोई घास-पात से तो कोई सूखी पत्तियों से अपने-अपने छप्पर की मरम्मत करते थे। कोई सूराखों को बन्द करते थे। कुल मिलाकर हमारे घरों के जन्मदिन मनाए जा रहे थे।...और नहीं तो क्या ? वर्ष पूरा हुए बिना उन घरों की ओर कोई नहीं देखता था।

सूर्योदय हुआ। मैं सुबह जल्दी ही उठा था। करीब-करीब पन्द्रह दिन बाद आज नहाया था। नए कपड़े पहने थे—पट्टीदार पतली चड्डी और उस पर सफेद (सूत का बना) हाफ शर्ट। उस दिन मैं खुद को औरों से अलग समझता था। मुझे कपड़े पहना हुआ देखकर आबास रोने लगा—"मैं बी कपड़े पहनूँगा...मैं बी इस्कूल जाऊँगा...।" तब इतनी देर तक चुप बैठे पिताजी गुस्से में बरस पड़े—"आब्या ऽ ऽ ऽ चुप बैटता कि कमर में लात डालूँ...।" सुनकर आबास चुप बैठा। मार खाने से चुप बैठना अच्छा है यह उसने समझा होगा। मैंने तख्ती हाथ में ली। मैं ऊपर से नीचे तक कपड़े की ओर लगातार देख रहा था। उसे देखकर पिताजी को गुस्सा आया। उन्होंने कहा—"ऐं ऽ ऽ ऽ देखता क्या है...? चल जल्दी...इस्कूल भर गया...।" मैं पिताजी के पीछे-पीछे चलने लगा। हमें अपनी बिरादरी की औरतें, बच्चे और लोग आश्चर्य से देख रहे थे। उनको मालूम ही था कि मैं आज स्कूल जाऊँगा और कल डेराडंगर निकल पड़े तो भीख माँगने के लिए उनके साथ जंगल जाऊँगा। स्कूल यहीं पर रहेगा। मुझे अपने आप पर गर्व महसूस हो रहा था। स्कूल तक पहुँच गए।

स्कूल गाँव के हनुमान के मन्दिर में भरता था। मंदिर की एक दीवार गिर गई थी। ऊपर का हिस्सा भी एक बाजू से गिरा हुआ था। अन्दर की ओर एक छोटा-सा कमरा था। उसमें हनुमान की काली-कलूटी मूर्ति रखी हुई थी। गाँव के लोग उस मूर्ति की पूजा करने के लिए आते थे। मूर्ति पर डाला गया पानी स्कूल में बैठे बच्चों की आलथी-पालथी के नीचे से जाता था। एक कुर्सी थी। टेबुल था ही नहीं। चौथी कक्षा तक का स्कूल था वह। बावची के इस स्कूल के लिए एक ही अध्यापक नियुक्त थे। गुरुजी का नाम था हरी केशव लाड़। स्कूल में करीब बीस-पच्चीस बच्चे आते थे। गुरुजी कुर्सी में बैठकर पढ़ाया करते। मन्दिर के सामने जो आँगन था, कभी-कभी बच्चों को वहीं बिठाकर वे पढ़ाया करते। उस आँगन में एक पीपल का पेड़ था। उसके नीचे बच्चों को गोलाकार बिठाकर वे पढ़ाते थे। मैं और पिताजी बाहर मैदान में ही खड़े थे। गुरुजी कुर्सी में बैठे थे। हमें देखकर बोले—"आओ मोरे ऽ ऽ ऽ बेटे को लेकर आए हो...?" गुरुजी पिताजी को पहचानते थे। पिताजी ने कहा—"नहीं...बच्चे कु जरा इस्कूल में डालना है...करके आया हूँ...।" गुरुजी ने हमारी ओर विचित्र निगाह से देखा और कहा—"लेकिन मोरे ऽ ऽ ऽ थोड़े दिन बाद तुम बच्चे को लेकर अनेक गाँवों में भटकते रहोगे...और स्कूल में प्रवेश लेकर पढ़ेगा कौन...?" पिताजी बोले—"अजी...! गुरुजी ऽ ऽ ऽ जितने दिन हम रहेंगे उतने दिन तो पढ़ेगा...फिर आगे की देखेंगे...।" गुरुजी ने फिर प्रश्न पूछा—"अजी...! पड़वे को परीक्षा होती है। परीक्षा के लिए तो आना चाहिए कि

नहीं...?" पिताजी ने उत्तर दिया—"परीकशा कु मैं लेके आऊँगा...परीकशा कितने दिन होती है...?" गुरुजी बोले—"एक ही दिन, वह भी एकाध घंटे में खत्म होगी। अजी ! पहली के बच्चों की कैसी परीक्षा...?" पिताजी को अच्छा लगा। बोले—"तो फिर हो गया....मैं लाता तो उसे...पड़वे के एक दिन पहले...।"

लाड़ गुरुजी रहमदिल दीखते थे। उन्होंने पूछा—"क्या नाम है बच्चे का...?" पिताजी ने बताया—"दादासाब...।" गुरुजी ने फिर दूसरा प्रश्न किया—"जन्म-तिथि क्या है...?" पिताजी ने उँगलियों पर हिसाब करना शुरू किया और थोड़ी देर बाद बोले—"साढ़े-सात बरस हुए...म्होरम के महीने में...इतबार कु जन्मा है...।" गुरुजी काहे को मोहरम और दीवाली देखते बैठेंगे ? उन्होंने साढ़े-सात साल ही पकड़ लिए। हमारी जाति गुरुजी को मालूम ही थी। किसी तरह गुरुजी ने स्कूल में नाम दर्ज कर लिया।...और वे बोले—"कल से रोज स्कूल आता जा...कभी भूलना नहीं...समझ में आया...?" मैंने नन्दी बैल जैसी गर्दन हिलाई। पिताजी और गुरुजी—दोनों ने एक-दूसरे को नमस्कार किया। वहाँ से फिर हम घर की ओर निकल पड़े। रास्ते में जो मिलता सो पूछता—"क्यों जी...मलारी मामा...बेटे कु लेके घूमने लगे...।" पिताजी शीघ्र ही उन्हें गर्व से कहते—"बच्चे का नाम...इस्कूल में डाला...।" पूछनेवाला हमारी ओर देखता रहता और हम आगे चल देते। जैसे-तैसे, रास्ते में रुकते, अनेक लोगों को बताते हुए हम घर पहुँच गए। घर पहुँचने पर पिताजी बोले—"अब...कल से ढंग से इस्कूल में पढ़...चुप ही बोंब मारता हुआ मत भटक...।" मैंने चुपचाप सुन लिया।

मेले के लिए हमारी जाति के भिखारी अपने-अपने परिवार लेकर गाँव आते थे। जोशी-मुहल्ला भर रहा था। जोशी-मुहल्ले में लोगों की भीड़ बढ़ती जा रही थी। मेला सिर्फ आठ दिन पर था। देवी को सजाने का काम शुरू था। मन्दिर को रँगाया जा रहा था। बलि देने के लिए लाए हुए भेड़-बकरे को बच्चे चराने के लिए ले जाते थे। चारों ओर आनन्द का उफान आया था।

दूसरे दिन सुबह मैंने स्कूल जाने की तैयारी की। कपड़े पहने, पाटी ली और स्कूल की ओर निकल पड़ा। स्कूल का समय सुबह आठ बजे था। मैं साढ़े-सात बजे ही स्कूल में पहुँचा। मेरे साथ आबास भी स्कूल आया था। नंगा-धड़ंगा ही था वह। सिर्फ एक चड्डी पहनी थी, जिसे पिताजी माँगकर लाए थे। स्कूल में गाँव के दो-चार बच्चे आए थे। अन्य बच्चे थोड़े-थोड़े आ रहे थे। कुछ बच्चे गुरुजी के कमरे से घंटा लाए। गुरुजी दूसरों के घर में रहते थे। उनका गाँव था भालवणी, जो मंगलवेढ़ा से करीबन सात-आठ मील की दूरी पर था। गाँव से रोज आना-जाना संभव नहीं था इसलिए गुरुजी दूसरों के घर में ही एक कमरे में रहते थे। बच्चों ने घंटा बजाया। उसे सुनकर धीरे-धीरे आनेवाले बच्चे दौड़ने लगे। सब जन स्कूल में बैठे। गुरुजी आ गए। हम उठकर खड़े रहे। उन्होंने हमें बैठने को कहा और बोले—"बच्चो ! प्रार्थना कहो...।" तब बच्चे प्रार्थना कहने लगे। मैं उनके चेहरे की ओर देखता रहा। मुझे कुछ भी नहीं आता था। प्रार्थना खत्म हुई।

गुरुजी ने मुझसे पूछा—"तुझे मूल अक्षर पढ़ाने चाहिए...क्या तख्ती और अंकनी लाया है ?" सुनकर मैंने कहा—"गुरुजी मुझे ग, म, न आता है...बीच का अक्षर ध्यान में नहीं रहा... ।" गुरुजी मन-ही-मन हँसे और बोले—"बीच का अक्षर 'भ' होता है। 'भ' भट जी का... ।" मैंने वह अक्षर अच्छी तरह से याद रखा। मैं दिन भर ग, म, भ, न ये चार अक्षर ही घोटता बैठा। गुरुजी अन्य बच्चों को कविता और गद्य पाठ पढ़ाते थे। एकाध कक्षा में गणित बताते थे। दस बजे तक का समय कैसे बीता, समझ में नहीं आया। दस बजे भोजन की छुट्‌टी हुई। सभी बच्चे अपनी तख्ती और सामान लेकर घर की ओर दौड़ने लगे। इतनी देर तक सबके चेहरे की ओर देखते हुए बैठा आबास बोला—"भैया...अपुन बी घल कु जाएँगे...चल... ।" फिर मैं और आबास घर आए। स्कूल में पढ़कर आए इसलिए माँ ने दोनों को भी काफी खाने के लिए दिया। खेलकर आए होते तो पहले दो-तीन गालियाँ खानी पड़तीं, मुझे लगा कि रोज स्कूल जाना ही भला है। एक तो गालियाँ नहीं मिलतीं और काम भी करना नहीं पड़ता। हम दोनों ने भोजन किया। मैं ग, म, भ, न अक्षर घोटता बैठा। स्कूल का समय दोपहर दो बजे था। लेकिन दोपहर को आबास स्कूल आया नहीं। उसे सुबह ही ऐसा लग रहा था जैसे स्कूल में बन्द किया हो। वह दोपहर को सीधा निकल गया खेलने के लिए। दोपहर को भी गुरुजी अन्य कक्षाओं को पढ़ाते थे। मैं केवल चार अक्षर घोटता बैठा था। शाम के पाँच बजे स्कूल छूटने पर मैं घर आया। आज मुझे बहुत आनन्द हुआ था। सलगरे के स्कूल में मुझे आँगन में बैठना पड़ा था...और आज मैं कक्षा में बैठा था। इसलिए लगता था दूसरे दिन भी जल्दी स्कूल जाऊँ। मृग नक्षत्र के बाद का नक्षत्र बहुत ही बारिश लेकर आया था। आसमान में बादल आते, हवा तेज बहती और बिजलियाँ कौंधती थीं। आसमान पूर्णतः काला दीखता था। बारिश होगी इसलिए गाँववालों को आनन्द हो रहा था। लेकिन हमारी जाति के लोगों को दुःख हो रहा था क्योंकि आषाढ़ के लिए गोबर-मिट्‌टी से लिपी-पोती दीवारें धो जानेवाली थीं। पोताई हुई दीवारें अब भी गीली थीं। लेकिन क्या, बारिश हमारी जाति के लिए रुकनेवाली थोड़े ही थी ? शाम होते ही बारिश शुरू हुई। बड़ी-बड़ी बूँदें धरती पर टपकने लगीं। देखते-ही-देखते बारिश की गति दोगुना हुई। जहाँ देखें पानी दिखाई देने लगा। लोगों की पोताई गई दीवारें धो गईं। घरों की स्थिति पहले से अधिक बुरी हुई। जगह-जगह पानी के तालाब बने। लोग अपने-अपने घरों में छुपकर बैठे थे। किसी के घर में पानी टपकता था, किसी का आधा घर पानी में था तो किसी का पूरा घर। रात में देर तक वर्षा होती रही। लोग दीया, लालटेन आदि की रोशनी में पानी निकालते थे। बाद में बारिश ने दया दिखाई और बरसात बन्द हुई। हमारे घर की स्थिति तब वाकई देखने लायक थी। सिर्फ बात इतनी थी कि वर्षा के एक बूँद की दो बूँदें होकर घर में आती थीं। घर में आया पानी थाली, पतीली से भरकर बाहर निकालते थे। पूरी रात पानी निकालकर बाहर फेंकने में ही बीत गई। नींद किसी को भी मिली नहीं। माँ पानी निकालते-निकालते ही कहती—"इस पानी के मुँह में...मिट्‌टी पड़ी...इतना क्यूँ बरसा...?" कोई पानी को और कोई भगवान को

दोष देता। पूरी रात पानी निकालकर फेंकने में सबकी नींद हराम हुई।

सुबह स्कूल जाने पर गुरुजी ने क, ख, ग, घ, ये चार अक्षर लिखकर और कहकर दिखाए। मैं वहीं अक्षर घोटता बैठा। भोजन की छुट्टी हुई। मैं घर आया। खाना खा लिया और नहाने के लिए नाले की ओर गया। पूरी रात बरसात होने के कारण नाले में बाढ़ आई थी। उसका पानी प्रवाह के साथ खींच लेता था। अतः हम किनारे पर ही छलाँगें लगाकर पानी के बाहर आते थे। कितना समय बीता, समझ में नहीं आया। नये पानी में नहाने में मजा आता था। हम करीब-करीब सात-आठ बच्चे थे। स्कूल का समय बीत गया, यह हमारे ध्यान में ही नहीं आया। घर में पिताजी ने प्रतीक्षा की लेकिन मैं लापता ही था। पिताजी नाले की ओर आए। मैं खुशी से डुबकियाँ लगाता था। पिताजी ने दूर से ही करंजी की एक छड़ी निकाल ली थी। वे मेरे पास आए। मेरे हाथ-पैर ऐसे काँपते थे जैसे अभुआया हो। डर के मारे शब्द नहीं निकल रहे थे। पिताजी ने मेरी ओर देखा। गँदले पानी में तैरने के कारण मेरी आँखें लाल-लाल हुई थीं। चेहरा गन्दा दिखाई देता था। मेरा बेढंगा रूप देखकर पिताजी ने बिना कुछ सोचे एक छड़ी मार दी। नंगे बदन पर स्पष्ट साँट आ गया। मैं बोंब मारते हुए भागने लगा। कपड़े वहीं पर पड़े रहे। पिताजी ने एक हाथ में कपड़े लिए और मेरे पीछे-पीछे आने लगे। मैं रोता-बोंब मारता घर आया। माँ ऐसे चुप बैठी जैसे उसे पहले से ही पता है। मुझे माँ पर गुस्सा आया। अन्त में विवशता से मैंने ही माँ से कहा—"माँ ऽ ऽ ऽ, मुझे पिताजी ने ऽ ऽ ऽ छड़ी से पीटा...।" सुनकर माँ ने उल्टे मुझे ही गाली दी—"मुये...काहे कु गया था...नाले में...।" तब मेरी समझ में आ गया कि पिताजी माँ को भी गालियाँ देकर मेरी ओर आए थे। मैं चुप रहा। रोने से भी कुछ होनेवाला नहीं था। माँ भी प्रेम या स्नेह जतानेवाली स्थिति में न थी। स्कूल शुरू हुए काफी देर हुई थी। लगा कि जल्दी स्कूल जाऊँ लेकिन कपड़े भी पिताजी के पास थे। थोड़ी देर बाद पिताजी आ गए। मेरा अंग-अंग काँपने लगा। और कितनी छड़ियाँ मिलनेवाली थीं कौन जाने ? कपड़े न होने के कारण पिताजी की आँख बचाकर स्कूल जाना भी नहीं हुआ। मेरा वक्त अच्छा था। किसी काम के बहाने पिताजी के पीछे-पीछे नागू दादा भी घर आए। पिताजी उनसे बात करने में अटक गए। मैंने कपड़े उठाए और उल्टे-सीधे जैसे-तैसे पहन लिए। तख्ती हाथ में ली और स्कूल की ओर निकल गया।

पूरे गाँव में आनन्द का माहौल था। मेला दो दिन पर था। मैं प्रतिदिन नियमित रूप से स्कूल जाता था। गुरुजी ने पाँच-छह दिन में ही पूरी वर्णमाला सिखाई थी। पूरे गाँव में मेले की तैयारी चल रही थी। जोशी-समाज देवी को सन्तुष्ट करने के लिए भेड़-बकरियों की बलि चढ़ाता था। गाँव के अन्य समाज के लोग देवी को गेहूँ की रोटी का नैवेद्य देते थे। गाँव-भर में भागमभाग ही थी। कोई खुशी में था तो कोई चिन्ता में। करीबन सत्तर से अस्सी प्रतिशत लोग चिन्ता में ही थे क्योंकि मेले के लिए पैसे चाहिए थे। सवाल यह था कि वे पैसे कहाँ से पाए ? कोई दूसरे से पैसे उधार लेता था तो कोई भेड़-बकरे और कपड़े उधार लेता था। कुल मिलाकर हर कोई जल्दीबाजी में था,

मेले की तैयारी के काम में जुट गया था।

मेले का दिन उदित हुआ। उस दिन मंगलवार था। सुबह से चारों ओर बहुत ही भागदौड़ दिखाई देती थी। देवी को सुबह मीठा-नैवेद्य करके दिखाना पड़ता था। घर-घर में मीठा-नैवेद्य बनाने का काम जारी था। एक-एक, दो-दो बच्चे नैवेद्य लेकर देवी के मन्दिर की ओर जाते थे। मरगम्मा देवी का मन्दिर गाँव से पूरब की ओर आधे मील के फासले पर नाले के किनारे था। नैवेद्य लेकर मैं और आबास चले गए। मन्दिर का गर्भगृह साफ दीखता था। मन्दिर को बाहर और भीतर से चूने से पोतकर सफेद बनाया था। शिखर का कलश जगमगाता था। मन्दिर के दरवाजे के सामने करंज का मंडप बनाया था। चार बाजू को चार खम्भे गाड़कर उनके ऊपर लाठियाँ बाँधी थीं और उन पर करंज की टहनियाँ डाली थीं। हम गर्भगृह में गए। उसके बीचोबीच मरगम्मा देवी की मूर्ति थी। हँसमुख मूर्ति देखकर मन को सन्तोष हुआ। मूर्ति पर पानी डाला। जैसे घर में बताया था वैसे ही नैवेद्य जहाँ रखना था रख दिया। फिर नमस्कार करके बाहर निकल पड़े। लगभग सभी के घर के नैवेद्य देवी तक पहुँचे थे। मेला पूरे गाँव का था। किन्तु अन्तर सिर्फ नैवेद्य का था। देवी एक ही थी किन्तु नैवेद्य अलग-अलग थे। मुझे अजीब लगता था। लेकिन मैं बोल नहीं सकता था। मेले के लिए स्कूल की छुट्टी थी। गाँव का प्रत्येक व्यक्ति बड़े रोब में था। किसी ने शादी-ब्याह में सी लिए कपड़े पहने थे। किसी ने मेले के लिए बिल्ली छाप सूती कपड़े सी लिए थे। तो कुछ लोग पुराने बाजार में लिए हुए कुर्ते को पहनकर घूमते थे। हम भिखमंगे हैं यह विचार भी किसी के मन को स्पर्श नहीं करता था। लोग अपना वास्तविक अस्तित्व भूल गए थे। नराळ का मेला शुक्रवार को होता है। प्रतिवर्ष के अनुसार इस वर्ष भी वहाँ का मेला शुक्रवार को था। इसलिए हमारे गाँव के मेले के लिए नराळ गाँव के जोशी मेहमान होकर आए थे। वे एक-दूसरे से आनन्द से मिलते थे। हमारी बिरादरी के बच्चों ने आज कपड़े पहने थे। सालभर के नंगे-धड़ंगे बच्चे आज पूरे कपड़ों में दिखाई देते थे। कुल मिलाकर यह सब माहौल देखकर उनको भिखारी कहना शोभा नहीं देता था। यदि कोई उनको भिखारी कह भी देता तो भी उस समय किसी को सच न लगता।

दोपहर के समय प्रत्येक घर के सामने लकड़ी के खम्भे गाड़ना शुरू हुआ। इसलिए कि भेड़-बकरे काटने पर उसे उस खम्भे पर उल्टा लटकाना और चमड़े को निकालना आसान हो। दिन ढल गया। जोशी मुहल्ले में कोलाहल, चीखना-चिल्लाना सुनाई देने लगा। कसाई हाथ में छुरा ले भेड़-बकरी की गर्दन काटकर शरीर से अलग करते थे। दो कसाई लगातार छुरा चला रहे थे। कोई उन्हें पहले अपने भेड़ी की गर्दन काटने के लिए खींचता तो कोई पहले अपने बकरे की गर्दन काटने के लिए खींचता। कसाई केवल दो थे और भेड़-बकरों की संख्या कई गुना ज्यादा थी।

कुछ लोगों के घर में दो-दो, तीन-तीन देवता थे और प्रत्येक देवता को एक-एक पशु की बलि दी जाती थी। कसाई अपने यहाँ आए इसलिए वे चिल्लाते–"अजी ऽ ऽ ऽ रसूल ऽ ऽ ऽ ! हयाँ पहले आवो...।" रसूल परेशान हो गया था। कोई कासिम को

बुलाता था। जिनके भेड़-बकरे काटे थे वे उल्टा खम्भे पर लटकाकर उनकी चमड़ी निकालते थे। शाम तक कसाई ने अपना काम खत्म किया। लोगों ने बलि दिए गए पशुओं को फाड़ डाला और उनका गोश्त पकाने के लिए निकाल लिया। गोश्त पकाकर उसका नैवेद्य बनाया। बच्चे नैवेद्य देवी के सामने रखकर लौट आए। औरतों ने गोश्त पकाया था। रात में लोग शराब के नशे में मदहोश हुए थे। वे इस दिन पेट भर शराब पीते थे। निवृत्ति शिन्दे कहते थे—"अरे...आज साल का खुशी का दिन है...फिर अपुन के पीचे तो सालभर...बोंब मारते भटकना है ही...सो पी लो...।" आज बरसात ने भी मेहरबानी की थी। सुबह से कड़ी धूप थी। बरसात होने पर गाँव में परनाले जैसे रास्ते पानी से भरकर बहते थे। उसी में से लोगों को चलना पड़ता था। लेकिन आज वर्षा न होने के कारण भेड़-बकरे काटने को जगह तो मिली थी। वर्षा न होने के कारण अनेक रहे होंगे। लेकिन हमारा समाज यह मानता था कि "देवी की किरपा है...इसलिए पानी नहीं बरसा...।" लोगों के मुँह से देवी की तारीफ होती थी। रात में भोजन के लिए एक-दूसरे को आग्रह कर रहे थे। कोई शराब के नशे में ही भोजन के लिए बुलाता तो कोई नशे में ही उत्तर देता—"आज...नहीं आता...कल आऊँगा...भोजन कु...।" रात को बड़ी देर तक यह कोलाहल था। दूसरे दिन जोशी-मुहल्ले में 'भेदीक'[1] गीत का कार्यक्रम रखा था। नराळ गाँव के केरप्पा मोरे 'भेदीक' गीत गानेवाले थे। वे मेरे चाचा ही थे। पवाँड़ा गाने में वे प्रवीण थे। आसपास के बहुत-से गाँवों में उनकी तारीफ होती थी। कोई कल होनेवाले 'भेदीक' गीत की धुन में तो कोई शराब के नशे में सो गया।

मैंने सुबह उठकर मुँह धो लिया। तख्ती लेकर स्कूल की ओर निकल पड़ा। आज आबास मेरे साथ स्कूल जाने के लिए नहीं निकला। बचा हुआ गोश्त खाने को मिलता है इसलिए वह घर में ही रहा। प्रत्येक घर के दरवाजे के सामने खून जम गया था। उस पर मक्खियाँ भिनक रही थीं। उस दृश्य को देखते-देखते मैं आगे जा रहा था। स्कूल पहुँच गया। पहले जैसे प्रार्थना हुई। गुरुजी ने उपस्थिति देखी। फिर वे पढ़ाने के काम में व्यस्त हुए। स्कूल में सिर्फ मेरा शरीर था और मन बीते हुए कल की सोचता था। भेड़, बकरे, मुर्गे गर्दन काटते वक्त तड़फड़ाते थे। मुझे अपने समाज से नफरत हो रही थी। गाँव में अन्य समाज के लोग भी देवी को नैवेद्य दिखाते थे। किन्तु कितना अन्तर था हमारे और उनके नैवेद्य में ? मैं विचारों के बवंडर में दूर-दूर तक उड़ता जा रहा था। गुरुजी की आवाज से मैं अचानक वास्तविक स्थिति में आया। उन्होंने कहा—"दादासाहब, ऽऽऽ क्या तुझे वर्णमाला आती है...?" मैंने कहा—"आती है...गुरुजी...।" फिर गुरुजी बोले—"कल से पहाड़े सीखने हैं...तब कल स्कूल अवश्य आना...भूलना नहीं...।" मैंने 'जी' कहा और थोड़ी देर बाद भोजन की छुट्टी हुई। मैं घर आया और खाना खाकर

1. एक प्रकार का गीत जो हृदय को छू लेता है। यह हृदय के तल तक पहुँचता है फलतः इसे 'भेदीक' नाम से जाना जाता है।

खेलने के लिए गया। मेले के दिन थे इस वजह से खेलने के लिए जाने से कोई गुस्सा नहीं करता था। आबास और छाया को नए कपड़े पहनाए थे। आबास ने नए कपड़ों को रंग-बिरंगा बनाया था। फिर भी पिताजी ने उसे कुछ नहीं कहा। दिन मेले के थे। दोपहर को स्कूल गया। वर्णमाला घोटता बैठा। गुरुजी ने मुझसे वर्णमाला कहलवा ली। पाँच बजे स्कूल छूटा। मैं यह सोचते-सोचते घर आया कि रात को पवाँड़ा कब शुरू होगा ? पाटी रखी और घर से बाहर जाने के लिए निकल पड़ा। लोगों ने तो पीने का सप्ताह मनाया था। लगभग अस्सी प्रतिशत लोग शराब पीते थे। अत्यधिक शराब पीकर वे गाँव में बड़बड़ाते हुए भटकते थे। गाँव के अन्य लोग कहते—"इनकी माँ की... जोशियों की ऐश है...सालभर माँगते आउर...यह मेला होने तक...मजा करते हैं...।" हमारे लोग यदि हो तो एकाध टूटा-फूटा रेडियो बगल में लेते और पूरे गाँव में भटकते थे। वे गाँव में 'हम भी कम नहीं' यह दिखाते थे।

रात का भोजन कर लोग गाँव के बाहर के मैदान में इकट्ठा होने लगे। केरप्पा चाचा, उनके दो भाई और सगण्या कब के आए थे। चाचा की साथ-संगत उनके दो भाई भुजंगा और आभंगा करते थे। सब जन घर के ही थे। सिर्फ सगण्या हरिजन का था। वह ढोलकी बजाया करता था। कार्यक्रम के समय तक सारा गाँव इकट्ठा हुआ था। ऐसे सामुदायिक कार्यक्रम में जाति-पाँति का भेद कोई नहीं मानता था। केरप्पा चाचा ने खड़े होकर वन्दन किया और डफली पर थपकी मारी। भुजंगा और आभंगा हाथ में तुनतुन और मंजीरा लेकर पीछे की ओर खड़े रहे। सगण्या गले में ढोलकी लटकाकर खड़ा था। चाचा ने आगे गाना शुरू किया—

तहसील कराड जिला सातारे
तांबव गाँव कोयना-किनारे
नयी सोसायटी आई तांबवे में
आण्णा बाल चुनकर दिया गाँव ने ऽ ऽ ऽ
हाँ ऽ ऽ ऽ जी ऽ ऽ ऽ जी ऽ ऽ ऽ जी...

ढोलकी, मंजीरा और तुनतुन एक ही ताल-सुर में बजने लगे। सारा माहौल मदहोश हुआ। प्रेक्षक कान खड़े करके सुनने लगे। चाचा ने विष्णुबाला का पवाँड़ा शुरू किया था। लोग तल्लीन होकर सुन रहे थे। विनोदपूर्ण प्रसंग आने पर हास्यपूर्ण शोरगुल होता था। भुजंगा और आभंगा विनोद करते थे। दुःखपूर्ण प्रसंग आने पर प्रेक्षक आँखें पोंछते थे। औरतें सिसकियाँ देकर रोती थीं। अपनी कोमल आवाज से प्रेक्षकों का हृदय जीत लेने में चाचा सफल हुए थे। यह कार्यक्रम भोर तक चल रहा था। पौ फटने पर पवाँड़ा खत्म हुआ। लोग तब तक अत्यन्त सतर्कता और तल्लीनता से जागते रहे थे। उनको थकान नहीं आई थी। पवाँड़ा खत्म होते ही लोग चाचा की तारीफ करते हुए अपने-अपने घर जा रहे थे। सुबह चाचा हमारे घर आए। मुझे उनका आश्चर्य लगता था। घर में चाय-वाय हो गई। मैं स्कूल चला गया। रातभर जागरण हुआ था, अतः आँखों में नींद थी। गुरुजी आज पहाड़े सिखानेवाले थे इसलिए स्कूल जाना आवश्यक

ही था। स्कूल में आज बहुत-से बच्चे अनुपस्थित थे। गुरुजी ने एक...दो...तीन...इस तरह दस तक का पहाड़ा लिख दिया। मैं पहाड़ा कहता और लिखता था। किसी तरह स्कूल होकर भोजन की छुट्टी में घर आया। भोजन करके जो सोया सो शाम के छः बजे ही उठा।

आनेवाला दूसरा दिन शुक्रवार का था। शुक्रवार को 'तिरपाल मेला'[1] किया करते थे। आषाढ़ के पाँचवें दिन बिरादरी के सभी लोगों की ओर से एक 'तिरपाल' बनाया जाता। हमारे समाज के सभी लोगों की ओर से चन्दा इकट्ठा किया जाता। उससे एक बकरा या भेड़ी खरीद लेते और सबकी ओर से देवी को उसकी बलि चढ़ाते। उसके बाद ही भिखारियों को माँगने के लिए अन्यत्र जाने की इजाजत थी। 'तिरपाल मेला' किए बिना माँगने के लिए जाना नहीं, यह आज तक की रीति थी। उसके बिना जाना यानी किया हुआ पूरा मेला व्यर्थ था। मेले के पश्चात् आठ दिन रहे बिना कोई नहीं जाता था। चन्दा इकट्ठा करके भेड़ी या बकरा ले लेते और उसे काटकर पकाया हुआ गोश्त प्रसाद के रूप में थोड़ा-थोड़ा परोसते। लोग रात में ही चन्दा इकट्ठा करते। घर-घर से अनाज का थोड़ा-थोड़ा आटा इकट्ठा करते। शुक्रवार का दिन उदित हुआ। हमारे मुखिया लोगों ने गाँव में ही एक बकरा खरीद लिया। 'तिरपाल' बनाया गया। सुबह से ही वातावरण बरसाती था। आसमान में काले-काले बादल मँडराते थे। दोपहर के समय 'तिरपाल' के सामने बकरे की बलि दी। प्रत्येक घर का एक आदमी व्यवस्था करने में जुट गया था। प्रत्येक घर में रोटियाँ बनाने के लिए इकट्ठे किए गए आटे का बँटवारा किया गया। मिर्च भी प्रत्येक घर से जमा किया था। दिन थोड़ा-सा पश्चिम की ओर झुका था। इतने में हवा ने अपना तांडव आरम्भ किया। बादल मँडराने लगे। बिजलियाँ कौंधने लगीं। थोड़ी ही देर में वर्षा का आरम्भ हुआ। देखते-ही-देखते मूसलाधार वर्षा होने लगी। हर कोई अपने घर में जा बैठा था। जोशी मुहल्ले में रामा भोसले के घर के सामने 'तिरपाल' बनाया था। 'तिरपाल' मेले की पूरी तैयारी हुई थी। किन्तु वर्षा के कारण 'तिरपाल' की ओर जाने के लिए कोई तैयार न था। घर के सामने से पानी ऐसे बहता था जैसे नाला बह रहा हो। लगभग दो-तीन घंटों के बाद बारिश रुकी। लोग घर के बाहर आने लगे। जैसे कारागार से छूटने के बाद कैदी शीघ्रता से बाहर निकलता है वैसे ही लोग तिरपाल की ओर जाने के लिए बाहर निकलने लगे। पंच लोगों ने प्रत्येक घर में बताना शुरू किया—"देवी का परसाद...लेने कु...आवो...।" पंच लोग बताकर आगे जाते और बच्चे थालियाँ लेकर तिरपाल की ओर भागते थे। भोजन की पंक्ति बैठी। प्रसाद के रूप में बच्चों को परोसा गया। बच्चे कीचड़ और पानी में ही बैठकर खाने लगे। थोड़ी देर बाद भोजन के लिए बड़ों की पंक्ति बैठी। प्रत्येक जन देवी के नाम से खाता था। कोई प्रसाद के रूप में थोड़ा-सा खाकर उठता था तो कोई चन्दा

1. मेले के बाद की एक विधि, जो डुग्गी-जोशियों में परम्परागत रूप से सम्पन्न होती आई है। बिरादरी में चन्दा इकट्ठा कर एक तिरपाल बना लेना और उसके सामने बकरे की बलि देकर गोश्त को पकाकर प्रसाद के रूप में सबको बाँटना इस विधि की एक प्रक्रिया है।

दिया इसलिए तहेदिल से खाता था। सब जन खाते ही थे लेकिन खाने के मकसद अलग-अलग थे। उस रात बड़ी देर तक भोजन का कार्यक्रम जारी था। अन्त में औरतें प्रसाद लेकर गईं। 'तिरपाल' मेले का कार्यक्रम समाप्त हुआ।

दूसरे दिन से गाँव में रोजाना कामकाज शुरू हुआ। मैं रोज स्कूल जाया करता था। गाँव के हमारी जाति के लोग खुशी में थे। पैसे पानी की तरह बहाए जाते थे। गाँव में दो दुकानें थीं। एक दुकान दामोदर सूर्यवंशी की तो दूसरी वीरप्पा येड़वे की थी। दामू सूर्यवंशी हमारे गाँव के जाधव के मेहमान थे। उन्होंने आकर हमारे गाँव में दुकान खोली थी। अतः लोग उसे दामू मेहमान की दुकान कहते थे। दामू मेहमान चार-पाँच किलो गुड़, डिब्बाभर मिट्टी का तेल, दो-तीन किलो शक्कर और अन्य छोटी-मोटी चीजें लाकर अठन्नी-चवन्नी के मुनाफे से बेचा करते। आषाढ़ में उनका व्यापार जोरों पर चलता। आधा गाँव जोशियों का था और वर्ष का महत्त्वपूर्ण दिन इसलिए जोशी खुले हाथ से पैसे खर्च करते थे। दस-बारह दिन खुशी में बीत गए। हमारी जाति के लोग चार-पाँच परिवार के एक-एक गुट करके माँगकर खाने के लिए गाँव छोड़कर जाने लगे। एक-दूसरे को दुःख से विदा करते, रोते हुए गाँव छोड़कर जाने लगे। पेट के लिए भटकना आरम्भ हुआ। मुझे अब सौ तक के पहाड़े लिखना आता था। छोटे-छोटे पाठ पढ़ने आते थे। लेकिन सच यही था कि हम जैसों के लिए शिक्षा थी नहीं। मैं शाम पाँच बजे घर आया। पिताजी कहते थे—"कल अपुन कु जाना है...अन्य चार परिवार भी साथ में हैं... शिरनांदगी में रहेंगे कल...।" पिताजी के वाक्य सुनकर मैं दरवाजे में ही खड़ा रहा। कल से स्कूल मेरे लिए खत्म होनेवाला था। स्पष्ट था कि हाथ में थाली, पतीली लेकर भीख माँगते हुए दिन बिताने पड़ेंगे। दिल दहल रहा था। किन्तु लाइलाज था। जंगल में जाना ही पड़ता था। मैंने पिताजी से कहा—"पिताजी ऽ ऽ ऽ, अपुन गुरुजी को तो बताकर आएँगे...कि हम कल जा रहे हैं...परीकशा कु आते हैं करके...।" पिताजी ने सकारात्मक गर्दन हिलाई। कल यहाँ से निकल जाना है इसलिए घर में सब भागदौड़ चल रही थी। पूरी गृहस्थी ही बटोरनी पड़ती थी। माँ पूरी रात सामान के बोझ बाँधती, समेटती थी। झोला, 'कटाल' आदि भर दिए। सुबह मैं और पिताजी—दोनों स्कूल गए। गुरुजी आँगन में पेड़ के नीचे बैठे थे। पिताजी बोले—"गुरुजी ऽ ऽ ऽ, आज हम जा रहे हैं...परीकशा कु छोरे कु लेके...आएँगे...पड़वे के एक दिन पहले...।" गुरुजी को हमारे जाने की कल्पना मेरा नाम स्कूल में दाखिल करते समय ही थी। इसलिए उनको आश्चर्य होने जैसा कुछ नहीं था। उन्होंने कहा—"मोरे ऽ ऽ ऽ लड़का होशियार है...उसको अंक लिपि लेकर दे दो। खुद पढ़कर समझेगा वह। लड़के का नुकसान मत करो...।" पिताजी ने सकारात्मक गर्दन हिलाई और बोले—"भला...हम चलते हैं...।" गुरुजी ने नमस्कार किया। पिताजी ने भी नमस्कार किया और हम घर की ओर आने के लिए निकल पड़े। गुरुजी हमारी ओर देखते रहे। खोई-खोई नजरों से। स्कूल के बच्चे भी निःशब्द होकर देखते रहे।...और मैं आगे देखता हुआ चल दिया।

हम घर आए। सामान रात में ही बाँधकर रखा था। पिताजी ने घोड़े को खोगीर

डाला। ऊपर बोझ लादा, बोरियाबिस्तर रस्सी से बाँधा। उससे पतीली, गगरी, लालटेन और तेल की बोतलें बाँधीं। हमारी पूरी गृहस्थी घोड़े की पीठ पर लादी गई। आबास और छाया को घोड़े पर बिठाया। माँ ने कुत्तों को जंजीर से बाँधकर पकड़ा था। पिताजी आगे चल रहे थे। आबास घोड़े पर बैठकर उसे आगे ले जा रहा था। माँ दोनों कुत्तों को पकड़कर खींचती थी। मैं एक बार स्कूल और एक बार घर की ओर देखकर कदम उठाता जा रहा था। हमारे साथ बाबजी भोसले, गुंडाप्पा मोरे, मचिन्द्र शिन्दे और तुका मोरे के परिवारों का समूह था। इस समूह के मुखिया बाबजी भोसले और मेरे पिताजी थे। किसी के दो घोड़े थे तो किसी को एक ही। लोग, घोड़े और कुत्ते आदि का लवाजिमा रास्ते से जाने लगा। उस दिन हम शिरनांदगी पहुँच गए। सारा रास्ता खत्म होने तक आषाढ़ की ही चर्चा चल रही थी कि आषाढ़ कैसे हुआ ? पैसे कितने खर्च हुए ? झगड़ा किस-किसके बीच हुआ ? इस प्रकार की चर्चा करते हुए शिरनांदगी पहुँच गए। गाँव के पास ही बंजर भूमि पर तिरपाल फैलाए। पहले जैसा जीवन आरम्भ हुआ। सुबह मैं और आबास माँगने गए। दोपहर को लौट आए। अंकलिपि और तख्ती लेकर मैं अध्ययन करने बैठा। तीसरे दिन मारुती वायफळकर का परिवार हममें आकर समा गया। उनकी बेटी विमल मचिन्द्र शिन्दे से ब्याही थी। वह पेट से थी। उनकी व्यवस्था करने के लिए मारुती मामा का परिवार हमारी ओर आया था। विमल की प्रसूति के लिए बहुत कम दिन शेष थे। एक गाँव में दो-चार दिन तक के हिसाब से हमारा जीवन भटकता रहता था। नए-नए गाँवों के निकट निवास किया करते थे। किन्तु मेरा स्कूल दूर-दूर जाता था। वर्षा के दिन थे। प्रतिदिन निरन्तर वर्षा होती थी। लोग, घोड़े और कुत्ते परेशान हो रहे थे। जब बारिश जोर से होने लगती तब हमारे लोग तिरपाल में छिपकर बैठते थे। माँगने के लिए जानेवाले रास्ते पर भीग जाते थे। एक गाँव से दूसरे गाँव जाना पड़े तो भीगा, गीला हुआ तिरपाल घोड़े पर लादकर ले जाना पड़ता था। एक गाँव में पेट के लिए मिलना बंद होने पर दूसरे गाँव जाना ही पड़ता था। फिर वहाँ भीगे या गीले कपड़े और तिरपाल की चिन्ता कौन करता ? कीचड़ और पानी से होते हुए अगले गाँव तक पहुँचते थे। कभी-कभी रास्ते से जाते हुए भी बारिश होती थी। सब लोग और घोड़े रास्ते में ही भीगते थे। बच्चे आदि बहुत परेशान होते थे।

हम रेवनाल से कुंभारी जा रहे थे। कुंभारी में रहने के लिए अच्छी जगह, घोड़ों को चरने के लिए पास ही एक नाला और माँगकर खाने के लिए पास-पड़ोस में चार गाँव हैं, इसलिए बाबजी मामा, मारुती मामा और मेरे पिताजी ने रहने के लिए वह गाँव खोज निकाला था। रेवनाल से कुंभारी गाँव काफी दूर था। हम सुबह जल्दी ही निकले थे। आसमान में बादल मँडरा रहे थे। सबकी समझ में आया कि अब बारिश निश्चय ही होगी। अतः हम तेजी से चल रहे थे। कुंभारी गाँव चार-पाँच मील पर था। भागदौड़ तो सारे रास्ते-भर में चल रही थी। औरतें कहती थीं—"देवता मेघराज ऽ ऽ ऽ हम पर इतनी दया कर बाबा ऽ ऽ ऽ हम कु पड़ाव तक जाने दे...फिर आ जा बाबा...।" किन्तु बारिश इनकी पुकार थोड़े ही सुननेवाली थी ? मीलभर का रास्ता काट लिया होगा कि

मेघों के गर्जन के साथ पानी बरसना शुरू हुआ। हम सब रास्ते में ही थे। सबके सब अपने सामान के साथ भीग गए। परन्तु विशेषकर विमल की दृष्टि से यह बहुत भयंकर था। उसे कष्ट होने लगा। बारिश से बचने के लिए लोग पेड़ों, गड्ढों आदि का आश्रय लेने लगे। बारिश में भीगते-भीगते ही हम कुंभारी पहुँच गए। बोझ की गठरियों से पानी नीचे टपक रहा था। बच्चों का रोना-धोना शुरू हुआ। अन्ततः बारिश ने हम पर मेहरबानी की। बरसात बन्द हुई। हम कुंभारी पहुँच गए। गाँव के उत्तर में बंजर भूमि थी। उस पर से पानी बह रहा था। जमीन गीली थी। हम घोड़ों को लेकर वहाँ गए। उस गीली जगह पर ही सामान उतारा। तिरपाल फैलाए। औरतें पानी लाईं। वह रात कीचड़ में ही बिताई। भोर के समय पुरुष माँगने के लिए गए। सुबह थालियाँ, पतीली लेकर हम भी टुकड़े माँगने के लिए गए। कुंभारी में आने पर चौथे दिन विमल के पेट में दर्द होने लगा। औरतें मचिन्द्र शिन्दे के तिरपाल के सामने इकट्ठी हुईं। लक्ष्मी बुआ कहने लगी—"इमल परसुत होगी अब...बरसात के दिन हैं...सो मैं मचिन्दर से कहती थी...छोरी कु गाँव में रख करके...पर वह बी क्या करता...पेट कु क्या मिलता खाने कु...?" सभी औरतें चिंता में बैठी थीं। पुरुष लोग माँगने के लिए गए थे। विमल का पेट भी सुबह-सुबह ही दुखने लगा था। पेट में ज्यादा दर्द होने लगा। लक्ष्मी बुआ, जाई बुआ और माँ विमल के पास ही बैठी थीं। हम बच्चों को वे उस तिरपाल की ओर नहीं आने देती थीं। तिरपाल के सामने गुदड़ी डालकर तिरपाल बन्द किया। सिर्फ विमल के कराहने की आवाज बाहर सुनाई देती थी। अन्दर औरतें कानाफूसी कर रही थीं—"लकसा जीजी ऽ ऽ ऽ जरा धीरे से पकड़...ठीक तरह से देख...।" हमें कुछ भी समझ में नहीं आता था। थोड़ी देर बाद नन्हे बच्चे के रोने की आवाज सुनाई दी। कोई कह रही थी—"भला हुआ री...छोरा आया...।" लोग माँगकर आ रहे थे। तिरपाल के सामने खड़ी भीड़ देखकर ही वे समझ गए थे कि विमल प्रसूत हुई। लोग शीघ्रता से तिरपाल की ओर आते थे। मचिन्द्र शिन्दे तो दौड़ते आ रहे थे। उनको अधिक चिन्ता लगी थी। लोग जमा हो रहे थे।

प्रसूति की खबर मालूम होते ही पूछा जाने लगा—"क्या हुआ जी...? यानी कि छोरा...कि छोरी...?" औरतें खुशी से बताती थीं—"छोरा हुआ...!" लोग खुश होते थे। औरतों ने बड़े पतीले में पानी गरम किया। लक्ष्मी बुआ के तिरपाल के सामने लटकाया हुआ वस्त्र निकाल दिया। फिर उसका गुसलखाना बनाया। विमल को पकड़कर उसमें लाया गया। औरतों ने उसे नहलाया। औरतें सुबह से वहीं अटक गई थीं। अतः रोटियाँ किसी ने नहीं बनाई थीं। भीख माँगकर जो टुकड़े लाए थे वे ही खाकर सब जन चुप बैठे थे। औरतों ने फिर शाम को चूल्हे जलाए और खाना बनाना शुरू किया। लक्ष्मी बुआ की पमा मचिन्द्र शिन्दे के घर रसोई बनाकर देती थी। रात को भोजन के उपरान्त मारुती मामा, बाबजी मामा और मेरे पिताजी इकट्ठे बैठे थे। मारुती मामा ने कहा—"अब क्या करे बाबू...? छोरी तो परसुत हुई...आउर दो दिन तो हयाँ से जाना नहीं होगा...हयाँ के गाँव तो सब माँगकर हुए...।" बाबजी मामा ने कहा—"गाँव माँग

के हुए...इसलिए छोरी कु ले जाना आता है क्या...किसी तरह उधार लेके खाना... एक-दूसरे के पास का...।'' इतना कहकर बाबजी मामा सोचने लगे। इतनी देर तक खामोश बैठे मेरे पिताजी बोले—''इन दो दिनों में...दूर-दूर के गाँव माँगेंगे...अगले मुकाम का ठिकाना दूर का तय करेंगे...अगर रास्ते में बारिस आ गई तो...छोरी की परेशानी होगी...बारिस के दिन हैं...।'' बाबजी मामा ने कहा—''तो फिर दो-तीन दिन यहीं रहेंगे...।'' तब दो-तीन दिन कुंभारी में ही रहने का निर्णय लेकर सब जन उठ गए। सब लोग अपने-अपने तिरपाल में जाकर सो गए। नींद आती न आती तो ही बिजली कौंधने लगी। आसमान भयानक काला दीखने लगा। तब बाबजी मामा चिल्लाए—''मारुती ऽ ऽ ऽ, मलारी ऽ ऽ ऽ मचिन्दर...बरसात आई...तिरपाल ठीक है कि नहीं देखो...खंदक बनाओ...।'' सुनकर सब लोग अपने-अपने तिरपाल से उठकर बाहर आए और खंदक बनाने लगे। खंदक यानी तिरपाल के दोनों ओर गिरनेवाला पानी तिरपाल के बाहर से ही बह जाए, इसलिए खुदवाई गई छोटी-सी खाई। थोड़ी ही देर में बूँदाबाँदी होने लगी। मचिन्द्र शिन्दे का तिरपाल वैसे देखें तो छोटा ही था। उन्होंने भी खंदक बना लिया। तिरपाल ढंगदार बनाने का काम लोगों ने शुरू किया था। तब तक वर्षा जोर से आने लगी। यह देखकर लक्ष्मी बुआ विमल के तिरपाल में गई। अँधेरा बहुत ही घना था।

कुछ भी दिखाई नहीं देता था। एक भी तिरपाल में दीया नहीं था। कोलाहल शुरू हुआ। बाबजी मामा कहते थे—''ऐं ऽ ऽ ऽ मचिन्दर...छोरी कु ठीक सँभाल...तिरपाल में पानी आएगा। देख...अन्दर परसूता है...।'' पिताजी मचिन्द्र शिन्दे से कहते थे—''सामान के बोझ चारों ओर लगाके...छोरी कु बीच में रख...सुरक्सित...।'' सूचनाएँ-ही-सूचनाएँ आती थीं। विमल के बदन के नीचे पानी आया और वह धीरे-से लक्ष्मी बुआ से बोली—''माँ ऽ ऽ ऽ, पानी कहीं से तो...बदन के नीचे आ गया...ठंडी लगने लगी...।'' लक्ष्मी बुआ ने उस छोटे-से बाल-जीव को उठाकर हाथ में ले लिया। उसे माँ के पेट से बाहर आते ही लाचार समाज के दुःख भोगने पड़ रहे थे। विमल को सामान की गठरी पर सुलाया। प्रत्येक के तिरपाल में कहीं-न-कहीं से पानी आता ही था। सामान की गठरियाँ भीग गई थीं। हमारा रोजाना का जीवन ही ऐसा था। अतः किसी को कुछ नहीं लगता था। सबको सिर्फ विमल की ही चिन्ता लगी थी। अभी-अभी जन्मा शिशु यदि ठंडे पानी में भीग गया तो उसका क्या होगा यही सोचते थे। सिर्फ सोचना ही उस समय उनके हाथ में था। बरसात देर तक होती रही। तिरपाल के बाहर भी कोई नहीं आता था। घोड़े बारिश में ही खड़े थे। ईश्वर को उन पर दया आई इसलिए वह उनको नहला रहा था। बाद में बरसात रुक गई। सब जन विमल के तिरपाल की ओर आ गए। तिरपाल के सामने वे आग जलाने लगे। भीगी हुई लकड़ियाँ भी सुलग नहीं रही थीं। बहुत सारी चिंदियों को बीच में डालकर लकड़ियाँ सुलगाईं। आग की रोशनी में लोग हालत को देखने लगे। लक्ष्मी बुआ उस छोटे-से शिशु को हाथ में लेकर बैठी थी कि जो संकटों के प्रहार झेलने के लिए ही इस दुनिया में आया था। विमल को सामान

के बोझ की गठरी पर सुलाया था। ओढ़ने के लिए गुदड़ी दी थी। विमल जाड़े से सिकुड़ गई थी। हमारी जाति का प्रत्येक व्यक्ति जंगल में ही जन्म लेता और जंगल में ही मरता था। हमारे लोगों ने कितने सारे प्रसंग खुली आँखों से देखे थे। तब फिर उनको कैसे बुरा लगता ? पूरी रात नींद नहीं आई। सोने के लिए जगह ही नहीं थी। तिरपाल में सब जगह कीचड़ हुआ था। बाड़-बिस्तर भीग गया था। सब जन पूरी रात जागते रहे। लकड़ियाँ गीली होने के कारण सुबह सुलग नहीं रही थीं। औरतें चूल्हे में मुँह डालकर जोर-जोर से फूँकती थीं। काफी देर हुई किन्तु चूल्हे जल नहीं रहे थे। तब आबास रोने लगा--"माँ ऽ ऽ ऽ, मुझे भूख लगी...लोटी दो...।" लेकिन माँ का ध्यान उसकी ओर नहीं था। वह चूल्हे में मुँह करके फूँकती थी परन्तु चूल्हा सुलगता नहीं था। पुरुष लोग भोर में ही कीचड़ और पानी को लाँघकर माँगने के लिए निकल गए थे।

दो दिन कुंभारी में ही निकले। तीसरे दिन हम लोगों ने तिरपाल निकालना शुरू किया। हम सब शेगाँव जानेवाले थे। सुबह तिरपाल निकाल लिए। भीगे हुए तिरपाल ! अतः सामान के बोझ भी भीगे हुए थे। उनको घोड़े पर लादा। मचिन्द्र शिन्दे को एक ही घोड़ा था। विमल को घोड़े पर बिठाया। फटी-पुरानी गुदड़ी ओढ़ा दी। विमल ने दो दिन पूर्व जन्म दिए अपने शिशु को आड़े पकड़ लिया था। सूरज बादलों से कहीं दीखता नहीं था। धूप तनिक भी नहीं आई थी। विमल का कुछ भला-बुरा होगा इसकी कल्पना तक स्पर्श नहीं करती थी। शेगाँव जाने के लिए घोड़ों को आगे खींचा। पड़ोस में बस्तियाँ थीं। वहाँ के लोग हमारी ओर देखते हुए आपस में कानाफूसी कर रहे थे—"ये जुसी हैं कि हैवान...? औरत कल ही परसुत हुई...सो दो दिन तक नहीं हुए...आउर आज...घोड़े पे बैठके ले जाने लगे...जात ही भिखमंगे की बुरी...।" हम सब सुनते थे किन्तु उनको भी तो कहाँ मालूम कि हम अपनी इच्छा की खातिर नहीं बल्कि पेट की खातिर भटकते हैं। हमने किसी तरह वहाँ दो दिन ही निकाले थे। विमल के घोड़े के साथ कई औरतें चल रही थीं। लोग अपने-अपने घोड़ों के साथ चल रहे थे। रास्ता कच्चा था। उस पर बहुत-सा कीचड़ बन गया था। घोड़ों पर सामान की गीली गठरियाँ लादी थीं। घोड़ों को सीधा चलना नहीं आता था। उनके आधे-आधे पाँव कीचड़ में घुसते थे। वे जैसे-तैसे ताकत लगाकर पैर उठाते थे। खाए हुए नमक के प्रति ईमानदार रहना है इसलिए ही। किसी तरह रास्ता खत्म हुआ और हम शेगाँव पहुँच गए। तिरपाल बना लिए। पास के कुएँ से औरतें पानी लाईं। हमारा जीवन बहती हवा के समान बहने लगा। उदित होनेवाला हर दिन नए-नए संकट लेकर आता था।...और उसके अस्त के साथ उन संकटों का भी अस्त होता था। दिन के बाद दिन बीत रहे थे। जैसे एकाध सपना आए और जाग उठने पर वास्तविक परिस्थिति में आए, ठीक वैसे ही हम अपने घर बनाते और तोड़ते थे। मुझे और आबास को अब भीख ठीक तरह से माँगनी आती थी। नए-नए गाँवों से होते हुए हम भटकते थे। एक दिन शाम के समय बाबजी मामा बोले—"लोग...! होली दो दिन पर आई है...तब होली करेंगे क्या...?" पिताजी तिरपाल में से ही चिल्लाए—"होली नहीं करेंगे तो क्या करेंगे...? नहीं तो सालभर में फिर बोंब

मारनी पड़ेगी...।" मारुती मामा ने भी उनका साथ दिया—"बरस का तोहार है...सो नैवेद करो...आउर होली कु दिखावो...इतना-सा तोहार नहीं करते...?" तब फिर सबने सर्वसम्मति से होली करना तय किया। दूसरे दिन गाँव से कोई थोड़े से गेहूँ खरीद लाया। माँ ने गेहूँ के जो चार-चार दाने इकट्ठा करके रखे हुए थे सो निकाले। जैसे-तैसे थोड़े से गेहूँ इकट्ठे हुए। गेहूँ जैसे दीखते थे केवल इसीलिए ही उनको गेहूँ कहना पड़ता था। वरना आधे से ज्यादा उसमें दूसरा अनाज ही मिला हुआ था। थोड़ी-सी चने की दाल लाई। इस तरह होली के त्योहार की तैयारी हुई।

हमारी जाति के मर्द लोग भोर के समय ही 'पूरन-पुरियाँ'[1] माँगकर लाने के लिए गए थे। हम बच्चे भी गाँव में जाकर 'पूरन-पुरियाँ' माँगते थे। लेकिन अधिकतर लोग होली का त्योहार शाम को ही मनाते थे। इसलिए हमें पूरन-पुरियाँ मिलना असंभव हुआ था। भारतीय संस्कृति ने होली के त्योहार की जो परम्परा चलाई थी वह हमारी जाति के लिए एक अभिशाप था। अगर सुबह त्योहार होता तो हमें कुछ पूरन-पुरियाँ अवश्य मिलतीं। लेकिन यह त्योहार शाम को होने के कारण हमें कुछ नहीं मिलता था। हमारे लोग दिन ढलने पर ही तिरपाल की ओर आए किन्तु पूरन-पुरियाँ किसी को नहीं मिलीं। सबको मालूम था कि सुबह-सुबह पूरन-पुरियाँ नहीं मिलतीं। इसलिए दिन-भर माँगते थे। किन्तु यदि किसी के यहाँ पूरन-पुरियाँ बनतीं तो ही इनको मिल जातीं। सब जन निराशा से लौटे थे। हम बच्चे भी माँगकर आए। रोटी के टुकड़े ही मिले थे। सभी बच्चों ने उस बंजर भूमि पर उपलियाँ बटोरीं। रेंडी के पेड़ की टहनी लाईं। उपलियों के ढेर में वह बीचोबीच लगाई। औरतों ने थालियों में पूरन-पुरियाँ बनाना शुरू किया। उपलियों का ढेर सुलगाया। उसमें हर एक ने नैवेद्य डाला। फिर सब जन उस जलते ढेर के चारों ओर बोंब मारते हुए गोलाकार चक्कर काटने लगे। औरतें खाना बना रही थीं। यह त्योहार उनके लिए था ही नहीं। सिर्फ बड़े और बच्चे ही बोंब मारते थे। खासकर बच्चे तो जोर-जोर से बोंब मारते थे। उनको बोंब मारने की आदत ही थी। किन्तु बड़े भी बोंब मारते थे। अन्य समय पर दुःख के मारे बोंब मारनेवाले आज खुशी से बोंब मारते थे। लेकिन हम क्यों बोंब मार रहे हैं इसकी जानकारी किसी को नहीं थी। हर गाँव में होली जलाई जाती है और सब जन बोंब मारते हैं, इसलिए हम भी बोंब मार रहे थे। इतना ही मालूम था कि बोंब मारते-मारते मुँह दुखने लगा इसलिए सब जन चुप हुए। तब तक औरतों ने खाना बनाया था। सबके सब भोजन के लिए बैठे। भोजन के लिए एक-दूसरे को बुलाने का कोलाहल शुरू हुआ। खाने के लिए कोई किसी के तिरपाल की ओर आता तो कोई किसी के तिरपाल की ओर जाता। आधी रात तक नींद किसी को नहीं मिली। त्योहार की खुशी में भोजन के उपरान्त कहानी-कथन का कार्यक्रम शुरू हुआ। तुकाराम मोरे पांडव की कहानी सुनाने लगे। अन्य लोग गर्दन हिलाकर सुनने लगे। आधी रात के बाद सब सो गए। चारों ओर खामोशी फैल गई।

---

1. उबालकर गुड़ के साथ सिल पर पीसी हुई चने की दाल भरकर बनाई जानेवाली मीठी रोटी। विशेष अवसर पर बनाया जानेवाला मिष्ठान्न। मराठी में यह 'पुरण पोली' नाम से प्रसिद्ध है।

हम लोग खिलेगाँव में रहे थे। दिन बहुत तेजी से बीतते जा रहे थे। एक दिन शाम को पिताजी ने कहा—"पड़वा अब पन्द्रह दिन पर आ गया...छोरे की परीक्शा का क्या करना...?" माँ ने कहा—"तुम ही लेके जावो तो उसकु...परीकशा होने पर तुरन्त वापस लेके आना...।" पिताजी ने चिन्ता के स्वर में कहा—"परीकशा के लिए बावची कु जाना पड़ता है...चुप ही इस्कूल में नाम डाला इसका...।" तब माँ ने कहा—"छोरा इस्कूल में पढ़ता बोलता है...तो पढ़ाने का...जो होगा सो होगा...उसके नसीब का...।" परीक्षा सिर्फ पन्द्रह दिन पर थी। वह कैसी होती है इसकी कल्पना तक नहीं थी। सोचा कि परीक्षा जैसे भी हो, जो पढ़ाया है उसे पढ़कर दिखाना। मैंने गठरी में बाँधी हुई तख्ती और अंकलिपि शीघ्र ही निकाल ली। वर्णमाला और पहाड़े लिखते बैठा। मैं दिन में माँगने के लिए जाता और रात में अध्ययन करता था। इस तरह दस-बारह दिन कैसे बीते, पता नहीं चला।

पिताजी बोले—"दादासाब ऽ ऽ ऽ, परसु के दिन अपुन कु बावची जाना है...तेरी परीकशा कु...तब पढ़ता जा...।" मैं दो दिन माँगने नहीं गया। अब मैं सौ तक के पहाड़े लिख पाता था। वर्णमाला लिखता था। संभव जितना पढ़ता था। परीक्षा के लिए जाने का दिन उदित हुआ। हम कनूर में रहे थे। पिताजी ने सुबह जल्दी ही घोड़े को खोगीर डाला। माँ ने रोटियाँ बाँधकर दे दीं। मैंने पाटी और अंकलिपि ले ली। हम बावची की ओर निकल पड़े। जाते-जाते पिताजी बाबजी मामा को बोले—"कल छोरे की परीकशा है...मैं परीकशा होते ही हयाँ लौटूँगा...तुम अगले गाँव मत जाना...।" बाबजी मामा बोले—"बोत दिन मत लगा...जल्दी लौटके आ...।" पिताजी ने सकारात्मक गर्दन हिलाई। हम बावची की दिशा से निकल पड़े।

कनूर से बावची बहुत दूर थी। मैं घोड़े पर बैठा था। पिताजी चल रहे थे। मेरे दिमाग में परीक्षा के सम्बन्ध में विचार आते थे—गुरुजी क्या पूछेंगे...? उस प्रश्न का उत्तर मुझे आएगा क्या...? उत्तर याद न आने पर क्या करें...? इस तरह के कई प्रश्न मेरी आँखों के सामने से मँडराते थे। दोपहर हुई थी। पिताजी बोले—"दादासाब ऽ ऽ ऽ, पास में हुनूर का नाला आया है...अपुन हुनूर के नाले पर रोटी खायें...।" मैं विचारों की तन्द्रा से जाग उठा। हमने काफी रास्ता लाँघा था। दिन माथे पर आया था। हम हुनूर के नाले पर आ गए। एक झरने के पास घोड़ा खड़ा किया और नीचे उतर गया। रोटी की पोटली निकाली। पिताजी ने झरने के पानी से कुल्ला किया। हम रोटी खाने लगे। खाना खाकर पानी पी लिया। पिताजी ने मुझे घोड़े पर बिठाया और हम बावची की ओर निकल पड़े। सूर्यास्त होने लगा था। हम बावची पहुँच गए। हमने अपने छप्पर के घर के सामने घोड़ा खड़ा किया। मैं घोड़े से नीचे उतरा। दीवार के पास घोड़े को बाँधा। पिताजी ने रास्ते से आते-आते ही थोड़ी-सी घास ले ली थी। वही घास घोड़े को डाली। दोपहर के भोजन से जो बची-खुची रोटियाँ थीं वही दोनों ने खा लीं। सोना दादी को हमारे आने का पता चला था। दादी घर आई और पिताजी को बोली—"मलारी ऽ ऽ ऽ, आके यहीं बैठा क्या...? उधर आया नहीं...?" पिताजी बोले—"थक गया

था...सुबह कु आना करके बैठा...अभी तो आया हूँ...।" दादी ने फिर से कहा—"चल घर...खाना खाने...।" पिताजी बोले—"नहीं...अभी तो रोटी खाई है... पानी लाके दे थोड़ा...।" दादी उठी। थोड़ी देर बाद वह दो-तीन रोटियाँ, सालन और मिट्टी की छोटी-सी गगरी में पानी लेकर आई। मुझसे बोली—"दादासाब ऽ ऽ ऽ, तुम दोनों मिलके खाओ...कल तेरी परीकशा है क्या...?" मैंने कहा 'जी' ! तब पिताजी ने रोटी खाई ही नहीं। पहले जितनी खाई थी उतनी ही उनको पर्याप्त लगी। रोटियाँ गरम थीं। सालन था इसलिए मैंने खाना शुरू किया। दादी ने सबकी पूछताछ की। मैंने दीया जलाया और उसकी रोशनी में अध्ययन करने बैठा। दादी उठकर अपने घर गई। थोड़ी देर बाद मैं और पिताजी सो गए।

सुबह मैं जल्दी उठा। मिट्टी की छोटी-सी गगरी में दादी ने रात में ही पानी लाकर दिया था। मुँह धो लिया। फिर मैं और पिताजी स्कूल की ओर निकल पड़े। रास्ते में मिलनेवाले लोग पिताजी से पूछते थे—"किस गाँव में हैं जी...मलारी...!" पिताजी उत्तर देते—"कनूर में...।" इतना कहकर वे आगे निकल पड़ते थे। मैं उनके पीछे-पीछे चल रहा था। स्कूल के सामने आ गए। गुरुजी कुर्सी में बैठकर परीक्षा ले रहे थे। प्रश्न पूछते थे। छात्र उनके उत्तर देते थे। जिसको उत्तर नहीं आता था वह चुपचाप खड़ा रहता था। गुरुजी ने हमें देखा और बोले—"आइए...मोरे...ले आए बेटे को...? अच्छा हुआ...मुझे लगा आप नहीं आयेंगे...।" पिताजी ने उत्तर दिया—"वह कैसे गुरुजी...! अजी...छोरे का भला होता है तो थोड़ा कष्ट उठाना पड़ेगा...।" गुरुजी ने मुझे बैठने के लिए कहा। मैं कक्षा में बैठा और पिताजी पेड़ के नीचे चबूतरे पर बैठे। मुझे बहुत ही डर लग रहा था। पिताजी भी पास ही थे। न जाने गुरुजी कैसे प्रश्न पूछनेवाले थे ? मेरी बारी आई और गुरुजी ने मुझे खड़े रहने को कहा। मैं खड़ा रहा। गुरुजी ने पूछा—"सौ तक पहाड़े गिनकर दिखाओ...।" मुझे सौ तक के पहाड़े आते थे। मैंने तेजी से एक से सौ तक के पहाड़े सुना दिए। फिर गुरुजी ने वर्णमाला कहने को बताया। मैंने क, ख, ग, घ से क्ष, ज्ञ तक की वर्णमाला कह दिखाई। गुरुजी बोले—"अध्ययन अच्छा किया है...अब बता...बारिश कहाँ से आती है...?" मैंने धड़ल्ले से उत्तर दिया—"बारिश आसमान से आती है...।" तब गुरुजी पिताजी को बोले—"मोरे ऽ ऽ ऽ, दादासाब पहली कक्षा में पास हुआ...दूसरी कक्षा में नाम दाखिल करता हूँ। उसे दूसरी की पुस्तकें लेकर दीजिए...।" सुनकर पिताजी के चेहरे पर खुशी झलक रही थी। मुझे भी खुशी हुई थी। परीक्षा आसान होती है यह मालूम हो चुका। मुझे गुरुजी के प्रति आदर महसूस होने लगा। हम घर आने के लिए निकल पड़े। रास्ते में जो मिलता उसे पिताजी बताते कि "दादासाब... पहली में पास हुआ...।" अन्य लोग हमारी ओर आश्चर्य से देखते थे। मैं पहली कक्षा में पास हुआ था यानी कोई दिव्य पराक्रम नहीं किया था। किन्तु लोगों को आश्चर्य होना स्वाभाविक था। लोगों से मिलते, उत्तीर्ण होने की खबर बताते हुए हम घर आए। पिताजी ने तुरन्त ही घोड़े पर खोगीर डाला और मुझसे कहा—"माँ कु...बुलाके ला...।" मैं दौड़ता हुआ ही दादी के पास गया और उसे अपने साथ ही ले आया।

पिताजी ने दादी से कहा—"माँ ऽ ऽ ऽ, हम चलते हैं...जंगल में परिवार है...सब जन रास्ता देखते होंगे... ।" दादी भी तो क्या बोलती ? थोड़ी देर बाद वह बोली—"ठीक सँभाल के जा बाबा...बीवी-बच्चों को बेहाल मत कर... ।" पिताजी ने गर्दन हिलाई। फिर हम कनूर आने के लिए निकल पड़े।

शाम के समय हम कनूर पहुँच गए। मैं पास हुआ था। उस खुशी में मुझे भोजन तक का स्मरण नहीं रहा। पिताजी भी सुबह से भूखे थे। तिरपाल पर पहुँचते ही गुंडाप्पा मोरे ने पूछा—"भैया...हुई क्या परीकशा...?" पिताजी ने कहा—"हुई...दादासाब पहली में पास हुआ...अब उसकु दूसरी में डाला... ।" हमारी जाति के मेरी प्रशंसा करने लगे। माँ को भी बहुत खुशी हुई थी। उसने मुझे और पिताजी को खाना परोसा। हमने खाना खा लिया। फिर बाबजी मामा ने कहा—"मलारी ऽ ऽ ऽ अब छोरे कु माँगने कु मत भेज... ।" पिताजी ने झट से उत्तर दिया—"अजी ऽ ऽ ऽ बाबू मामा...वह रात कु पढ़ेगा...आउर दिन भर क्या करेगा ? रोटी के चार टुकड़े तो लाएगा।" तुकाराम चाचा ने भी उनका साथ दिया—"सही है...चार टुकड़े की मदद तो होगी... ।" फिर हमारा रोजाना का जीवन आरम्भ हुआ। तिरपाल निकालना, सामान की गठरियाँ बाँधना और अगले गाँव जाना पूर्ववत् शुरू हुआ। मैं और आबास दिन में माँगने के लिए जाते थे। मैं रात को पाटी पर पहाड़े लिखने बैठता था। पढ़ने के लिए पुस्तकें लेनी थीं इसलिए मैंने पिताजी से कहा—"पिताजी...मुझे दूसरी की पुस्तकें लेनी हैं... ।" पिताजी ने कहा—"सलगरे के बाजार से तेरे कु...पुस्तकें लाऊँगा आउर सलगरे के मास्टर कु बी तेरे को पढ़ाने के लिए बोलूँगा... ।" सुनकर मुझे अच्छा लगा क्योंकि सलगरे के स्कूल में भी मुझे पढ़ने का अवसर मिलनेवाला था।

इतवार की शाम हम सलगरे पहुँच गए। कोंडिबा कुम्हार की बस्ती पर तिरपालों की भीड़ हो गई थी। वहाँ की पूरी बंजर जमीन तिरपालों से भरी हुई थी। हमारी पूरी जाति इकट्ठा हो रही थी। लोग आकर एक-दूसरे से मिल रहे थे। हमारे पाँच-छह परिवारों से तिरपालों की संख्या बढ़ती गई। सभी तिरपालों की औरतें विमल के नन्हे बच्चे की देखभाल करती थीं। कोई उठाकर लेता तो कोई उसे चूम लेता। रात में एक-दूसरे के तिरपाल में आना-जाना शुरू हुआ। सुबह उठकर हम भीख माँगने के लिए निकल गए। सलगरे में सब भिखमंगों के बच्चे ही दीखने लगे। गाँव के बच्चों की अपेक्षा भिखारियों के बच्चों की संख्या ज्यादा दीखने लगी। प्रत्येक घर के सामने एक भिखमंगा लड़का दिखाई देने लगा। हाथ में थालियाँ, पतीली आदि लेकर बच्चे दर-दर भटकते थे। हर दरवाजे पर जाते ही दो-चार गालियाँ लेनी पड़ती थीं। रोटी के चार-चार टुकड़े लेकर हम सब तिरपाल पर आए। दूसरे दिन मंगलवार था। यह सलगरे का बाजार का दिन था। मुझे पुस्तकें मिलेंगी इसलिए मैं खुश था। हमारे लोग भीख माँगकर वापस आए थे। कोई मछलियाँ पकड़ने के लिए तो कोई अपने कुत्ते को साथ लेकर शिकार के लिए जाया करता था। गोह, खरगोश आदि का शिकार करके लाने के लिए। औरतें एक-दूसरे को अपना सुख-दुःख बताया करती थीं। कोई गोह लेकर तो कोई मछलियाँ लेकर

तिरपाल पर आया करता था। उस दिन लाए गए शिकार का रात में बँटवारा हुआ। हर तिरपाल को सालन के लिए थोड़ा-थोड़ा मिल गया। औरतें खाना बनाने लगीं। रात को भोजन हुआ। कल बाजार है तब क्या बेचें ? कितने पैसे खर्च करें ? इन विचारों में ही सब सो गए।

मंगलवार का दिन था। लोग भोर के समय ही भीख माँगने के लिए गए थे। सूर्य उदित होकर थोड़ा ऊपर आया था। हर कोई भीख माँगकर आ रहा था। औरतें अनाज को बाजार में बेचने के लिए बाँधकर रख रही थीं। कोई एकाध दूसरी मुर्गी पकड़ता था। पुरुष लोग हाथ में रोटी लेकर जल्दबाजी से खाने लगे। मैं और पिताजी बाजार के लिए निकल पड़े। आबास भी पीछे आने लगा। पर पिताजी ने उसे एक थप्पड़ मारा। आबास रोते-रोते ही माँ के सामने जा बैठा। अन्य लोगों ने जैसे-तैसे पेट के लिए खा लिया और बाजार के रास्ते से निकल पड़े। पिताजी ने दो मुर्गियाँ पाई थीं जिनको मैंने दोनों हाथों में पकड़ लिया था। हमारी जाति की औरतें, बच्चे और बड़े–सब-के-सब रास्ते से दौड़े जा रहे थे। नंगे-धड़ंगे बच्चे रोते हुए पीछे आया करते थे। प्रत्येक गाँव के बाजार के समय यह दृश्य दिखाई देता था। लेकिन गाँव के लोगों के लिए यह दृश्य नया होने के कारण वे आश्चर्य से देखते थे। सचमुच ही इसमें उनको नवीनता दिखाई देती थी। इंसान जैसे लोग जानवर जैसा बर्ताव करते थे। तब फिर क्यों न अन्य लोग देखें ? हम लोग बाजार में पहुँच गए। मुर्गियाँ खरीदनेवाले व्यापारी आड़े आ गए। एक व्यापारी ने मेरे हाथ से दोनों मुर्गियाँ उठाकर देखीं और मेरे पिताजी से पूछा–"कितना लेगा...!" पिताजी ने बताया–"दोनों के दस रुपए...।" व्यापारी ने मुर्गियाँ मेरे हाथ में वापिस दे दीं और बोला–"ऐं ऽ ऽ ऽ मैंने तेरे कु मुर्गियों का दाम पूछा, बकरे का नहीं।" पिताजी को भी तो कहाँ मालूम था कितने को बेचना है सो उन्होंने कहा–"ऐं ऽ ऽ ऽ माँग तो तू...जितने कु चाहता है...।" उस पर व्यापारी बोला–"सात रुपए दूँगा...देख दोनों के...।" तब पिताजी ने थोड़ा सोचा और बोले–"वो सब छोड़...नौ रुपए दे...।" पिताजी ने अपनी ओर से एक रुपया कम किया था। व्यापारी ने कहा–"ये देख...आठ रुपए देता हूँ...देना हो तो दे...ना हो तो जा लेके...।" इतना कहते हुए व्यापारी आगे जाने लगा। पिताजी ने फिर उसको बुलाया। आठ रुपए में दोनों मुर्गियाँ बेचीं। हम बाजार में आए। पिताजी एक दुकान के सामने खड़े रहे। वे दुकान में पुस्तकें, बहियाँ हैं कि नहीं देखने लगे। किन्तु वह पंसारी की दुकान थी। अगली दुकान में बहियाँ, पुस्तकें थीं। हम दोनों उस दुकान में गए। पिताजी बोले–"अजी...। दूसरी की पुस्तकें हैं क्या...?" दुकानदार ने कहा–"जी...हैं...थोड़ा ठहरिए, निकालकर देता हूँ...।" पिताजी ने तुरन्त दूसरा प्रश्न पूछा–"कितने पैसे लगेंगे...?" दुकानदार पिताजी के चेहरे की ओर देखने लगा। उसने भी सोचा होगा कि लेनेवाला नया है। इसलिए वह चुप बैठा। पिताजी की जो पोशाक थी वही उनको भिखारी सिद्ध करती थी। तुलना में मेरी स्थिति तो उससे भी बुरी थी। बदन पर फटे कपड़े थे। पानी और कपड़ों की कभी भेंट ही नहीं हुई थी और न कभी उनका सम्बन्ध आया था। दुकानदार ने दूसरी कक्षा की

पुस्तकों का सैट निकाला। प्रत्येक पुस्तक की कीमत एक कागज पर लिख ली। उसका हिसाब किया और पिताजी को बोले–"छह रुपये...बीस पैसे लगते हैं...।" सुनकर पिता़जी एकदम पीछे हटे। उन्होंने दुकानदार से कहा–"अजी...इतने पैसे बताते हैं क्या...?" दुकानदार को गुस्सा आना स्वाभाविक था। उसने कहा–"पुस्तकों पर जो कीमत लिखी है वही हम आपसे ले रहे हैं...कोई ज्यादा कीमत क्यों लेगा ? आपके पास पैसे न हों तो पुस्तकें मत लो...।" तब जाकर कहीं पिताजी को यकीन हुआ कि कीमत सही बतलाई है। वरना अन्य स्थानों के अनुसार यहाँ भी पैसे कम किए जाते हैं कि नहीं यही वे देखते थे। पिताजी ने कहा–"भला...होने दो...लावो इधर...।" उन्होंने अपनी जेब से पैसे निकाले और तीन-चार बार गिनकर सात रुपए दुकानदार को दिए। दुकानदार ने अस्सी पैसे लौटा दिए। मैंने पुस्तकें लीं। हम दुकान से बाहर आए। उसके बाद आवश्यक चीजें खरीद लीं। सब चीजें थोड़ी-थोड़ी ही लीं क्योंकि पुस्तकों के लिए ही ज्यादा पैसे खर्च हुए थे। बीच-बीच में पिताजी कहते थे–"तेरे इस्कूल ने कुछ भला नहीं किया।" बच्चों को खाने के लिए भी कुछ नहीं लिया। चार आने का गुड़ और दस पैसे की चाय-पत्ती ली। हम तिरपाल की ओर निकल पड़े। मैं लगातार पुस्तकों की ओर देख रहा था और पिताजी अपने में ही खोए हुए चल रहे थे। हमें देखकर आबास दौड़ता हुआ आया। छाया भी तिरपाल में ही तालियाँ बजा रही थी। उनको लगता था कि खाने के लिए मिठाई लाई होगी। लेकिन मिठाई हम कुछ भी नहीं लाए थे। उनकी आशाएँ टूट गई थीं। मेरी पुस्तकों की वजह से उनको बाजार से आज खाने को मिठाई भी नहीं मिली थी। मैं तिरपाल के सामने बैठकर पुस्तकों की गठरी खोल रहा था। पिताजी ने गुड़ और चाय-पत्ती माँ को दे दी और बोले–"अरी...छोरे के पुस्तक कु...पैसे बोत गए...।" तब माँ ने पूछा–"कितने गए जी...पैसे...?" पिताजी ने कहा–"सव्वा छह रुपए...।" सुनकर माँ को भी ताज्जुब होने लगा। उनकी दृष्टि से सव्वा-छह रुपए कम नहीं थे। मैंने उनकी ओर अनदेखा-सा किया। इतने में पिताजी के शब्द कानों में पड़े–"पढ़ता है कि भीख माँगता भटकता है...किसे मालूम...पर पैसे तो गए...।" मैं सोचता था कि कुछ भी कहने दे, अब पुस्तकें तो वापिस नहीं लौटा देंगे। मैं पुस्तकें निकालकर पढ़ने लगा। तब पिताजी बोले–"हं...पढ़ अब...।" ना कहने से काम चलनेवाला नहीं था। इतने रुपए खर्च करके पुस्तकें लाई थीं। यदि ना कहता तो पिताजी दो-एक थप्पड़ मारे बिना चुप न बैठते। अतः जैसे आता था वैसे मैं पढ़ने लगा–"कमल घर देख...जगन घर देख...।" माँ और पिताजी दोनों प्रशंसा से सुन रहे थे। पैसे खर्च होने का गम खत्म हुआ। मैंने गलत पढ़ा तो भी उनको कुछ भी नहीं समझता था। मैं एक-एक पंक्ति को दो-दो, तीन-तीन बार पढ़ता था। माँ और पिताजी मेरी प्रशंसा करते थे। शाम हो रही थी। सब लोग बाजार से आ रहे थे। औरतें पानी ला रही थीं। प्रत्येक तिरपाल के सामने चूल्हे जल रहे थे। खाना बनाना जारी था। जो शराब पी चुके थे वे बड़बड़ाते जा रहे थे। रात में भोजन करते समय पिताजी बोले–"दादासाब ऽ ऽ ऽ पुस्तकें लाईं...करके लगातार ना पढ़...सुबह कु माँगने जा...आउर शाम कु पढ़...नहीं तो

पिछला बिसरेगा आउर कल पढ़ना संभव नहीं हुआ...तो तेरा मुसकिल होगा... ।'' मैं सिर्फ गर्दन हिलाते हुए खाता जा रहा था। मुझे कल की चिन्ता कहाँ थी? सिर्फ आज का दिन ही मेरे लिए महत्त्वपूर्ण था। आबास खाते-खाते ही कह रहा था—''पिताजी ऽऽऽ, मुझे बी पुस्तक लेके आओ... ।'' तब पिताजी बोले—''तेरे कु अगले साल...लेंगे पुस्तक...इस बार के आसाढ़ कु तेरे कु इस्कूल में डालेंगे... ।'' आबास नीचे देखकर खाना खाने लगा। सबका भोजन हुआ। तब कल की चिन्ता में ही सब लोग सो गए। सभी ओर खामोशी फैली थी। सिर्फ कुत्ते ही बीच-बीच में भौंकते थे।

दूसरे दिन सुबह मैं और आबास दोनों भीख माँगने के लिए निकल पड़े। हाथ में थालियाँ थीं। एक हाथ में छड़ी ली। तब तक माँ ने कहा—''अरे ऽ ऽ ऽ गाँव में माँगने के लिए बोत छोरे गए हैं...तब तुमकु कौन देगा...? उधर जंगल में बोत बस्तियाँ हैं...जाओ उधर... ।'' हम दोनों भीख माँगने के लिए बस्तियों की ओर निकल पड़े। तिरपाल के पश्चिम की ओर एक ही कतार में बहुत-सी बस्तियाँ दिखाई देती थीं। हमारे तिरपालों से लगभग दो मील पर होंगी। कुछ बस्तियाँ एक-दूसरे से दूर-दूर थीं तो कुछ काफी निकट थीं। हम दोनों बात करते-करते बस्तियों तक आ गए। मैंने आबास से कहा—''तू...मेरे पीछे से...माँगता आ...एक ही घर में लोग दोनों को भीख नहीं देंगे... ।'' आबास ने गर्दन हिलाई। मैं एक घर से भीख माँगकर आगे निकल जाता और पीछे से आबास माँगता हुआ आता था। उस दिन मुझसे ज्यादा आबास को ही जली-कटी सुननी पड़ी थी। हमारे तिरपाल के छोरे वहाँ कभी नहीं गए थे इसलिए कि बस्ती में बड़े-बड़े कुत्ते होते हैं। प्रत्येक बस्ती में रोटी का टुकड़ा देते थे। हम काफी देर तक माँगते रहे। सारी बस्तियाँ खत्म हो रही थीं। सिर्फ दो-चार घर माँगना शेष था। हमारे पास रोटियाँ काफी जमा हुई थीं। आशा इंसान को कभी शिखर तक पहुँचाती है तो कभी तह तक गिरा देती है। मेरी आशा खत्म नहीं हुई। सोचा कि ये बचे हुए दो-चार घर माँगकर ही वापिस जाएँगे। एक बड़ा घर था जो पत्थरों से बाँधा हुआ था। जानवरों के लिए घर के सामने ही छप्पर बनाया था। उसमें गायें, भैंसें तथा बैल जैसे कई जानवर थे। मैं उस घर के सामने गया। भीतर लोग भोजन कर रहे थे। आबास पीछे रह गया था। किसको ज्यादा मिलता है यह देखने के लिए मैं शीघ्रता से माँगता जा रहा था। आज मुझे काफी रोटियाँ मिली थीं। घर जाने पर मेरी तारीफ होगी इस खुशी में ही मैं उस बड़े घर में माँग रहा था। दरवाजे में खड़े होकर मैंने कहना शुरू किया—''जय आती है...लक्ष्मी मिलती है...यश मिलता है...मावसी गरीब को रोटी का एक टुकड़ा दो... ।'' मेरे हाथ में थाली थी। वह रोटी के टुकड़ों से भरी हुई थी। एक हाथ में छड़ी थी। कपड़े फटे हुए थे। मैं इन्तजार में था कि घर से कौन बाहर आता है ? तब तक एक कुत्ता बिना भौंके पीछे से आया। उसने अचानक मेरा पैर पकड़ा। मैं जोर-जोर से चीखने-चिल्लाने लगा, बोंब मारने लगा। लेकिन कुत्ते ने मेरा पैर नहीं छोड़ा। उस कोलाहल को सुनकर भोजन कर रहे घर के लोग दौड़ते हुए बाहर आए। अन्य बस्तियों के लोग भी इकट्ठा हुए। आवास जोर-जोर से रोते-चिल्लाते मेरी

ओर दौड़ता आ रहा था। दौड़ते-दौड़ते ही वह कह रहा था—"मेरे भैया कु...कुत्ते ने काटा... ।" दौड़ते समय उसकी थाली से टुकड़े नीचे गिर रहे थे और बस्ती के कुत्ते उन्हें खा रहे थे। मेरी थाली तो हाथ से कब की गिर गई थी। कुत्ता लगातार जोश से मुझे काट रहा था। आखिर बस्ती के लोगों ने उसे खदेड़ दिया। तब जाकर भौंकते-भौंकते ही वह चल दिया। मेरी पिंडलियों से खून बह रहा था। कुत्ते के चार दाँत आरपार घुस गए थे। मैं रोते-रोते खून पोंछ रहा था। आबास दौड़ता हुआ आया और खून पोंछने लगा। बहता हुआ खून देखकर वह भी रो रहा था।

मैं डर के मारे काँप रहा था। तब उस बड़े घर का एक आदमी कहने लगा—"इनकी माँ की ऽ ऽ ऽ इन भिखारियों के बच्चों कु कुछ काम ही नहीं रहता...थालियाँ हाथ में लीं...आउर भागे भीख माँगने...भला हुआ...कुत्ते ने काटा...बाद में हयाँ कोई नहीं आएगा... ।" यह सुनकर मुझे उस आदमी पर भयंकर गुस्सा आया। हमें भीख माँगने का शौक थोड़े ही था ? लेकिन उस समय मैं क्या करता ? वेदनाएँ होती थीं। पैर उठाए नहीं उठता। बस्ती की औरतें अफसोस प्रकट करती थीं—"क्या री बला...! बच्चे कु कुत्ते ने काटा...छोरा नन्हा है...!" ऐसा कहकर वे अपने-अपने कामकाज के लिए निकल जाती थीं। जैसे-तैसे मैं लँगड़ाते-लँगड़ाते चलने लगा। छोटा भाई आबास रोता जा रहा था। उसने अपने हाथों में थालियाँ ली थीं। दोनों थालियाँ खाली थीं। हम धीरे-धीरे तिरपाल की ओर आने लगे। चलने के कारण पैर से लगातार खून निकल रहा था। चलना मेरे लिए असह्य हो रहा था। तब मैंने आबास से कहा—"आबास ऽ ऽ ऽ, अपुन पेड़ के नीचे बैठेंगे...आ...मुझसे चला नहीं जाता... ।" सुनकर आबास ज्यादा ही रोने लगा। सामने ही एक पेड़ था। हम उसके नीचे आकर बैठ गए। मुझे प्यास लगी थी। मैंने आबास से कहा—"आबास ऽ ऽ ऽ जरा पानी ला...मुझे प्यास लगी है... ।" आबास उठा और हाथ में दोनों थालियाँ लेकर दौड़ा। एक कुएँ पर चरस चल रहा था। आबास ने दोनों थालियों में पानी लिया और दौड़ते-दौड़ते आधा पानी रास्ते में ही गिराते हुए आ गया। मैंने पानी पी लिया। थोड़ी-सी राहत महसूस होने लगी। थोड़ी देर बाद हम दोनों उठे और तिरपाल की ओर जाने लगे। दोपहर हो चुकी थी। पेट में कुछ नहीं था। जान व्याकुल हुई थी। चलते समय पैर में यातनाएँ हो रही थीं। किसी तरह तिरपाल पर पहुँच गए। मुझे लँगड़ाते हुए आता देख माँ का कलेजा कंपित हुआ। वह जल्दी से उठी। मेरे निकट आई और मुझसे पूछा—"क्या हुआ रे...लँगड़ाने लगा...?" आबास ने रोते हुए माँ को बताया—"दादा कु...कुत्ते ने...काटा...!" माँ ने रोना शुरू किया। वह मेरा पाँव देखने लगी। खून जम गया था। पैदल आने के कारण जहाँ दाँत लगे थे वहाँ से थोड़ा-थोड़ा खून बाहर आता था। माँ कहने लगी—"बीमारी आई उस कुत्ते कु...गिद्धों ने खाया उसे...उसके मुँह में मिट्टी पड़ी...मेरे बच्चे कु कैसे काटा...?" माँ ने एक ही साँस में उस कुत्ते को बहुत-सी गालियाँ दीं। किन्तु गालियाँ देकर मेरा जख्म थोड़े ही ठीक होनेवाला था ? माँ मुझे तिरपाल तक उठाकर ले गई। तिरपाल के सामने मुझे नीचे बिठा दिया। जख्म पानी से धो डाला। औरतें तेजी से इकट्ठा हो रही थीं। पुरुष लोग

भी इकट्ठा हो रहे थे। किन्तु यह घटना उनके लिए कोई नई न थी। ऐसे कितने सारे कुत्ते आज तक उनको काट चुके थे। ऐसे कई जख्मों की यातनाएँ उन्होंने अनुभव की थीं, भोगी थीं। औरतें अफसोस करती थीं—"अरी ऽ ऽ ऽ री...कितना काटा है...री... बच्चे कु...कुत्ते ने...बच्चे की जान क्या कहती होगी ?" माँ ने एक कपड़ा पानी में भिगोया और जख्म पर बाँधा। हमारे लिए उस पर एकमात्र दवा थी पानी की पट्टी बाँधना। पिताजी घोड़े को पानी पिलाने के लिए गए थे। तिरपाल के सामने जमी भीड़ को देखकर वे घोड़ा वहीं छोड़कर दौड़ते हुए आए। आते ही माँ को जल्दी से बोले—"क्या हुआ री...?" माँ ने आँखें झुकाते हुए उत्तर दिया—"दादासाब कु...कुत्ते ने काटा...।" पिताजी मेरे पास आए। पट्टी को छोड़कर जख्म को देखा। बोले—"कहाँ गया था...माँगने कु...?" मैंने कहा, "ऊपर की बस्तियों पर गया था...।" पिताजी खुद ही से बुदबुदाए—"बस्तियों पर काहे कु जाना बाबा...!" उन्होंने मुझे सोने के लिए कहा। माँ ने गुदड़ी बिछा दी। मैं सो गया। माँ ने आबास से पूछा—"तुमने रोटी खाई या नहीं...?" आबास ने उत्तर दिया—"नहीं...।" तब माँ ने मुझे उठकर बैठने को कहा। मुझे भी तो नींद कहाँ आती थी ? पेट में कुछ भी नहीं था और ऊपर से जख्मों की यातनाएँ। माँ ने हमें एक-एक रोटी दी। उस पर तेल और चटनी डाली। हम दोनों खाने बैठे। हम आज टुकड़े नहीं ला पाए थे। रोटी खाकर मैं सो गया।

सुबह हुई थी। मैं नींद से उठ गया था। पिताजी ने कहा—"कल से...पाँव ठीक होने तक...माँगने कु मत जा...मैं सुबह हयाँ के इस्कूल में जाके मास्टर कु बताता हूँ...तू इस्कूल जा...।" अब तक मुझे उस कुते पर बहुत गुस्सा आता था। परन्तु अब मुझे लगने लगा कि उसने मुझ पर अहसान ही किया है। दूसरे दिन भीख माँगकर आने के बाद पिताजी मेरे साथ स्कूल की ओर निकल पड़े। मैं किसी तरह लँगड़ाते-लँगड़ाते चल रहा था। स्कूल तक पहुँचने में काफी समय लगा। स्कूल में आने पर सलगरे के गुरुजी ने मुझे पहचाना। वे पिताजी को बोले—"क्यों जी ! यह आपका बेटा है...?" पिताजी ने 'हाँ' कहा तब गुरुजी बोले—"पिछले वर्ष यह स्कूल आता था लेकिन इसके पैर को क्या हुआ ?" पिताजी ने बताया—"कल भीख माँगने गया था...आउर कुत्ते ने काटा...।" गुरुजी को मुझ पर तरस आया। वे बोले—"क्या अब आप इसको स्कूल में भरती करनेवाले हैं...?" पिताजी ने उत्तर दिया—"इसकु बावची के इस्कूल में डाला है...पहली पास हुआ है...दूसरी की पुस्तकें लेके दीं...तो अब हम पन्द्रह दिन यहीं हैं...तब इस छोरे कु इस्कूल में भेज दूँ क्या...? सो पूछने के लिए आया हूँ...।" गुरुजी ने मुझे रोज स्कूल आने को कहा। पिताजी ने उनको नमस्कार किया और मैंने भी। फिर वहाँ से हम तिरपाल की ओर आ गए।

सुबह मैं तख्ती और पुस्तकें लेकर स्कूल गया। गुरुजी ने मुझे कक्षा में बिठाया। दूसरी कक्षा के अन्य छात्रों के साथ ही वे मुझे पढ़ा रहे थे। पूरी कक्षा के छात्रों को पहाड़े लिखने के लिए बताया था। मैंने तख्ती पर सौ तक के पहाड़े लिखे। फिर गुरुजी को दिखाया। तब उन्होंने कहा—"ठीक है...अब दो का पहाड़ा लिख...।" मुझे वह नहीं

आता था। अतः मैंने गुरुजी से कहा–"मुझे दो का पहाड़ा नहीं आता... ।" गुरुजी ने दूसरे लड़कों के पहाड़े पढ़कर देखे। कक्षा में कई छात्रों को दो का पहाड़ा ढंग से नहीं आता था। अतः गुरुजी दो का पहाड़ा पढ़ाने लगे। पढ़ाना खत्म हुआ। तब गुरुजी बोले–"बच्चो ! अब बीच की छुट्टी हुई है...दोपहर को फिर गणित पढ़ना है...जोड़ कैसे लगाए सो पढ़ाऊँगा... ।" बीच की छुट्टी में सभी बच्चे अपने-अपने घर जाने लगे किन्तु मैं स्कूल के आँगन में अकेला ही बैठा रहा। तिरपाल हो आना मुझे संभव नहीं था। पैर तो दुखता ही था। स्कूल के चबूतरे पर बैठकर मैं मन-ही-मन दो का पहाड़ा रटता रहा। फिर कुछ लड़कों ने आकर घंटा बजाया। तब लड़के कक्षा में बैठने लगे।

गुरुजी आ गए। वे दूसरी कक्षा को गणित पढ़ाने लगे। जोड़ कैसे लगायें, बढ़ी हुई संख्या कहाँ रखें, वह किस संख्या में मिलायें आदि बताने लगे। उन्होंने पहले अपनी उँगलियों पर हिसाब करके दिखाया और फिर गणित पढ़ाया– 3 + 5 = 8। उन्होंने फलक पर 3 + 5 लिखा। दाहिने हाथ की तीन उँगलियाँ और बायें हाथ की पाँचों उँगलियाँ ऊपर उठाईं। फिर एक लड़के से पूछा–"पाँच और एक कितने ?" उस लड़के ने कहा–"छह...हुए गुरुजी।" फिर गुरुजी ने दूसरे लड़के से पूछा–"छः और एक कितने...?" उसने उत्तर दिया–"सात... ।" इस प्रकार एक-एक उँगली नीचे लेते हुए गुरुजी जोड़ करके दिखाते थे। प्रत्येक छात्र अपने हाथ की उँगलियाँ गिनता था। इस प्रकार गुरुजी ने और दो-तीन गणित समझा दिए। कुछ गणित घर में हल करने के लिखकर दे दिए। स्कूल छूट गया। मैं तिरपाल की ओर आया। गुरुजी के बतलाए हुए गणित उँगलियों पर हिसाब करके हल करने लगा। मैं रोज स्कूल जाया करता था। पहाड़े, गणित, पठन आदि विविध प्रकार से मेरा अध्ययन जारी था। देखते-देखते पन्द्रह दिन निकल गए। हमारे परिवारों का मुकाम वहाँ से अगले गाँव की ओर निकल पड़ा। कल सुबह हम सलगरे गाँव छोड़नेवाले थे। स्कूल जाने पर मैंने गुरुजी से कहा– "गुरुजी...कल हम दूसरे गाँव जानेवाले हैं... ।" गुरुजी को भी बुरा लगा। लेकिन वे भी तो क्या करते ? दूसरे दिन हम सब दूसरे गाँव का रास्ता नापने लगे। हम सलगरे से बेलंकी जा रहे थे। हमारे साथ हमारी बिरादरी के पहलेवाले परिवार ही थे। बाबजी भोसले, मारुती वायफळकर, मचिन्द्र शिन्दे, गुंडाप्पा मोरे, तुकाराम मोरे और हमारा परिवार–सब एक साथ रहते थे। हम सब बेलंकी आए। गाँव के निकट तिरपाल फैलाए। हमारा जीवनक्रम आरम्भ हुआ। एक के बाद एक दिन बीत रहे थे। मेरा पैर अब अच्छा हुआ था। मैं दिन में भीख माँगता था और रात को पढ़ता था। एक के बाद एक गाँव पीछे छोड़कर हम आगे निकलते थे।

सांगोला तहसील के वाडेगाँव के निकट हमने तिरपाल फैलाए थे। हमें वाडेगाँव आए दो दिन हुए थे कि अचानक उस गाँव में चोरी हुई। वहाँ के साहूकार के घर पर डकैती हुई। भगवान जाने उनके घर से क्या-क्या गया ? भोर के समय हमारी जाति के लोग गाँव में माँगने के लिए गए थे तब वहाँ उनको माँगने नहीं दिया। गाँव के लोग उनसे कह रहे थे–"यहाँ चोरी हुई है...माँगो मत...नहीं तो तुम्हारे ऊपर आएगा... ।"

अतः हमारे लोग डर के मारे तिरपाल की ओर वापस आए थे। दिन भर पुलिस गाड़ियाँ आती थीं। चोर को पकड़नेवाले कुत्ते गाँव में घुमाए जाते थे। वे कुत्ते हमारे पास नहीं आए। हममें से किसी ने चोरी नहीं की थी, तो फिर वह ईमानदार पशु क्यों हमारी ओर आएगा ? गाँव का वातावरण शाम तक तनावपूर्ण था। हम गाँव के निकट ही रहे थे। रात को हमारे तिरपाल की ओर पुलिसगाड़ी आने लगी। उसे देखकर हमारे लोग बहुत ही भयभीत हुए। बाबजी मामा ने कहा—"चिंगडी गासकली टुळका... ।" सब लोगों ने गुदड़ी ओढ़ ली, मुँह भी पूर्णतः ढक लिया और मृतवत् पड़े रहे। हमारी जाति की भी अपनी भाषा है। दूसरों की समझ में न आए इसलिए हमारे लोग अपनी भाषा का प्रयोग करते हैं। उपर्युक्त वाक्य का अर्थ यह था कि "पुलिस आई है, सो जाओ... ।" तब तक पुलिस-गाड़ी तिरपाल के सामने आकर रुक गई। हवलदार चिल्लाया—"ऐं ऽ ऽ ऽ जोशियों...आ जाओ बाहर...हम तुमको पीटेंगे नहीं...सीधे-सीधे बताओ...क्या तुमको इस चोरी का घपला मालूम है...?" हवलदार के शब्द सुनकर बाबजी मामा, मारुती और मेरे पिताजी—सब एक-एक करके बाहर आने लगे। बाबजी मामा ने कहा—"साब ऽ ऽ ऽ, हम भीख माँगकर खाते हैं...जहाँ चार कौर मिलते वहाँ रहते हैं...नहीं मिला तो अगले गाँव जाते हैं...हम काहे कु चोरी के घपले में पड़ेंगे...हम चोरी करने लगे तो फिर भीख माँगने के लिए हमें कौन भटकने देगा...?" यह सुनकर हवलदार दहाड़े—"अरे ऽ ऽ ऽ ! चोर कभी चोरी करने की बात कबूल नहीं करता। सच बता, नहीं तो पीट डालूँगा... ।" तब पिताजी ने कहा—"साब...आप हम पर अन्याय कर रहे हैं... अजी... । हम गरीब ठहरे इसलिए आप हमें दबाते हैं...आपकु सच न लगता हो तो हमारी तलाशी लेकर देखो... ।" तब हवलदार ने सिपाही से कहा—"चलो...लो तलाशी इनके तिरपाल की... ।" हवलदार पुलिस-गाड़ी से नीचे उतर रहे थे। इतने में गाड़ी में आगे की ओर बैठे हुए पुलिस इंस्पेक्टर बोले—"ठहरो...ये लोग काहे को चोरी करेंगे...तुम लोग चोर को छोड़कर संन्यासी को फाँसी देने जा रहे हो। इतनी बड़ी डकैती इन भिखारियों से थोड़े ही होगी...?" सिपाही वहीं रुका। हवलदार ने अपना चेहरा दूसरी ओर घुमाया। फिर इंस्पेक्टर ने कहा—"जोशियो...तुम कल यहाँ से दूसरे गाँव जाओ... ।" तब मारुती मामा बोले—"जाते हैं साब...हमार कु क्या... ? गाँव चाहे कोई भी क्यों न हो...नहीं तो ऐसी बला कउन सहे...?" हवलदार गाड़ी में जा बैठे। पुलिस-गाड़ी वापिस जाने लगी। हमारे लोग, जो तिरपालों में छुपकर बैठे थे, अब उनको छुटकारा महसूस हो रहा था। सब लोग इकट्ठा हुए। कल किस गाँव जाना है इसी बात पर उनमें विचार-विमर्श चल रहा था। बाबजी मामा ने कहा कि "कल कु...अन्दलगाँव चलेंगे...हयाँ से दूर बी है...आउर घोड़े कु चरने के लिए नाला बी है...वहाँ भाकरे की बस्ती पर रहेंगे... ।" प्रस्ताव को सबने मान्यता दी क्योंकि किसी तरह वाडेगाँव को छोड़कर आगे जाना था। हम दूसरे दिन वहाँ से अन्दलगाँव आ गए। भाकरे की बस्तियाँ गाँव के पश्चिम की ओर थीं। वहीं पर तिरपाल फैलाए। मैं भीख माँगने के लिए जाता था और पढ़ाई भी करता था। मेरे जीवन के दो रास्ते बने थे। उनमें से किस रास्ते से मेरे जीवन की

गाड़ी जाएगी, स्वयं मुझे ही मालूम नहीं था। हम अनेक गाँवों में भटकते थे। आषाढ़ नजदीक आया था इसलिए हम अपने गाँव के निकट जा रहे थे। हम मंगलवेढ़ा आ गए। सोमवार को मंगलवेढ़ा का बाजार था। हमारे लोगों ने उसी में भेड़-बकरे आदि ले लिए। आषाढ़ के मेले की तैयारी शुरू हुई। लोगों में शीघ्रता, शोरगुल और भागदौड़ दिखाई देने लगी।

हम बावची आ गए। घर की लिपाई-पोताई का काम शुरू हुआ। इस तरह घरों की वर्षगाँठें होती थीं। मैं स्कूल जाने लगा। इस साल आषाढ़ में मनोरंजन के लिए बहुरूपिए लाए थे। उनको ढंग से मराठी नहीं आती थी। उनकी मातृभाषा कन्नड़ थी। वे टूटी-फूटी मराठी बोलकर नाटक करते थे। उन्होंने राम, रावण, सीता, हनुमान आदि का हू-ब-हू स्वाँग रचा था। हनुमान की भूमिका करनेवाला व्यक्ति हाथ में गदा लेकर कहता था—"अरे रावण...तुझे मार डालूँगा देख...रे...।" लोग हँसते-हँसते लोटपोट होते थे। नाटक के विनोद से ज्यादा उनकी भाषा से ही विनोद निर्मिति होती थी। भोर के समय नाटक समाप्त हुआ। 'तिरपाल मेला' भी सम्पन्न।

हम एक महीना गाँव में ही रहे थे। महीने भर के बाद हम भीख माँगकर खाने के लिए गाँव से निकल पड़े। हमारे साथ नागू दादा, नारायण शिन्दे, यशवंत भालके और आप्पा शिन्दे के परिवार थे। हम हांगिरगे में रहे थे। वहीं पर शिवाजी भिसे, शेलार भिसे और दुर्गाप्पा मोरे के तीन परिवार आकर हममें मिल गए। लगभग सात-आठ परिवार के समूह हम भटकते थे। बारिश के दिनों में कीचड़ लाँघते, बरसात में रास्ते पर ही भीगते और बोझ की गठरियाँ भिगाते हुए हम आगे बढ़ जाते थे। लोगों, कुत्तों और घोड़ों को काफी परेशान होना पड़ता था। किन्तु हमारे समाज को उसका कुछ भी बुरा नहीं लगता था। हमारा जीवन ही ऐसा था तब कितने दिन बुरा मानते ? पड़वे को पिताजी मुझे परीक्षा के लिए बावची लाए। दूसरी की परीक्षा के पेपर थे। गुरुजी ने अन्य बच्चों की तरह मुझसे भी पेपर लिखवा लिए। गणित के पेपर में जोड़ना, घटाना, गुणा करना और भाग देना जैसे सवाल थे। किन्तु मुझे भाग देना नहीं आता था। कैसे आता ? कभी सीखा ही नहीं था। पिताजी ने पुस्तकें ली थीं इसलिए अध्ययन किया था। पेपर लिखे। परीक्षाफल आषाढ़ में ही निकलनेवाला था। तक तब हम गाँव ही नहीं आनेवाले थे। परीक्षा खत्म होने पर, मैं और पिताजी जुनोनी नामक गाँव गए। हमारे परिवार वहीं थे। रास्ते में एक मुकाम करना पड़ा। हम दोनों सांगोला के एक टूटे हुए स्कूल में रहे। सुबह उठकर जल्दी ही जुनोनी गए। मैं और आबास माँगने के लिए जाने लगे। इतवार को सांगोला के बाजार में मैंने तीसरी कक्षा की पुस्तकें लीं। दिन बीत रहे थे और हम भटक रहे थे। हम सलगरे आ गए। हमेशा की तरह अनेक तिरपाल इकट्ठा हुए थे। मैं सलगरे के स्कूल में जाता था। हमारे लोग जब तक सलगरे में होते तब तक मुझे माँगने को नहीं जाना पड़ता था। मैं दिन भर स्कूल में ही रहता था। हमारा मुकाम सलगरे से बेड़ग जाने लगा। उस समय हम बेड़ग में रहे थे। तब दोपहर को गोंधळेवाड़ी से एक आदमी हमारी ओर आया।

धूप के कारण लौ-लपटें सागर की लहरों के समान एक के बाद एक आती हुई दिखाई दे रही थीं। ऐसा दीखता था जैसे कहीं दूर पानी बहता हो। ऐसी कड़ी धूप में ही वह आदमी हमारी ओर आया। माँ ने उसे पानी दिया। कुल्ला करके वह तिरपाल के सामने बैठा। माँ ने उससे सहजता से पूछा—"घुंडी मामा ऽऽऽ, कैसा क्या आया...?" सुनकर घुंडी मामा का चेहरा फीका पड़ा। रोई-सी आवाज में उन्होंने कहा—"अनुसया ऽ ऽ ऽ, तेरा बाप...मरा...!" बिना कोई सोच-विचार किए उन्होंने कह दिया। तब माँ ने जोर से बोंब मारी। खुद को पिटवा लेने लगी। यह सुनकर सभी औरतें इकट्ठा हुईं। वे सब अफसोस प्रकट करते हुए माँ को समझाने लगीं। जब पांडुरंग दादा मरे थे तब माँ आनसा दादी और सुन्द्रा को समझाती थी। उनको धीरज बँधाती थी। किन्तु आज अन्य औरतें माँ को समझाती थीं। धीरज बँधाती थीं। वे माँ से कहती थीं—"अरी अनुसया...अब पिटवा लेके...सिर पटकके तो कुछ लौटनेवाला है क्या...तेरा बाप...?" माँ कहती थी—"अब...मेरी माँ का क्या होगा...?" सुनकर सभी स्त्री-पुरुष मेरी माँ को समझाते थे। किन्तु माँ किसी की नहीं सुन रही थी। उस समय जोर-जोर से रोने के सिवा उसे कुछ भी नहीं समझ में आता था। चूल्हे पर चाय के लिए रखी पतीली जल रही थी। उसमें जो पानी था वह कब का जल गया था। उस पतीली की ओर किसी का ध्यान नहीं था। माँ ने धोंडिबा मामा को चाय बनाने के लिए चूल्हे पर पतीली रखी थी। उसमें पानी और थोड़ा गुड़ डालकर मैंने वह पतीली नीचे रख दी। आबास रोता था। "दादा ऽ ऽ ऽ, माँ क्यू भला लोने लगी है...?"—छाया मेरे पास आकर पूछ रही थी। मैं उसे पास लेकर ज्यादा ही रोने लगा। छाया हमारे मुँह की ओर देखती थी। माँ लगातार पिटवा लेकर रोती थी। पिताजी घुटनों के बीच गर्दन डालकर आँसू ढालते थे। दुःख का आवेग थोड़ा कम हुआ। तब धोंडी मामा से पिताजी ने पूछा—"कइसा क्या मरा जी...मामा...?" सुनकर धोंडिबा दोरकर ने कहा—"थोड़े दिन बीमार पड़ा था...दवा-दारू देखी...अकेली औरत क्या करती...? तुमारा बी कहीं कोई पता नहीं...धुरपा का बी डेराडंगर कहाँ है किसे मालूम...? वहाँ बी आदमी भेजा है...।" "बोत बुरा हुआ...। अब मानका जीजी अकेली पड़ गई...छोरा-वोरा नहीं...।"—पिताजी ने कहा। जैसे-जैसे लोग बोलते जाते वैसे-वैसे माँ का दुःख बढ़ता ही था। माँ ज्यादा ही रोने लगी। माँ के पिता यल्लप्पा भोसले 'गोंधळी' थे। 'गोंधळ' करके वे पेट पालते थे। उनके दो बेटियाँ थीं—एक थी मेरी माँ और दूसरी थी धुर्पता। धुर्पा मौसी बाड़ी में ही ब्याही थी। नानाजी मुझसे बहुत प्रेम करते थे। उनको बेटा नहीं था इसलिए वे मुझे अपना बेटा मानते थे।

दूसरे दिन सुबह माँ और पिताजी घोड़े को खोगीर डालकर गोंधळेवाड़ी जाने के लिए निकले। जाते समय पिताजी ने कहा—"दादासाब ऽ ऽ ऽ, बच्चे छोटे हैं...ठीक सँभाल...मैं जल्दी आऊँगा...।" माँ ने छाया को भी अपने साथ नहीं लिया था। उसके बदन में चलने तक के लिए बल नहीं था। तब फिर छाया को वह कैसे ले जाती ? माँ हवा के झोंके से भी हिलती थी। एक ही रात में उसकी यह हालत देखकर मुझे डर

लगने लगा। जाते-जाते माँ ने सन्ता चाची से कहा–''अरी...मेरे आने तक छोरों कु रोटियाँ बनाकर दे...घर की ओर ध्यान रख...।'' कहते हुए उसने मेरी ओर देखा। मैं रोता ही था। माँ का दुःख बेकाबू हुआ और वह जोर-जोर से फूट-फूटकर रोने लगी। धोंडिबा मामा माँ को समझाते, धीरज बँधाते थे। माँ, पिताजी और धोंडिबा मामा ये तीनों गोंधळेवाड़ी जाने के लिए निकल पड़े। माँ के जाने के कुछ देर बाद छाया रोने लगी। मैं उसका मन खेल खेलने में लगाने की कोशिश कर रहा था। आबास चुप बैठा था। उसे स्थिति का अन्दाजा आया था। ईश्वर चाचा की पत्नी सन्ताबाई को हम सन्ता चाची कहते थे। उसने हमें रोटियाँ बनाकर दीं। किन्तु रात को सोते समय छाया ज्यादा ही रोने लगी। कहती थी–''दादा ऽ ऽ ऽ, मुजे माँ के पास ले चल...।'' मैं कहता था–''आउर एक घंटे के बाद ले चलता हूँ...तब तक अपुन सोते हैं...आ जा...।'' इस तरह हम रात में सोए ही नहीं। लगातार नानाजी की याद आती थी। छाया रोती रहेगी इसलिए मैं दूसरे दिन माँगने के लिए नहीं गया। दिनभर छाया को लेकर बैठा रहा। सुबह बनाकर दी हुई रोटियाँ ही रात में खाईं और सो गए। सुबह उठने पर मैंने आबास से कहा–''आबा ऽ ऽ ऽ तू छाया कु लेके बैट...मैं माँगने के लिए जाता हूँ...।'' आबास ने गर्दन हिलाई। मैंने हाथ में थाली, छड़ी ली और माँगने के लिए गाँव में चल दिया। रोटी के थाली भर टुकड़े मिले। कहीं पर बासी सब्जी मिली तो कहीं पर सालन। वह सब एक थाली में लिया। अन्य तिरपालों के बच्चे भी भीख माँगने के लिए आए थे। वे एक के आगे एक दौड़ते थे। हम तिरपाल की ओर लौट आए। मैं, आबास और छाया–तीनों ने मिलकर उस थाली में रखा हुआ मिलावटी भोजन खाया फिर हम तीनों खेलने बैठे। सूर्य अस्ताचलगामी था। तभी माँ और पिताजी आते हुए दिखाई दिए। माँ को देखकर छाया दौड़ती गई। माँ ने उसे उठाकर ले लिया। ''माँ ऽ ऽ ऽ मेरे कु मिठाई लाई...?'' छाया ने माँ से पूछा। उस नन्ही बच्ची को क्या समझ आता था ? माँ चुप थी। उसका चेहरा सूज गया था। आँखें लाल हुई थीं। पिताजी ने घोड़े का खोगीर निकाला। उसे शिकंजा डालकर छोड़ दिया। औरतें माँ के इर्द-गिर्द जमा हुईं। लोग जमा हुए। तब सन्ता चाची ने पूछा–''बहन...कइसा क्या हुआ...मामा का...?'' ''बाबा कु कैसी बीमारी थी कौन जाने...? चुप ही कैसी तो बी दिसी (देशी) दवा दी... आउर उस दवा से मेरा बाबा मरा...।'' माँ ने आँसुओं के साथ ही उत्तर दिया। ''समझता नहीं तो...चुप ही वह किसी दवा काहे कु देनी...? बीमारी एक आउर दवा दूसरी...।'' बच्चा बुआ कह रही थी। तब नागू दादा ने कहा–''जो हुआ सो हुआ...अब क्या बोलने से वापिस आता है...? चुपचाप कुत्ते जैसा बैटो...भला डाक्तरनी जैसी बोल रही है...आदमी को मरना हो तो कैसा बी मरता है...फिर दवा के नाम पर क्यूँ डालते हैं....।'' सुनकर औरतें चुप बैठीं। वह रात वैसे ही दुःख में निकल गई। दूसरे दिन हम सब वहाँ से आगे निकल पड़े।

आषाढ़ के लिए हम गाँव जा रहे थे। माँ तो बार-बार सोचती बैठती थी। कभी-कभी वह कहती–''माँ कु कउन देखेगा...? हम तो ऐसा जंगल में भटकते हैं...

पर उसका क्या होगा...? धुर्पा बी अपने बाल-बच्चे लेके भटकती है...।" हमारे दिन दुःख में बीत जाते थे। हम जैसे-तैसे दिन गुजारते थे। फिर हम बावची आ गए। मुझे खुशी आषाढ़ की नहीं बल्कि मेरे परीक्षा-फल की थी। पास हुआ हूँ कि नहीं इसी की चिन्ता मन में लगातार लगी हुई थी। गाँव में आते ही मैं गुरुजी के पास गया। गुरुजी स्कूल में ही थे। मैंने उनसे पूछा—"गुरुजी ऽ ऽ ऽ, मैं पास हुआ क्या...?" उन्होंने सकारात्मक रूप में गर्दन हिलाई। यानी कि मैं पास हुआ। इस वर्ष तीसरी कक्षा में गया। मुझे बहुत ही आनन्द हुआ। तब गुरुजी ने पूछा—"तीसरी की पुस्तकें ले लीं...?" मैंने 'हाँ' कहा। मैं भोजन की छुट्टी में घर आया और पिताजी से कहा—"पिताजी...मैं दूसरी में पास हुआ...।" पिताजी को आनन्द हुआ। माँ भी खुश हुई। लेकिन नानाजी की मृत्यु का जख्म अब भी गहरा था। इसलिए वह आनन्द उसमें दिखाई नहीं देता था। स्कूल जाने के लिए मुझे स्फूर्ति मिली। मैं रोज स्कूल जाने लगा। स्कूल में शुद्ध लेखन, गणित, पहाड़े और पठन आदि प्रतिदिन चलता था।

इस वर्ष का आषाढ़ खुशी में नहीं बीता। नानाजी की मृत्यु का दुःख इतनी जल्दी भूलना संभव न था। आषाढ़ को भूलना नहीं चाहिए इस रीति के कारण ही हम आषाढ़ के लिए गाँव आए थे। आषाढ़ सम्पन्न हुआ। हम लोग महीना भर गाँव में रहे। मैं रोज स्कूल जाया करता था। एक महीने के बाद हम अपने पेट की खातिर भटकने के लिए निकल पड़े। पढ़ाई के साथ-साथ भीख माँगने में भी मेरी प्रगति हो रही थी। मेरे लिए माँ ने एक छोटी-सी झोली सी ली थी। आबास थाली लेकर ही माँगा करता था। गाँव को छोड़े काफी दिन हुए। हमारे साथ नराळ नामक गाँव के कुछ परिवार थे। साथ ही हमारे गाँव के निवृत्ति शिन्दे, नागू दोरकर और सुभाष भोसले के परिवार भी थे। प्रतिदिन हमारी जाति की दयनीयता का प्रदर्शन प्रत्येक गाँव में होता था। पिताजी परीक्षा के लिए मुझे टाकली से बावची लाए। मैं सलगरे में भी स्कूल जाता था और बावची में भी। बहुत-सा पढ़ाया था। अध्ययन भी हुआ था। मैंने तीसरी कक्षा की परीक्षा दी। पेपर आसान थे। मैं और पिताजी टाकली लौट आए। "कैसी थी रे परीक्षा...?" मिलने पर हमारे लोग पूछते। "आसान थी...।" मैं उनको बताता। निवृत्ति शिन्दे ने पूछा—"पास हुआ क्या...?" "पास-नापास आसाढ़ में गाँव जाने पर समझता है...।" मैंने बताया। तब लोगों ने पूछना बन्द किया। हम आए दिन गाँव-गाँव भटकते थे। हम सलगरे गए। प्रतिवर्ष वहाँ हम नियमित रूप से जाते थे। वहाँ एक-दूसरे से मिलना होता था। फिर वहाँ से हम मिरज आए। एक दिन मैंने पिताजी से पूछा—"पिताजी ऽ ऽ ऽ अपुन चौथी की पुस्तकें ले लें क्या...?" "दो-चार दिन में मिरज का बाजार है...बाजार में देखेंगे...।" पिताजी ने उत्तर दिया। तब मुझे ऐसा लगने लगा कि मानो बाजार के सिवा कोई चीज लेनी नहीं चाहिए और जैसे यह हमारी जाति का नियम हो। मैं दिन में माँगने जाया करता और रात में तख्ती पर गणित हल करता था।

बुधवार का दिन था। हम मिरज के बाजार आए। पास में ही रहे थे इसलिए नंगे-धड़ंगे और नकबहे बच्चे रोते-गिरते पीछे-पीछे दौड़ते आ रहे थे। पिताजी ने पुस्तकें

लीं। उनको लगा होगा कि चौथी की पुस्तकों की कीमत ज्यादा होगी। इसलिए उस दिन उन्होंने ना-नूँच नहीं किया। हमेशा की तरह निर्धारित चीजें लेकर हम गोश्त के बाजार की ओर आए। दो रुपए की आँतें लीं। उस समय वहाँ कोई मच्छी लेता तो कोई आँतें। गोश्त लेने जितने पैसे व्यय करने का किसी का साहस न था। बाजार से लौटते समय पिताजी ने अठन्नी की शराब पी थी। हमारी जाति के कई लोग शराब पी चुके थे। रास्ते बड़बड़ाते हुए वे तिरपाल की ओर आ रहे थे। कोई झूमता था तो कोई गिरते-गिरते स्वयं को सँभालता था। रास्ते में आने-जानेवाले लोग कहते थे—"कितने अजीब हैं... ये जोशी...? भीख माँगते हैं...और उस पैसे से शराब पीते हैं...इनकी माँ की...भिखारी की जाति ही मुँहजोर...।" उन लोगों का कहना भी सही था। लेकिन हर आदमी अन्ततः आदमी ही होता है। भिखमंगा हो तो भी ऐसा कहाँ है कि उसके कोई शौक या इच्छा-आकांक्षा न हो ? परन्तु उस समय मेरी कौन सुनता था ? चुप होकर मैं ही अन्य लोगों की सुन लेता था। सूर्योदय और सूर्यास्त का चक्र निरन्तर जारी था। लेकिन मेरा ध्यान भीख माँगने से ज्यादा पढ़ाई पर लगा था। अभी तक मैं कभी अनुत्तीर्ण नहीं हुआ था। अतः कोई कुछ कहता न था। सुबह माँगने के लिए जाता और तिरपाल पर जल्दी लौट आता था। मेरे साथ आबास भी तिरपाल पर शीघ्र ही लौटता इसलिए कभी-कभी दोनों को भी गालियाँ खानी पड़ती थीं।

आषाढ़ के लिए हम गाँव आए। मैं सुबह उत्सुकता से स्कूल गया और गुरुजी से पूछा—"गुरुजी...क्या मैं पास हुआ...?" तब गुरुजी ने कहा—"दोपहर में अपने पिताजी को बुलाकर ला...।" सुनकर मुझे चिन्ता लगने लगी कि यदि मैं पास हुआ होता तो गुरुजी मुझे अवश्य बता देते। निश्चय ही मैं अनुत्तीर्ण हुआ हूँगा। अब मुझे स्कूल कोई नहीं भेजेगा। भीख माँगने को जाना पड़ेगा...कुत्ते काटेंगे...अनेक विचार मन में आने लगे। मुझे रोना आया। जब मैं रोने लगा तब गुरुजी ने देखा और बोले—"दादासाहब...क्यों रोता है तू...?" "गुरुजी...मैं पास नहीं हुआ हूँगा...तबी तो आप पिताजी कु बुलाने को कहते हैं...।" मैंने कहा। सुनकर गुरुजी मेरे पास आए और बोले—"अरे पगले...तू पास हुआ है...इस वर्ष चौथी कक्षा में हो गया है...तुझे अब रोज स्कूल आना पड़ेगा। अब तेरे पिताजी को मैं तुझे गाँव में ही किसी के पास रखने के लिए बतानेवाला हूँ...।" भोजन की छुट्टी में मैं घर आया। जल्दबाजी में ही रोटी खाई और पिताजी से कहा—"पिताजी...! गुरुजी ने आपकु बुलाया है...।" पिताजी की आँखों के सामने अनेक प्रश्न खड़े हुए। उन्होंने मुझे पूछा—"तूने इस्कूल में कुछ किया...?" मैं बोला—"मैंने कुछ नहीं किया...।" तब पिताजी ने ऊँची आवाज में पूछा—"फिर काहे कु बुलाया...गुरुजी ने...?" मुझे सब बताना पड़ा। गुरुजी ने मुझे जो बताया था वही मैंने पिताजी को बता दिया। पिताजी को आनन्द हुआ। वे चिन्तित आवाज में बोले—"किसके पास रखें तेरे कु...?" "मामी से पूछके देखो...हम पेट का खर्च देंगे...।" माँ ने कहा। पिताजी सोचते बैठे। मैं खेलने के लिए घर से बाहर निकल पड़ा। बाहर, गाँव के निकट सभी बच्चे मिलकर खेलते थे। कोई अपनी गुठलियाँ ज्यादा लीं

इसलिए झगड़ता था तो कोई घेरे में गुठलियाँ ढंग से नहीं रखी थीं इसलिए झगड़ा करता था। खेल-खेल में झगड़ा होता था। तब कोई एकाध बुजुर्ग आदमी आ हमें दो-चार गालियाँ देकर अथवा कभी एकाध दूसरा थप्पड़ मारकर झगड़ा मिटाता। खेल के बाद मैं दोपहर को घर आया। मैं और पिताजी स्कूल की ओर निकल पड़े। पुस्तकों से भरी हुई फटी थैली मैंने हाथ में ली थी। पिताजी अपनी ही धुन में आगे चल रहे थे। मैं उनके पीछे-पीछे चल रहा था। हम स्कूल के सामने आ गए। पिताजी पीपल के पेड़ के नीचे चबूतरे पर बैठे। मैं कक्षा में जा बैठा। गुरुजी बाहर आए। वे पिताजी के पास बैठकर बोले—"मोरे ऽ ऽ ऽ दादासाहब को...गाँव में ही रखना पड़ेगा...चौथी कक्षा की परीक्षा दूसरे केन्द्र में होती है...इसलिए स्कूल में नियमित रूप से हाजिर रहना आवश्यक है...अध्ययन अच्छा हो तो ही पास होगा...आपका क्या विचार है...?" "गुरुजी...! आपका कहना सही है...पर...छोरे कु किसके पास रखें...?" पिताजी ने कहा। "अजी... ! आपकी माँ तो गाँव में ही होती है...रखो तो उसके पास...बूढ़ी माँ को भी उतना ही आधार होगा...पानी लाएगा...घर का छोटा-मोटा काम करेगा... ।" गुरुजी ने तुरन्त कहा। तब पिताजी बोले—"भला...देखता हूँ पूछके...नहीं बोली तो भी रखूँगा किसी के पास...आप भी हमारे हित का बताते हैं...लेकिन गुरुजी...आप उस पर ध्यान रखें...कभी छोड़के नहीं गए...इसलिए जरा चिन्ता लगती है... ।" "आप चिन्ता ना करो। उसे रखकर जाओ... ।" गुरुजी ने कहा। तब पिताजी उठे और नमस्कार करके निकल गए। गुरुजी कक्षा में आकर अध्यापन के काम में जुट गए। पाँच बजे स्कूल छूटा। थैली लेकर मैं घर आया। लोगों ने अपने-अपने घरों की लीपापोती की थी। किसी ने छप्पर की तो किसी ने दीवारों की मरम्मत की थी। हर साल की तरह इस बार भी आषाढ़ में भेड़-बकरे आदि की बलि दे दी। मनोरंजन के लिए इस साल कुछ भी नहीं लाया था। हमारी ही जाति का आप्पा शिन्दे नामक आदमी था और लोग उसे आप्पा महाराज कहते थे। वे दीखने में भी साधु जैसे लगते थे। सिर के बाल काफी बढ़ाए हुए थे। दाढ़ी गले तक बढ़ाई थी। वे भीख भी देवी के पुजारी के रूप में माँगते थे। यानी कि यह एक कलाकार आदमी था। आषाढ़ के दूसरे दिन उन्होंने लकड़ी का घोड़ा तैयार किया। गाँव के सब लोग बारात के सामने उनको घोड़ा नचाने के लिए बुलाते थे। सबको मालूम था कि घोड़ा नचाने की कला उनमें है। रात के भोजन के उपरान्त लोग गाँव के निकट के मैदान में इकट्ठा हुए। आप्पा महाराज लकड़ी का घोड़ा लेकर बीचोबीच खड़े थे। स्त्री-पुरुष गोलाकार बैठे थे। आप्पा महाराज थोड़ी-सी शराब भी पी चुके थे। इसलिए वे कहाँ हैं यह स्वयं उनको समझ में नहीं आता था। महाराज घोड़ा नचाने लगे। रात को बड़ी देर तक वे घोड़ा नचाते रहे। शराब के नशे के कारण उनको पैरों के दर्द का अहसास भी नहीं होता था। लेकिन जैसे-जैसे नशा उतरने लगा वैसे-वैसे उनके पैर दुखने लगे। नशा पूरा उतर गया और महाराज ने घोड़ा नचाना बन्द किया। लोगों ने उनको अठन्नी-रुपया इनाम आदि के रूप में दे दिया। लोगों का भी उतना ही मनोरंजन हुआ। फिर लोग अपने-अपने घर जाकर सो गए। आषाढ़ के चार

दिन खुशी में बीते। 'तिरपाल मेला' सम्पन्न हुआ। थोड़े दिन बाद हमारी जाति के लोग चार-चार, पाँच-पाँच की संख्या में भटकने के लिए निकल पड़े। वर्षा की रिमझिम शुरू थी। लेकिन पेट के लिए लोगों को जाना ही पड़ता था। हम लोग धूप, बारिश और जाड़ा, इन तीनों ऋतुओं के आदी बन गए थे। हमारी बिरादरी के सब लोग जाने लगे। मेरे पिताजी को चिन्ता लगी थी कि अपने बेटे को किसके पास रखें ? वे सोना दादी के पास गए। उन्होंने दादी से कहा—"माँ...! दादासाब कु तेरे पास छोड़ जाने की सोचता हूँ...गुरुजो ने उसे गाँव में ही रखने कु कहा है...तेरे कु बी उतनी ही उसकी पानी-वानी लाने में मदद होगी...मैं तेरे कु तुम दोनों के पेट का खर्चा दूँगा...।" दादी ने थोड़ी देर सोचा और कहा—"रहने दे...दादासाब कुछ बुरा नहीं...छोरा खूब सयाना है...पर जाते वकत तू भी जरा उसे समझाकर जा...।" पिताजी को दादी पर दया आई क्योंकि दादी ने कठिन समय में सहयोग दिया था। मुझे भी दादी के प्रति आदर लगने लगा।

दूसरे दिन हमारा परिवार माँगने के लिए निकल पड़ा। मुझे ओढ़ने के लिए एक फटी गुदड़ी और बिछौने के लिए एक चिथड़ा रखा था। मुझे और दादी को खाने के लिए दो आढ़क ज्वार रखी थी। मेरे लिए कपड़े तो थे ही नहीं। एक फटी चड्डी थी जो पहन रखी थी। कमीजें दो थीं जिनमें से एक पहनी थी किन्तु दोनों कमीजें फटी हुई ही थीं। तख्ती और पुस्तकें एक फटी थैली में भर दीं। वह थैली, गुदड़ी और चिथड़ा ले जाकर मैंने दादी के घर में रखे। पिताजी ने घोड़े को खोगीर डाला था। सामान का बोझ भी उस पर लादा था। निकलते समय माँ ने मुझे गोद में लिया और रोने लगी। रोते-रोते वह कहती थी—"कबी छोड़के नहीं गई...पर अब जा रही हूँ...ठीक रहना बाबा...हमकु चिन्ता न लगाना...।" फिर वह दादी की ओर मुड़कर बोली—"अम्मा... छोरे कु अच्चा सँभालो...हमें याद न करने दो...।" "अरी...मेरे पास होने पर...तू काहे कु चिन्ता करती है...? दूसरे के पास थोड़े ही है वह...?" दादी कहती थी। तब तक आबास रोने लगा। रोते-रोते ही वह कहने लगा—"मैं भी रहता हूँ...इस्कूल के लिए...।" "तेरा नाम डालेंगे स्कूल में...माँगके लौट आने पर...फिर रह तू...।" पिताजी उसे समझाते थे। "भैया...तू नहीं आता हमाले सात...? यहीं रहेगा...?" छाया कहती थी। सुनकर मुझे रोना आया। मैंने उसे प्यार से उठाकर ले लिया। इतने में कृष्णा शिन्दे चिल्लाए—"मलारी...चल तो...घोड़े मर रहे बोझ से...।" माँ और पिताजी, दोनों ने दादी के चरण छुए। मैंने भी माँ-पिताजी को चरण स्पर्श किया। माँ मुझे देखते-देखते आगे बढ़ रही थी। आँखों में आँसुओं का सागर समाकर वह एक-एक कदम आगे बढ़ाती थी। मैं और दादी उनको पहुँचाने के लिए दूर तक गए। "दादासाब...अब लौट जा...पढ़ता जा...किसी से झगड़ा मत कर...।" पिताजी ने कहा। तब मैं और दादी वापस घर लौटे। पूरा दिन मुझे घरवालों की याद आती थी। माँ रोती जा रही होगी। छाया मुझे याद करती होगी। आबास के साथ कल से भीख माँगने को कौन जाएगा ? इन्हीं विचारों में मैंने वह दिन और रात भी बिताई। सुबह स्कूल गया। गुरुजी ने पूछा—"क्यों रे...गए क्या तेरे माँ-बाप...?" मैंने गर्दन हिलाई। फिर गुरुजी ने दूसरा प्रश्न

पूछा—"किसके पास रहा है तू...?" "दादी के पास...।" मैंने बताया। तब गुरुजी बोले—"अच्छा हुआ...अब रोज स्कूल आना...।" मैंने 'हाँ' कहा। दिनभर जी नहीं लगता था। भोजन के अवकाश के समय मैं घर आया। दादी घर में ही थी। मुझे देखकर बोली—"इस्कूल से आने पर हाथ से लेके खाता जा...मैं घर में न रहूँ तो बी...खाके इस्कूल जा...।" मैं गर्दन नीचे झुकाकर गणित हल करने बैठा। दोपहर को स्कूल गया। पाँच बजे वापस लौटा। घर लौटते ही मिट्‌टी की छोटी-सी गगरी लेकर पानी लाया। पानी नाले का लाना पड़ता था। नाला थोड़ा दूर ही था। दादी ने मेरी तारीफ की। रोज स्कूल जाना, पानी लाना और घर में झाड़ू लगाना जैसे काम मेरे दैनिक काम बन गए। मेरे जीवन को अब स्थाई रूप प्राप्त हुआ था। बीच-बीच में मैं येदू ताऊ के घर जाया करता था। वहीं खाता था। बैठता था। येदू ताऊ का बेटा दामाजी मुझसे दो साल बड़ा था। वह भी चौथी कक्षा में ही पढ़ता था। हम दोनों साथ-साथ खेलते, पढ़ाई किया करते।

एक दिन मैं कक्षा में बैठा था। गुरुजी ने 'बालभारती' पुस्तक का आठवाँ पाठ पढ़ाया। थोड़ी देर बाद उन्होंने कहा—"बच्चो...आपकी छमाही परीक्षा पन्द्रह दिन के पश्चात् है...अच्छा अध्ययन करो...।" परीक्षा पन्द्रह दिन बाद आई थी अतः सोचा कि अध्ययन बहुत करना चाहिए। दस बजे भोजन की छुट्‌टी हुई। मैं घर आया। दादी कहीं बाहर गई थी। रोटी और सालन लिया, और खाकर पढ़ने बैठा। कितने बज गए इसका ध्यान ही नहीं रहा। फिर उठा और स्कूल गया। करीब-करीब एक घंटा देर हुई थी। मुझे देखकर गुरुजी को गुस्सा आया। उन्होंने कहा—"इतनी देर कहाँ गया था...?" "गुरुजी...मैं पढ़ने बैठा था...ध्यान ही नहीं रहा...स्कूल आने का...।" मैंने कहा। सुनकर गुरुजी को अजीब लगा। उनका गुस्सा खत्म हुआ। उन्होंने कहा—"अच्छी आदत है...इस तरह अध्ययन करने पर ही ध्यान रहता है...अध्ययन करते वक्त 'समय' का ध्यान नहीं रहना चाहिए।" गुरुजी ने मुझे नीचे बैठने को कहा। मैं बैठ गया। फिर पहाड़े कहे। गणित हल किया। पाँच बजे स्कूल छूटा। तब मैं घर आया। घर आकर पानी लाया। मैं खेलने के लिए नहीं गया। केवल पढ़ता रहा। रात को भोजन के बाद ढिबरी पास ली। उस ढिबरी का धुआँ नाक में जाता था। मुँह काला होता था। लेकिन कोई इलाज नहीं था। सिवा उसकी रोशनी के दूसरा साधन था ही नहीं। रात में बड़ी देर तक पढ़ता रहा। दादी पास में ही सोई हुई थी। वह बीच में ही जाग गई और रोशनी देखकर बोली—"कब से बैठा रे...सो जा अब...।" "परीकशा बोत नजदीक आई है...गुरुजी ने पढ़ने कु कहा है...।" मैंने दादी से कहा। फिर दादी ने कहा—"पढ़ बेटवा...पेपर लिखना पड़ता है...।" इतना कहकर वह सो गई। मैं पढ़ता ही रहा। जब आँखें ऊँघने लगी तब ढिबरी बुझाकर मैं सो गया। प्रतिदिन स्कूल से लौटने पर मैं रात को ढिबरी लेकर रोशनी में ही अध्ययन करता रहता था।

उस दिन स्कूल भरा हुआ था। तब गुरुजी ने कहा—"बच्चो...कल तुम्हारी छमाही परीक्षा है...आते समय कलम लेकर आना...अगर संभव हो तो एक कलम ज्यादा लाना।

रात में बड़ी देर तक जागना नहीं...वरना स्कूल में आकर पेपर लिखने के बदले ऊँघते बैठोगे... ।'' फिर गुरुजी ने पेपर कैसे लिखे जाने चाहिए इसके बारे में जानकारी दी—''पेपर में काट-छाँट न करें। एकाध शब्द गलत लिखा जाने पर उस पर सिर्फ एक आड़ी रेखा खींचें... ।'' इस तरह उन्होंने चौथी कक्षा के छात्रों को काफी सूचनाएँ दीं। मैं दिनभर पेपर के बारे में ही सोचता था। रात में बड़ी देर तक जागते रहने की अपेक्षा जल्दी ही सो गया। सोचते-सोचते ही। सुबह स्कूल जाते समय देखा तो पाया कि मेरे पास गुरुजी की दी एक टूटी-फूटी कलम थी। उससे लिखे अक्षर तो नरकट से लिखे अक्षर जैसे बड़े-बड़े थे। मेरे पास अंकनी भी नहीं थी। फिर भी परीक्षा के लिए वैसे ही चला गया। जाकर गुरुजी से कहा—''गुरुजी..इस कलम की लिखावट बोत बड़ी-बड़ी आती है... ।'' तब गुरुजी ने अपनी कलम देते हुए मुझे कहा—''यह कलम ले...इम्तिहान होने तक अपने पास ही रख ले... ।'' मैंने वह कलम ले ली। इम्तिहान के लिए सभी छात्र बैठ गए। पहला पेपर 'बाल भारती' का था। गुरुजी ने पेपर बाँटे। प्रश्नपत्रिका और उत्तर-पत्रिका एक साथ ही थी। गुरुजी के कहने के अनुसार पेपर का नाम तथा कक्षा लिखी। पेपर लिखना आरम्भ हुआ। पेपर आसान ही था। मैं पेपर लिखता रहा किन्तु समय कितना हुआ पता नहीं चला। ''आधा घंटा बचा है। जल्दी लिखिए... ।'' गुरुजी ने कहा। मेरा पेपर लिखना काफी बचा था। काट-छाँट न हो इसलिए मैं आहिस्ता-आहिस्ता लिखता था। परन्तु अब जल्दबाजी में लिखना आरम्भ किया। किसी तरह सभी प्रश्न हल किए। तब गुरुजी ने कहा—''समय खत्म हुआ, पेपर दीजिए... ।'' उन्होंने एक लड़के को पेपर इकट्ठा करने को कहा। वह लड़का पेपर इकट्ठा करने लगा। मैंने अपना पेपर दिया और घर लौट आया। भोजन करते-करते ही सोचा कि अब दोपहर के पेपर को जल्दी से लिखना है। भोजन के बाद मैं पढ़ने बैठा। दोपहर का पेपर मैंने जल्दी से पूरा किया था।

इस तरह मैं एक के बाद एक पेपर दे रहा था। अन्तिम पेपर गणित का था। उस समय गुरुजी ने कहा—''कल से पन्द्रह दिन दीवाली की छुट्टी है। पन्द्रह दिन बाद स्कूल शुरू होगा... ।'' गणित का पेपर लिखकर मैं घर आया। छुट्टी आरम्भ हुए दो दिन बीते लेकिन मेरे पिताजी नहीं आए। सोचा कि उनके ध्यान में नहीं रहा होगा। यह भी सोचा कि यदि छुट्टी में कोई नहीं आया तो यहीं रहेंगे। किन्तु दूसरे दिन सुबह पिताजी आए। रात में उन्होंने शायद किसी नजदीक के गाँव में मुकाम किया होगा इसलिए वे सुबह जल्दी आए थे। दादी ने लोटाभर पानी दिया। पिताजी ने दरवाजे के सामने ही घोड़े को बाँधा। कुल्ला किया और नीचे बैठते हुए ही मुझसे पूछा—''हो गई क्या तेरी परीकशा...?'' ''परीक्षा हुए दो दिन हुए... ।'' मैंने कहा। ''जी लगता है क्या तेरा हयाँ...?'' उन्होंने दूसरा प्रश्न पूछा। ''मेरा बोत जी लगता है...कबी तो घर के लोगों की याद आती है... ।'' मैं बोला। तब पिताजी ने कहा—''पगले...घर की याद मत कर...तेरे कु दिवाली...आउर धूपकाल की छुट्टी में ले जाऊँगा...डेराडंगर की ओर... ।'' फिर दादी की ओर मुड़कर बोले—''छोरा...तेरे कु सताता-वताता है क्या...?'' ''मुझे काहे

कु सताता...? बोत भला है वह...पानी लाता है....झाड़ू लगाता है...पढ़ता है...मलारी...! तू उसे जल्दी वापिस लेके आ... ।'' दादी ने कहा। पिताजी ने सकारात्मक भाव से सिर हिलाया। वह दिन उन्होंने गाँव में लोगों से मिलने, भला-बुरा पूछने में ही बिताया। दोपहर में वे आमिन पाटिल की बस्ती में गए थे। आमिन पाटिल की बस्ती गाँव से डेढ़ मील की दूरी पर थी। वे जाति से मुसलमान थे। बचपन से पिताजी और उनकी दोस्ती थी। हम गाँव आते तो हमेशा वे मिलने आते। कभी-कभी हमारे ही घर में खाना खाते लेकिन आषाढ़ के पाँच-छः दिन वे हमारे यहाँ नहीं खाते थे। मरगम्मा देवी को बलि दिए गए पशु को वे नहीं खाते थे क्योंकि उनके और हमारे देवता अलग थे। आदमी एक जैसे थे लेकिन देवता अलग-अलग थे। मुझे बड़ा अजीब और असंगत लगता था। किन्तु आज तक रूढ़ि-परम्पराएँ चलती आई थीं। पिताजी आमिन पाटिल की बस्ती में जाकर लौट आए।

सुबह मैं और पिताजी जल्दी ही डेराडंगर की ओर निकल पड़े। जाते-जाते मैंने पिताजी से पूछा—''कहाँ है अपना डेराडंगर...?'' ''खंडेराजूरी में... ।'' पिताजी ने कहा। उस दिन हम पैदल चलते रहे। डफलापुर की धर्मशाला में मुकाम किया। दादी की दी हुई रोटियाँ खा लीं। दूसरे दिन हम वहाँ से भोर के समय ही निकल पड़े। थोड़ी दूरी तक मैं चलता और पिताजी घोड़े पर बैठते फिर बहुत दूर तक पिताजी चलते और मैं घोड़े पर बैठता था। हम लगभग तीन-चार बजे खंडेराजूरी पहुँच गए। हमें आते देखकर आबास और छाया हमारी ओर दौड़ते हुए आने लगे। मैं घोड़े से नीचे उतर गया। छाया को घोड़े पर बिठाया और मैं आबास के साथ चलने लगा। करीब चार महीने के बाद मैं उनसे मिला था। मुझे बेहद खुशी हुई थी। हम तिरपाल पर पहुँच गए। हमारे लोग मुझे ऐसे देखते थे जैसे एकाध फौजी छुट्टी पर आता है। हर कोई पूछता—''कैसी सुविधा है तेरे खाने-वाने की...?'' ''अच्छी है... ।'' मैं बताता। तब कोई पूछता—''गाँव की ओर कैसा है...?'' ''सब...अच्छा है... ।'' मैं बताता। मेरे थोड़े-थोड़े शुद्ध शब्दों को सुनकर हमारे लोग बोलते—''देखा क्या...? छोरा इतने से दिन इस्कूल में रहा आउर कैसा बामण (पंडित) जैसा बोलने लगा... ।'' पिताजी को तो मुझसे ज्यादा गर्व होता था। माँ ने मुझे पास में लिया। बड़े प्रेम से पीठ पर हाथ घुमाया। वहाँ पर दो दिन आनन्द-ही-आनन्द था। तीसरे दिन के बाद मैं और आबास भीख माँगने के लिए जाने लगे। आबास कहता था—''दादा ऽ ऽ ऽ तू मत जा...इस्कूल में...अपुन दोनों मिलके माँगने कु जाएँगे... ।'' मुझे उसकी बात पर हँसी आती थी। छाया भी कभी-कभी कहती थी—''दादा ऽ ऽ ऽ तू वापस मत जा... ।'' मुझे उसकी बात का आश्चर्य होता था। एक गाँव से दूसरे गाँव की यात्रा आरम्भ हुई। हम कुत्तों को खींचते और घोड़ों को हाँकते हुए आगे जाने लगे। हर साल की तरह हम सलगरे आ गए। उस समय कोंडिबा कुम्हार की बंजर भूमि भिखारियों के तिरपालों से भरी हुई थी। वहाँ पर मेले जैसी भीड़ दिखाई देती थी। मैंने पिताजी से कहा—''पिताजी...मुझे स्कूल भेजो...बहुत दिन हुए...गुरुजी चिल्लाते हैं... ।'' तब पिताजी ने मुझे स्कूल भेजना कबूल किया। मंगलवार को सलगरे

के बाजार में पिताजी ने मुझे सवा रुपए की एक कलम लेकर दे दी। मैं पिताजी के साथ बावची की ओर निकल पड़ा। उस समय नागू दादा ने कहा—"मलारी ऽ ऽ ऽ, यह भला है क्या...? घोड़ा मरे बोझ से और बछेड़ा मरे चक्कर काटने से...तेरी स्थिति इस तरह की हुई है...छोरे कु लाना...आउर पहुँचाने कु जाना...।" यह सुनकर कृष्णा शिन्दे बोले—"अजी...नागू मामा...छोरे कु पढ़ाना...यानी तिरपाल के साथ भटकते हुए पढ़ाना क्या...? उसके लिए इत्ता कष्ट सहना तो पड़ेगा ही...।" नागू दादा चुप बैठे। जब मैं और पिताजी निकल पड़े तब माँ की आँखें भर आईं। आबास और छाया मेरी ओर देखने लगे। मुझे भी बुरा लगता था। लेकिन कल भीख माँगने की अपेक्षा आज अपनी ममता का गला घोटना अच्छा है, यह सोचकर मैं पिताजी के साथ चलने लगा। हम रात आठ बजे बावची में आ पहुँचे। घर आने पर दादी ने बैठने के लिए एक चिथड़ा दिया। मैं और पिताजी, दोनों उस पर बैठ गए। दादी और पिताजी देर तक इधर-उधर की बातें करते बैठे थे। मैं सो गया। पिताजी भोर होते ही उठे और घोड़े को खोगीर डाला। जाते समय उन्होंने मुझे कहा—"दादासाब...परीकशा ठीक दे...तेरे कु धूपकाल की छुट्टी मिलने पर...लेने आऊँगा...पढ़ता जा...खेलना-भटकना नहीं...।" यह कहकर उन्होंने खर्चे के लिए मुझे दो रुपए दिए और निकल गए। मैंने वे दो रुपए दादी के पास रखे। मुँह धो लिया था। तब तक सुबह हो गई। मैं तख्ती और पुस्तकें लेकर स्कूल गया। स्कूल शुरू हुए तीन-चार दिन हुए थे। गुरुजी ने मुझसे कहा—"आ गया तू...? ठीक हुआ...क्या पिताजी आए थे पहुँचाने...?" मैंने 'हाँ' कहा और कक्षा में बैठा। गुरुजी ने पढ़ाना आरम्भ किया।

मेरा स्कूली जीवन आरम्भ हुआ। पढ़ना, लिखना और गणित हल करना शुरू हुआ। दो-तीन दिन बाद मैं येदू ताऊ के घर गया। वे घर में थे। हाल ही में भीख माँगकर आए थे। उन्होंने मुझसे पूछा—

"किस गाँव से आया रे...?"

"सलगरे से...।"

"मलारी रात में घर की ओर क्यूँ नहीं आया...?"

"हम रात को बड़ी देर से पहुँचे और पिताजी भोर को ही निकल गए...।"

थोड़ी देर हममें इसी तरह की बातें हुईं। फिर मैं घर लौट आया। दिन एक के बाद एक बीतते जा रहे थे। मैं नियमित रूप से स्कूल जाया करता था। अध्ययन करता था। घर के छोटे-मोटे काम करता था। देखते-ही-देखते दिन बीत गए। वार्षिक परीक्षा चार दिन बाद आई। गुरुजी ने हमें परीक्षा के बारे में पहले ही सूचना दे दी थी।

उस दिन गुरुजी कक्षा में आए और पढ़ाने लगे। इतिहास का पाठ पूरा हुआ। तब गुरुजी ने कहा—"कल सलगरे-बुद्रुक जाना है। वह अपनी पाठशाला के चौथी कक्षा की परीक्षा का केन्द्र है। जाते समय अपने साथ बिछौना, दो कलम, चार दिन का भोजन और अध्ययन के लिए पुस्तकें ले लेनी हैं। रोज पेपर लिखकर हम वापिस लौट नहीं सकते। कल दोपहर को ठीक चार बजे सभी को स्कूल में इकट्ठा होना है...।" इतना

कहकर गुरुजी ने चौथी के छात्रों को छोड़ दिया। चौथी कक्षा में कुल नौ लड़के थे। मैं घर आया। कपड़े धोने के लिए नाले पर गया। कपड़े धो लिए। फिर वापस आया। रात में मैंने दादी माँ से कहा–"दादी...। कल सुबह चार दिन की रोटियाँ बनाकर दे...।" फिर बहियाँ-पुस्तकें थैली में हैं या नहीं सो देखा। मेरे पास दो कलम थीं जिनमें से एक मुझे पिताजी ने लेकर दी थी और दूसरी गुरुजी ने दी थी। रातभर सारा सामान समेट लिया–दादी ने रोटियाँ और गाढ़ी दाल बनाई। रोटी की एक गठरी बाँधी। ओढ़ने के लिए जो एक फटी-पुरानी गुदड़ी थी वही ले ली। बिछौने के लिए एक चिथड़ा ले लिया। दादी के लिए एक गुदड़ी बची थी। "मैं किसी तरह निभाती हूँ...एक गुदड़ी पर...तू लेके जा...।" दादी ने कहा। दो-तीन बजे तक पूरी तैयारी हुई। तब मैंने दादी से कहा–"दादी ऽ ऽ ऽ, पिताजी की ओर से लिए पैसे मुझे दे...।" सुनकर दादी मन-ही-मन हँसी। उसने कमर की थैली निकाली। उससे दो रुपए निकाले और मुझे दिए। मुझे पैसे मिल गए। अब स्याही लेने के लिए तो कोई समस्या न थी। दादी को चरण स्पर्श किया। उस समय उसने आशीर्वाद दिया–"इट्ठल तेरे कु बोत यस दे दें...पास हो...।" जब मैं सामान लेकर जाने लगा तब दादी ने कहा–"अरे...इट्ठल के पाँव पड़...आउर वह मुरमुरे ले जरा...परसाद करके...।" मैंने विट्ठल-रखुमाई की मूर्ति को नमस्कार किया। थोड़े मुरमुरे लेकर थैली में रखे। तह करके रखी हुई गुदड़ी ले ली। पुस्तकों की थैली में ही रोटी की पोटली रख दी। गुदड़ी की लपेट कंधे पर ली। थैली हाथ में ली और स्कूल की ओर निकल पड़ा। वहाँ बहुत से लड़के इकट्ठा हुए थे। गुरुजी भी आकर बैठे थे। उन्होंने मुझे देखा–कंधे पर गुदड़ी की लपेट और हाथ में सामान ठूँस-ठूँसकर भरी हुई थैली थी। मैं गुदड़ी लेकर इम्तिहान देने जा रहा था यह देखकर गुरुजी को बुरा लग रहा था। सभी बच्चे जमा हुए। चार बज चुके थे। नौ छात्र और एक अध्यापक–इस तरह हम सब सलगरे की ओर निकल पड़े। दूसरे दिन पेपर शुरू होनेवाले थे। हमारे गाँव से सलगरे-बुद्रुक पाँच मील पर था। बीच में रास्ते में जंगलगी नामक एक छोटा-सा देहात था। उसे पार करके आगे जाना पड़ता था। हम सब अपना-अपना सामान लेकर चल रहे थे। गुरुजी साइकिल लेकर आए थे। बहुत से बच्चों का सामान उन्होंने अपनी साइकिल पर लटकाया था। गुरुजी हमारे साथ चल रहे थे। मेरी गुदड़ी की लपेटन साइकिल पर ही डाल दी थी। कूच-ब-कूच करते हुए हम शाम के छः बजे तक सलगरे-बुद्रुक पहुँच गए। वहाँ पर परीक्षा के लिए बाहर से आनेवाले छात्रों की निवास-व्यवस्था पुराने स्कूल में की थी। परीक्षा स्कूल की नई इमारत में थी। हमने अपना सामान पुराने स्कूल में रखा। अन्य देहातों के कई छात्र वहाँ पर पहले ही आए हुए थे। मेरी गुदड़ी की लपेटन देखकर वे हँस रहे थे। रात को सब जन इकट्ठा बैठे। गुरुजी ने परीक्षा के बैठक-क्रमांक बता दिए। "बच्चो...! परीक्षा दूसरे गाँव है इसलिए डरो मत। जैसे अपने स्कूल में पेपर लिखते थे वैसे ही यहाँ भी लिखो। जल्दी से लिखा करो...।" गुरुजी हमें परीक्षा के बारे में बता रहे थे। हमें कई सूचनाएँ दी गईं। हम उन्हें ध्यान से सुन रहे थे। रात में हम सब पढ़ने बैठे। गुरुजी ने जल्दी ही सोने

को कहा। अतः हम सब सो गए।

गुरुजी ने हमें भोर के समय ही जगाया। हाथ-मुँह धोकर हम अध्ययन करते बैठे। छः बजे तक अध्ययन किया। आठ बजे पेपर था। स्कूल से कुछ ही दूरी पर एक कुआँ था। हम सब मिलकर वहाँ नहाने के लिए गए। नहा लिया और लौट आए। सात बज चुके थे। इम्तिहान का समय नजदीक आ रहा था। हमने सिर्फ कलम लिया और स्कूल की ओर निकल पड़े। स्कूल में आकर अपने-अपने बैठक-क्रमांक कहाँ हैं सो देख लिए। मैं अपने बैठक-क्रमांक पर जा बैठा। डर लगता था। क्योंकि इस तरह का इम्तिहान पहली बार दे रहा था। घंटा बजा। उत्तर-पुस्तिकाएँ लेकर अध्यापक कक्षा में आए। अध्यापक दूसरे ही थे। उन्होंने नाम, क्रमांक और कक्षा कहाँ लिखें, इसकी जानकारी दे दी। दूसरा घंटा बजा। अध्यापक ने उत्तर-पुस्तिकाएँ दीं। प्रश्न-पत्र और उत्तर-पत्र एक साथ ही था। उसे लेते समय हाथ काँपते थे। उसे लेकर उस पर नाम, क्रमांक और कक्षा आदि लिखा। एक बार सभी प्रश्न पढ़कर देखे। प्रश्न आसान थे। थोड़ा धैर्य बँधा। प्रथम प्रश्न शीघ्रता से लिखा। एक के बाद एक करके मैं सभी प्रश्नों के उत्तर लिख रहा था। घंटा बजा तब अध्यापक ने कहा—"आधा घंटा बचा है...।" मेरा एक ही प्रश्न हल करना शेष था। उसे लिख दिया। फिर पेपर जाँचकर देखा। विषय का नाम लिखना भूल गया था सो लिख दिया—'मराठी'। अन्तिम घंटा बज गया। अध्यापक ने पेपर लेना शुरू किया। पेपर देकर हम स्कूल से बाहर आए। हमारे स्कूल के सभी छात्र इकट्ठा हुए। किसी के चेहरे पर उत्साह तो किसी के चेहरे पर निराशा थी। प्रायः अधिकतर लड़कों के चेहरे पर उत्साह दीखता था। हम उस पुराने स्कूल में आए जहाँ हम ठहरे थे। भोजन किया और दूसरे पेपर का अध्ययन करने लगे। इतने में गुरुजी आए और हमसे पूछा—"कैसा था पेपर...?" "गुरुजी, पेपर आसान था...।" हम सबने एकमत से कहा। फिर गुरुजी ने हमें दूसरे दिन के पेपर का अध्ययन करने को कहा। इस तरह एक के बाद एक पेपर खत्म होने लगे। पेपर के बारे में जो डर था वह धीरे-धीरे कम होने लगा। पेपर समाप्त हुए। चार दिन के बाद हम सलगरे-बुद्रुक से बावची आ गए। लड़के अपने-अपने घर गए। मैं दादी के यहाँ आया।

"पेपर हुए क्या रे...?" दादी ने पूछा।

"जी हाँ...!" मैंने कहा।

"भला हुआ बाबा...अब रह...मलारी आने तक...।"

दादी ने कहा। मैं घर में पानी लाना, झाड़ू लगाना आदि काम करता था। बीच-बीच में खेलने के लिए जाता था। चार-पाँच दिनों के बाद पिताजी आए। तब मैं और पिताजी हमारे डेराडंगर की ओर आए। उस वक्त हमारे परिवार कड़लास नामक गाँव के पास थे। यहाँ आने पर मैं सबसे मिला। माँ गर्भवती थी। उससे ज्यादा काम नहीं हो रहा था। हम एक गाँव से दूसरे गाँव जाने लगे। मन में विचार आता कि माँ अब जंगल में ही प्रसूत होगी। माँ की हालत बुरी होगी। घर में काम करने के लिए कोई भी नहीं होगा। मुझे वहाँ रहना संभव न था क्योंकि मुझे भी स्कूल का आकर्षण था। अतः मैंने

पिताजी से कहा—"पिताजी...! अब बावची की पढ़ाई खत्म हुई...। अब निंबोणी के स्कूल में जाना पड़ेगा...।" "अरे...रोज पैदल जाके वापस कब लौटेगा तू...।" माँ ने कहा। सुनकर मैंने कहा—"गाँव के बच्चे जाते हैं। उनके साथ जाऊँगा...।" माँ चुप बैठी। पिताजी ने भी मेरा ही साथ दिया। बोले—"भला...तू जाते जा निमणी कु...पर अकेले नहीं जाना...छोरे के साथ मिलके जाना...।"

पाँच-सात परिवारों का हमारा पहलेवाला ही समूह था। मैं और आबास भीख माँगने के लिए जाते थे। हमारी जाति के लड़के खुद को ज्यादा मिले इसलिए वे दूसरे को अपने साथ कभी नहीं ले जाते थे। इसलिए मैं अपने परिवार में आता तो आबास को अच्छा लगता था। मैं और आबास, दोनों मिलकर माँगते थे। एक दिन मैंने पिताजी से कहा—"पिताजी, पुस्तकें लेने के लिए पैसे दे दो...मैं किसी से पुरानी पुस्तकें ले लूँगा...।" तब पिताजी बोले—"तू चौथी की पुस्तकें बेच...और पाँचवीं की ले...कम पड़े तो थोड़े पैसे मैं दे दूँगा...।" मैंने कहा 'जी'। क्योंकि उसके अलावा कोई चारा नहीं था। पिताजी ने मुझे दादी के पास लाकर छोड़ा। आषाढ़ तक के लिए अनाज दिया। पुस्तकें खरीदने के लिए कम न पड़े इसलिए दस रुपए दे दिए। दूसरे दिन वे भोर के समय ही निकल गए। अब प्रश्न यह था कि मेरी चौथी कक्षा की पुस्तकें किसे बेचें ? स्कूल आरम्भ हुआ था। मैं गुरुजी के पास गया। मुझे देखते ही वे बोले—"तू पास हुआ है...अंक भी अच्छे मिले हैं। तू अगले साल कहाँ पढ़नेवाला है...?" "गुरुजी...मैं निंबोणी जानेवाला हूँ...अन्य बच्चों के समान...रोज आ-जाकर पढ़ाई करूँगा...।" मैंने कहा। तब गुरुजी ने पूछा—"क्या तू दादी के पास ही रहनेवाला...?" "जी हाँ, गुरुजी ! लेकिन मुझे चौथी की पुस्तकें बेचनी हैं। सिवा उसके पाँचवीं की पुस्तकें नहीं ली जा सकतीं...इसलिए चौथी की पुस्तकें कोई लेता हो तो देखिए...।" मैंने कहा। सुनकर गुरुजी बोले—"तू पुस्तकें लेकर आ...मैं दो दिन में किसी को तो बेचता हूँ...लेकिन आधी कीमत से बेचनी पड़ती है भला क्या...?" मैंने सिर्फ सिर हिलाकर सहमति दर्शायी। गुरुजी ने मुझे अपना दाखिला लिखकर दे दिया। मुझे बहुत बुरा लगने लगा। ऐसे अच्छे अध्यापक मिलने पर ही मेरी पढ़ाई होनेवाली थी। मेरी आँखों से अनजाने में ही आँसू बहने लगे। देखकर गुरुजी ने कहा—"अरे रोता क्यों है...? मैं यहीं हूँ...यदि कोई आवश्यकता पड़ी तो भी मेरे पास आता जा...अध्ययन कर...अन्ततः तू एक अच्छा लड़का बनेगा...।" गुरुजी के शब्दों से मुझे प्रोत्साहन मिला। दाखिला साथ में ले लिया। गुरुजी के चरणों को स्पर्श कर नमस्कार किया। फिर घर लौट आया। आते ही दादी से कहा—"दादी...! मैं चौथी कक्षा में पास हुआ...।" सुनकर दादी को खुशी हुई। उसके पास रहकर पढ़ता था इसलिए उसे गर्व महसूस होने लगा। "अच्छा किया रे बाबा... नहीं तो मलारी मेरे नाम से चिल्लाता...।" दादी ने कहा। यह सुनकर मुझे आश्चर्य हुआ। दादी के नाम से चिल्लाने का क्या कारण था ? यदि मैं न पढ़ता तो पास न होता। उसके लिए दादी क्या करेगी ? लेकिन मैंने कुछ नहीं कहा। केवल सोचता ही रहा।

दूसरे दिन सुबह दाखिला साथ में लेकर मैं निंबोणी जा रहा था। निंबोणी नामक

गाँव बावची से तीन मील की दूरी पर था। रास्ते में दो नाले पड़ते थे। एक बावची का और दूसरा निंबोणी का। बीच में एक ढलान थी। लोग उसे 'कल्या की ढलान' के नाम से पहचानते थे। मैं पैदल ही निंबोणी पहुँच गया। गाँव के निकट ही दक्षिण की ओर स्कूल था। वहाँ सातवीं कक्षा तक की पढ़ाई की सुविधा थी। आसपास के देहातों के बच्चे पढ़ाई के लिए निंबोणी आते थे। जित्ती, बावची, सिंधकिरे और अन्य बाड़ी-बस्तियों के लड़के पाँचवीं से वहाँ पढ़ने के लिए आते थे। निंबोणी के अलावा उस परिक्षेत्र में पढ़ाई की कहीं भी सुविधा नहीं थी। मैं निंबोणी के स्कूल में गया। एक बाजू में कार्यालय था। मैं कार्यालय में गया। हेडमास्टर बैठे हुए थे। मैंने अपना चौथी का दाखिला उनको दे दिया। उन्होंने मेरा नाम लिख लिया और कहा—"क्या तू हर रोज स्कूल आएगा...?" मेरे 'जी' कहने पर उन्होंने फिर पूछा—"तेरे माँ-बाप भटकते होंगे...?" सुनकर मैं सोचने लगा कि गुरुजी को कैसे मालूम ? लेकिन तुरंत ही मेरा ध्यान अपने चौथी के दाखिला-पत्र पर गया। उसमें जाति का उल्लेख किया था। मैंने अपने को सँभाला और कहा—"गुरुजी, मेरे माँ-बाप गाँव-गाँव भटकते हैं...।" सुनकर गुरुजी थोड़ी देर खामोश बैठे रहे। थोड़ी देर बाद उन्होंने पूछा—"तू किसके पास रहा है ?" "दादी के पास...।" मैंने बताया। गुरुजी ने सिर हिलाकर प्रतिसाद दिया। वे कुछ लिखने लगे और फिर बोले—"कल से स्कूल आता जा। कभी टालना नहीं। किसी चीज की आवश्यकता पड़ी तो मुझे बताता जा...।" फिर मैं घर आने के लिए निकला किन्तु खयाल आया कि गुरुजी को पुस्तकें देखने के लिए तो बता दूँ। मैं फिर पीछे मुड़कर हेडमास्टर को बोला—"गुरुजी ! मुझे पाँचवीं कक्षा की पुरानी पुस्तकें चाहिए। नई पुस्तकें लेने के लिए पैसे नहीं हैं...।" गुरुजी ने कहा—"ठीक है...मैं तुझे कल पुस्तकें लेकर दूँगा...।" सुनकर मैं घर आने के लिए निकल पड़ा। लगभग तीन मील पैदल जाना पड़ता था। मेरे मन में पढ़ने की जिद सवार हुई थी। उस जिद के सामने तीन मील का फासला पैदल काटना कोई विशेष नहीं था। मैं घर पहुँच गया। थैली पहले ही फटी हुई थी। सुई और धागे से फटी हुई जगह को टँकवा लिया। चौथी की पुस्तकें गुरुजी को बेचने के लिए दी थीं। वे बिक गईं कि नहीं यह देखने के लिए लाड़ गुरुजी की ओर गया। गुरुजी स्कूल में बैठे थे। मुझे देखकर बोले—"दादासाहब ऽ ऽ ऽ आ...तेरी पुस्तकें बिकी हैं। ये ले पैसे...।" कहते हुए उन्होंने मुझे चार रुपए दिए और बोले—"अगर पैसे कम पड़ते हों तो मुझे आकर बताना...मैं देता हूँ...।" सुनकर मेरा हृदय भर आया। गुरुजी का प्रेममयी स्वभाव मेरे जीवन को प्रभावित करता था। मेरे ताऊ गाँव में होकर भी मेरी कभी पूछताछ नहीं करते थे। परन्तु गुरुजी अपने बेटे से ज्यादा मुझे महत्त्व देते थे। मैंने उनको नमस्कार किया और घर लौट आया।

दूसरे दिन मैं, केराप्पा बागड़े, दुःशासन लुहार, बालू घाड़गे और मेरा चचेरा भाई दामाजी मोरे—हम पाँच जन मिलकर निंबोणी के स्कूल जाने के लिए निकल पड़े। उन सबके पिताजी पहले ही निंबोणी के स्कूल में उनके नाम दर्ज करा चुके थे। घर से सुबह सात बजे निकलना पड़ता था। स्कूल आठ बजे शुरू होता था। दोपहर को खाने के लिए

रोटियाँ बाँधकर रख ली थीं। हम सब गप्पें हाँकते हुए रास्ता काटते थे। कोई विनोद बताता तो कोई गाँव के घपले बताता। मुझे पुस्तकें लेनी थीं। इसलिए उसी की चिन्ता लगी थी। इस वजह से मैं चुपचाप सुनता हुआ अपने ही विचारों में आगे जा रहा था। मेरे पास पिताजी के दिए हुए दस रुपए और पुस्तकें बेचकर मिले चार रुपए थे। अगर ये पैसे बहियाँ-पुस्तकों के लिए ही खर्च हुए तो मेरे पास एक पैसा भी बचनेवाला नहीं था। हम निंबोणी के निकट आ पहुँचे। स्कूल का घंटा नाले पर ही सुनाई दिया। हमें देर न हो इसलिए दौड़ने लगे। प्रार्थना के समय तक स्कूल में पहुँच गए। बस्ता नीचे रखा और कतार में खड़े रहे। प्रार्थना हुई। छात्र अपनी-अपनी कक्षा में बैठने लगे। मैंने तय किया कि वहीं बैठेंगे जहाँ अपने गाँव के लड़के बैठेंगे। हम सब पाँचवीं की कक्षा में बैठे। इस कक्षा के अध्यापक बावची के काशीराम कोली थे। वे हमें पहचानते थे। सोचा कि अच्छा हुआ। कक्षा के अध्यापक से ज्यादा डर नहीं। गुरुजी ने पहले ही दिन नए आए हुए बच्चों का परिचय करवा दिया था। स्कूल पहले ही शुरू हुआ था। इसलिए पहचान करा देनेवाले बच्चे आज बहुत कम थे। पहचान करा देने की मेरी बारी आई। कोली गुरुजी ने पूछा—"तेरा नाम और ग्राम कौन-सा है ?" मैंने बताया—"नाम है दादासाहब मलारी मोरे और गाँव है बावची...।" गुरुजी मेरा नाम जानते थे। लेकिन अन्य लड़कों को मालूम हो इसलिए पहचान करा दी थी। अन्य लड़कों का भी परिचय हुआ। कोई जित्ती का था तो कोई मालेवाड़ी का। अब तक हम एक गाँव के ही लड़के इकट्ठा आते थे। लेकिन आज अनेक गाँव के लड़के इकट्ठा हो रहे थे। जित्ती का शिवाजी भोसले, मालेवाड़ी का रामा माली जैसे अनेक लड़के थे। निंबोणी के कितने सारे लड़के हमारी कक्षा में थे। परिचय के बाद गुरुजी ने मराठी का पाठ पढ़ाना शुरू किया। पाठ खत्म होने से पहले ही भोजन की छुट्टी हुई। गुरुजी ने पढ़ाना बन्द किया। ग्यारह बज चुके थे। गाँव के निकट ही उत्तर-दिशा में माली का कुआँ था। हम सब जन वहाँ गए। साथ में लाई रोटियाँ वहाँ बैठकर खाने लगे। खाना खाकर पानी पी लिया और स्कूल की ओर आ गए। जिनके पास पैसे थे वे कुछ मिठाई लेकर खाने लगे। मेरे पास भी पैसे थे लेकिन बीच की छुट्टी में हेडमास्टर से मिलकर पुस्तकें लेनी थीं। उसके लिए पैसे कितने लगेंगे मालूम नहीं था। इसलिए मैं चुप था।

अन्य लड़के मिठाई आदि लेकर खाते थे और मैं उनका मुँह ताकता था। गाँव के बीचोबीच आया। दोनों तरफ दस-पन्द्रह दुकानों की पैंठ थी। निंबोणी में प्रत्येक शुक्रवार को बाजार हुआ करता था। यह एक सुधरा हुआ गाँव था। हम स्कूल में आए। मैं कार्यालय में गया। हेडमास्टर पाटिल गुरुजी बैठे हुए थे। मैंने उनसे प्रश्न पूछा—"गुरुजी...पुस्तकें मिल गईं क्या...?" पाटिल गुरुजी कुर्सी से उठे। अलमारी खोली। मुझे पुस्तकों का बंडल देते हुए बोले—"नौ रुपये पचास पैसे होते हैं...आधी कीमत से...तेरे पास पैसे न हों तो कोई बात नहीं...मुझे पैसे बाद में दे देना...लाड़ गुरुजी ने मुझे तेरे बारे में पूरी जानकारी दी है...।" मेरे पास पैसे थे ही। दूसरी बात यह कि कभी तो पैसे देने ही थे। फिर काहे को रख लें ? यह सोचा और गुरुजी को पैसे दे

दिए। उस समय उन्होंने कहा—"तूने बहियाँ नहीं ली होंगी...कल आकर ले जा...स्कूल की ओर से सस्ते दामों में मिलती हैं...पैसे बाद में दे... ।" सुनकर मैंने गुरुजी से कहा— "गुरुजी...! आपने मुझ पर बहुत अहसान किया है...बहियाँ लेने के लिए मेरे पास ज्यादा पैसे नहीं थे... ।" "अरे पगले...! इसे अहसान नहीं कहते...एक विद्यार्थी गरीबी से झगड़ते हुए शिक्षा पाता हो तो उसकी मदद करना अहसान नहीं बल्कि इंसान का फर्ज है... ।" गुरुजी ने कहा। मैंने उनकी ओर स्नेहपूर्ण निगाह से देखा। कितने उदार विचार थे उनके। मैं कक्षा में आ गया। अन्य छात्र कक्षा में बैठे थे। गणित पढ़ाने के लिए पाटिल गुरुजी आए थे। मुझे बहुत खुशी हुई। गुरुजी गणित हल करने लगे। गणित के बाद इतिहास-नागरिकशास्त्र का पीरियड था। माली गुरुजी इतिहास-नागरिकशास्त्र पढ़ाते थे। स्कूल पाँच बजे छूटा। हम थैलियों को बगल में दबाकर बावची की ओर निकल पड़े। सारा रास्ता सोचते-सोचते ही बीत गया कि पाटिल गुरुजी कितने रहमदिल हैं। सच पूछें तो लाड़ गुरुजी का मेरी पढ़ाई में बहुत सहयोग है। बावची का नाला आने पर मैं अपने विचारों की तल्लीनता से बाहर आया। घर आकर पानी लाया और अपनी पुस्तकें देखता बैठा रहा।

दूसरे दिन से रोज निंबोणी के स्कूल में जाना, आधी छुट्टी में माली के कुएँ पर जाकर भोजन करना और स्कूल के छुटने पर घर आना— इस तरह की दिनचर्या आरम्भ हुई। अध्ययन करने तथा घर के अन्य काम करने में ही बाकी दिन निकल जाता था। शुक्रवार को बाजार रहा करता था। बाजार के दिन आधी छुट्टी मिला करती थी। दादी बाजार से साग-सब्जी लाने को कहती रहती। सप्ताह-भर वही साग-सब्जी हम दोनों मिलकर खाते थे।

आषाढ़ नजदीक आया था। भिखारी गाँव में लौट रहे थे। प्रतिदिन चार-छः परिवारों की संख्या से जोशी मुहल्ला भर रहा था। साल भर में शमशान जैसा लगनेवाला जोशी मुहल्ला अब लोगों से ठूँस-ठूँसकर भरा हुआ था। खाली घर भर रहे थे। मानो घरों तथा छप्परों की वर्षगाँठें मनाई जा रही थीं। घरों तथा छप्परों की लिपाई-पोताई और मरम्मत शुरू हुई थी। प्रतिदिन बाहर भटकने के लिए गए हुए परिवार आते थे। मैं बड़ी आशा से गाँव के बाहर मैदान तक दौड़ता जाता था। हमारा परिवार आया है या नहीं देखता था लेकिन निराशा ही होती थी। एक दिन शाम के छः बजे मैं स्कूल से घर आया तो दादी बोली—"तेरे माँ-बाप दुपर कु आए हैं... ।" मैंने बस्ता वहीं रखा और अपने घर की ओर भाग गया। माँ नन्हे बच्चे को लेकर बैठी थी। पिताजी सामान की गठरियाँ ढंग से लगा रहे थे। मैंने नन्हे बालक को उठाकर ले लिया। एक महीने का होगा वह। मैंने माँ से पूछा—

"माँ ऽ ऽ ऽ क्या नाम रखा है बच्चे का...?"

"तात्यासाब रखा है...तेरे बाप ने... ।" माँ ने कहा।

सुनकर मुझे अजीब लगा। पिताजी ने हमारे नामों में अच्छी संगति बरकरार रखी थी। मेरा नाम रखा था दादासाहब, दूसरे का आबासाहब और इस बालक का

तात्यासाहब। हम सब जन साहब ही थे। लेकिन ये साहब रोज हाथ में थाली, पतीली लेकर रोटी के टुकड़े के लिए दर-दर भटकते थे। मैं स्वयं मन-ही-मन हँसा। फिर माँ को बोला—"माँ, मैं चौथी में पास हुआ हूँ...।" सुनकर माँ को बहुत खुशी हुई। वह बोली—"मेरा राजा...बोत बड़ा होगा...।" तभी आबास और छाया दौड़ते-दौड़ते घर आए। मैंने अनुमान लगाया कि शायद वे मेरे स्कूल के रास्ते पे गए होंगे। रात को दादी के यहाँ से मैं जो आया था सो अपने घर में रहने के लिए ही आया था। मेरे उत्तीर्ण होने का असर पिताजी पर उतना नहीं दिखाई दिया। उनका मानना था कि स्कूल में डाला है सो पास होगा ही। अब मैं अपने घर से स्कूल जाया करता था। हर साल की तरह आषाढ़ सम्पन्न हुआ। 'तिरपाल मेला' सम्पन्न हुआ। अन्य सभी परिवार माँगकर खाने के लिए गाँव छोड़कर जाने लगे। हमारा डेराडंगर भी थोड़े दिन बाद निकल पड़ा। जाते समय पिताजी ने पूछा—

"तेरी छमाही परीकशा कब होगी...?"

"अक्टूबर की बीस तारीख को है...।" मैंने कहा।

"मैं आऊँगा...तेरे कु लेने...सँभाल के रह...।" पिताजी बोले।

हमारा परिवार पेट के कारण भटकने के लिए निकल गया। मैं रहने के लिए दादी की ओर चला गया। पूरा एक महीना मैं अपने परिवार में रहा था। इसलिए अब मन नहीं लग रहा था। छमाही परीक्षा नजदीक थी। मैं पढ़ाई में जुट गया था।

इम्तिहान खत्म हुआ। पिताजी मुझे लेने के लिए आए। हम बेगमपुर आए। बेगमपुर मंगलवेढ़ा तहसील के पूर्व की ओर था। मेरे लिए यह इलाका नया था। मैं और आबास मिलकर भीख माँगने के लिए जाते थे। सामान के बोझ उठाना, दूसरे गाँव जाना और तिरपाल डालना शुरू हुआ। मैं दिन में माँगने जाता और रात में पढ़ता था। बरसाती मौसम नहीं था। इसलिए हालत उतनी बुरी नहीं थी। एक महीना तूफान की तरह शीघ्र ही निकल गया। उस समय हमारे साथ वामन शिन्दे, सीताराम शिन्दे, बिटू भोसले और सयाजी दोरकर के परिवार थे। हमारी जाति अपनी लाचार गृहस्थी लेकर गाँव-गाँव भटकती थी। मैंने पिताजी से कहा—

"पिताजी...मुझे स्कूल में पहुँचाने के लिए चलो...।" "मलारी...छोरे का इस्कूल... तेरा कुछ भला नहीं करता...कहीं तो एक जगह पर रख दे...बार-बार लाने का...आउर छोड़ने का...कितने में पड़ता है...।" वामन शिन्दे ने कहा।

"वामन...घर के सबकी भेंट होती है...होने दे...नहीं तो फिर क्या करते...?" पिताजी ने कहा और चुप बैठ गए। थोड़े दिन बाद वे मुझे बावची पहुँचाने के लिए निकल पड़े। हम दोनों बावची में आ गए। पिताजी ने घोड़े को बाँधा। हम दादी के साथ बात करते बैठे थे। इतने में येदू ताऊ हड़बड़ी में आ गए। हमारे आने की खबर किसी ने उन्हें बताई थी। उन्होंने आते ही पिताजी से कहा—

"मलारी...। बूढ़ी को तू खुद सँभाल...छोरे को इस्कूल के लिए है...अब उसे तू ही ओढ़ने-पहनने के लिए दे...।"

"छोरा कु इस्कूल के लिए रखा...करके छोरे आउर बूढ़ी के पेट कु मैंने ही दिया है...अब ओढ़ने-पहनने कु तुझे ही देना पड़ेगा...।" पिताजी ने कहा।

"छोरा इस्कूल में तेरा पढ़ेगा...आउर बूढ़ी को ओढ़ने-पहनने के लिए मैं क्यूँ दूँ भला...?" येदू ताऊ बोले।

पिताजी को भी गुस्सा आया। दोनों में तू-तू, मैं-मैं हुई। कुल मिलाकर झगड़ा मेरे स्कूल के कारण था। दादी को हमसे ज्यादा येदू ताऊ ही सँभालते थे। इसलिए दादी को भी कुछ बोलना कठिन हुआ। जब झगड़ा ज्यादा होगा यह दिखाई दिया तब दादी ने कहा—"मेरे कु...तुम दोनों का बी कुच बी नहीं चाहिए...मैं खुद किसी तरह अपना पेट पालूँगी...यह परीकशा होने पर दादासाब कु बी नहीं रखूँगी मेरे पास...आउर तेरा छोरा तो मेरे पास नहीं...रहने दो अब झगड़ा...।" यह सुनकर येदू ताऊ गुस्से में ही निकल गए। उनको यही चाहिए था। मेरी पढ़ाई न हो इसलिए वे झगड़ा करते थे। 'कुल्हाड़ी का डंडा अपने रिश्तेदारों का दुश्मन' इस कहावत के अनुसार ही सब घटित हुआ था।

पिताजी सोचते बैठे। दूसरे दिन निकलते समय उन्होंने मुझे कहा—"दादासाब... उसके घर मत जा...तू अपनी परीकशा दे...आगे की बाद में सोचेंगे...।" फिर वे दादी से बोले—"माँ...अगर वह तुझे गालियाँ देने लगा तो उसकु बता—मैंने अपने छोरे कु इस्कूल से निकाला है...।" इतना कहकर वे गुस्से से निकल गए। सुबह हम सब स्कूल जाने लगे। मैं सोचते-सोचते ही रास्ते में चल रहा था। कल रात जो कुछ घटा वह मेरे भविष्य की दृष्टि से बहुत बुरा था। पास में कहीं कोई बोर्डिंग की सुविधा भी नहीं थी। स्कूल छोड़ने के सिवा कोई दूसरा रास्ता नहीं था। ऐसा लगने लगा कि मेरे नसीब में पढ़ाई है या नहीं ? जैसे-तैसे परीक्षा तक का समय निकाला। निराशा में ही दिन बिता रहा था। इस प्रश्न ने मुझे परेशान किया था कि अगले साल क्या करें ? यह स्पष्ट था कि गाँवों के अन्य जाति के लोग अपने घर में मुझे नहीं रखेंगे। अतः यह सोचकर अध्ययन करता था कि जो अपने नसीब में लिखा है वही घटित होता है। वार्षिक परीक्षा बहुत ही नजदीक थी। छमाही परीक्षा में मुझे अच्छे अंक मिले थे। इसलिए हेडमास्टर पाटिल गुरुजी मेरी प्रशंसा करते थे। लेकिन अपना दुःख मुझे ही मालूम था। उसके सामने अच्छे अंक मिलने का आनन्द बहुत ही छोटा लगता था। जैसे-जैसे इम्तिहान नजदीक आ रहा था वैसे-वैसे मुझे अपने भावी जीवन का डर लग रहा था।

एकदफा इम्तिहान आ गया। पेपर शुरू हुए, जैसे-तैसे पेपर लिखे। अच्छे अंक मिलें यह इच्छा किसे थी ? क्योंकि अच्छे अंक मिलकर भी उसका कोई उपयोग होनेवाला नहीं था। मेरे लिए हमारा परिवार अपने गाँव में रहनेवाला नहीं था।...और गाँव में मुझे स्कूल के लिए कोई रखनेवाला नहीं था। मैं आगे पढूँगा ही कैसे ? इम्तिहान खत्म हुआ था। दो-तीन दिन बाद पिताजी आए। उन्होंने मुझे कहा—"हो गई क्या तेरी परीकशा ?" मेरे 'हाँ' कहने पर वे तुरन्त बोले—"अपना सब सामान ले...कुच बी मत रख...।" मैंने अपना सारा सामान इकट्ठा बाँधा। पिताजी ने उसे घोड़े पर लादा और

दादी को बोले—"माँ...जाता हूँ बच्चे कु लेके...उसका नसीब ही फूटा है...उसकु हम क्या करें...? खाएगा भीख माँगके... ।" सूर्यास्त होने जा रहा था। लाए हुए घोड़े को पिताजी ने वैसे ही पीछे घुमाया। देखकर दादी ने कहा—"अरे...मलारी...दिन डूबने लगा है... अँधेरा पड़ रहा है...आज के दिन ठहर तो...कल जल्दी जा...बड़ा भाई बोला इसलिए इतना गुस्सा आया क्या...?" "मैं...मैं जाता हूँ...गुस्सा काहे कु आएगा...छोरे कु इस्कूल से निकाला सो हो गया... ।" पिताजी ने शान्त और संयत रूप से कहा। इतना कहकर उन्होंने घोड़े को आगे खींचा। मैं उनके पीछे-पीछे निकल पड़ा। दादी हमारी ओर देखती ही रही। पिताजी ने मुझे घोड़े पर बिठाया और खुद पैदल चलने लगे।

मैंने पिताजी से पूछा—"पिताजी...अपने लोग और परिवार कहाँ रहे हैं... ।" "जत के इस पार...निगड़ी में हैं... ।" उन्होंने बताया। फिर अपने ही विचारों में खोने लगे। मैं घोड़े पर बैठकर सोचने लगा कि कल से मुझे भीख माँगने के लिए जो झोला और 'भांबा'[1] उठाना पड़ेगा वह कभी नीचे रखने के लिए नहीं। मुझे आजीवन झोला ही सँभालना पड़ेगा। मेरा जीवन दर-दर की भीख माँगने में ही बीतेगा। बहुत ही बुरा लगने लगा। आँखों से आँसू बहने लगे। मैं आँसुओं को रोकने की कोशिश कर रहा था किन्तु वे रोके नहीं रुकते थे। रात को बड़ी देर से जाइबबलाद में पहुँच गए। पिताजी बोले—"दादासाब...अपुन हयाँ के हनुमान मन्दिर में रहेंगे...भोर कु उठके आगे जाएँगे... ।" मैंने सकारात्मक रूप से गर्दन हिलाई। हम जाइबबलाद के हनुमान मन्दिर में ठहरे। मन्दिर के सामने इमली का पेड़ था। उस पेड़ से घोड़ा बाँधा। गाँव के बीचोबीच मन्दिर था। आने-जानेवाले लोग हम दोनों की ओर देखते थे। हमारे पास रोटियाँ भी नहीं थीं। पिताजी ने कहा—"तू यहीं बैट...मैं कुच तो बी खाने कु लाता हूँ... ।" मैं बैठा रहा। पिताजी निकल गए। थोड़ी देर बाद वे लौट आए। उनके हाथ में पकौड़ी की पुड़िया थी। उसमें कुल चार पकौड़ियाँ थीं। दो मैंने और दो पिताजी ने खाईं। मन होता था कि और पकौड़ी खाऊँ लेकिन पिताजी को कैसे बोलता ? पहले ही वे गुस्से में थे। मैं उठा और होटल में जाकर पानी पी आया। फिर पिताजी भी पानी पीकर आए। घोड़े के खोगीर में डाली गुदड़ियाँ निकालीं। एक गुदड़ी बिछाई और दूसरी ओढ़ ली। भोर के समय पिताजी जल्दी ही उठे। उन्होंने मुझे उठाया। खोगीर डाला और हम निकल पड़े। विचारों की तन्द्रा में ही हम चल रहे थे। पिताजी थोड़े समय के लिए ही घोड़े पर बैठते थे। दोपहर तक हम निगड़ी पहुँच गए।

निगड़ी के पूर्व की ओर काफी तिरपाल दीखते थे। हम अपने तिरपाल के सामने आ गए। माँ बाहर आई। नन्हा बालक और छाया सो गए थे। आबास माँगने के लिए गया था। माँ ने पानी दे दिया। मैंने पानी पी लिया। तब तक पिताजी ने खोगीर निकाला और घोड़े को शिकंजा डाला। फिर वे तिरपाल में आकर बैठे। उन्होंने माँ से कहा—"भूख लगी है...खाना परोस...छोरे ने बी कल से कुछ नहीं खाया...सिरफ दो पकुड़ी खाई

---

1. वह वाद्य जिसे डुग्गी कहा जाता है और 'जोशी' जाति में इसे ही 'भांबा' नाम से जानते हैं।

हैं...।'' सुनते ही माँ ने शीघ्र ही खाना परोसा। हम खाना खा रहे थे। और हर तिरपाल से लोग आकर हमारे तिरपाल के सामने बैठ रहे थे। तब वामन शिन्दे की पत्नी नकुसाबाई ने पूछा—''मलारी मामा...लाया क्या छोरे कु...?'' पिताजी ने सिर्फ सिर हिलाया। फिर बिटू मामा की पत्नी मानाबाई ने पूछा—''अब वापस कब पहुँचाना है...?'' सुनते ही मुँह तक लाया कौर पिताजी ने नीचे रखा और बोले—''अब उसे इस्कूल में वापस नहीं पहुँचाऊँगा...पंचांग पढ़ने जितना हो गया।...अब खाएगा माँगके...।'' तब वामन शिन्दे ने कहा—''क्या हुआ रे...? इतना गुस्सा क्यों...? छोरे के इस्कूल ने तेरा क्या बिगाड़ा...?'' फिर पिताजी ने येदू ताऊ से हुआ झगड़ा उन सबको विस्तार से बता दिया। लोग ताऊ को दोष देने लगे। लेकिन मेरा दुःख किसी की समझ में नहीं आ रहा था। रोटी थाली में ही छोड़ी। उठा और तिरपाल से बाहर आया। मिट्टी की गगरी में रखा पानी लेकर पी लिया। हृदय भर आया था। माँ से कहा—''माँ...मैं घोड़ा चराने जाता हूँ...।'' फिर तिरपाल से बहुत दूर चला आया। तहेदिल से रो लिया। तब लगा कि दुःख थोड़ा कम हुआ है। मेरे जीवन का रुख ही बदल गया। तिरपाल निकालना, सामान समेटकर गठरी बाँधना और एक गाँव से दूसरे गाँव जाना आरम्भ हुआ। भीख माँगने को जाते वक्त मुझे स्कूल की याद आती थी। आबास को मालूम न हो इसलिए अपने दुःख को मैं अन्दर-ही-अन्दर निगल लेता था। इसके पूर्व प्रत्येक छुट्टी में माँगते समय मुझे बुरा नहीं लगता था क्योंकि यह मालूम था कि छुट्टी के बाद स्कूल जाना है। पिताजी को उतनी ही चार टुकड़े की सहायता होगी यह सोचकर माँगने को जाता था। किन्तु इस समय आगे का भविष्य स्पष्ट दिखाई देता था कि मैं अब स्कूल कभी नहीं जा पाऊँगा। मुझे जिन्दगी भर भीख ही माँगनी पड़ेगी। किन्तु आबास को बुरा नहीं लगता था। उल्टे वह आनन्दित था क्योंकि उसे माँगने के लिए घर का ही साथी मिला था। एक दिन पिताजी ने कहा—''दादासाब...अपनी माँ से एक झोला सिलवा ले...बड़ा-सा...एक पंचांग खरीद ले...आउर लोगों कु भविष्य बताता जा...पंचांग में कुछ बी लिखा हो...पर लोगों कु बताना सब भला ही है...बुरा होगा ऐसा कहना नहीं...नहीं तो कोई बी भीख नहीं देगा...।'' मैंने 'हाँ' कहा। माँ ने मेरे लिए एक फटी धोती का झोला सी दिया। पिताजी ने पंचांग लाकर दिया। मुझे 'भांबा' बजाना नहीं आता था। इसलिए वह नहीं बनाया। मैं झोला और पंचांग लेकर बड़े आदमी जैसा माँगने के लिए जाने लगा। पंचांग में कुल बारह राशियाँ थीं, जैसे—मेष, वृषभ, मिथुन, कर्क, सिंह आदि। मैंने इनको जबानी याद किया। पंचांग के अन्त में प्रत्येक राशि का थोड़ा-थोड़ा भविष्य लिखा हुआ था। मैं लोगों को वही बताता था। शनि, गुरु आदि मन में जो भी आता, मैं बताता था। लेकिन आबास थाली लेकर ही माँगने को जाता था।

धूपकाल की छुट्टी खत्म होने को आई। मुझे बहुत ही बुरा लगने लगा। जब भीख माँगने जाता तब आते-जाते समय मन-ही-मन रोता रहता था। इसलिए कि आबास को मेरा दुःख मालूम न हो। सच तो यही है कि ईश्वर एक दरवाजा बन्द करता है तो उसी समय दूसरा दरवाजा भी खोलता है। हम माड़्याल में आकर रहे थे। गाँव के पूर्व की

ओर तिरपाल डाले थे। दो दिन बाद, शुक्रवार को माड़ग्याल का बाजार था। गोंधळेवाड़ी माड़ग्याल से छः-सात मील की दूरी पर थी। माँ ने कहा—''माड़ग्याल के बाजार में किसी से तो कहलवा भेजके...जब तक हयाँ हैं...माँ कु बुलाके लेंगे... ।'' पिताजी की मान्यता मानो मिल ही गई थी। वे माँ की बात सुन रहे थे। दो दिन बीत गए। शुक्रवार आ गया। मैं और आबास सुबह माँगने को गए। दोपहर को लौटने पर हमें तिरपाल में बैठने को कहकर माँ बाजार गई। मैंने और आबास ने माँगकर लाए हुए टुकड़े निकाले। माँगकर लाई गाढ़ी दाल, मिर्च, आचार और घर की सब्जी लेकर खाने लगे। पिताजी सोए थे। थोड़ी देर में माँ आ गई। वह बाजार से अमरूद, बेर और एक ककड़ी लाई थी। वे चीजें सबको बाँटकर माँ ने कहा—''कल कु माँ आएगी...मैंने कहलवा भेजा है... ।'' सुनकर मुझे आनन्द हुआ। मानका नानी को देखे बहुत दिन हुए थे। दूसरे दिन सुबह नानी तिरपाल की ओर आती दिखाई दी। मैं, आबास और छाया नानी की ओर एक के आगे एक दौड़ पड़े। नानी ने बारी-बारी से एक-एक को उठाकर ले लिया। एक-एक का चुम्बन लिया और रोने लगी। नानाजी का देहान्त हुआ था। लगा कि शायद उसे उन्हीं की याद आई हो।

अपनों से मिलने पर रोना आएगा ही। नानी तिरपाल तक रोते हुए ही आई। उसे रोते देखकर माँ भी रोने लगी। अन्य तिरपाल के बच्चे, औरतें और लोग इकट्ठा हुए। सबकी आँखें गीली हुई थीं। तब नकुसा मामी ने पूछा—''मानका जीजी...कैसा चल रहा है अब तेरा...?'' ''अनुसया के बाप के मरने के बाद टेसनरी माल बेचती हूँ...सुइयाँ, धागे, भिलावें, रोली, कंघी और दातुन चँगेरी में लेके...गाँव-गाँव भटकती हूँ...क्या करना री...ऊपरवाले ने दामन में दुःख बाँधा है... ।'' नानी ने आँखें पोंछते हुए बताया। सुनकर औरतें अफसोस प्रकट करने लगीं।

''हाय री बला...विधवा-बेवा...कैसे भटकना।'' माना मौसी ने कहा। परन्तु इस तरह की बातें सुनकर मेरी माँ ज्यादा ही रोने लगी। पिताजी गर्दन नीचे झुकाकर बैठे थे। उनसे उसे क्या आधार मिलनेवाला था ? मूलतः हमारी जाति ही निराधार थी तो दूसरों को आधार देने का प्रश्न ही कहाँ था ? नानी ने मेरी ओर देखा और माँ को बोली—''अनुसया...दादासाब कु अबी तक इस्कूल में भेज नहीं दिया क्या...? हमारे गाँव का इस्कूल भरा...उसकु चार-पाँच दिन हुए... ।'' माँ ने नानी को सारी घटना बताई। पिताजी खामोश हो सुन रहे थे। जो कहना था वह खत्म हुआ। नानी थोड़ी देर चुप बैठी। फिर उसने कहा—''अगर दादासाब कु...इस्कूल के लिए मैं ले गई तो...गोंधळेवाड़ी में बी सातवीं तक इस्कूल है...पढ़ेगा थोड़े दिन वहाँ...फिर आगे का आगे देखेंगे...छोरे का चुप ही क्यूँ नुकसान करते हो...?'' उस समय नानी मुझे देवी जैसी लगने लगी। इतने दिन बाद मेरी पढ़ाई की इच्छा ही खत्म हो गई थी। उस समय से अनजाने में ही नानी की मूर्ति मेरे हृदय में बसी। पिताजी को भी आनन्द हुआ। वे बोले—''आप लेके जाती हैं तो...कहो कि भगवान परसन्न हुआ...पर ऐसे वकत कु हमसे आपकु आधार मिलना चाहिए...लेकिन उल्टे आपका ही आधार हमें लेना पड़ा...क्या करें...?

हम तो ऐसे बोंब मारते भटकते हैं...कल उसका तो भला होगा...।'' इस पर नानी ने कहा–''मनुष्य के आधार से क्या होता है...? आधार तो परमातमा का मिलना चाहिए...तो फिर भेज दो कल दादासाब कु...मेरे साथ...कितने बुक पढ़ता है वहाँ...?'' ''पाँचवीं की परीकशा दे के आया है...पास होगा...कबी बी नापास नहीं हुआ...तो अब कैसे होगा नापास...?'' पिताजी ने कहा। मानका नानी को हम मानका माँ कहा करते। मानका माँ अन्य औरतों के साथ बातें करने लगी। सारी औरतें उसकी प्रशंसा कर रही थीं। माना मौसी कह रही थी–''कुछ बी कह...अनुसया...देवी जैसी माँ दी भगवान ने तेरे कु...विधवा-बेवा होकर बी तेरे छोरे कु पढ़ाने कु ले जा रही है...।'' रात को भोजन के उपरान्त मैंने थैली भरकर रखी और सो गया।

सुबह उठा और मुँह धो लिया। माँ ने चाय बनाई। हम सबने मिलकर चाय पी ली। उस दिन पिताजी माँगने के लिए नहीं गए। मैंने एक गुदड़ी ली। पुस्तकों की थैली ली। दो फटी कमीजें थीं जिसमें से एक पहनी थी। किन्तु चड्डी सिर्फ एक ही थी। हम अचानक ही निकले थे। घर में भी कुछ नहीं था। पेट के लिए ले जाने को अनाज नहीं था। पिताजी ने अपने पास जो आठ-दस रुपए थे वे दे दिए। मैं और मानका माँ गोंधळेवाड़ी के रास्ते से निकल पड़े। तिरपाल पीछे दूर-दूर छूट रहे थे और हम आगे-आगे जा रहे थे। आबास, छाया, माँ और पिताजी लगातार हाथ ऊँचे करके इशारे से हमें विदा कर रहे थे। मेरे स्कूल की बात स्वयं मुझे ही नहीं तो हमारी सारी बिरादरी को भी अजीब लगती थी। हवा के रुख के समान ही मेरे जीवन की दिशा बदलती थी। मुझे स्थिरता कहीं भी नहीं मिल रही थी। पढ़ाई के बारे में मेरी मृत इच्छाएँ अब नानी के कारण जिन्दा हुई थीं। मन में एक ही निश्चय किया कि कुछ भी हो लेकिन शिक्षा पानी है। मैं नानी के पीछे चल रहा था। मेरे पुस्तकों की थैली उसने ले ली थी। गुदड़ी की लपेट और कपड़े मैंने लिए थे। दोपहर के तीन-चार बजे हम गोंधळेवाड़ी पहुँच गए। नानी का घर रास्ते के किनारे ही था। घर बहुत पुराना था। दरवाजे के सामने खुली जगह थी। वहाँ पर इमली का पेड़ लगा था। उसकी छाया पूरे आँगन में फैली थी। मन को सन्तोष हुआ। नानी ने घर का ताला निकाला। सामान लेकर अन्दर रखा। मैं पेड़ के नीचे बैठा था। पड़ोस में नारायण दोरकर रहते थे। उनकी पत्नी गजराबाई नानी को बोली–

''मानका जीजी...अनुसया का छोरा इधर काहे कु लाया...?''

''इस्कूल के लिए...यहीं पढ़ेगा...।'' नानी ने कहा।

''भला किया...तेरे कु बी उतना ही दिलबहलाव हुआ....।'' गजरा मौसी बोली।

इस गाँव में मेरी धुर्पा मौसी थी। उसके दो बेटे स्कूल में थे। परशराम छठवीं और पिरगोंडा चौथी में था। परशराम के पिता भवानी गुरव जंगल में अकेले ही माँगने के लिए जाते थे। बच्चों की छुट्टी में ही वे अपना परिवार लेकर भटकते थे। नानी के आगमन की खबर मिलते ही परशराम घर की ओर दौड़ता हुआ आ गया। मैंने उसे कभी-कभी देखा था। इसलिए हम दोनों एक-दूसरे को पहचानते थे। नानी ने उसे कहा–''तम्मा... तुम दोनों एक ककशा में पढ़ते हैं...तू बी छठी में आउर दादासाब बी छठी में...तब तुम

दोनों भाई-भाई मिलके पढ़ो...।" परशराम को सब जन तम्मा ही कहा करते थे। उसने गर्दन हिलाई। फिर नानी ने कहा–"अब दोनों बी...मरी माता के पैर पड़के आओ... दिवी कु कहना बोत यश दे...बोत शिकशा दे...।" तब हम दोनों मरगम्मा देवी के मन्दिर की ओर गए। मन्दिर गाँव के बीचोबीच था। हमारे गाँव की मरगम्मा देवी के मन्दिर की तुलना में यहाँ का मन्दिर कई गुना बड़ा और अच्छा था। मैंने तम्मा से पूछा–"क्या यहाँ आषाढ़ का मेला बहुत बड़ा होता है ?" तम्मा ने बताया–"मेला बहुत बढ़िया होता है...तू यहीं ठहर इस साल के मेले के लिए...।" "देखता हूँ...पिताजी से पूछकर...।" मैंने कहा। हम दोनों ने देवी को नमस्कार किया और घर निकल आए। तम्मा बोला–"चल हमारे घर जाएँगे...।" तब मैं उसके घर गया। नानी के घर के समान ही उसका घर भी धाबे का था। धुर्पा मौसी ने मेरी आत्मीयता से पूछताछ की। मेरी माँ और धुर्पा मौसी, दोनों सगी बहनें थीं। उनको एक-दूसरे के सिवा कोई नहीं था। पिताजी की छत्रछाया भी ईश्वर ने छीन ली थी। दोनों को सिर्फ एक माँ थी। वह भी अपना पेट स्वयं पालनेवाली। मौसी को हमसे प्रेम था। वह दिन सिर्फ मिलने में ही बीता।

दूसरे दिन स्कूल जाना था। सुबह उठा। नानी ने पानी गरम किया था। महीने में पहली बार उस दिन नहा लिया। स्कूल का समय ग्यारह बजे था। पुस्तकों की थैली से पाँचवीं की पुस्तकें निकालकर रखीं। थैली में सिर्फ तख्ती और एक-दो बहियाँ रख दीं। तम्मा अपना बस्ता लेकर मेरी ओर आया। हम दोनों मिलकर स्कूल जानेवाले थे। इतने में नानी ने कहा–"ठहरो...अरे मैं बी तुमारे साथ इस्कूल में आती हूँ...दादासाब का नाम डालना है स्कूल में...।" इतने में स्कूल का घंटा बजा। नानी के घर से स्कूल बहुत निकट था। मैं, तम्मा और नानी–तीनों स्कूल गए। स्कूल के पास ही ऊपर की ओर एक कुआँ था। सारा गाँव उसी का पानी पीता था। स्कूल की दीवारें पत्थर की थीं। ऊपर पत्तर डाले हुए थे। स्कूल का आकार बहुत छोटा था। मुझे लगने लगा कि सातवीं तक की कक्षाएँ इस छोटे से स्कूल में कैसे समा सकती हैं ? छात्र इकट्ठा हुए। वे कतारों में खड़े रहे। प्रार्थना आरम्भ हुई। मुझे प्रार्थना नहीं आती थी इसलिए मैं चुपचाप ही खड़ा था। स्कूल के सामने नीम का एक बड़ा-सा पेड़ था। उसके नीचे नानी ठहरी हुई थी। प्रार्थना खत्म होने के बाद छात्र कतार से गाँव में जा रहे थे। मैंने धीरे से तम्मा से पूछा–"ये लड़के गाँव में कहाँ जा रहे हैं...?" "मानका माँ के घर के सामने से जो रास्ता जाता है उसके थोड़ा आगे जाने पर राठौड़ का पुराना मकान है। उसमें अब कोई नहीं रहता। वहाँ चौथी तक की कक्षाएँ लगा करती हैं।" उसने बता दिया। हम स्कूल के मैदान में ही खड़े थे। नानी के आते ही हम स्कूल के कार्यालय में गए। हेडमास्टर ने तम्मा से पूछा–"क्यों आया है परशराम...? और नानी को क्यों लाया है ?" तब नानी ने बताना शुरू किया–"गुरुजी...यह मेरी बेटी का छोरा है... दादासाब...इसके माँ-बाप भीख माँगकर पेट पालते हैं...बावची में दादी के पास रहके पाँचवीं पढ़ा है यह...फिर दादी ने पास में नहीं रखा...करके इसके बाप ने इस्कूल से निकाला था...मैं हयाँ लाई हूँ...पढ़ने कु...इसलिए इसका नाम लिख लो...।" इस तरह

नानी ने एक ही साँस में मेरा पूरा इतिहास हेडमास्टर को बता दिया। हेडमास्टर ने मेरी ओर देखा। टेबल पर छोटी-सी तख्ती लगाई थी—"हेडमास्टर भोसेकर।" फिर भोसेकर गुरुजी ने मुझे पूछा—"पाँचवीं में कहाँ था तू...?" "निंबोणी के स्कूल में...।" मैंने बताया। "क्या तेरा पास-नापास मालूम हुआ है...?" उन्होंने पूछा। "गुरुजी, मैं डेराडंगर के साथ जंगल में भटकता था। इसलिए पास-नापास का मुझे कोई पता नहीं...।" मैंने कहा। "मैं तेरा नाम लिख लेता हूँ। तेरा दाखिला और रिजल्ट निंबोणी के स्कूल से मँगवा लेता हूँ। जब तक दाखिला और मार्क-लिस्ट नहीं आएगा तब तक तेरा नाम स्कूल में दर्ज नहीं करवा सकते। तब तक तू छठी कक्षा में बैठता जा...।" भोसेकर गुरुजी ने थोड़ी देर सोचकर मुझसे कह दिया था। नानी ने गुरुजी को नमस्कार किया और निकल गई। मैं और तम्मा छठी कक्षा में बैठ गए। सभी छात्र मेरी ओर देख रहे थे। सिर के बाल हद से ज्यादा बढ़ गए थे। कपड़े फटे हुए थे लेकिन मुझे कोई बुरा नहीं लगता था।

छठवीं और सातवीं, इन दो कक्षाओं के लिए एक ही 'कक्षा-अध्यापक' थे। वे थे तेरवाड़कर गुरुजी। निंबोणी के स्कूल की अपेक्षा यहाँ के अध्यापन की पद्धति अलग थी। वहाँ प्रत्येक विषय के लिए स्वतन्त्र अध्यापक थे तो यहाँ एक कक्षा के लिए एक अध्यापक थे। यहाँ एक ही अध्यापक महोदय एक कक्षा के सभी विषय पढ़ाते थे। तेरवाड़कर गुरुजी ने मेरा परिचय करा लिया। उस दिन उन्होंने हिन्दी का पाठ पढ़ाया। दोपहर के दो बजे भोजन की छुट्टी हुई। इस स्कूल के छात्र दोपहर को बस्ता घर नहीं ले जाते थे। अतः मैं और तम्मा बस्ता स्कूल में छोड़कर नानी के पास आए। थोड़ी-थोड़ी रोटी खाई। आधी छुट्टी के बाद स्कूल फिर शुरू हुआ। गुरुजी ने गणित पढ़ाया। चार प्रकार के गणित के उदाहरण पहले ही पढ़ाए गए थे। उस दिन गणित का पाँचवाँ नमूना-पाठ पढ़ाया। स्कूल पाँच बजे छूटा। लेकिन स्कूल के छूटने का समय एक ही था। मैं और तम्मा रोज स्कूल जाया करते थे। पिरगोंडा भी स्कूल जाता था।

एक महीने के बाद भोसेकर गुरुजी स्कूल में आए और बोले—"दादासाहब मल्हारी मोरे का दाखिला और मार्कलिस्ट आया है।" मुझे देखते हुए उन्होंने आगे कहा—"अंक अच्छे मिले हैं। अध्ययन ढंग से करता जा...मैंने तेरा नाम उपस्थिति में दर्ज किया है...।" सुनकर मुझे खुशी हुई। गोंधळेवाड़ी के स्कूल में कुल पाँच अध्यापक थे। वे थे भोसेकर गुरुजी, तेरवाड़कर गुरुजी, ठोमरे गुरुजी, चव्हाण गुरुजी और साळे गुरुजी। कुछ अध्यापक दो कक्षाओं को पढ़ाते थे तो कुछ एक ही कक्षा को। गोंधळेवाड़ी गाँव छोटा ही था इसलिए वहाँ अध्यापकों की संख्या कम थी। स्कूल के छूटने के बाद मैं घर में पानी लाया करता। पास ही में कुआँ था इसलिए पानी लाने के लिए दूर नहीं जाना पड़ता था। नानी एक चँगेरी में सुइयाँ, धागे, कंघी, रोली, दातुन और आइना जैसी विविध चीजें लेकर बेचने जाती, और अनाज तथा पैसे लेकर एक-एक चीज बेचने के लिए भटकती रहती थी। इसलिए रात को उसके पैर दुखने लगते थे। मैं उसके पैर दबाता था। मुझे अपनी नानी के प्रति आदर था। मेरे जीवन को नया मोड़ देने में उसी

का सहयोग मिला था। वरना आज मुझे दर-दर भीख माँगते भटकना पड़ता। कभी-कभी मैं उसके बदन की मालिश करके उस पर पानी डालता था। नानी के बेटा नहीं था। सिर्फ दो बेटियाँ ही थीं। इसलिए उसे भी मेरी मदद आवश्यक लगती थी। मैं खुशी में दिन बिताता था।

एक दिन दोपहर को ही पिताजी आए। नानी चँगेरी लेकर चीजें बेचने के लिए गई थी। पिताजी ने एक बच्चे के द्वारा मुझे बुलाने के लिए सन्देश भेजा। पड़ोस की गजरा मौसी का मल्लीश मुझे बुलाने आया और बोला—"तेरा बाप आया है...तेरे को बुलाया है...।" मैंने तेरवाड़कर गुरुजी से पूछा—"गुरुजी...मेरे पिताजी आए हैं...क्या मैं उनसे मिलकर आऊँ...?" गुरुजी ने इजाजत दी। मैं दौड़ते-दौड़ते घर आया। पिताजी इमली के पेड़ के नीचे बैठे थे। घोड़ा पेड़ से बाँधा था। मैंने ताला खोला। सामान लेकर अन्दर रखा। पिताजी ने मुझे पास लिया। बड़े प्रेम से पीठ पर हाथ घुमाया और बोले—"तेरा दिल लगता है क्या रे हयाँ...?" "जी !" मैंने कहा और फिर उनसे पूछा—"घर में सब कैसे हैं...?" "सब अच्छे हैं...सब जन तेरी ही चिन्ता करते हैं...।" उन्होंने कहा। "पिताजी...अब स्कूल से छुट्टी मिलेगी...मैं बस्ता लेकर आता हूँ...।" मैंने कहा। तब पिताजी ने कहा—"भला...जा अब...वरना गुरुजी चिल्लाएँगे...।" तब मैं स्कूल की ओर जाने लगा। पिताजी मेरी ओर देखते रहे। मैं कक्षा में बैठ गया। गुरुजी इतिहास का पाठ पढ़ा रहे थे। मैं सुनता रहा। स्कूल छूट गया। मैं और तम्मा घर आए। नानी भी आ गई थी। वह पिताजी से बातें करती बैठी थी। "तू क्या पढ़ रहा है...?" पिताजी ने तम्मा से पूछा। "छठवीं में पढ़ता हूँ...।" तम्मा बोला। "भला हुआ...दोनों मिलके पढ़ो...।" पिताजी ने कहा। शायद मेरे पाँचवीं कक्षा में पास होने की खबर नानी ने पिताजी को बताई होगी क्योंकि तभी तो पिताजी ने मुझसे कहा—"दोपहर कु....तूने मुझे तेरे पास होने की खबर क्यूँ नहीं बताई...?" "मैं जल्दबाजी में स्कूल गया...इसलिए बताना भूल गया...।" मेरी बात सुनकर पिताजी चुप बैठे। वे धुर्पा मौसी से मिलकर आए थे। थोड़ी देर बाद मौसी घर आई। मैंने सोचा कि यही सही अवसर है कि पिताजी को आषाढ़ में यहीं रहने की बात बता दूँ। मैंने कहा—

"पिताजी...! इस साल मैं यहीं पर आषाढ़ मनाता हूँ...अपने आषाढ़ से यहाँ अच्छा मनाया जाता है।" "अरे नहीं...घर में सब तेरी राह देखेंगे...।" पिताजी तुरन्त बोले। "रहने दो तो मेरे पास उसे...आसाढ़ कु...मेरे पास कोई नहीं...व्हाँ बी आसाढ़ मनाना और हयाँ बी आसाढ़ ही मनाना है...।" नानी ने मेरा साथ दिया। "जीजाजी ! रहने दे तो उसे...बच्चे कु चार दिन देखने कु तो मिलेगा...आपके उधर क्या है...? बकरे कु काटना आउर खाना...हयाँ देखने कु तो होता है...।" मौसी ने भी साथ दिया। पिताजी के सामने कोई पर्याय नहीं बचा। अन्त में उन्होंने कहा—"भला...आप सब जन कहते हैं तो रखूँगा...।" उस रात मैं इन्हीं विचारों में सो गया कि यहाँ का आषाढ़ कैसे होगा ? गीत कैसे होंगे ? सुबह पिताजी जल्दी ही उठे। उन्होंने ही मुझे उठाया। घोड़ों को खोगीर डाला और निकलने को तैयार हुए। जाते समय उन्होंने कहा—"अब हम जल्दी नहीं

आते...यहीं पास के अंकली में रहे थे करके आया था...अब सब परिवार दूर जानेवाले हैं...तू नापास नहीं होता...तेरे पेट के लिए कुछ दिया नहीं था...करके आया...अब जवार लाके दिया...सँभालके रह... ।" इतना कहकर पिताजी ने अपना उपदेशात्मक भाषण खत्म किया।

सुबह, मैं नानी और धुर्पा मौसी पिताजी को पहुँचाने के लिए बहुत दूर तक गए। मौसी ने कहा—"जीजाजी...! आप जावो...जीजी को बताओ सब जन मजे में हैं... दादासाब की चिन्ता न करो... ।" "आप भी जावो...देर हो रही है...मैं जाता हूँ।" इतना कहते हुए पिताजी घोड़े पर बैठे और आगे निकल पड़े। तब हम सब घर लौटे। नानी ने मुझे कहा—"दादासाब...तेरा बाप क्या बोला सो याद रख...आउर पढ़ाई कर... ।" सुनकर मैंने सिर हिलाया। बस्ता समेट लिया। पाँचवीं की पुस्तकें गाँव के एक लड़के को बेचीं। सातवीं के एक लड़के से पुरानी पुस्तकें आधी कीमत पर ले ली थीं। थोड़ी देर में तम्मा आया। हम दोनों स्कूल गए। स्कूल जाना, अध्ययन करना, नानी के पाँव दबाना, कभी-कभी मालिश करके पानी डालना और घर में पानी लाना जैसे काम रोजमर्रा के काम बने। दिन शीघ्रता से बीत रहे थे।

आषाढ़ नजदीक आया था। गोंधळेवाड़ी के आषाढ़ की तैयारी बावची के आषाढ़ से भिन्न थी। वहाँ पर छप्परों से ज्यादा धाबे के घर थे। घरों की पोताई शुरू हुई थी। पोताई के बाद उस पर चूने की सफेद बुँदकियाँ लगाई जाती थीं। मरगम्मा देवी के मन्दिर को चूने से सफेद रँग दिया था। मन्दिर के चारों ओर रंग-बिरंगे कागज विशिष्ट आकार से काटकर लगाए थे। भेड़-बकरे माड़ग्याल के बाजार से लाए थे। 'गोंधळी' समाज इकट्ठा हो रहा था। मरगम्मा के मन्दिर के सामने जो स्तम्भ बनाया था वह मन्दिर से कई गुना ऊँचा बनाया था। उसमें तेल डालकर जलाया जाता था। उसकी रोशनी सर्वत्र फैलती थी। कुल मिलाकर यहाँ भी आनन्द का ज्वार आया था।

मंगल का दिन उदित हुआ। मन्दिर के सामने भेड़-बकरे की बलि दी जाती थी। हमारे गाँव में देवी का मन्दिर दूर था। इसलिए घर के दरवाजे में ही पशुओं की बलि दी जाती थी किन्तु यहाँ देवी के मन्दिर के सामने ही बलि दी जाती थी। मन्दिर के सामने एक बड़ा परनाला खुदवाया था। बलि दिए गए पशुओं का खून उसमें गिरता था। "माँ मरगम्मा देवी की जय हो..." कहकर पशुओं को काटा जाता था। परनाले से नाले के समान खून बहता था। चीखना-चिल्लाना शुरू था। जिनके भेड़-बकरे काटे थे वे उन्हें घर ले जाते थे। चमड़ी निकालते थे। पूरे दिन भाग-दौड़ शुरू थी। नानी ने देवी के नाम एक छोटा बकरा काटा था। उसकी चमड़ी न मैं निकाल सकता था और न तम्मा। तम्मा के पिताजी भवानी काका अपने घर में काटी गई भेड़ी की चमड़ी निकाल रहे थे। पड़ोस के नारायण दोरकर ने अपने घर में काटे बकरे की चमड़ी निकाली थी। अतः नानी ने उनको पुकारा—"ऐ ऽ ऽ ऽ नारायण ऽ ऽ ऽ जरा इधर आ...इतनी बकरे की चमड़ी निकाल...छोरे कु निकालना नहीं आता... ।" नारायण दोरकर आ गए। उन्होंने बकरे को उल्टे लटकाया और झट से उसकी चमड़ी निकाल ली। आगे की कार्यवाही

मुझे आती थी। मैंने उस बकरे को छील लिया। नानी ने नैवेद्य तैयार किया। मैं नैवेद्य दिखाने ले गया। वहाँ पुजारी गोंधळी समाज के ही थे। मैंने पुजारी मानकु भोसले की ओर नैवेद्य दिया। रात में देवी की पालकी चारों ओर घुमाई। भोजन करके लोग मन्दिर के सामने इकट्ठा हुए। तम्मा ने मुझे कहा—"मन्दिर के सामने 'गोंधळ' होता है। हम देखने जाएँगे...।" फिर हम दोनों मन्दिर के सामने आए। मन्दिर के सामने एक बड़ा चबूतरा था। उस पर लोग इकट्ठा होते थे। थोड़ी देर में ही वह चबूतरा लोगों से भर गया था। 'गोंधळ' करनेवालों में से एक सटवाप्पा भोसले थे जो नानी के देवर थे। उन्होंने कोट पहना था। सिर पर जरी की पगड़ी बाँधी थी। पैर में घुँघरू और गले में कौड़ियों की माला पहनी थी। इस तरह की पोशाक में वे खड़े थे। मेरे चचेरे मामा नारायण भोसले गले में दुक्कड़ (दोनों बाजू से तबले के समान बजाया जानेवाला बाजा) लटकाकर खड़े थे। तम्मा के चाचा शंकर गुरव हाथ में मंजीरा लेकर खड़े थे और उनके भाई शिवलिंग गुरव हाथ में तूनतून लेकर खड़े थे। उन दोनों के सिर पर टोपियाँ थीं। सबने धोतियाँ पहनी थीं। उन्होंने देवी को वन्दन कर 'गोंधळ' आरम्भ किया। सटवाप्पा भोसले आगे गाते थे और उनकी साथ-संगति करते थे शंकर गुरव और शिवलिंग गुरव। नारायण मामा दुक्कड़ बजाते थे। सटवाप्पा भोसले ने गाना शुरू किया—

मरगम्मा देवी तुम गोंधळ को आओ
तुलजापुर की माता अम्बा गोंधन को आओ
जेजुरी के खंडेराया गोंधळ को आओ
पहाड़ पर की माता यल्लगा गोंधळ को आओ
गोंधळ को आओ देवता गोंधळ को आओ
'दुक्कड़िया'[1] नारायण ऽ ऽ ऽ ओ ऽ ऽ ऽ

इस प्रकार सभी देवी-देवताओं का स्मरण कर कथानक को शुरू किया। सटवाप्पा दादा रणधीर राजा की कहानी कह रहे थे। लोग सुधबुध खोकर सुन रहे थे। दादाजी अपनी मधुर वाणी से लोगों को मोहित करते थे। लोग तल्लीन होकर सुन रहे थे। लोगों को पता नहीं चला कि आख्यान कब खत्म हुआ। अन्त में देवी की सेवा के रूप में एक गीत गाया और गोंधळ-कार्यक्रम सम्पन्न हुआ। रात के दो बजे थे। लोग उठकर अपने-अपने घर जा रहे थे। मैं और तम्मा घर आए। नानी पहले ही आकर सो गई थी। फिर हम दोनों सो गए। सुबह नानी जल्दी उठी थी और दोनों देर से उठे थे। नानी ने खाना बनाया था। मेले के दिनों में नानी स्टेशनरी-सामान लेकर मन्दिर के पास ही बैठती थी। बिक्री काफी होती थी। यहाँ के लोग भी बावची के लोगों जैसे ही पैसे खर्च करते थे। गाँव में आधी से ज्यादा आबादी गोंधळी समाज की थी। हर रोज रात को गोंधळ-कार्यक्रम का आयोजन होता था। रोज एक नई कहानी सुनने को मिलती थी। हमारे गाँव के समान ही यहाँ पाँचवें दिन 'तिरपाल मेला' सम्पन्न हुआ। तिरपाल मेले

1. दुक्कड़ नामक बाजा बजानेवाला व्यक्ति।

के कुछ ही दिनों बाद लोग जाने लगे। मुझे लगता कि पेट के लिए गाँव-गाँव भटकना हमारी जाति के नसीब में खुदवाकर लिखा है। भीड़-भड़क्केवाला गाँव दिन-ब-दिन श्मशान जैसा लगने लगा।

हम रोज स्कूल जाया करते थे। घर के काम करके मैं अध्ययन करता था। कभी ग्वाले की दुकान से चीजें खरीद लाता तो कभी सोना मौसी की दुकान से। हमारे गाँव की दुकानों की अपेक्षा यहाँ की दुकानों में काफी सामान दिखाई देता था। दिन के बाद दिन बीत रहे थे। मेरे जीवन को एक अलग मोड़ मिला। छमाही परीक्षा आई थी। मैं और तम्मा मिलकर अध्ययन करते थे। परीक्षा शुरू हुई। पेपर आसान ही थे। मुझे परीक्षा से कोई डर नहीं लगता था।

परीक्षा का अब मुझे अच्छा अभ्यास हुआ था। अध्ययन भी काफी किया था। परीक्षा खत्म हुई। एक महीना की छुट्टी थी। चार-पाँच दिन गोंधळेवाड़ी में ही बीत गए। घर से कोई आया ही नहीं। एक दिन तम्मा और मैं आँगन में जो इमली का पेड़ था उसके नीचे बैठकर खेल रहे थे। नानी सिर पर टोकरी लेकर गई थी।...और इतने में छोटे बच्चे को अड़े ले छाया को घोड़े पर बिठाकर आ रही माँ मुझे दिखाई दी। मैंने तम्मा से कहा—"माँ आई...चल...।" मैं भागता चला। मेरे पीछे-पीछे तम्मा भी भागता हुआ आ रहा था। मैंने नन्हे बच्चे को ले लिया। हम घर की ओर आने लगे। दरवाजे में आए। घोड़ा इमली के पेड़ से बाँधा। घोड़े पर जो सामान था उसे उतार लिया। खोगीर निकाला। तब तक तम्मा खबर देने अपने घर गया। धुर्पा मौसी, पिरगोंडा और छोटी बच्ची सुनीता—सब जन आए। मौसी ने आते ही पूछा—

"जीजी...कब आई...?"

"अबी-अबी ही...।" माँ ने उत्तर दिया।

"किस गाँव से आई हो...?" मौसी ने फिर पूछा।

"सुरडी से आई...इस साल दूर पच्चीम की ओर नहीं गए...।" माँ ने बताया।

"भला हुआ...सबकी भेंट तो हुई...कैसे हैं सब जन...?" मौसी ने कहा।

"भले हैं...मरी माँ के आसीरवाद से...।" माँ बोली।

मैं और तम्मा तात्यासाब को लेकर हनुमान मन्दिर की ओर गए। मौसी और माँ बातें करती बैठीं। जो भी मिलता सो पूछता कि "कब आई रे तेरी माँ...।" मैं बताता—"अभी ही...थोड़ी देर पहले आई है...।" हम सबको बताते, तात्यासाहब के साथ खेलते हुए घर आए। आते ही माँ ने पूछा—

"कब हुई रे...तेरी परीकशा...?"

"आठ दिन हुए...।" मैंने बताया।

"इसी तरह दोनों मिलके पढ़ते रहो...।" माँ ने कहा।

शाम हुई थी। नानी आ गई। नानी को बहुत खुशी हुई। रात में देर तक दोनों बातें करती बैठीं। थोड़ी देर में मौसी खाना बनाने के लिए निकल गई। कल मुझे जंगल जाना पड़ेगा, यह स्पष्ट था। मैं और तम्मा—दोनों को बुरा लगता था। हम दोनों साथ

खाते थे, खेलते थे। लेकिन अब एक-दूसरे से दूर जानेवाले थे। तम्मा के पिताजी अर्थात् भवानी काका अब तक माँगकर नहीं आए थे। उनके लौट आने के बाद धुर्पा मौसी का परिवार भी माँगकर खाने के लिए जानेवाला था। दूसरे दिन सुबह माँ ने घोड़े को खोगीर डाला। सामान घोड़े पर लादा और बोली–''तू जल्दी तैयार हो...मैं मरी माँ के पाँव पड़के आती हूँ... ।'' मैंने स्कूल की थैली ली। तम्मा मौसी को बुला लाया। थोड़ी देर में माँ देवी को नमस्कार करके अपने स्नेही जनों से मिलकर आई। फिर हम निकल पड़े। जाते समय मौसी ने कहा–''जीजी...कबी-कबी तो आती जा...दादासाब यहीं इस्कूल में है... ।'' ''कहाँ फुर्सत मिलती है...धुरपा...नन्हें-मुन्नों कु जंगल में छोड़के आना पड़ता है... ।'' माँ ने कहा। फिर उसने नानी के चरण छुए। मैंने नानी और मौसी का चरण-स्पर्श किया। नानी ने मेरी माँ को जो आशीर्वाद दिया था वही मुझे दिया–''खुश रह...जुग-जुग जी... ।'' माँ और मौसी, एक-दूसरे को गले लगाकर रोने लगीं। इतनी देर तक सबकुछ आनन्द से चल रहा था। जाते समय तुरन्त रोना-धोना शुरू हुआ। नानी भी अपनी आँखें पोंछ रही थी। नानी, मौसी, तम्मा और पिरगोंडा दूर तक हमें पहुँचाने के लिए आए थे। हमें विदा करके सब जन वापस लौटे। हम सुरडी की दिशा से जाने लगे। मैं और छाया–दोनों घोड़ों पर बैठे। माँ पैदल चलती थी। वह चलते-चलते ही कह रही थी–''अब...इस्कूल कब भरेगा रे...?'' मैंने बताया–''तीन सप्ताह के बाद। एक महीने की छुट्टी थी। उसमें से पाँच-छह दिन यहीं बीत गए हैं।'' माँ चुपचाप चलने लगी। हम सुरडी के निकट आए। हमारे तिरपाल दिखाई देने लगे।

हम तिरपाल के सामने गए। मैं और छाया घोड़े से नीचे उतरे। आबास और पिताजी–दोनों माँगकर आए थे। पिताजी ने घोड़े का खोगीर निकाला। मैंने चारों ओर देखा। बहुत दिनों के बाद ये परिवार इकट्ठा आए थे। नागू दादा, नारायण शिन्दे, यशवन्त भालके, मचिन्द्र शिन्दे और हमारा परिवार– इस तरह कुल पाँच तिरपाल थे। हमारे पहुँचने पर लोग इकट्ठा होने लगे। यशवन्त भालके ने कहा–''किसी तरह...छोरा सीखने लगा है...उसका ध्यान ही इस्कूल पर है... ।'' मेरा सीना गर्व से फूलता था। तब सन्ता चाची ने पूछा–''दादासाब...कैसा था रे आसाढ़...? गोंधलेबाडी का... ।'' ''अच्छा था। अपने यहाँ से भी गोंधलेबाडी का आषाढ़ अच्छा होता है।'' मैंने बता दिया। इस तरह की पूछताछ में ही वह दिन बीता।

दिशाहीन हवा के समान हमारा जीवन बहने लगा। तिरपाल निकालना, सामान बाँधना और एक गाँव से दूसरे गाँव जाना शुरू हुआ। नंगे-धड़ंगे बच्चे रोते रहते। हम हाथ में पतीली, थालियाँ आदि लेकर माँगने के लिए दर-दर भटकते थे। छोटे और विचित्र दिखाई देनेवाले बच्चों को कुत्ते काटते थे। मैंने स्कूली जीवन से लाचार दुनिया में प्रवेश किया था। मैं, आबास और नारायण मामा का बेटा लक्ष्मण–तीनों मिलकर माँगने के लिए जाते थे। लक्ष्मण जीजाजी उम्र में हमसे बड़े थे। मेरी और उनकी उम्र में बहुत हुआ तो पाँच-छह वर्षों का अन्तर था। हम उन्हें अपनी उम्र के ही समझते थे। वे हमसे मिल-जुलकर रहते थे। अपने साथ हमें माँगने के लिए ले जाते थे। इसलिए

हमारे सम्बन्ध अत्यन्त निकट के बने थे। माँगने जाना, घोड़ों को चराना और कभी-कभी अध्ययन करना, इस तरह का कार्यक्रम आरम्भ हुआ। जिस तरह मौसम बदलते हैं उसी तरह मेरे जीवन की दैनिकी लगातार बदलती थी। मन में एक ही लक्ष्य पक्का किया था कि कुछ भी हो लेकिन स्कूल नहीं छोड़ना। मुझे गोंधळेवाड़ी पहुँचाने के लिए पिताजी मेरे साथ कोकेले से आए थे। जत के बाजार में चड्डी और कुर्ता लिया था। पिताजी को भी मेरी पढ़ाई का आकर्षण था। पिताजी को भी चार टुकड़ों की सहायता होगी यह सोचकर ही मैं भीख माँगने के लिए जाता था। हम रात के आठ बजे गोंधळेवाड़ी पहुँच गए। दूसरे दिन पिताजी निकल गए। मेरे आने की खबर मिलते ही तम्मा और पिरगोंडा मेरी ओर आए। स्कूल को शुरू हुए पाँच-छह दिन हुए थे। हम बहुत देर तक बातें करते बैठे। जंगल में होनेवाले कष्ट-बेहाल को मैं उनको बता रहा था। तम्मा और पिरगोंडा का परिवार माँगने के लिए एस.टी. बस से जाता था। इसलिए उनको घोड़े पर का जीवन मालूम नहीं था। एस.टी. बस से जाते समय किस तरह की खींचतान और भागदौड़ हुआ करती है इसका वर्णन तम्मा बता रहा था। नानी सिर पर चँगेरी उठा चीजें बेचने के लिए निकल गई। जाते-जाते मुझसे कहा था कि "खाना पकाके रक्खा है... खा ले आउर इस्कूल जा...।" मैंने हाँ कह दिया। तम्मा और पिरगोंडा बस्ता लाने के लिए घर गए। मैं आते समय जो नए कपड़े लाया था वे पहन लिए। थैली में सब ढंग से रखा। तम्मा अपना बस्ता लेकर आया। स्कूल का घंटा बज गया था। हम स्कूल गए। स्कूल का कार्य पहले जैसा शुरू हुआ। हम दोनों रोज बिना नागा स्कूल जाया करते थे।

सोमवार का दिन था। सोमवार को संख का बाजार हुआ करता था। संख गोंधळेवाड़ी से पूर्व की ओर तीन मील की दूरी पर बसा हुआ बड़ा देहात था। मुझे दो-तीन बहियाँ लेनी थीं इसलिए मैं नानी के साथ संख के बाजार गया। स्कूल शुरू होने से पहले यानी सुबह ही निकल गया इसलिए गुरुजी को बताना भूल गया था। हम संख के बाजार में पहुँच गए। यह गाँव काफी बड़ा था। यहाँ का बाजार भी बहुत बड़ा रहता था। प्रायः सभी लोग कन्नड़ बोलते थे। मैंने बहियाँ लीं। नानी ने घर की सभी आवश्यक चीजें लीं। घर लौटने में शाम हुई। लौटने पर मैं नई बहियों पर अपना नाम लिखने बैठा। तब तम्मा घर आया और उसने कहा—"गुरुजी पूछते थे कि दादासाहब कहाँ गया है...?" मैंने पूछा—"तूने क्या बताया...?" "मैंने बताया बाजार गया है...।" तम्मा का उत्तर सुनकर मैं चुप रहा। गुरुजी गुस्सा करेंगे यह निश्चित था क्योंकि मैं बिना बताए गया था। दूसरे दिन स्कूल जाने पर गुरुजी ने कहा—"कल जो छात्र नहीं आए थे वे खड़े रहें...।" लगभग चार-पाँच लड़के खड़े रहे। फिर गुरुजी ने पूछा—"कहाँ गए थे...?" प्रत्येक ने बाजार जाने का कारण बताया। गुरुजी ने कहा—"तुम सब आधी छुट्टी तक एक पैर पर खड़े रहो। यदि पैर नीचे रखा तो आधी छुट्टी के बाद भी स्कूल छूटने तक खड़े रहना पड़ेगा।" तब हम एक पैर पर खड़े रहे। मन में विचार आया कि बाजार न जाता तो ठीक होता। गुरुजी पढ़ाते थे और हम एक पैर पर खड़े होकर सुन रहे थे। लगने लगा कि आज भोजन की छुट्टी भी क्यों जल्दी नहीं हो रही थी ? रोज

तो आधी छुट्टी कब हुई पता नहीं चलता था। किसी तरह आधी छुट्टी का घंटा बजा। मैं घर आया। पैर में दर्द होता था। मुझे अपना अपमान महसूस हो रहा था। दोपहर को स्कूल में सिर नीचे झुकाकर बैठा। तय किया कि फिर कभी स्कूल आना नहीं चूकेंगे। 'बिना सजा के गलती सुधरती नहीं' इस सत्य का मुझे अनुभव हुआ। आगे परीक्षा तक मैं स्कूल जाना कभी भूला नहीं। दिन शीघ्रातिशीघ्र बीत जाते थे। वार्षिक परीक्षा नजदीक थी। जब से तेरवाड़कर गुरुजी ने मुझे सजा दी तब से मैं उनसे डरता था। उनका बताया गया स्वाध्याय बिना भूले किया करता था। परीक्षा निकट आई इसलिए नानी मुझे काम नहीं बताती थी। मैं और तम्मा रात में ढिबरियाँ जलाकर अध्ययन किया करते थे।

वार्षिक परीक्षा शुरू हुई। मराठी, हिन्दी, गणित-भूमिति, इतिहास-नागरिकशास्त्र और भूगोल जैसे विषय के पेपर एक के बाद एक हुए। वार्षिक परीक्षा समाप्त हुई। मैंने तम्मा से कहा–''नतीजा मिलने पर अगर तू यहाँ आया तो दोनों के अंक लिखकर रख...।'' तम्मा को भी मेरा जीवन अजीब लगता था कि थोड़े दिन घोड़े की पीठ पर तो थोड़े दिन स्कूल में। छुट्टी होने पर मैं डेराडंगर की ओर जाने के लिए छटपटाता था। खासकर इसलिए कि पिताजी की कुछ मदद करूँ और दूसरा यह कि स्कूली दिनों में नानी मेरा लालन-पालन करती थी वही बहुत था। छुट्टी के दिनों में भी उसे कष्ट देना उचित नहीं था। छुट्टी आरम्भ होते ही पिताजी आए। मुझे लगने लगा कि पिताजी ने स्कूल के खुलने और छुट्टी आरम्भ होने की समय-सारणी ही याद रखी हो। मैं पिताजी के साथ हमारे परिवार की ओर गया। सभी परिवार सनमाड़ी में रहे थे। वहाँ पहुँचते ही नागू दादा ने पूछा–''दादास्या...पास हुआ क्या...?'' मैंने बताया–''पास-नापास एक महीने के बाद मालूम होगा...।'' मेरी शुद्ध भाषा सुनकर लोगों को अजीब लगता था। मेरे आने की खुशी जितनी आबास को हुई उतनी ही लक्ष्मण भैयाजी को हुई थी। यहाँ सबके साथ सखाराम दोरकर का परिवार भी आकर रहने लगा था। सखाराम दोरकर की बेटी रत्ना जवानी में आई थी। हम कोलगिरि में रहे थे। दुकान से चीजें लाने के लिए हम बहुत-से लड़के गाँव में गए थे। दुकान से किसी ने चाय-पाउडर ली तो किसी ने गुड़, किसी ने तेल लिया तो किसी ने दियासलाई की डिबिया और नमक। इस तरह छोटी-मोटी चीजें लेकर हम तिरपाल की ओर आने लगे। हनुमान मन्दिर के सामने गाँव के कुछ लड़के बैठे थे। लड़के जवान थे। रत्ना भी हमारे साथ दुकान के लिए आई थी। उसे देखकर एक लड़के ने कहा–

''इसकी माँ की...क्या माल है...?''

''अरे...वह भिखारी की छोरी है...।'' दूसरे लड़के ने कहा।

''अरे पगले...किसी की भी क्यों न हो...अपन को क्या शादी करनी है...? सिर्फ काम के लायक हुई तो बस हुआ...।'' पहले लड़के ने कहा। तब सब जन जोर से हँसने लगे। उनकी जहरीली निगाहें रत्ना पर टिकी हुई थीं। उन निगाहों से रत्ना का हृदय पानी-पानी हुआ। मुझे उन लड़कों पर बहुत गुस्सा आया था। फिर भी हम कुछ नहीं कर पाते थे। सुनकर आगे निकल जाना ही बस में था। तिरपाल से गाँव आते समय

हमारे लिए नियमित रूप से सूचनाएँ दी जातीं—"कोई कुछ भी कहे तो भी चुप नीचे देखकर आना...उनकी ओर देखना तक नहीं...उल्टे बोलना नहीं...नहीं तो कुत्ते की मौत मारे जाओगे...किसी के कुछ कहने से शरीर में छेद नहीं पड़ते... ।" इसलिए हम किसी से कुछ नहीं कहते थे। गाँव में किसी की गलती हो तो भी उसे दिखाने तक का अधिकार हमें नहीं था। ऐसे लाचार जीवन से मुझे नफरत होने लगी थी। लगता कि ऐसा लाचार जीवन जीने से मरना बेहतर है। लेकिन मेरी कौन सुनता ? दूसरों की गालियाँ सहते हुए भीख माँगते फिरते थे। एक महीना निकल गया। शादी-ब्याह का मौसम था। किसी भी गाँव में शादी होती तो खीर का पानी मिलेगा इस आशा से हमारी जाति के बच्चे हाथ में थालियाँ, पतीली लेकर दौड़ पड़ते थे। उनको मालूम ही नहीं था कि अपमान क्या है ? पिताजी ने मुचिंडी के बाजार से मेरे लिए पट्टीदार पतलून खरीद ली। कुछ अनाज साथ में लिया। वह भी कई प्रकार का मिलावटी अनाज था। वही ले लिया और पिताजी मुझे गोंधळेवाड़ी पहुँचाने के लिए निकल पड़े। घर और बाहर के लोगों को भी अब इसका कुछ नहीं लगता था। हम गोंधळेवाड़ी की ओर निकल पड़े। वहाँ पहुँचते ही नानी ने कहा—"दादासाब...तू पास हो गया... ।" सुनकर मुझे आनन्द हुआ। रात को मैंने पिताजी से कहा—"पिताजी...मैं इस साल भी आषाढ़ को यहीं रहता हूँ। हमेशा आने-जाने की अपेक्षा यहीं रहना ठीक है। आपको खामख्वाह तकलीफ होती है... ।" पिताजी ने इजाजत दी। वे भोर के समय ही निकल गए। मैं और तम्मा दूसरे दिन से स्कूल जाने लगे। अध्ययन करना, पानी भर देना, दुकान से चीजें लाना, नानी के पैर दबाना और अनाज पिसवाकर लाना आदि काम शुरू हुए। नानी को मेरे बारे में अपनापा लगता था।

एक दिन हम कक्षा में बैठे थे। भोसेकर गुरुजी सातवीं की कक्षा में आए और बोले—"परसराम और दादासाहब, तुम दोनों को भी अच्छे अंक मिले हैं...अगर तुमने और अधिक अध्ययन किया तो निश्चय ही तुममें से कोई एक परीक्षा केन्द्र में प्रथम आ सकेगा... ।" फिर तेरवाड़कर गुरुजी की ओर मुड़कर उन्होंने कहा—"अगर इन दो छात्रों को अध्ययन को लेकर कोई कठिनाई हो और ये घर में भी आपसे मिलने आयें तो भी इनको मार्गदर्शन करना। लड़के होशियार हैं। आर्थिक स्थिति अच्छी न होने के कारण उन्हें आगे बढ़ने का अवसर नहीं मिलता।" इतना कहकर भोसेकर गुरुजी कक्षा से बाहर गए। मुझे लगातार यही खटकता था कि गुरुजी ने 'हमें सिर्फ अंक अच्छे हैं' यही बताया था। लेकिन दोनों में से किसे ज्यादा अंक हैं यह नहीं बताया था। मुझे लगने लगा कि उन्होंने जानबूझकर अंक बताए नहीं होंगे ताकि हम दोनों भी अध्ययन करते रहें। गुरुजी के वाक्यों से हमें अध्ययन करने की प्रेरणा मिली थी। हम दोनों अध्ययन करने लगे।

हर साल की तरह आषाढ़ का मेला शुरू हुआ। घरों की पोताई करना, भेड़-बकरों को काटना, गोंधळ करना, तिरपाल मेला करना और पेट पालने के लिए भटकते रहना—इस तरह का चक्र इस वर्ष भी वैसा ही जारी था। आषाढ़ में आठ-दस दिन हमारा

अध्ययन नहीं हुआ। किन्तु आषाढ़ के बाद हम दोनों में इस बात को लेकर स्पर्धा हुई कि केन्द्र में कौन प्रथम आएगा ? अपने को अंक अच्छे मिलने चाहिए इसलिए दोनों प्रयास करते थे। अध्ययन हम एक-साथ बैठकर ही करते थे। एक-दूसरे से प्रश्न पूछते थे। अध्ययन के अलावा अन्य सभी बातों में हम दोनों में समानता रहती थी। लेकिन न जाने क्यों अध्ययन को बैठने पर हम दोनों में चिढ़ होती थी। छमाही परीक्षा आई। हम दोनों पूरी रात अध्ययन के लिए जागते रहते थे। लेकिन परिस्थिति हम दोनों से विपरीत थी। पिछले साल बरसात बहुत कम हुई थी।...और इस साल तो तनिक भी नहीं हुई थी। लोगों के पास का अनाज कब का खत्म हुआ था। प्रत्येक जन आसमान की ओर निगाहें लगाए बैठा था। जानवरों को चरने के लिए जंगल में चारा नहीं था। जंगल में सर्वत्र धूल उड़ रही थी। कुएँ तथा नाले का पानी सूख गया था। अतः वे पूरी तरह से खाली थे। आगे चलकर वही सन् 1973-74 का अकाल कहकर पहचाना जाने लगा। जानवरों को चारा डालने में लोग असमर्थ हो रहे थे क्योंकि जहाँ उनको अपने पेट के लिए कुछ नहीं मिलता था वहाँ जानवरों को वे क्या डालते ? अतः लोग अपने जानवरों को मन्दिरों, मठों के पास छोड़ आते थे। यह सोचकर कि "ईश्वर सँभालता है, अपने माथे पर पाप क्यों लें...?" लोग कई स्थानों पर जानवरों को छोड़ देते थे। कहीं कोई काम नहीं मिलता था। लोग अपना परिवार लेकर जीने के लिए अन्य गाँव या प्रदेश में जाते थे। अपने गाँव को छोड़कर जाते थे। अपने पास का एकाध जानवर भी रास्ते में छोड़कर वे आगे जाते थे। प्रकृति की अवकृपा थी। किन्तु उसका प्रायश्चित लोग भुगतते थे। स्वयं अपना बच्चा भी हर एक को बोझ लग रहा था। लोग फाके पड़ जाने के कारण तड़प-तड़पकर मर रहे थे। ऐसी स्थिति में मेरी नानी के पास की चीजें भला कौन खरीदता ? वह दिनभर भटकती रहती लेकिन दोनों के पेट के लिए पर्याप्त अनाज भी नहीं मिलता था। उस समय पिताजी की ओर से भी कुछ नहीं आया। लोगों को अपनी सन्तान भारी लगती थी तब भिखारियों को कौन भीख देता ? नानी का व्यापार बन्द हुआ। जो अनाज बचा हुआ था वह कब का खत्म हुआ था। लोगों को जिलाने के लिए सरकार ने सार्वजनिक काम शुरू किए थे। रास्ता बनाना, बाँध बनाना आदि कामों के लिए लोग जाने लगे। मेरी नानी भी सड़क तैयार करने के काम पर जाने लगी थी। यह देखकर मेरा हृदय भर आता था। नानी अपने सिर पर टोकरी ले उसमें बजरी, मिट्टी आदि ढोती रहती। सप्ताह भर के काम के बाद वेतन कभी दो रुपए साठ पैसे के हिसाब से मिलता तो कभी एक रुपया पचास पैसे के हिसाब से। लेकिन कुछ लोगों के लिए वह अकाल नहीं बल्कि धन जुटाने का अवसर था। गरीब अकाल-पीड़ित लोगों को जितना वेतन दिया जाता वे उतना ही लेते और काम पर जाते थे। वेतन के दिन 'सुकड़ी'[1] मिलती थी। लोग उसी की रोटी बनाकर खाते थे। राशन पर लाल मक्का मिलती थी। लेकिन वह भी सीमित ही। नानी के परिवार में एक व्यक्ति है ऐसा मानकर

---

1. एक प्रकार का खाद्यान्न जो देश में आठवें दशक में पड़े अकाल के दिनों में मजदूरों को बाँटा जाता था।

मक्का बाँटी जाती। हम दोनों को वह सप्ताह भर के लिए ही नहीं तो चार दिन के लिए भी पर्याप्त न था। नानी 'सुकड़ी' लेकर आती थी। उसी की रोटी बनाकर हम दोनों मिलकर खाते थे। कभी-कभी मुट्ठी भर 'सुकड़ी' खाकर वैसे ही सो जाते थे। सप्ताह भर का वेतन कभी बारह रुपए तो कभी चौदह रुपए आता था। 'इतने ही पैसे क्यों ?' कहकर यदि पूछेंगे तो काम से निकाल देने का डर था। इस डर के मारे कि अगर काम से निकाल देंगे तो जो मिलता है वह भी बन्द होगा—कोई कुछ पूछता नहीं था। लेकिन लोगों की इस विवशता का लाभ कुछ लोग अवश्य उठा रहे थे।

इसी माहौल में छमाही परीक्षा शुरू थी। पेपर दिए। मन में निश्चय किया कि अपने परिवार की ओर नहीं जाऊँगा। नानी के साथ काम के लिए जाऊँगा। दोनों के वेतन से किसी तरह अनाज तो आएगा। नहीं तो आगे क्या खाएँगे ? इसलिए मैंने छुट्टी में यहीं रहना तय किया। मैंने नानी से कहा—

"मानका माँ...मुझे तेरे साथ काम को ले चल...वेतन कितना भी देने दे...।"

"ना...बाबा...ना...तेरा बाप कहेगा छोरे कु इस्कूल कु रखा था...आउर जीजी उसकु काम पर ले जाने लगी...।" नानी ने कहा।

"मैं अपने बाप के पास जाने पर भीख माँगने को जाता हूँ...उससे यह काम करना बुरा नहीं। मैं पिताजी को बताता हूँ...।" मैंने कहा। अन्त में नानी मान गई। दूसरे दिन काम के लिए जाना तय किया। रात को काम के बारे में ही सोचते-सोचते सो गया।

दूसरे दिन सुबह मैं नानी के साथ काम पर गया। गँगर मुझे काम पर नहीं ले रहा था। वह कहता था—

"इतना-सा छोरा है...और यह क्या काम करेगा...?"

"अजी ! ऐसा मत करो...दो पेट के लिए मुझ अकेली का रोजगार कम पड़ता है...।" नानी मिन्नतें करती थी।

"मुझे अन्य लोगों जितनी टोकरी भरकर दे दे...मैं उसे ढोऊँगा...आप जो कहेंगे सो काम करूँगा...।" मैंने कहा। गँगर जैसे-तैसे तैयार हुआ। आगे खुदवाने के काम के लिए दो जन, टोकरी भरने के लिए दो जन और मिट्टी तथा बजरी उठाने के लिए पाँच-छह लोग रहते थे। उनमें लड़कियाँ और औरतें भी थीं। भरनेवाले व्यक्ति से टोकरी उठाकर देते समय सिर पर मिट्टी गिरती थी। वही मिट्टी मुँह में भी जाती थी। पसीने से मेरे मुँह पर मिट्टी का कीचड़ हुआ था। मेरी ओर देखकर नानी को बुरा लगता था। लेकिन उसके लिए कोई क्या करता ? काम गोंधलेवाड़ी से दो मील की दूरी पर था। हम दिन भर मिट्टी ढोते रहे थे। पाँच बजे छुट्टी हुई। हम घर लौटे। रात को सोते समय बदन में दर्द होता था। फिर भी नानी को बताया नहीं। कष्ट इसलिए हो रहा था कि इस तरह का काम पहले कभी किया ही नहीं था। सुबह उठकर नानी ने खाना पकाया। खाना काहे का ? सिर्फ 'सुकड़ी' की रोटियाँ बनाईं। पानी में थोड़ा मिर्च और दाल के चार दाने डालकर सालन बनाया। हम दोनों ने खाना खाया और काम के लिए निकल गए।

दो-तीन दिन के बाद हम काम से लौटे भर थे कि पिताजी आ गए। इधर-उधर की बातें हुईं। रात में पिताजी बोले—"दादासाब...कल कु चल मेरे साथ... ।"

"पिताजी ! मैं इस छुट्टी में डेराडंगर की ओर नहीं आता। दिन कितने बुरे हैं सो आप देखते हैं...और पन्द्रह-बीस दिनों में स्कूल शुरू होगा...मानका माँ को तो एक सप्ताह का सिर्फ बारह रुपए वेतन मिलता है...उतने में वह कितना खाए और कितना बचाए !...तब कल पेट को क्या खायें...?" मैंने कहा।

"हमें तो कुछ भी नहीं मिलता...रोटी के चार-चार टुकड़े मिलते हैं...वही खाके दिन बिताते हैं...आउर कल तेरे पेट कु क्या दें...करके तू इधर ही रह...काम कु जाता सो भला है...भीख माँगके भी कुछ मिलता नहीं।" मेरी बात पसन्द आने पर पिताजी ने कहा।

सुबह जल्दी ही पिताजी वापस लौट गए। हम काम पर गए। बच्चों के पेट नहीं भर रहे थे इसलिए परीक्षा होते ही भवानी काका यहाँ से अपने परिवार को लेकर गए थे। हम प्रतिदिन काम के लिए जाते थे। मैं और नानी दोनों ही यहाँ रहते थे। तम्मा और पिरगोंडा अपने माँ-बाप के साथ गए थे।

लोग बाजार के लिए जाते थे इसलिए सोमवार को काम दोपहर तक ही रहता था। दोपहर के बारह बजे काम समाप्त हुआ। सब लोग कतार में खड़े रहे। जिसका नाम पुकारते वह आगे जाता। जिसे आता वह हस्ताक्षर करता था। कई लोग अंगूठा लगाते थे और जो पैसे दिए जाते वे लेकर लौटते थे। जब मेरी बारी आई तब मैं गया। अपने हस्ताक्षर किए। सप्ताह भर का वेतन सिर्फ छः रुपए ही मिला तो मैंने पूछा—"साहब ! छह रुपए ही कैसे...?"

"तू छोटा है...इसलिए तेरे को आधा वेतन ही दिया है...!" साहब बोले।

मैं चुप बैठा। काम के समय बड़ों के समान टोकरियाँ भरकर देते थे और वेतन देते समय मैं छोटा दिखाई देता था। मुझे बहुत गुस्सा आया था लेकिन कोई इलाज न था। दूसरे दिन काम पर आना था इसलिए कुछ बोल नहीं सकता था। पैसे लिए और लौट आया। नानी को बारह रुपए वेतन मिला था। उस सप्ताह में हम दोनों को कुल मिलाकर अठारह रुपए मिले थे। नानी संख के बाजार से अनाज, तेल और मिर्च लाई। किसी तरह हम दोनों को पेट का सामान आया। हर सप्ताह में हमें कभी अठारह रुपए मिलते तो कभी बीस रुपए। सप्ताह-भर के खर्चे से हम थोड़ा-सा अनाज बचाकर रखते थे।

दीवाली की छुट्टी समाप्त हुई। स्कूल शुरू हुआ। मैंने काम पर जाना बन्द किया। अब सिर्फ नानी ही काम पर जाती थी। भवानी काका अपने परिवार के साथ लौट आए। तम्मा और पिरगोंडा मेरी ओर आ गए। हम सब स्कूल गए। कक्षा में बैठे ही थे कि इतने में तेरवाड़कर गुरुजी ने आकर कहा—"परशराम, तुझे 68 प्रतिशत अंक मिले हैं और दादासाब, तुझे 66 प्रतिशत। दोनों ने अच्छी उन्नति की है। इसी तरह अध्ययन जारी रखो... ।" गुरुजी ने अन्य लड़कों के अंक भी पढ़कर सुनाए थे। मुझसे ज्यादा खुशी

तम्मा को हुई थी। हम दोनों काफी अध्ययन करते थे। वार्षिक परीक्षा एकदम निकट थी। मैं घर का छोटा-मोटा काम करके ही अध्ययन करता था। नानी काम पर जाती थी इसलिए घर के काम मुझे ही करने पड़ते थे। एक दिन गुरुजी ने कहा—"बच्चो...! कल हम सबको परीक्षा के लिए संख जाना है...बिछौना, कपड़े, कलम, बहियाँ और पुस्तकें...सब अपने साथ ले लो...।" भोजन लाने के लिए उन्होंने छठवीं के एक छात्र से कहा—"राम ! तू रोज प्रत्येक घर से भोजन लेकर संख आता जा... मेरी साइकिल लेकर...।" सुनकर राम ने अपनी स्वीकृति दी।

दूसरे दिन पन्द्रह लड़के और तेरवाड़कर गुरुजी इकट्ठा हुए। हम सब मिलकर संख की ओर जाने लगे। मैंने गुदड़ी बाँधकर लपेट ली थी। थैली में दो-तीन कपड़े डाले थे। उसी में बहियाँ और पुस्तकें घुसेड़ दी थीं। वह थैली बगल में लटकाई थी। लपेटन कंधे पर ली थी। तम्मा ने भी गुदड़ी ही ली थी। वह भी मेरा ही भाई था, फिर मुझसे अलग कैसे होगा...? अन्य छात्रों ने चद्दरें और दरियाँ लीं थी। तेरवाड़कर गुरुजी चलते-चलते ही हमें परीक्षा के बारे में सूचनाएँ देते थे। हम संख पहुँच गए। हमें रहने के लिए एक कमरा दिया था। परीक्षा के लिए बहुत-से गाँवों से छात्र आए थे। स्कूल की इमारत विशाल दिखाई देती थी। प्रत्येक कक्षा के लिए एक स्वतन्त्र कमरा था। बच्चों को बैठने के लिए बेंच रखे थे। सब कुछ ढंग से और उन्नत दिखाई देता था। हम सब रात को अध्ययन करने बैठे। देर तक अध्ययन किया और सो गए। सुबह सब कुछ समेटकर पेपर के लिए चल लिए। यहाँ भी सलगरे-बुद्रुक के केन्द्र जैसा ही था। इसलिए पेपर के बारे में कुछ डर नहीं लगा। एक के बाद एक पेपर दिए। राम रोज भोजन लेकर आता था। आते समय ही मैं राम के पास भोजन भिजवा देने की बात नानी से कहकर आया था। चौथे दिन परीक्षा खत्म हुई। हम घर लौट आए। घर आने पर दो-तीन दिन बैठेठाले ही बिता दिए। घर से कोई लेने को आएगा इसलिए काम पर भी नहीं गया। तीसरे दिन की शाम पिताजी आ गए। उन्होंने मेरी पूछताछ की। नानी ने पिताजी से कहा—"दादासाब की हयाँ की पढ़ाई खत्म हुई...हयाँ सातवीं तक ही पढ़ाई की सुविधा थी...अब आगे कैसा करेंगे...?" सुनकर पिताजी ने सिर को हाथ लगाया और सोचने लगे। वे भी तो क्या कर सकते थे ? मेरी पढ़ाई में दिक्कत आई। तम्मा पास में ही बैठा था। मैंने उसे पूछा—"तू आठवीं की पढ़ाई कहाँ करेगा...?" तम्मा ने उत्तर दिया—"जत में...हमारी कक्षा के चार-पाँच लड़के आठवीं के लिए जत जानेवाले हैं... वे कमरा लेकर रहनेवाले हैं...सुबह की गाड़ी से भोजन का डिब्बा भेजने की सुविधा है...।" तब मैंने नानी से पूछा—"मानका माँ...। तू मुझे रोज डिब्बा भेजेगी...? तम्मा के डिब्बे में खाना भेज दे...।" नानी ने अपनी स्वीकृति दे दी। मुझे ऐसा लगा जैसे संकट से बाहर आया हूँ। पिताजी विचारों में डूबे थे। उन्होंने नानी ने कहा—"जीजी...दिन तो इस तरह के हैं...आपकु अनाज आउर पैसे कहाँ से दें...? दादासाब कु कपड़े लेने चाहिए...।" सुनकर नानी बोली—"जितना हो सके उतना अनाज दो...बाकी मैं देखती हूँ उसके पेट का...बोत गुणवान है दादासाब...। उसका बोत भला होगा...।" पिताजी

ने सोचा और कहा—''मैं छुट्टी खतम होने पर लेके आऊँगा दादासाब कु...आप खुद उसे डिब्बा भेज दो...कमरे का किराया कितना होता है किसे पता ?'' लेकिन कमरे का किराया कितना होता है सो मुझे भी तो कहाँ मालूम था ? तम्मा ने कहा—''लड़के कहते थे कमरे का किराया तीस रुपए होगा। पाँच-छह जन रहे तो प्रत्येक को करीबन पाँच-छः रुपए देने पड़ेंगे...।''

पिताजी को खुशी हुई। पाँच-छः रुपए यानी कुछ ज्यादा न थे। तम्मा ने फिर से कहा—''स्कूल के लिए खाकी हाफ पैंट और सफेद हाफ शर्ट चाहिए...।'' यह सुनकर पिताजी के चेहरे पर जो आनन्द था वह गायब हुआ। 'यह क्या बला पीछे लगी' मानो इसी निगाह से वे तम्मा को देखने लगे। लेकिन वे कुछ नहीं बोले। सुबह मैं और पिताजी अपने परिवार की ओर निकल पड़े। तम्मा ने कहा—''जल्दी आ...कमरा लेना चाहिए...पुस्तकें लेनी चाहिए...हम भी दो दिन में माँगने को जानेवाले हैं...मैं वापस जल्दी आता हूँ...।'' मैंने सिर हिलाया। फिर हम जाने लगे। मैंने पिताजी से पूछा—''परिवार किस गाँव में है...?'' ''दरीकुणूर में है...।'' पिताजी ने कहा। फिर हम दरीकुणूर पहुँच गए। गाँव के निकट ही तिरपाल फैलाए थे। हमें आए देखकर हमारी जाति के लोग इकट्ठा होने लगे। उस समय हमारे साथ बाबजी भोसले, गुंडाप्पा मोरे, तुकाराम मोरे, नरसू भिसे और रामचन्द्र मोरे आदि के तिरपालों का समूह था। हमारा पहले जैसा जीवन शुरू हुआ। तिरपाल निकाल लेना, घोड़े पर बोझ लादना, कुत्तों को खींचना, घोड़ों को हाँकना और एक गाँव से दूसरे गाँव जाना आरम्भ हुआ। मैं, आबास और बाबजी मामा कमलाकर मिलकर माँगने को जाते थे। जाई बुआ कहती थीं—''मलारी का छोरा पढ़ता है...आउर छुट्टी होने पर माँगने कु जाता है...कितना सयाना है...छुट्टी में आने पर भी बैठके नहीं खाता...।'' हम गाँव-गाँव भटकते थे। उस दिन हम खलाटी में रहे थे। रात में बाबजी मामा और पिताजी बातें करते बैठे थे। बाबजी मामा ने कहा—''मलारी ऽऽऽ कल हयाँ से हमकु दूसरे गाँव जाना चाहिए...तब किस गाँव जायें...?''

''अजी बाबू मामा ! हयाँ खलाटी के तालाब में बोत मछलियाँ हैं...कल के दिन मछलियाँ पकड़ेंगे...।'' पिताजी बोले। ''अरे मलारी ऽ ऽ ऽ परसों के दिन मंगलवार है...मंगलवार मरी माँ का वार है...उस दिन तल (स्थान) छोड़ा नहीं जाता...तब फिर हयाँ रहके...परसों भी रहना पड़ेगा। पेट के लिए क्या खाएँगे...? चारों ओर के गाँव माँगके हुए...।'' बाबजी मामा ने फिर कहा।

इस तरह बाबजी मामा और पिताजी बातें कर रहे थे। अन्य लोग उनकी बातें सुन रहे थे। इन दोनों निर्णय के लेने पर ही उनको जाना या ठहरना था। पिताजी ने कहा—''वो भी सच है...पेट कु हयाँ मिलता नहीं...फिर क्या करें...?''

''सब जन ऐसा करें...सुबह तक माँग के आए...दोपहर कु मच्छली पकड़ने जाए...आउर मच्छी पकड़के लाने पर...हयाँ के हयाँ रांजणी चले जाए...।'' बाबजी मामा बोले।

"अजी...! रांजणी जरा दूर ही है...। रात-वात होगी तो कैसा करें...? अँधेरे में रास्ता दिखेगा नहीं...।" पिताजी ने कहा।

"अरे ऽ ऽ ऽ भला मोटारे जिस रास्ते से जाती हैं उसी से जाए...।" बाबजी मामा बोले।

अन्ततः यह तय हुआ कि सुबह तक माँगकर आना, दोपहर को मछलियाँ पकड़ना और लौटकर रांजणी जाना। तब हमेशा की तरह लोग भोर के समय ही माँगने को गए।

हम सुबह-सुबह माँगने के लिए गए। दोपहर तक सब इकट्ठा हुए। सबने थोड़ी-थोड़ी रोटी खा ली। पिताजी ने 'भोर जाल'[1] निकाल लिया। हम सब मछलियाँ पकड़ने के लिए तालाब पर गए। तालाब हमारे तिरपालों से निकट ही था। लोग मछलियाँ पकड़ने लगे। पकड़ी हुई मछलियों को हम पतीली में डालने का काम करते थे। मछलियाँ काफी मिलने लगीं। हमारे लोगों की आशा और बढ़ गई। उनके ध्यान में ही नहीं रहा कि अगले गाँव जाना है। दिन काफी ढल गया था। गुंडाप्पा मोरे ने कहा—"मलारी भैया ऽ ऽ ऽ अपुन कु रांजणी जाना है...आउर दिन तो बोत नीचे उतर गया...।" सब जन जल्दबाजी से पानी के बाहर आए। पिताजी ने कहा—"दादासाब ऽ ऽ ऽ तू आउर आबा तिरपाल निकालो...हम मछलियाँ बाँटते हैं...।" फिर मैं और आबास तिरपाल निकालने लगे। पिताजी और बाबजी मामा मछलियाँ बाँटते थे। अन्य सब लोग अपने-अपने तिरपाल निकालने में व्यस्त थे। मछलियों की साझेदारी हुई। औरतों ने खाना बनाया था। लोग सामान बाँधने लगे। घोड़ों को खोगीर डाले। बोझ घोड़े पर लादे। सूर्यास्त होने जा रहा था। दूसरे दिन मंगलवार था। मंगलवार को तल (स्थान) छोड़ना यानी देवी का व्रतभंग माना जाता था। इसलिए लोग दूसरे गाँव जाने के लिए निकले थे।

हम सूर्यास्त के समय वहाँ से निकले। बच्चे, औरतें, आदमी और कुत्ते—सब एक के आगे एक दौड़ते जा रहे थे। घोड़ों को दौड़ते हुए ले जा रहे थे। तुकाराम मोरे कहते थे—"इन मछलियों ने कुछ भला नहीं किया...रास्ते में रात हुई...अब जाके रहेंगे कहाँ...?" बाबजी मामा बोले—"गाँव के पास ही कहीं तो तिरपाल फैलाएँगे...अँधेरे में जगह दीखती है क्या...?" रात काफी हुई थी। लोग एक-दूसरे का चेहरा भी नहीं पहचान पाते थे। हर कोई जल्दबाजी से भागता था। मछलियाँ हाथ में लेकर ही लोग रांजणी की ओर बढ़ रहे थे। रास्ता बड़ा था। इसलिए कोई दिक्कत न थी। वरना किसी और गाँव के रास्ते से गए होते। जैसे-तैसे हम रांजणी आ गए। गाँव के कुत्ते जोर-जोर से भौंकने लगे। सोए हुए लोग उठकर बाहर आकर देख रहे थे। नींद खराब होने के कारण वे हमें गालियाँ देते हुए घर जा रहे थे। इतनी जगह भी गाँव के निकट नहीं मिल रही थी कि हमारा लवाजिमा ठहर सके। हम गाँव के पूर्व की ओर आए। बाबजी मामा बोले—"हयाँ जगह है...उतारो सामान...।" सभी लोगों ने घोड़े पर लादे बोझ उतार लिए

1. मछलियाँ पकड़ने के लिए बनाया गया बड़ा जाल।

और घोड़ों को पास में ही खूटियाँ गाड़कर बाँध दिया। औरतें जो भी दिखाई दें सो पत्थर उठाकर ले आईं। उनके चूल्हे बना लिए और मच्छी पकाना शुरू हुआ। औरतें अँधेरे में ही ईंधन के लिए लकड़ियाँ आदि ढूँढ़ती थीं। जहाँ हम ठहरे थे वहाँ औरतों को बड़ी-बड़ी लकड़ियाँ पर्याप्त मात्रा में मिलने लगीं। वे खुशी से जलाने लगीं। कोई कहता था—"अँधेरे में दूर मत जा...वहीं से लौट आ...।" हमारा कोलाहल शुरू था। सोया हुआ गाँव जाग उठा था। तब तक मच्छी पक गई थी। मर्दों ने अँधेरे में ही कहीं से कुएँ का पानी ला दिया था। एक-दूसरे को भोजन के लिए पुकारते हुए ही लोग खाते जा रहे थे। भोजन का कार्यक्रम काफी देर से बन्द हुआ। तब सब सो गए। भोर को उठकर मर्द माँगने के लिए निकल गए। हमने सुबह उठकर देखा तो पाया कि हमारा मुकाम श्मशान घाट में हुआ था। दफनाई गई लाशों की कब्र पर हमने सामान उतारा था। जलाई गई लाशों की लकड़ियाँ ही कल रात औरतों को मिली थीं। प्रश्न यह था कि अब क्या होगा ? औरतें डर गई थीं। आने-जानेवाले लोग हमारी ओर विचित्र निगाहों से देखते थे। उनको ताज्जुब होता था। वे आपस में कहते थे—"इनकी माँ की...जोशी हैं कि भूत की औलाद...? स्मशान में ही रहे हैं...।" तब तक हमारे लोग भीख माँगकर आ रहे थे। डेराडंगर के पास आने पर हर कोई घबराहट से देखता था। हम बच्चे भीख माँगने के लिए नहीं गए। हमारी स्थिति मानो कैंची में अटके जैसी हुई थी। मंगलवार का दिन होने के कारण डेराडंगर उठाया नहीं जा सकता था...और सामान तो कब्र पर ही रखा था। अतः वहाँ रह भी नहीं सकते थे। हमारे सब लोग माँगकर आए। तब बाबजी मामा बोले—"मलारी ऽ ऽ ऽ कैसा करेंगे...? अब कैसी बला आ गई...?"

"आज देवी का वार है...किसी कु कुछ नहीं होगा...आज की रात यहीं रहेंगे...कल बड़ी भोर में निकल जाएँगे...आज की रात जाग के बितायेंगे...इसके सिवा क्या करें...?" पिताजी ने कहा। उस दिन हम श्मशान में ही रहे।

दिन में हर एक के मन में अलग-अलग विचार आते थे। सारा दिन सोच-विचार में ही बीता। रात हुई। सबने चिन्ता में ही खाना खाया। कल रात किसी को कुछ मालूम नहीं था। सब जन बेफिक्र सोए थे। लेकिन आज नींद कैसे आयेगी ? प्रत्यक्ष लाशों पर सोना था। तुका चाचा कथा कहकर जगाने लगे थे। लेकिन कथा से नींद आना बन्द थोड़े ही होता ? बहुत देर के बाद सब लोग सो गए। औरतें और बच्चे गुदड़ियाँ ओढ़े उसमें मुँह छिपाकर पड़े थे। किसी तरह नींद आई न आई कि इतने में तुकाराम मोरे जोर से चिल्लाए—"अरे...ऐं ऽ ऽ ऽ लोगों...मर गए ऽ ऽ ऽ उठो-उठो...वो देखो...किसी की छाँव हमारी ओर आ रही है...।" सुनते ही सब लोग हड़बड़ाकर उठ गए। बच्चे डर के मारे काँपने लगे। औरतों के कलेजे का पानी-पानी हुआ। लोग तुकाराम चाचा से पूछ रहे थे—"कहाँ है...? ढंग से देख...हमें नहीं दीखती...वह छाँव...।" चाचा उँगली से दिखाने लगे। तब वह छाया सबको दिखाई दी। लेकिन वह वहाँ से आगे आते दिखाई नहीं दी। सब घबरा गए थे। मुझे लगा कि अब हमारे कई लोग डर से ही मरेंगे। मैं

भी बहुत घबरा गया था। अन्त में बाबजी मामा ने लालटेन जलाया और मेरे पिताजी से कहा—"मलारी...तू आउर गुंडाप्पा चलो मेरे साथ...चलें क्या है सो देखेंगे...भूत हो तो भी खाता नहीं... ।" पिताजी डरते-डरते ही उठे। गुंडाप्पा चाचा भी डरते-डरते उठे। औरतें मरगम्मा देवी का नाम जोर-जोर से ले रही थीं। किसी को भी बात करने का साहस नहीं होता था। तुकाराम चाचा उनके साथ नहीं गए। उनको ज्यादा डर लगने लगा था। बाबजी मामा, पिताजी और गुंडाप्पा चाचा धीरे-धीरे पैर उठाते हुए उस छाँह तक पहुँच गए। वह छाँह एक पेड़ के शाखा की थी। पेड़ ऊँचा था। उसकी एक टहनी विशिष्ट आकार की थी। उसकी छाया मनुष्य के आकार की दिखाई देती थी। हवा के झोंके के साथ टहनी हिलती थी और इसलिए उसकी छाया भी हिलती थी। लोग देखकर वापस आ गए। बाबजी मामा बोले—"कुछ नहीं...पेड़ की छाया है...सो जाओ चुप... ।" लेकिन लोगों को कहाँ नींद आती थी ? रात-भर डरते-डरते ही जागरण कर रहे थे। मुँह पर गुदड़ी ओढ़ ली थी। औरतों और बच्चों के मन में डर की गहरी पैठ थी। भोर के समय ही घोड़े पर सामान लादा और दूसरे गाँव की ओर निकल गए। वहाँ से आगे हमने तय किया कि शाम को कभी नहीं निकलना।

दिन तेजी से बीत रहे थे। हम ढालगाँव में रहे थे। एक दिन मैंने पिताजी से कहा—"पिताजी...मुझे स्कूल जाना चाहिए...एक महीना बीत गया... ।" पिताजी ने मेरे लिए ढालगाँव के बाजार से एक सफेद हाफ शर्ट और खाकी पैंट ले ली। बाजार में बैठे हुए नाई से बाल कटवाए।...और गोंधळेवाड़ी की ओर निकल पड़े। गोंधळेवाड़ी पहुँचने पर पिताजी ने नानी को अनाज और पैसे देकर कहा—"जरूरत पड़ने पर भोजन के डिब्बे में थोड़े-थोड़े पैसे भेज दो... ।" नानी ने सिर हिलाया। पिताजी ने मुझे कहा—"दादासाब ऽ ऽ ऽ शहर है इसलिए सँभालके रह...इधर-उधर भटकना मत... ।" मैंने कहा—'जी !' भवानी काका भी अपना परिवार अपने गाँव लाए थे। तम्मा मुझसे मिलने आया। थोड़ी देर बाद उसने बताया—"तुझे 64 प्रतिशत और मुझे 65 प्रतिशत अंक मिले हैं। भोसेकर गुरुजी ने बताया है कि दादासाब के आने पर उसे मेरी ओर लेकर आ... ।" पिताजी को 64 प्रतिशत और 65 प्रतिशत कहाँ समझ में आता था ? उन्होंने कहा—"तम्मा ! तुम दोनों पास हुए क्या...?" सुनकर हम दोनों हँसने लगे। पिताजी और नानी, दोनों हमारे मुँह ताकते रहे। हमने उन्हें पास होने की खबर बता दी। इतने में तम्मा के पिताजी भवानी गुरव आ गए। उन्होंने मेरे पिताजी से कहा—"कुछ मिलता है क्या उधर...?"

"कहाँ मिल रहा है भवानी...? लोग ऊब गए... कोई भी भीख नहीं देता...गनीमत किसी तरह से जीते हैं... ।" पिताजी बोले।

"दादासाब ऽ ऽ ऽ तू और तम्मा एक ही कमरे में रहो...पढ़ते जाओ...साइकिल, मोटरगाड़ियाँ रास्ते में होती हैं...यूँ ही पागल जैसा भटकना नहीं... ।" काका ने मेरी ओर मुड़कर कहा।

उत्तर में हम सिर्फ गर्दन हिलाने का काम करते थे। पिताजी सुबह ढालगाँव निकल

गए। पिछले साल से जत में पढ़ाई करने के लिए गोंधळेवाड़ी के पाँच-छह लड़के थे। अब छुट्टी थी इसलिए सब जन गाँव आए थे। जत के स्कूल में जाकर किसी को एक साल तो किसी को दो साल पूरे हुए थे। यहाँ से जत में पढ़ने के लिए गए कुछ लड़के 'लोणारी'[1] समाज के थे तो कुछ 'गोंधळी' समाज के। गोंधळी समाज के लड़के मन्याप्पा जाधव, रखमाजी दोरकर, बालासाहब जाधव, शिवाजी भोसले और विठ्ठल दोरकर को जत जाकर दो साल हुए थे तो दिलीप जाधव, चन्द्रकान्त गुरव और बालासाहब दोरकर को एक साल हुआ था। इन सबने दो कमरे लिए थे। मैं और तम्मा उनसे मिले। हमने उनसे कहा—"हम जत के स्कूल में आ रहे हैं...तुम हमें अपने कमरे में रहने दो...हम किराया देते हैं...।" तब मन्याप्पा जाधव ने कहा—"ठीक है...हम कल जत जा रहे हैं...तुम हमारे साथ चलो...शंकर बामणे के कमरे हैं। उनको दो कमरे रखने को हमने कहा है...।" फिर मैं और तम्मा घर आए। रात में सभी तैयारी की। स्पष्ट था कि गुदड़ी लेकर ही जाना पड़ेगा। बिछाने के लिए नानी के घर से एक बोरा लिया। वह भी कई जगह से फटा हुआ था। थैली में कपड़े रखे। कपड़े फटे हुए ही थे। यह अच्छा था कि स्कूल के लिए पिताजी ने नए कपड़े लेकर दिए थे। जत शहर कैसा होगा ? अपने को वहाँ रहना संभव होगा कि नहीं ? हाईस्कूल कैसा होगा ? रात को इन्हीं विचारों में सो गया।

गिरगाँव जत गाड़ी सुबह नौ बजे गोंधळेवाड़ी आती थी। सुबह उसी गाड़ी से जत जाना था। आठ बजे तक सभी तैयारी हुई। तम्मा भी अपना सामान लेकर आया। मैंने नानी से कहा—"मेरा और तम्मा का भोजन एक ही थैली में डालकर सुबह की नौ की गाड़ी से भेजती जा...।" तब नानी ने कहा—"खाना धुरपा की ओर भेजूँगी...वही तुमको भेज देगी...मुझे सुबह कु काम पर जाना पड़ता है...।" मैंने बही में टटोलकर देखा कि मार्क-लिस्ट और दाखिला लिया है या नहीं। सातवीं की पुस्तकें अंकुश को बेची थीं। मुझे दस रुपए देते हुए नानी बोली—"ये पैसे ले ...आउर पुस्तकें लगीं तो ले ले...।" मैंने दस रुपए नानी से लिए। पुस्तकें बेचकर बारह रुपए आए थे। कुल बाईस रुपए हुए। दाखिला और मार्क-लिस्ट एक ही बही में मिले। साढ़े-आठ बज गए थे। गाँव से एक नाला पार करके आधे मील तक जाना पड़ता था। एस.टी. बस नाले के उस पार ही ठहरती थी। सब लड़के इसी गाड़ी से निकले थे। मैंने और तम्मा ने नानी और मौसी के चरण छुए और निकल पड़े। मौसी ने कहा—"जाओ...झगड़ा मत करो...एक दिल से रहो...।" हम दोनों चलने लगे। हम काहे को झगड़ा करते ? रोज एक नया संकट सामने आता था और उसका सामना करते-करते ही नाक में दम आता था। मैंने गुदड़ी की लपेटन कन्धे पर ली। थैली बगल में लटकाई और अन्य लड़कों के साथ चलने लगा। 'गोंधळेवाड़ी' नाम से फलक लटकाया था। वहीं पर एस.टी. बस ठहरती थी। थोड़ी देर में बस आ गई। एक-दो व्यक्ति नीचे उतर गए। हम गाड़ी में बैठ गए। मैं बावले जैसा

---

1. एक जाति जिसके लोग कोयला बनाने और बेचने का काम करके जीविकोपार्जन करते हैं।

गाड़ी में बैठे लोगों की ओर देख रहा था। पहली बार एस.टी. में बैठा था। इसलिए मजा आ रहा था। रास्ता कच्चा था। रास्ते में गड्ढा आने पर गाड़ी ऊपर-नीचे जाती थी और मैं उठक-बैठक करता था। कंडक्टर ने मुझसे दो रुपए पचास पैसे लिए और टिकट दिया। गाँव एक के बाद एक पीछे छोड़ गाड़ी से हम आगे जा रहे थे और मुझे लगता था मानो हवा से जा रहा हूँ। जत कब आया मालूम नहीं पड़ा। बोर्ड दिखाई दिया—'जत बस स्थानक'। तब मेरे ध्यान में आया कि हम जत आ गए। गाड़ी बस स्थानक में रुकी थी। लोग उतरने लगे। मैंने लपेटन कंधे पर डाली। थैली बगल में लटकाई और नीचे उतर गया। मैं और तम्मा अन्य लड़कों के पीछे-पीछे चलने लगे। मैं इधर-उधर देखने लगा। होटल, पानपट्टी की दुकानें, पंसारी की दुकानें और दवाओं की दुकानें दिखाई देने लगीं। मन्याप्पा और रखमाजी एक संकरी गली में घुस गए। उसमें एक ही कतार में दो-चार कमरे थे। रास्ते के सब लोग मेरी ओर देख रहे थे। नए कपड़े इसलिए नहीं पहने थे कि वे स्कूल जाते समय पहनने को रखे थे। अतः फटे-पुराने कपड़े ही पहने थे। एक ओर गुदड़ी की लपेटन और दूसरी ओर कसकर भरी थैली लटकाई थी। कुल मिलाकर मेरी वेशभूषा औरों के देखने लायक थी। लेकिन मैं औरों के देखने की ओर ध्यान नहीं देता था। मुझे गर्व था कि अब मैं हाई स्कूल में पढ़ने के लिए आया हूँ। बीच वाले कमरे के सामने मन्याप्पा और रखमाजी रुक गए। ताला खोल दिया। हमने सामान कमरे में रखा। रखमाजी और मन्याप्पा बाहर निकल गए। थोड़ी देर बाद उन दोनों के साथ एक मोटा-सा आदमी आया। उस मोटे आदमी ने कहा—"यह चाबी तीन नम्बर कमरे की है। प्रत्येक महीने का किराया बिना भूले देना...कमरे में गन्दगी नहीं करनी। मैं फिर यहाँ नहीं आऊँगा...।" तीन नम्बर कमरे की चाबी देकर वह आदमी चला गया। मन्याप्पा और रखमाजी को वह अच्छी तरह से पहचानता था। दो साल वे दोनों उसी के कमरे में रह चुके थे। मैंने समझ लिया कि यही आदमी शंकर बामणे होगा। मुझे, तम्मा, विठ्ठल दोरकर और रखमाजी दोरकर को एक कमरा दिया और मन्याप्पा जाधव, बालासाहब जाधव और दिलीप जाधव—इन तीनों भाइयों और बालासाहब दोरकर तथा चन्द्रकान्त गुरव को एक कमरा दया। लड़कों ने अपने-अपने कमरे में सन्दूकें रखी। मुझे सन्दूक नहीं थी। मैंने अपनी थैली खूँटी को लटकाई। कमरे का प्रबन्ध हो गया।

दोपहर में मन्याप्पा को लेकर मैं और तम्मा 'श्री रामराव विद्या मन्दिर हाईस्कूल जत' की ओर गए। हाईस्कूल की इमारत राजमहल जैसी दिखाई देती थी। हाईस्कूल के सामने विशाल मैदान था। एक कतार में बीस कमरे थे। बीचोबीच प्रवेश-द्वार था। उसके अन्दर जाने पर एक बड़ा हॉल था। मन्याप्पा कहता था—"विविध गुणदर्शन, वक्तृत्व स्पर्धाएँ तथा व्याख्यान जैसे कार्यक्रम इसी हॉल में होते हैं।" एक बाजू में अध्यापकों का कक्ष था। उसके बगल में ही हेडमास्टर का कार्यालय था। हम उनके कार्यालय में गए। मन्याप्पा ने बताया—"सर ! हमारे गाँव के लड़के हैं...इनको आठवीं कक्षा में प्रवेश चाहिए।" तब मुख्याध्यापक ने हमारी ओर देखा और कहा—"क्या

दाखिला और मार्कलिस्ट लाए हैं...?" सुनकर हम दोनों ने दाखिले और मार्कलिस्ट मुख्याध्यापक के सामने रखे। वे मार्कलिस्ट देखने लगे। उनके टेबल पर एक छोटा-सा बोर्ड रखा था—"रा.बा. पाटिल"। फिर उन्होंने दाखिले को पढ़कर देखा और उन्हें टेबल पर रखकर कहा—"दोनों को ही अच्छे मार्क्स हैं...और दो दिन के बाद हाईस्कूल शुरू होगा...तुम दोनों के नाम दोपहर की शिफ्ट में डाल दिए हैं...तुम दोनों 'एफ' डिवीजन में बैठा करो...कक्षाएँ पुराने राजमहल में होती हैं...स्कूल में नियमित रूप से आना। जाओ अब...।" हम मुख्याध्यापक को प्रणाम कर कार्यालय से बाहर आए। वहाँ से हम कमरे पर आ गए। तहसील का स्थान होने के कारण जत का आकार काफी बड़ा था। करीब-करीब दस-बारह हजार की आबादी होगी। जत के बीच में से एक नाला बहता था। नाला काहे का ? परनाला ही था बड़े आकार का। उसी को वहाँ के लोग गन्धर्व नदी कहते थे। यह नाला यानी पहले गन्धर्व नदी थी। यह किंवदन्ती थी कि किसी स्त्री के अभिशाप से उस नदी की यह दुरावस्था हुई है। वह किंवदन्ती मन्याप्पा ने हमें बताई थी। मुझे वह जँची नहीं। अभिशाप से नदी का नाला बनना संभव नहीं लगा। जत के बीचोबीच बड़ी पैंठ थी। विविध प्रकार की दुकानें थीं। बड़ा रास्ता पैंठ से सीधे गन्धर्व नदी के लोहे के पुल से बंकेश्वर मन्दिर तक जाता था। वह मन्दिर बहुत पुराना था। जत रियासत के जमाने में बाँधा था। सन् 1947 के पूर्व जत-रियासत अत्यन्त प्रसिद्ध रियासत थी। सन् 1947 के बाद इस रियासत का महत्त्व खत्म हुआ। फिर भी वहाँ रामराव राजा के दो बेटे रहते थे। हाईस्कूल और कॉलेज की इमारतें उन्हीं की थीं। बीच में नाला होने के कारण जत दो भागों में विभाजित था। एक को पुराना जत और दूसरे को नया जत कहा जाता था। दुकानें और पैंठे नए जत में थीं तो हाईस्कूल, टॉकीज और बंकेश्वर मन्दिर पुराने जत में थे।

तीसरे दिन सुबह उठकर नहा लिया। जो दो बहियाँ थीं उन्हें इकट्ठा रखा। पौने ग्यारह बजे बस स्टैंड गया। गिरगाँव-जत गाड़ी ग्यारह बजे आती थी। किसी का भोजन डिब्बे में तो किसी का भोजन थैली में आता था।

मेरा और तम्मा का भोजन एक ही थैली में आता था। हम काफी देर तक स्टैंड पर रुके। एस.टी. साढ़े ग्यारह बजे आई। लोग नीचे उतरे। हमने अपने भोजन की थैली ली। प्रायः अधिकतर लड़कों के डिब्बे ही आते थे। संख, तिकोंडी, आसंगी, दरीबढ़ची, गुड्डापुर, सुरडी, दरबड़ची, कोनूर और गिरगाँव जैसे अनेक गाँवों से भोजन के डिब्बे आते थे। प्रत्येक गाँव के थोड़े-बहुत लड़के पढ़ाई के लिए जत आए थे। सुबह ग्यारह बजे डिब्बे आते और शाम पाँच बजे एस.टी. से खाली डिब्बे वापस भिजवाए जाते थे। प्रत्येक गाँव में लोग अपने-अपने डिब्बे निकाल लेते और सुबह भेज देते। मैंने भोजन की थैली निकाल ली। थैली का मुँह रामबाँस से बाँधा था। थैली सीट के नीचे रखी थी इसलिए उस पर किसी का पाँव पड़ा था। थैली गन्दी हुई थी। हम कमरे की ओर आने लगे। स्टैंड से कमरा निकट ही था। किन्तु स्कूल तक का अन्तर ज्यादा था। हम कमरे पर आए। सब मिलकर भोजन करने लगे। लड़के एक-दूसरे को अपनी सब्जी देते

थे। सब कुछ सहयोग से चल रहा था। मैंने और तम्मा ने जल्दबाजी में खा लिया। मन्याप्पा हमारे कमरे में आया और बोला–"चलो रे...चलो, पौने बारह बजे हैं...पहुँचने में बारह बजते हैं...बारह बजकर दस मिनट से प्रार्थना शुरू होती है। सव्वा-बारह बजे कक्षाएँ शुरू होती हैं।" मान्याप्पा ने हमें स्कूल की समय-सारणी ही बता दी। हमने जल्दी से स्कूल के कपड़े पहने। मन्याप्पा ने अपना शर्ट हाफ पैंट में खोंसा था इसलिए मैंने भी अपना शर्ट हाफ पैंट में खोंसा। सभी लड़के दोपहर की शिफ्ट में ही थे। सब के सब तैयार हुए। मैंने बहियाँ हाथ में लीं। हम सब शीघ्रता से चलने लगे। पुराने राजमहल में आए। विद्यार्थी प्रार्थना के लिए खड़े हुए थे। हम सब बस्ता रखकर कतार में खड़े रहे। विद्यार्थियों ने प्रार्थना करनी शुरू की। मुझे और तम्मा को प्रार्थना नहीं आती थी। हम खड़े होकर सुन रहे थे। विद्यार्थी कह रहे थे–

इस जीवन में वैध, क्या अवैध...
वाकई महान क्या हो ऽ ऽ ऽ
इष्ट-अनिष्ट परखने को प्रभु दिव्य दृष्टि दे दो ऽ ऽ ऽ
प्रभु दिव्य दृष्टि दे दो ऽ ऽ ऽ ॥ धृ ॥

प्रार्थना समाप्त हुई। विद्यार्थी कक्षाओं में जाकर बैठने लगे। मन्याप्पा ने हमें 'एफ' डिवीजन जहाँ बैठती थी वह कक्षा दिखाई। कक्षा में जाकर मैं और तम्मा अन्तिम बेंच पर बैठे। ऐसे बैठे जैसे पकड़कर लाए गए हों। उसी निगाह से हम सबके चेहरे की ओर देखते थे। हमारे जैसी स्थिति कई लड़कों की थी। कुछ लड़के आपस में कानाफूसी कर रहे थे। कक्षा के अध्यापक आए। उपस्थिति ली। जिस लड़के का नाम और क्रमांक पुकारा जाता वह उठकर 'येस सर' कहता था। अध्यापक ने कहा–"अपने-अपने पट-क्रमांक याद रखिए।" मेरा पटक्रमांक 73 और तम्मा का 72 था। अध्यापन का कार्य आरम्भ हुआ। प्रत्येक विषय के लिए अलग-अलग अध्यापक थे। प्रत्येक अध्यापक अपने विषय की जानकारी देते थे। तीन पीरियड के बाद बीच की छुट्टी हुई। सभी छात्रों के साथ हम दोनों भी कक्षा से बाहर आए। अधिकतर छात्र देहात से आए हुए थे। भोजन के डिब्बे लाना संभव हो इसलिए हेडमास्टर ने उनको दोपहर के शिफ्ट में डाल दिया था। सुबह के शिफ्ट में सिर्फ स्थानिक छात्र थे। बीच की छुट्टी समाप्त हुई। चौथा पीरियड आरम्भ हुआ। कुल आठ पीरियड्स थे। प्रत्येक पीरियड में अलग विषय पढ़ाया जाता था। पैंतीस मिनट का एक पीरियड था। जी.एस. तेली सर हमारी कक्षा के अध्यापक थे। हाईस्कूल छूटा। हम कमरे की ओर आने लगे। पुराने राजमहल के प्रवेश-द्वार के निकट ही अम्बा देवी का मन्दिर था। छात्र आते-जाते समय उस देवी को नमस्कार करते थे। सभी छात्रों की पोशाक एक जैसी थी–सफेद हाफ शर्ट और खाकी हाफ पैंट। मैंने भी सफेद हाफ शर्ट और हाफ पैंट पहनी थी। मुझमें और तम्मा में वैसे कोई विशेष अन्तर था ही नहीं। अन्तर था तो सिर्फ इतना कि उसके पैर में चमड़े की टूटी जूती थी और मैं नंगे पाँव ही था। हम सब मिलकर कमरे की ओर आ रहे थे। सभी ने अपने पैरों में कुछ-ना-कुछ पहना था। किसी के पैरों में स्लिपर थी तो किसी

के पैर में चमड़े की जूती थी। हम कमरे पर आ गए। लड़के डिब्बे वापस लौटाने के लिए स्टैंड की ओर गए। मैं और तम्मा कमरे में ही रुके। हमें थैली से भोजन आता था। अतः डिब्बा लौटाने का प्रश्न ही नहीं था। हम थैलियाँ इकट्ठा करके एक-साथ भेजनेवाले थे।

दूसरे दिन से रोज सुबह उठना, नल में पानी हो तो नहा लेना, स्टैंड जाकर भोजन लाना और स्कूल जाना नियमित रूप से शुरू हुआ। कभी-कभी एस.टी. बस देर से आती। कक्षा में जाने को देर होती। इसलिए कक्षा के अध्यापक के बोल सहने पड़ते थे। एक दिन गाड़ी बहुत ही देर से आई। स्टैंड पर ही पौने बारह बज गए। कमरे में आकर खाना खाने तक सवा बारह बजे। मैंने और तम्मा ने कपड़े पहने और तैयार होकर स्कूल की ओर दौड़ने लगे। साढ़े बारह बज गए थे। प्रत्येक अपनी-अपनी कक्षा में गया। कक्षाएँ शुरू हुए काफी देर हुई थी। मैंने और तम्मा ने दरवाजे से पूछा—"सर ! अन्दर आ जाऊँ...?" तेली सर ने इजाजत दी। हम दोनों कक्षा में गए। सर ने पूछा—"इतनी देर क्यों हुई...?" हमें नाइलाज से कहना पड़ा—"सर ! एस.टी. देर से आई इसलिए भोजन देर से मिला...।" तब उन्होंने कहा—"तुम दोनों ही एस.टी. के लिए क्यों रुकते हो ? एक को रुकना चाहिए था। भोजन के लिए ही यहाँ आते हो...? दोनों ही बेंच पर खड़े रहो...दूसरा पीरियड खत्म होने तक...।" हम दोनों अन्तिम बेंच पर खड़े रहे। थोड़ी देर बाद पहला पीरियड खत्म हुआ। दूसरा पीरियड आरम्भ हुआ। कक्षा के छात्र हमारी ओर देख रहे थे। हमें बहुत बुरा लगता था। दूसरा पीरियड खत्म हुआ तब जाकर हमें बैठने को मिला। उसके बाद हम कभी-कभी बिना भोजन किए ही स्कूल आने लगे।

इतवार छुट्टी का दिन था। सभी लड़कों ने भोजन किया। कोई सो गया तो कोई कपड़े धोने लगा। चार बजे मन्याप्पा बोला—"चलो...यल्लमा देवी को जाकर आएँगे...।" हम चार-पाँच जन यल्लमा देवी को जाने के लिए निकल पड़े। जत के दक्षिण की ओर करीब एक मील की दूरी पर यल्लमा देवी का मन्दिर था। हम जाने लगे। जत से कुछ ही दूरी पर एक बढ़िया बाग था। उस बाग के बीचोबीच एक पुतला खड़ा किया था। रखमाजी ने बताया—"यह रामराव राजा का पुतला है...यह छत्री बाग रामराव राजा ने तैयार किया है। हम हर इतवार को यहाँ आते हैं...।" पुतले के पास ही फुहारा था। अलग-अलग प्रकार के पेड़ लगाए थे। फूलों के गुच्छे लटकते थे। थोड़ी देर तक हम वह असीम सौन्दर्य देखते रहे। वहाँ से यल्लमा देवी का मन्दिर दिखाई देता था। हम मन्दिर की ओर जाने लगे। मन्याप्पा ने बताया—"यह करीबन पच्चीस एकड़ की जमीन राजा साहब ने यल्लमा देवी के नाम से पुजारी को दी है। दिसम्बर महीने में यहाँ बहुत बड़ा मेला होता है।। अब जो खुली जमीन दिखाई देती है वह लोगों से, होटलों से और बैलगाड़ियों से भर जाती है। चार-पाँच अस्थाई सिनेमाघर आते हैं। तमाशे के तम्बू लगाए होते हैं। आठ-दस दिन तक बहुत भीड़ होती है।" रखमाजी और मन्याप्पा दो साल से यहाँ पढ़ते थे इसलिए उनको मेले के बारे में जानकारी थी। लेकिन मुझे और तम्मा को

कुछ भी मालूम नहीं था। हम उत्सुकता से सुनते हुए आगे बढ़ रहे थे। हम मन्दिर के पास गए। यल्लमा देवी का मन्दिर नाले के किनारे था। जत के बीचोबीच से गई हुई गन्धर्व नदी यही थी। मन्दिर पूरब की ओर मुँह करके बाँधा था। गर्भगृह में यल्लमा देवी की पीतल की मूर्ति थी। हम सबने देवी को नमस्कार किया और कमरे की ओर वापस लौटे।

स्कूल को शुरू हुए एक महीना हुआ था। फिर भी मेरे पास पुस्तकें नहीं थीं। नई पुस्तकें लेता परन्तु अठारह-उन्नीस रुपए ही बचे थे। उसमें से कमरे का किराया देना था। बहियाँ लेनी थीं। सिर्फ दो ही नई बहियाँ ली थीं। सभी विषय उन दो बहियों में ही थे। इसलिए नई पुस्तकें ले नहीं सकता था। तम्मा ने गाँव में ही दिलीप जाधव की पुरानी पुस्तकें ली थीं। मैंने सोचा हेड सर से कहकर देखें। दूसरे दिन सुबह मुख्य इमारत की ओर गया। हेड सर कार्यालय में थे। मैंने पूछा—"सर ! क्या मैं अन्दर आ सकता हूँ...?" सर कुछ लिखने बैठे थे। लिखते-लिखते बोले—"हाँ...आ जाओ...।" मैं अन्दर आ गया। हेड सर मंगलवेढ़ा के थे। उनका स्वभाव बहुत गुस्सैला था। अगर किसी छात्र ने जान-बूझकर गलती की तो वे उसे खूब पीटते थे। इस तरह उनके बारे में मुझे पहले ही जानकारी मिली थी। मुझे उनसे डर लगता था। इसलिए तो इतने दिन मैं उनकी ओर नहीं आया था।

लेकिन अन्ततः पुस्तकें कहीं मिल नहीं रहीं इसलिए आना पड़ा था। हेड सर ने मुझे देखा और कहा—"तू बावची का है...?"

"जी !" मैंने कहा।

"तेरे पिताजी क्या करते हैं...?" फिर उन्होंने दूसरा प्रश्न पूछा।

"सर! मैं जोशी जाति का हूँ...माँ-बाप गाँव-गाँव भटकते और भीख माँगकर खाते हैं...।" मैंने बताया।

"क्या काम था तेरा...?" मेरी बात सुनकर हेड सर को मुझ पर तरस आया और पूछा।

"सर ! मुझे पुस्तकें नहीं हैं...नई लेने के लिए पैसे नहीं हैं...और पुरानी पुस्तकें किसी भी दुकान में नहीं मिलतीं...मुझे पुस्तकें किसी से मिलती हों तो देखनी थीं...।" मैंने बता दिया।

"स्कूल आरम्भ हुए एक महीना हुआ। तू अब तक चुप ही बैठा है ?...क्या मुझे बताना नहीं था ? मैं एक चिट्ठी देता हूँ...अपने ग्रन्थालय में जा...सालुंखे सर को चिट्ठी दिखा....वे तुझे आठवीं की पुस्तकों का संच देंगे...पुस्तकों का उपयोग ढंग से करके परीक्षा समाप्त होने पर जमा कर...।" हेड सर ने कहा।

"जी !" मैंने कहा।

हेड सर एक कागज पर लिखने लगे थे।...मैं सोच रहा था। उन्होंने दाखिले पर मेरी जाति देखी होगी, शायद इसलिए उन्होंने मुझसे पिताजी क्या करते हैं यह पूछा। मंगलवेढ़ा से बावची नजदीक थी इसलिए हमारी जाति के बारे में उनको जानकारी रही

होगी। कुछ भी हो, लगा कि मुझे अपना नसीब साथ दे रहा है। वाकई अपना नसीब एक ओर मुझे नीचे खींच रहा था तो दूसरी ओर ऊपर उठा रहा था। मैं समझ चुका कि इन्सान को अपने ध्येय की प्राप्ति के लिए नसीब का भी साथ मिलना चाहिए। प्रत्येक स्कूल में मुझे अध्यापकों का बहुत बड़ा आधार मिलता था। हेड सिर ने चिट्ठी लिखी। फिर चिट्ठी देते हुए उन्होंने मुझे कहा—"यह ले और पुस्तकें लेकर अध्ययन कर...किसी चीज की आवश्यकता हो तो मुझे आकर बताना...।" मैंने सिर हिलाया। हेड सर को नमस्कार किया और कार्यालय से बाहर निकला। वहाँ से ग्रन्थालय की ओर निकल पड़ा। मन-ही-मन हेड सर के बारे में सोचता था। वे जितने गुस्सैले थे उतने ही रहमदिल थे। हॉल की ऊपर की मंजिल पर ग्रन्थालय था। वहाँ एक अध्यापक बैठे थे। यह सोचकर कि ये ही सालुंखे सर हों, उनको चिट्ठी दे दी। वे सालुंखे सर ही थे क्योंकि चिट्ठी पढ़कर वे उठे और उन्होंने आठवीं की पुस्तकों का संच निकाल लिया। मुझे देते हुए वे बोले—"पुस्तकों का उपयोग ढंग से करना। एक भी पुस्तक खराब हुई तो कीमत चुकानी पड़ती है...।" मैंने 'जी' कहकर पुस्तकें लीं और कमरे की ओर आ गया। कमरे में पुस्तकें रखीं। सिर्फ रखमाजी ही कमरे में था। अन्य लड़के स्टैंड की ओर गए थे। मैं और रखमाजी भी स्टैंड गए। भूख लगने के कारण सब जन गाड़ी की प्रतीक्षा करते बैठे थे। मंगलवार का दिन था। एस.टी. बस आ गई। उस दिन जत का बाजार था। अतः लोगों से गाड़ी कसकर भरी थी। लोग गाड़ी से नीचे उतरने लगे। सब लोग उतर गए। हमने देखा तो पाया कि गोंधळेनाड़ी के किसी भी लड़के का डिब्बा नहीं आया था। हमने समझ लिया कि बाजार के कारण गाड़ी भर गई और इसलिए गोंधळेवाड़ी में नहीं रोकी। फिर हम कमरे पर लौट आए। स्कूल का समय हुआ था। कपड़े पहने और सब जन खाली पेट ही स्कूल गए। प्रार्थना हो गई। कक्षाएँ शुरू हुईं। लेकिन हम सबके पेट में चूहे दौड़ रहे थे। इसलिए पढ़ाई में ध्यान देना कठिन था। किसी तरह वह दिन बिता दिया। रात को कुछ खाने को मन हुआ किन्तु कमरे का किराया दिया था। चन्दा इकट्ठा करके एक बाल्टी ली थी। पुस्तकें मिलीं इसलिए आज ही दो-चार बहियाँ ली थीं। इस वजह से पैसे बहुत कम बचे थे। इस तरह न जाने कितने दिन भोजन मिलनेवाला नहीं था ? रात में बिना कुछ खाए सो गए। उस दिन सख्त उपवास हुआ, किसी देवता के नहीं बल्कि एस.टी. बस के नाम से।

एक दिन कक्षा में तेली सर ने कहा—"आप सबकी प्रत्येक विषय की दस अंकों की परीक्षा सम्बन्धित पीरियड में सम्बन्धित विषय के अध्यापक लेंगे। स्कूल आना न भूलें। ये अंक आपके वार्षिक परीक्षा के अंकों में मिलाए जाते हैं।" मुझे अजीब लगता था। लगता था स्कूल में छात्र नियमित रूप से उपस्थित रहें इसी हेतु से जाँच-परीक्षा को किसी भी दिन लेने का प्रबन्ध किया होगा। उस दिन से हम नियमित रूप से अध्ययन करने लगे। एक के बाद एक दिन बीत रहे थे। सप्ताह में कम-से-कम दो दिन खाना नहीं आता था। हम जाँच-परीक्षा दे रहे थे। एक दिन भोजन के साथ घर से चिट्ठी आई। किसी छोटे लड़के ने टूटे-फूटे अक्षरों में लिखा था—

चि. पोते दादासाब को नानी का आशीरवाद। तेरे माँ-बाप खोडव्याल को आए हैं। उनोने बताया कि इम्तहयान होने पर गोंधले की बाडी को आ जा...। हम तेरे कु लेने आइंगे।

जवाब दे।

तेरी नानी

मानका माँ।

सभी लड़कों ने चिट्ठी पढ़ी। सब-के-सब हँसने लगे। जिस तरह मानका माँ ने बताया था उसी भाषा में लिखा गया था। हमें जत के बारे में काफी जानकारी मिली थी। स्कूल के लड़के एक-दूसरे को अच्छी तरह से पहचानते थे। छमाही परीक्षा आ गई। हम अध्ययन करते थे। पुस्तकों का पूरा सेट मिला था। बहियाँ ली थीं। इस वजह से अध्ययन अच्छा हुआ था। छमाही परीक्षा शुरू हुई। एक दिन में दो-दो पेपर होते थे। सुबह आठ बजे से ग्यारह बजे तक एक पेपर और दोपहर में दो से पाँच तक दूसरा पेपर होता था। परीक्षा का समय हमारे लिए असुविधाजनक ही था क्योंकि पेपर छूटने के तुरन्त बाद स्टैंड जाना पड़ता था। गाड़ी नहीं आई तो भोजन नहीं मिलता था। जैसे-तैसे मराठी-भौतिकशास्त्र, अंग्रेजी-जीवशास्त्र, हिन्दी-रसायनशास्त्र, गणित-भूमिति और इतिहास नागरिकशास्त्र-भूगोल—ऐसे दो-दो पेपर दिए। परीक्षा समाप्त हुई। लड़के अपना-अपना सामान लेकर गोंधळेवाड़ी की ओर निकल पड़े। मैं अपना सामान थैली में भरने लगा। पुस्तकें ज्यादा थीं इस वजह से सामान रखने के लिए थैली कम पड़ने लगी। चार-पाँच बहियाँ गुदड़ी की लपेटन में डालीं। हम सामान लेकर स्टैंड आए। शाम के पाँच बजे जत-गिरगाँव गाड़ी लगी। हम सब गाड़ी में बैठे। गोंधळेवाड़ी पहुँचने में रात के आठ बज गए। घर पहुँचने में हमें देर हुई। रास्ते में ही गाड़ी ब्रेक-डाउन हुई थी। बीच में ही एक घंटा बीत गया। मैं घर गया। नानी ने मेरी और तम्मा की प्रशंसा की। हम तहसील के स्थान में पढ़ रहे थे। हमें भी उसका गर्व था। दो दिन गोंधळेवाड़ी में ही बीत गए। तीसरे दिन पिताजी आए। हम दरीबड़ची नामक गाँव में रहे अपने परिवार की ओर आए। उस समय मारुती वायफळकर, गंगाराम शिन्दे, शिवाजी मोरे, मचिन्द्र शिन्दे और हमारे परिवार का समूह एक-साथ रह रहा था। हमारे आ जाने के बाद मारुती मामा की पत्नी लक्ष्मी बुआ बोली—"मलारी ऽ ऽ ऽ लेके आया क्या छोरे कु...? अब भला हुआ...नानी खाना भेजती है...तहसील के गाँव में सीखता है...बोत कष्ट सहे छोरे ने...पढ़ने के लिए...।" सुनकर गंगाराम शिन्दे ने कहा—"तो फिर चुप ही पढ़ाई होती है क्या...?" पढ़ना हो तो कष्ट सहना ही चाहिए...।" ऐसी बातें सुनकर पिताजी को गर्व महसूस हो रहा था। मेरा जीवन फिर बदल गया। रोजाना भीख माँगने जाना शुरू हुआ। आबास बड़ा हुआ था। वह पिताजी की फटी धोती पहनकर माँगने जाता था। मारुती मामा का केरप्पा और आबास मिलकर माँगने के लिए जाते थे। मेरे आने के बाद आबास ने केरप्पा के साथ माँगने को जाना छोड़ दिया। हम दोनों माँगने के लिए जाने लगे। मैं भी अब पिताजी की फटी पुरानी धोती पहनकर माँगने के लिए जाता

था। उसमें कई थिगलियाँ लगी हुई थीं। धोती संन्यासी की पतलून जैसी रंग-बिरंगी दिखाई देती थी। भटकती गृहस्थी लेकर हम गाँव-गाँव भटक रहे थे।

हमारा मुकाम तिल्याल नामक देहात में था। मैं और आबास माँगने को गए थे। लौटते समय हम गुड्डापुर की बस्तियाँ माँगते-माँगते तिरपाल की ओर आ रहे थे। सात-आठ बस्तियों का टोला था। हम वहाँ गए थे और वहाँ से माँगकर लौट रहे थे। मैं आगे था। आबास मेरे पीछे था। एक बस्ती का कुत्ता भौंकते-भौंकते हमारी ओर आ रहा था। वह आबास के नजदीक आने लगा। अब काटेगा इस डर के मारे आबास ने एक पत्थर उठाकर यों ही कुत्ते की ओर फेंक दिया। वह पत्थर कुत्ते के मुँह पर जाकर लगा। कुत्ता जोर-जोर से चिल्लाता हुआ बस्ती की ओर भागने लगा। पत्थर कुत्ते को लगा था। कुत्ते को मारा, इसलिए बस्ती का एक बड़ा आदमी दौड़ता हुआ आया। उसने बिना कुछ सोचे दो-चार थप्पड़ लगा दिए। मेरी आँखों के सामने अँधेरा छा गया। मुझे कुछ भी नहीं सूझा। तब तक बस्ती के अन्य लोग दौड़ते हुए आए। बिना कुछ सोचे उन्होंने भी मुझे और आबास को पीटना शुरू किया। उसमें से एक आदमी ने कहा–

"म्हालाप्पा...क्या उठाया रे...इन छोरे ने...?...की माँ की...भिखारी के छोरे चोर ही हैं...लगाओ और दो-चार...।"

"इनके माँ की...माँगने कु आते सो आते...आउर कुत्ते कु भी मारते हैं...।" म्हालाप्पा ने कहा।

हमें बुरी तरह पीटा था। हम दोनों भी रो रहे थे। आबास के चेहरे पर उँगलियों के निशान दीखते थे। मेरा स्वाभिमान जाग उठा। मैंने उन लोगों से कहा–

"अजी ! कुत्ते को पत्थर मारा इसलिए हमें पीट रहे हैं...यदि कुत्ते ने काटा होता तो आप क्या करते...?"

"तेरी माँ की...उल्टा हमें पूछता है...?" उनमें से एक आदमी ने कहा और फिर पीटना शुरू किया।

हम जोर-जोर से बोंब मारने लगे। कंधे की झोली नीचे गिरी थी। उसमें से अनाज चारों ओर बिखर गया था। रोटी के टुकड़े पैरों तले रौंदे जा रहे थे। हम चुपचाप मार खा रहे थे। हमारे बदन पर जो कपड़े थे वे फट गए। अन्ततः उन्हीं में से एक आदमी को हम पर दया आई। उसने लोगों से कहा–"अरे ओ ऽ ऽ ऽ रहने दो...मरेंगे बेटे वो भिखारी के छोरे...ऐं ऽ ऽ ऽ छोरों...तुम जाओ...।" तब नीचे पड़ी झोलियाँ हमने उठा लीं। हमें बहुत पीटा था। इस वजह से सीधी तरह से चला नहीं जाता था। मुझे अपने जीवन से नफरत होने लगी। मुँह बन्द करके मार खानी पड़ती थी। उनकी गलती बताई तब भी मार खानी ही पड़ती थी। हम एक-दूसरे को पकड़कर, आधार देते हुए तिरपाल तक आ गए। माँ ने हमारी ओर देखा और हमारी हालत देखकर रोने लगी। हमारे कपड़े फट गए थे। आँखें रो-रोकर सूज गई थीं। चेहरे पर सूजन थी। माँ ने रोते-रोते ही पूछा–"क्या हुआ रे...?" "माँ ऽ ऽ ऽ कुत्ता काटने के लिए आया सो आबा ने पत्थर फेंका...वह पत्थर उसके मुख पर लगा। इसलिए सात-आठ लोगों ने मिलकर हमें

पीटा...।" मैंने बता दिया। पिताजी भी तिरपाल में ही थे। उनके लिए इस तरह की घटना कोई नई नहीं थी। उन्होंने हमसे कहा—"काहे कु मारना पत्थर कुत्ते कु...काट देता तो काट देता...।" मुझे पिताजी पर बेहद गुस्सा आया। परन्तु तुरन्त ही विचार किया कि पिताजी भी क्या कर पाते ? 'क्यों पीटा' यह पूछने को जायें तो उनको भी मार ही खानी पड़ेगी। हमारे लोगों को यह घटना कोई खास नहीं लगती थी क्योंकि ऐसे प्रसंग वे बार-बार अनुभव करते थे। माँ ने हमें पहनने के लिए कपड़े दे दिए। हमने फटे कपड़े उतार दिए। बदन पर निशान उभरे थे। किसी के हाथ में कोड़ा हो तो उस कोड़े से ही पीटते थे और लाठी हो तो लाठी से ही पीटते थे। माँ उन निशानों को देखकर कहती थी—"उनके हाथ टूटें...मेरे छोरों कु चुप ही पीटा...मरी माता देख लेगी उनकु...।" उन लोगों को गालियाँ देते हुए ही माँ हमें हल्दी लगाकर सेंकती थी। हम दोनों कराह रहे थे। वेदनाएँ असह्य होती थीं। समाज में लोगों के कुत्तों के लिए जितनी कीमत थी उतनी कीमत हमारी जाति के मनुष्यों की न थी। मुझे इस समाज से नफरत होने लगी। वह रात हमने कराहते हुए ही बिताई।

दूसरे दिन से हमारा जीवन पहले जैसा बीतने लगा था। इस तरह के कई प्रसंग आते थे और काल के प्रवाह के साथ तिरोहित होते थे। हम भटकते ही थे। एक महीना बीत गया। तिकोंडी से पिताजी ने मुझे गोंधळेवाड़ी लाकर छोड़ा। अन्य छात्र दो दिन पहले ही जत गए थे। सुबह की गाड़ी से मैं भी जत गया। लड़के भोजन के डिब्बे लाने के लिए स्टैंड आए थे। उनके साथ कमरे में आया। हम स्कूल जाने लगे। प्रतिदिन भोजन के डिब्बे लाना, स्कूल जाना और अध्ययन करना आरम्भ हुआ।

दिसम्बर महीने की पन्द्रह तारीख थी। पच्चीस तारीख को जत की यल्लमा देवी का मेला था। पन्द्रह तारीख से ही सिनेमाघर, होटल, भोजनालय और तमाशा के तम्बू आदि के लिए जगह निश्चित करना शुरू हुआ था। जगह निश्चित करना, स्तम्भ खड़े करना और कूड़ा-कचरा डालने के लिए गड्ढे खुदवाना चार-पाँच दिन से शुरू था। मेले के लिए बैलगाड़ियाँ, लोग और होटल आते थे। जिन्होंने मनौतियाँ मानी थीं वे साष्टांग नमस्कार करते-करते ही देवी की ओर आ रहे थे। मेला लगना आरम्भ हुआ।

मेले का मुख्य दिन आया। यल्लमा देवी के मन्दिर के पास की पच्चीस एकड़ जमीन भीड़ से भरी थी। मेले में अधिक संख्या बैलगाड़ियों की थी। अधिकाधिक लोग देहातों से आते थे। इस वजह से सभी ओर बैलगाड़ियाँ ही दिखाई देती थीं। सिनेमाघर चार थे। तमाशे के तम्बू तीन थे। होटल तो काफी थे। एक सर्कस आया था। महाराष्ट्र के कोने-कोने से लोग वहाँ इकट्ठा हो रहे थे। हम सुबह-सुबह ही मेले में गए थे। पच्चीस और छब्बीस तारीख को स्कूल की छुट्टी ही थी। सबसे पहले देवी को रामराव राजा के राजमहल का नैवेद्य समर्पित किया। उसके बाद अन्य लोगों ने नैवेद्य समर्पित करना शुरू किया। वह नैवेद्य का दिन था। लोग अपना-अपना नैवेद्य लेकर आते थे। नैवेद्य

1. यह वह दिन होता है जिस दिन देवी को चन्दन आदि गन्ध लगाए जाते हैं।

बाजा बजाते, देवदासियों को नचाते हुए लाए जाते थे। देवदासियों को इस तरह की स्थिति में देखकर मुझे बात खटकती थी। देवदासी यानी वह लड़की या स्त्री जो बचपन से देवी के नाम से छोड़ दी है। उसके बाल कभी सँवारे नहीं जाते हैं। उसका ब्याह देवी के साथ किया जाता है। लेकिन अंधश्रद्धा के दुष्चक्र में लिप्त हुआ समाज उस लड़की के भविष्य का विचार ही नहीं करता। उस लड़की के जवान होने पर भी उसकी शादी नहीं कराई जाती। उसके बालों की जटाएँ बन जाती हैं। किन्तु देवी के नाम पर छोड़ी हुई हो तो भी उसकी अपनी भावनाएँ होती हैं क्योंकि वह भी एक मानव-प्राणी है।...और प्रत्येक मानव प्राणी की अपनी भावनाएँ होती हैं, इच्छाएँ होती हैं। यदि उस लड़की ने भावना में बहकर अनैतिक कृत्य किया तो यह समाज दोष किसे देगा ? उस लड़की को ? देवी को? या जिसने उसके साथ यह अनैतिक कृत्य किया उसको ? यह देवदासी-प्रथा हरिजन-समाज में ज्यादा पाई जाती है। यह स्पष्ट है कि जब तक अपने देश से यह देवदासी प्रथा नष्ट नहीं होगी तब तक महिलाओं पर होनेवाले अत्याचार कम नहीं होंगे। लेकिन उस समय मेरी कौन सुनता ? हम देवी के मन्दिर के सामने गए। भीड़ बहुत अधिक दिखाई देती थी। देवी के दर्शन किसी को नहीं होते थे। हम सबने दूर से ही नमस्कार किया और वापस लौटे। जो लोग कल 'गंधोटगी के दिन'[1] नहीं आए वे हाथ में नीम की छोटी-छोटी टहनियाँ लेकर साष्टांग नमस्कार कर देवी के मन्दिर की परिक्रमा कर रहे थे। भीड़ इतनी थी कि लोग एक-दूसरे से चिपके हुए थे। देवी को मीठा नैवेद्य दिया जा रहा था। मरगम्मा देवी को हम बकरों की बलि देते थे तो यहाँ यल्लमा देवी को विभिन्न समाज के लोग मीठा नैवेद्य दिखाते थे। इस वैविध्यपूर्ण सामाजिक रूढ़ि का मुझे ताज्जुब होता था। लोग नैवेद्य दिखाकर अपनी-अपनी बैलगाड़ियों की ओर जा रहे थे। कुछ लोग एस.टी. से आए थे और घर से ही नैवेद्य बनाकर लाए थे। जो बैलगाड़ी से आए थे वे यहीं पर नैवेद्य बना लेते थे। हम कमरे की ओर लौट गए।

शाम को भोजन करके हम सब सिनेमा देखने के लिए मेले में आए 'अकेला जीव सदाशिव' (एकटा जीव सदाशिव) नामक सिनेमा का टिकट लेने के लिए गए। टिकट लेने के लिए लोगों की भयंकर भीड़ थी। छोटी-छोटी लकड़ियाँ बाँधकर प्रवेशद्वार बनाया गया था। लोगों की भीड़ के कारण वह प्रवेश-द्वार टूट गया। सुबह देवी के नैवेद्य के लिए भी इतनी भीड़ नहीं थी। लोग मेले में आते थे या देवी के लिए या सिनेमा के लिए, यही समझ में नहीं आता था। धक्कामुक्की और पीसना-दबना शुरू हुआ। मेरी कमीज फट गई। मुझे बहुत बुरा लगने लगा क्योंकि मुझे हमेशा नहीं बल्कि कभी-कभी ही कपड़े लिए जाते थे। हमें टिकट मिलने तक आधी फिल्म निकल चुकी थी। सिनेमावालों को पैसे कमाने का यही अवसर होता है। वे एक रात में चार बार सिनेमा दिखाकर पैसे कमाते थे। उनके पास अन्दर और बाहरवालों के सोचने के लिए समय

1. यह वह दिन होता है जिस दिन देवी को चंदन आदि गंध लगाए जाते हैं।

ही कहाँ था। हम अन्दर गए। बैठने के लिए जगह कहीं भी नहीं थी। हम सब कनात को टेककर खड़े रहे। एक घंटे में ही सिनेमा खत्म हुआ। हम बाहर आकर कमरे की ओर निकल पड़े। मेले में बहुत से लोग भटकते थे। कुछ मजे के लिए भटकते थे तो कुछ लोग सोने की जगह नहीं थी इसलिए भटकते थे। हम कमरे में आकर सो गए।

तीसरा दिन देवी के अंगारे का था। मन्दिर के सामने एक बड़ा गड्ढा खोदा था। उसमें बड़ी-बड़ी लकड़ियाँ जलाकर उससे अंगारे बनाए थे। जिन देवदासियों के अभु देवी आती वे उन अंगारों में से पैदल जाती थीं। अंगारे पर चलने का कार्यक्रम समाप्त होने पर मेला धीरे-धीरे खत्म होने लगा। लोग अपने-अपने गाँव जाने लगे। उसके बाद होटल, सिनेमाघर और दुकानें कम होने लगीं।

हम कक्षा में बैठे थे। गडदे सर अंग्रेजी पढ़ा रहे थे। इस बीच सिपाही ने सूचना लाकर दी। गडदे सर पढ़ने लगे–'विविध गुणदर्शनों का कार्यक्रम मुख्य इमारत में अट्ठाईस जनवरी को होनेवाला है। जिनको इस कार्यक्रम में सहभाग लेना है वे अपने नाम अपनी कक्षा के अध्यापकों को लिखवा दें। कार्यक्रम में सबकी उपस्थिति आवश्यक है।'

स्कूल छूटने के बाद हम कमरे की ओर गए। दूसरे दिन तेली सर कक्षा में आए। हाजिरी लेने के बाद उन्होंने कहा–"जो विविध गुणदर्शन में हिस्सा लेना चाहते हैं वे उठकर खड़े हों।" पूरी कक्षा में केवल चार-पाँच छात्र ही खड़े हुए। मैंने सोचा कि अपन भी हिस्सा लेंगे; इसलिए मैं भी उठ खड़ा हुआ। तेली सर ने हमारे नाम लिख लिए और कहा–"मैं आपमें से चार लड़कों का चयन करूँगा। अपनी डिवीजन की ओर से चार पात्रों का एक छोटा-सा एकांकी प्रस्तुत करना है। पात्रों का चयन कर कल से रिहर्सल शुरू करेंगे।" हम बेंच पर बैठ गए। तम्मा ने एकांकी में सहभाग नहीं लिया। सर ने पढ़ाना शुरू किया।

दूसरे दिन पीरियड समाप्त होने पर तेली सर ने हमें रुकने को कहा। हम रुक गए। छह में से चार का चयन करना था। तेली सर आए। उन्होंने एक एकांकी की दो-चार पंक्तियाँ प्रत्येक से पढ़वा लीं। फिर बोले–" 'भड़कीली चिड़िया' एकांकी प्रस्तुत करना है–उसमें मुजरिम की भूमिका वाघमारे जी. बाय करेंगे। इंस्पेक्टर की भूमिका बिराजदार पी.एस. करेंगे, सी.आई.डी. की भूमिका मोरे डी.एम. करेंगे और हवलदार की भूमिका कोरे के.वी. करेंगे।" इस तरह पात्रों का चयन किया गया। अन्य दो छात्रों से कहा–"तुम्हें देने के लिए अब पात्र ही शेष नहीं हैं। जिन पात्रों के लिए योग्य छात्रों की आवश्यकता थी, उनका चयन हुआ है।" दूसरे दिन से रिहर्सल आरम्भ हुई। तेली सर हमें मार्गदर्शन करते थे। संवाद कैसे बोलने चाहिए आदि समझाते थे। दिन शीघ्रता से बीत रहे थे। हम एकांकी का रिहर्सल नियमित रूप से करते थे। अब सभी को संवाद जबानी याद हुए थे। तेली सर ने कहा–"कल अपना विविध गुणदर्शन का कार्यक्रम है। हर एक को अपने पात्र के लिए उचित पोशाक खुद लानी है। सबको यहाँ सात बजे तक पहुँचना चाहिए। कार्यक्रम मुख्य इमारत के हॉल में है...।" हम कमरे पर आ

गए। पात्रानुकूल वेशभूषा की जानकारी सर ने हमें रिहर्सल के समय ही दी थी। मेरी भूमिका वेशान्तरित सी.आई.डी. इंस्पेक्टर की थी। अतः मुझे बूढ़े की भूमिका करनी थी। उसके लिए कोट, काली टोपी और धोती की आवश्यकता थी। मेरे पास इनमें से कुछ भी नहीं था। रखमाजी को लेकर मैं शंकर बामणे के घर गया। रखमाजी ने मुझे शंकर बामणे से कोट और धोती उपलब्ध करा दी। काली टोपी भी दूसरे से माँग ली। मेरी भूमिका के लिए आवश्यक वेशभूषा की तैयारी हुई। अपनी भूमिका कैसे सफल होगी ? सभी छात्रों के सामने मैं अपनी भूमिका कैसे कर पाऊँगा ? इन्हीं विचारों में मैं रात में सो गया। सुबह सात बजे हम पुराने राजमहल में इकट्ठा हुए। मुख्य इमारत के सामने छात्रों की भीड़ जमा थी।

श्री रामराव विद्यामन्दिर हाईस्कूल में कुल बारह सौ छात्र थे। वे सब आज इकट्ठा हुए थे। स्कूल में कभी न आनेवाले छात्र भी आज उपस्थित थे। हम हॉल में गए। मंच का मुख दक्षिण की ओर था। मंच के पीछे की ओर, वेशभूषा, केशभूषा आदि के लिए दो कमरे थे। प्रत्येक कक्षा के अलग-अलग डिवीजन के छात्र अपनी-अपनी कक्षा की ओर से कार्यक्रम प्रस्तुत करने के लिए तैयार थे। कुछ कक्षाओं की छात्राओं के सामूहिक नृत्य थे तो कुछ कक्षाओं के एकांकी थे। तेली सर ने हमसे कहा—"चलो...एस.आर. पाटिल सर से मेकअप करा लो...।" तब हम उस कमरे में गए। पाटिल सर अन्य कक्षाओं के छात्रों का मेकअप कर रहे थे। हमारी बारी आई। पाटिल सर ने मेरा मेकअप किया। मूँछें लगाईं। सिर के बाल रंग लगाकर सफेद किए। मैंने धोती पहनी। भीख माँगने के लिए धोती पहनकर ही जाता था। कमीज के ऊपर कोट पहना। सिर पर काली टोपी पहनी और हाथ में टेढ़ी मुट्ठी की लाठी ली। दर्पण सामने था। मैंने उसमें देखा। मैं स्वयं को पहचान नहीं सकता था। वयस्क आदमी जैसा दिखाई देने लगा। बिराजदार वाकई पुलिस इंस्पेक्टर दिखाई देता था। उसने एन.सी.सी. की पोशाक पहनी थी। पुलिस थाने जाकर वहाँ से बेल्ट और अन्य चीजें ली थीं। कोरे के.वी. भी हवलदार लगने लगा था। वह भी किसी पुलिसवाले से टोपी और बटन माँगकर लाया था। वाघमारे हमेशा के जैसा था। उसकी वेशभूषा सीधी-सादी ही थी। कार्यक्रम शुरू हुआ। प्रत्येक कक्षा के डिवीजन के छात्र अपनी-अपनी कला दिखाते थे। हम देख नहीं सकते थे। पीछे के कमरे में खड़े रहकर हम सिर्फ सुनते थे। बच्चे कभी खामोश बैठते तो कभी उनमें हँसी की लहर दौड़ती।

अब हमारे डिवीजन की बारी आई। तेली सर ने कहा—"डरो मत...याद न आने पर भी रुकना नहीं—दर्शकों की ओर पीठ करके बोलना नहीं—" सीटी बजाई गई। पहले बिराजदार मंच पर गया। मंच पर पुलिस-थाने का दृश्य था। बोर्ड लगा था—'बान्द्रा पुलिस थाना' बिराजदार कुर्सी में बैठकर कागज टटोलने लगा। मुझे हवलदार पकड़कर मंच पर लाए। मैं शीघ्रता से बोलने लगा। डर लगता था। बूढ़े आदमी की भूमिका थी इस वजह से मेरा डरना भी एक अभिनय ही समझा जाता था। तत्पश्चात मुजरिम का पात्र आया। सभी छात्र खामोश बैठे थे। मुझे किसी ने पहचाना नहीं। मेरा डर खत्म

हुआ। मैं वेशान्तरित सी.आई.डी. की भूमिका कर रहा था। मुझे याद है कि मैं उस समय बोल रहा था–"सच है–साहब आपका–वक्त बुरा आने पर–अपने भी पराए हो जाते हैं–जब बेटा बाप को पहचानता नहीं...तब आप कैसे पहचानेंगे।"

वाक्य खत्म होने से पहले ही छात्रों ने तालियों की गड़गड़ाहट शुरू की। मेरे हाथ-पैर काँप रहे थे। मैं यह समझकर ही मंच पर खड़ा था कि मैं एक बूढ़ा हूँ। हाथ-पैर थरथराते थे इस वजह से मैं सचमुच बहुत बूढ़ा दीखने लगा। मैं अपनी भूमिका के साथ तन्मय हुआ था। सामने विद्यार्थी और छात्र बैठे हैं इसका भी मुझे अहसास नहीं रहा। कार्यक्रम समाप्त हुआ। सभी ने अपनी-अपनी भूमिका अच्छी की। सभी कक्षाओं के कार्यक्रम समाप्त हुए। हम सब मेकअप पोंछकर बाहर आए। सभी अध्यापक बाहर खड़े थे। हेड सर ने मेरी पीठ थपथपाई और बोले–"बहुत बढ़िया काम किया तूने एकांकी में। मैं तुझे आज से बूढ़ा ही कहूँगा–" अन्य अध्यापक और हेड सर हँसने लगे। वाघमारे जी.वाय. से भी हेड सर ने कहा–"तूने भी अच्छी भूमिका की–हर साल विविध गुणदर्शन के कार्यक्रम में तुम सब हिस्सा लेते जाओ... ।" हमें खुशी हुई। मैं कमरे पर आया।

वार्षिक परीक्षा शुरू हुई। चार दिन में परीक्षा खत्म हुई। मैंने पुस्तकों का संच हाईस्कूल में जमा किया। हेडमास्टर ने मुझसे पूछा–"कैसे गए पेपर बूढ़े...?" मैंने गर्दन नीचे झुकाकर उत्तर दिया–"सर! पेपर आसान थे–" वे फिर बोले–"ठीक है...अगले साल जल्दी स्कूल आ जा–" मैं 'जी !' कहकर कमरे की ओर निकला। कमरे में आकर मैंने और तम्मा ने अपना सामान समेट लिया। स्टैंड पर आए। अन्य छात्र सिनेमा देखने के लिए रुके थे। हमारे पास किसी तरह टिकट के ही पैसे बचे थे। वे भी खर्च किए बिना बचाकर रखे थे। जत-गिरगाँव गाड़ी से गोंधळेवाड़ी आ गए। दो-चार दिन मैं गोंधळेवाड़ी में ही रहा। चार दिन बाद पिताजी आए। वे पौ फटने के समय ही आए थे। उन्होंने नानी को बताया–"परिवार नियोजन के वास्ते आपरीसन की बोत धाँधली चल रही है।–पकड़ते आउर मोटर में डाल के ले जाते हैं।–" नानी चिन्तित होकर सुन रही थी। मुझे लाल मक्का अथवा सत्तू की रोटियाँ ही वह भेजती थी। मैं और पिताजी गोंधळेवाड़ी से निकल पड़े। वहाँ से हम सोनाले आए। हमारे परिवार गाँव से डेढ़ मील की दूरी पर जंगल में ही रहे थे। मैंने पिताजी से पूछा–"पिताजी ! तिरपाल गाँव से इतनी दूरी पर क्यों फैलाए हैं...!" पिताजी बोले–"अरे, आपरीसन करते हैं... । गाँव के पास रहने पर...यानी पकड़कर खींचके ले जाते हैं।...करके दूर रहे... ।" सन् 1976 में परिवार नियोजन का प्रचार जोरों पर था। गाँव-गाँव गाड़ियाँ घूमती थीं। शस्त्र-क्रिया करा लेनेवाले को और शस्त्र-क्रिया हेतु दूसरों को तैयार करनेवालों को सरकार की ओर से अनुदान मिलता था। हम सोनाले से उटगी गए। घोड़ों पर सामान के बोझ लादे। उस पर मुर्गियाँ और कुत्तों के पिल्लों को बाँधा। पतीली, गगरियाँ और अन्य सामान बाँधा। इस तरह सामान समेटा और उटगी से थोड़ी-सी दूरी पर रहे थे। लोग बड़ी भोर के समय ही माँगने को जाते थे और सूर्योदय तक ही जो मिले सो लेकर तिरपाल पर

लौटते थे। कोई पकड़कर ऑपरेशन के लिए ले गया तो क्या करें ? इसी उद्‌देश्य से लोग जल्दी लौटते थे। एक दृष्टि से हमारे लोगों का भी सही था। परिवार नियोजन की शस्त्रक्रिया करा लेने पर थोड़े दिन के लिए तो उनको आराम मिलना चाहिए था। लेकिन प्रश्न यह था कि उतने दिन उनके परिवार के लोग क्या खाएँ ? दूसरी बात यह थी कि उनको रोज एक गाँव से दूसरे गाँव जाना पड़ता था। सामान के बोझ बाँधने और उठाने पड़ते थे। तिरपाल डालने पड़ते थे। खाने के लिए तो सूखे टुकड़े थे। ऐसी स्थिति में शस्त्रक्रिया करना यानी जान गँवाना ही था। सरकार ने परिवार नियोजन योजना देश की आबादी सीमित और नियन्त्रित रहे, लोगों का दारिद्र्य तथा गरीबी कम हो और प्रत्येक परिवार सुख-चैन से जीवन जी सके इसलिए आयोजित की। किन्तु यह कल्याणकारी योजना हमारी जाति के लिए अभिशाप बनी थी। हमारे लोगों को पेटभर खाना तक नहीं मिलता था। उटगी के निकट के निवास के दिनों में एक रात हम तिरपाल में सोए थे। दिनभर की थकान निद्रादेवी की गोद में बिताने के लिए सब लोग भोजन करके अभी-अभी सोए थे। तभी एक गाड़ी हमारे तिरपालों की ओर आती दिखाई दी। उसे देखकर मारुती मामा चिल्लाए—"मारकांडी, गासंकली खपला।" उस वाक्य को सुनकर पुरुष और बड़ी उम्र के लड़के तिरपाल से बाहर निकलकर भागने लगे। मुझे भी पिताजी खींचकर ले गए। कोई मेंड़ की आड़ में लेटा तो कोई गड्ढे-ढलान आदि में लेटकर देखने लगा। सब जन साँस रोक अपनी जान मुट्ठी में लेकर देखते थे। मारुती मामा के कहे वाक्य का अर्थ यह होता है कि "गाड़ी आई, भागो...।" जीपगाड़ी तिरपाल के पास आकर रुक गई। नेहरू शर्ट पहने दो-तीन मोटे आदमी नीचे उतरे। उनमें से एक ने कहा—"ऐ जोशियो ऽ ऽ ऽ बाहर आ जाओ...।" कोई कुछ नहीं बोला। पुरुष तो तिरपाल में थे ही नहीं। सिर्फ औरतें और बच्चे थे। औरतें भी डर के मारे कुछ नहीं बोलीं। कोई बोल नहीं रहा यह देखकर दूसरा व्यक्ति बोला—"इनकी माँ की...जुशी मर गए कि क्या...? हम अपने हित के लिए तुमारे आपरीसन नाहीं करते...।" हमारे लोगों को ये लोग 'यमराज' जैसे लग रहे थे। फिर तीसरे व्यक्ति ने कहा—"अजी...! सरपंच...तिरपाल मां कोई है कि नाहीं...पहले वह देखो...।" सरपंच आगे आने लगे। मेरी माँ उठी और बोली—"साब...हमारे मरद लोग...अगले गाँव कु गए...माँगने कु...हयाँ सिरफ हम औरतें ही हैं।...हम बी सुब कु जाती हैं....।" सुनकर सरपंच जहाँ थे वहीं चुपचाप खड़े रहे। तिरपाल में लोग हैं या नहीं यह देखने के लिए एक नजर डाली और विश्वास कर लिया। लोग तिरपाल में थे ही नहीं तो दिखाई कैसे देंगे ? सरपंच पीछे मुड़कर बोले—"माँ की...जुशी हमसे भी पक्के हैं भला क्या...भीख माँगके ये रात में तिरपाल में रहते करके हम आए...तो रात कु बी तिरपाल में नहीं....चलो निकलें...कल तो मिलेंगे...माँगने कु आने पर...।" इतना कहकर सरपंच और अन्य दो व्यक्ति जीप-गाड़ी में जा बैठे। जीप-गाड़ी उटगी की ओर दौड़ने लगी। हमारे लोगों की जान में जान आई। लोग उठकर तिरपाल की ओर वापस आने लगे। तिरपाल से कुछ ही दूरी पर जहाँ जगह मिले वहाँ लोग छिपकर पड़े थे। लोग तिरपाल में लौट आए। रात

को अँधेरे में दौड़ते समय किसी के पैर लगा था तो किसी के जख्म से खून बह रहा था। ठेस लगने से किसी के पैर की उँगलियाँ फूट गई थीं। बदन में काँटे चुभे थे। जान बचानी थी। तब वहाँ चोट लगने का विचार कौन करता ? लेकिन इतनी देर तक किसी ने ना-नूँच नहीं किया था। मारुती मामा ने कहा—"मलारी...कइसा करेंगे...? अपुन को ये लोग कबी तो पकड़ेंगे....।" पिताजी ने कहा—"अपुन बड़ी भोर कु हयाँ से चलें...।" उस रात कोई भी नहीं सोया। हर कोई अपने तिरपाल में सोच-विचार में पड़ा था। भोर हुई। मुर्गे ने बाँग दी। हमारे लोग किसी से कुछ कहे बिना ही तिरपाल निकालने लगे। तिरपाल निकाल लिए। सामान के बोझ घोड़े पर लादे और हमारा भ्रमण मंडल रात में ही यात्रा करने लगा। बीच-बीच में सूचनाएँ आती थीं—"सब जन नीचे देख के चलो—अँधेरे में बिच्छू-काँटा रहता है...।" हम अँधेरे में ही भागे जा रहे थे।

इस तरह हम सब कभी रात में तो कभी दिन में और कभी भोर के समय ही एक गाँव से दूसरे गाँव जाया करते थे। पुरुष लोग नाले, गड्ढे और पहाड़ आदि की आड़ में अपनी जान छुपाते थे, खुद को छुपाते थे। परिवार नियोजन की गाड़ी कभी-कभी हमारे लोगों को खाना भी नहीं खाने देती थी। हाथ में ली रोटी छोड़कर लोग भाग जाते थे। ऐसी स्थिति में माँ पेट से थी। हमारी बहुत ही दुरावस्था शुरू थी। मैंने पिताजी से कहा—"पिताजी ! मुझे गोंधळेवाड़ी पहुँचा दो। स्कूल शुरू हुआ होगा...एक महीना हो चुका है...।" पिताजी सोचते बैठे। थोड़ी देर बाद उन्होंने कहा—"यह कइसा चल रहा है...दीखता नहीं...कहीं पकड़कर आपरीसन किया तो क्या करने का...?" मैं माँ को साथ ले जाने की सोचता परन्तु वह भी उचित न था। अकेली महिला वापस कैसे आएगी और माँ गर्भवती भी थी। पिताजी ने कहा—"चल अपुन रात कु गोंधळेवाड़ी जाएँगे...आउर मैं बी लौटते समय रात कु ही वापस आऊँगा...आउर यह आषाढ़ करके....हम करनाटक जाएँगे...अथनी की और आपरीसन की इतनी जोर-जबरदस्ती नहीं...वहाँ जाके इंचलकरंजी जाएँगे...तू आसाढ़ गोंधले की बाड़ी माँ ही कर...।" मैं सुनता बैठा। सोचता था कि इस तरह जाने कितने दिन हमारी जाति मुसीबतें सहती रहेगी ? जाने कब यह जाति अन्य समाज की तरह जी सकेगी ? जी सकेगी कि नहीं क्या पता ? मुझे कुछ भी सूझ नहीं रहा था। गाँव के प्रतिष्ठित लोग पैसे मिलते हैं इसलिए किसी को भी ऑपरेशन के कमरे में खड़ा कर देते थे। उसकी उम्र और स्थिति का भी लिहाज नहीं किया जाता था। बूढ़ों और बच्चों का ऑपरेशन करके आबादी थोड़े ही कम होनेवाली थी ? लेकिन देश का कल्याण नहीं करना था बल्कि आबादी कम करने की योजना को अमल में लाकर पैसे कमाकर खुद का कल्याण करना था। इस संकट से डरकर हमारी जाति पहाड़ों तथा घाटियों आदि का आश्रय लेकर दिन बिताती थी।

गोंधळेवाड़ी जाने के लिए मैं और पिताजी रात में ही निकल पड़े। भोजन के प्रबन्ध के लिए अनाज तो था ही नहीं। परिवार के लोगों के पेट को मिलना मुश्किल था। कई बार भूखों सोना पड़ता था। तब मुझे कहाँ से अनाज देंगे ? भोर के समय तक

गोंधळेवाड़ी पहुँच गए। ऐसा वक्त आया देखकर नानी को डर लगा। 'क्या घटित हुआ ?' की निगाह से देखते हुए उसने पूछा—''इत्ती बड़ी रात कु ही क्यूँ निकले थे...?'' पिताजी ने कहा—''कुछ नहीं...आपरीसन का डर है।...बोत परीशान हैं...।'' लड़के स्कूल गए हैं या नहीं सुबह पता लगा लिया। कुछ गए थे तो कुछ गाँव में ही थे। तम्मा अभी गाँव में ही था। उस दिन पिताजी पूरे दिन गोंधळेवाड़ी में ही रुके। अपने डेराडंगर की ओर जाने के लिए वे रात में निकले। हमने उनको विदा किया।

सुबह मैं और तम्मा जत आए। हाईस्कूल नजदीक हो इसलिए लड़कों ने शिवाजी नगर में माने के दो कमरे लिए थे। पिछले साल के लड़के ही एक-साथ कमरे में रहने लगे। मैंने हेड सर की ओर जाकर नौवीं की पुस्तकों का संच ले लिया। मेरे आठवीं पास होने की खबर को तम्मा ने गोंधळेवाड़ी में ही बताया था। स्कूल के लिए वही कपड़े थे जो पिछले वर्ष लिए थे। मेरा और तम्मा का नाम नौवीं 'ई' में था। हम नियमित रूप से स्कूल जाने लगे। हमारी कक्षा के अध्यापक गडदे सर थे। स्कूल पुराने राजमहल में ही लगता था। भोजन लाना, स्कूल जाना और अध्ययन करना शुरू हुआ। आषाढ़ महीना तीन-चार दिन पर था। आषाढ़ आरम्भ होने से एक दिन पूर्व मैंने गडदे सर को बताया—''सर, कल हमारे गाँव में आषाढ़ का मेला है...मैं मेला करके शीघ्र लौट आता हूँ...।'' गडदे सर ने कहा—''ठीक है...जल्दी लौट आओ...कसौटी परीक्षा के पेपर लेने हैं...छमाही परीक्षा भी निकट आई है—स्कूल को मत भूलो...।'' मैंने हाँ कहा और दूसरे दिन हम सब गोंधळेवाड़ी आए। हर साल की तरह आषाढ़ सम्पन्न हुआ। अब तक मानका माँ की स्थिति बहुत खराब हुई थी। इसलिए उसने देवी के नाम बलि देने के लिए मुर्गा ही लिया था। रात में 'गोंधळ' सुना। सुबह मैं और तम्मा जत की ओर निकल पड़े। तब नानी बोली—''अरे...दादासाब...यह तिरपाल-मेला तो करके जा...'' तब मैंने कहा—''मेला किया सो हुआ...तिरपाल-मेला काहे को...? परीक्षा नजदीक है...।'' फिर नानी भी कुछ नहीं बोली। हम जत आ गए। कसौटी परीक्षा देते-देते ही हम अध्ययन करते थे। बीच-बीच में भोजन नहीं आता था। तब उपवास करना पड़ता था। लेकिन मैं वैसे ही साहस से दिन बिताता था।

छमाही परीक्षा खत्म होने के पश्चात् मैं गोंधळेवाड़ी आया। दो-तीन दिन यों ही भटकता रहा। तम्मा के पिताजी अपने परिवार के सभी लोगों को जंगल में ले गए। मैं नानी के साथ काम पर जाने लगा। सड़क बनाने के काम पर जाना शुरू हुआ। सिर से मिट्टी की भरी टोकरियाँ ढोने लगा। मिट्टी सिर और मुँह में जाती थी। फिर भी मैं वैसे ही काम करता था। सोचा कि यदि घर का कोई बुलाने आ जाए तो भी जंगल में नहीं जाएँगे। एक के बाद एक दुर्दिन ही आते थे। लोगों की बहुत दुरावस्था थी। काम पर आनेवालों की संख्या प्रतिदिन बढ़ती जा रही थी। इसलिए सरकारी काम भी पर्याप्त न होने के कारण कम पड़ रहा था। मुझे और नानी को भी कभी-कभी काम नहीं मिलता था। हम वैसे ही घर लौटते थे। वेतन तो पहले ही कम मिलता था। ऊपर से काम न मिलने के कारण अनुपस्थिति बढ़ने लगी। दोनों के पेट के लिए पर्याप्त हो

इतना वेतन भी नहीं मिलता था। हम दोनों ने एक महीना काम किया परन्तु बचा कुछ भी नहीं। पेट भर खाने के लिए नहीं मिलता था तो बचेगा कहाँ से ? परिवार की ओर से कोई नहीं आया। वे कहाँ भटक गए थे यह भी मालूम नहीं हुआ। पिताजी मुझे पहुँचाने आए थे उस समय भी उन्होंने अनाज कुछ नहीं दे रखा था। मुझे खाना भेज देना भी नानी को मुश्किल हुआ था। मैंने नानी से कहा—"मानका माँ...कहीं से अनाज उधार ले...घर से आने पर उनको लौटा देंगे...मैं स्कूल जाता हूँ...स्कूल शुरू हुआ होगा...." नानी ने कहा—"उधार लेने के लिए...दूसरों के पास तो होना चाहिए कि नहीं...तू जा स्कूल मां...झाँ तक चलता है व्हाँ तक चलाऊँगी...आगे की मरी माता देखेगी... ।" तम्मा भी आया था। देवी पर भरोसा रखकर ही मैं स्कूल के लिए निकल पड़ा। मैं और तम्मा वापस जत आए। हमारा स्कूली जीवन शुरू हुआ।

दिसम्बर महीने में मेला लगा। सात-आठ दिन मजे में बीते। नानी से भेजा जानेवाला खाना प्रतिदिन एक-दो रोटियों से कम होता जा रहा था। पूरे जत में मानो खुजली की बीमारी फैली थी। अनेक लोगों को खुजली हुई थी। मुझे भी खुजली ने परेशान किया था। ऊपर से दवा नहीं थी। इंजेक्शन लेने के लिए पैसे नहीं थे। खुजली का आतंक बढ़ गया। पुट्ठों पर भी जख्म हुए थे। इसलिए बैठने पर जख्म फैलते थे और उसमें से गन्दगी बाहर आती थी। वही गन्दगी हाफ पैन्ट को लगती और हाफ पैंट जख्म को चिपक जाती थी। मुझे ढंग से बैठना भी नहीं आता था। तब दूसरा संकट सामने आया। नानी ने खाने के साथ चिट्ठी भेजी थी—

चि. पोते दादासाब कु आशिरवाद...

मुझसे खाना भेजना संभव नहीं...काम मिलता नहीं...आज सिरफ दो रोटियाँ ही भेजी हैं...तू तेरे बाप कु मिलके पेट कु कुछ देने कु बोल....मेरे पास तो कुछ बी नहीं...। उत्तर दो।

—तेरी नानी

चिट्ठी पढ़कर आँखों से आँसू बहने लगे। अन्य समय पर ऐसी चिट्ठी पढ़ते वक्त मैं हँसता था। आज वही चिट्ठी मुझे रुलाती थी। मेरे सामने मुँह फैलाकर यह प्रश्नचिह्न खड़ा था कि 'कल का क्या ?' कुछ भी नहीं सूझ रहा था। मुझे ढंग से बैठना भी नहीं आता था। दवा के लिए पैसे नहीं थे।...और इसी बीच एक और समस्या खड़ी हुई कि खाने का क्या करें ? संकटों की माला ही सामने दिखाई देती थी। सिर पकड़कर सोचता बैठा। लगा कि हेड सर से मिलकर बता दे, लेकिन वे दवा के लिए पैसे देंगे। परन्तु पेट का क्या करें ? सोचते-सोचते ही दो-चार दिन बिता दिए। तम्मा के खाने से एकाध रोटी लेकर खाता था। किसी और के डिब्बे का खाना खाने की सोचता परन्तु वह भी संभव न था क्योंकि दो वक्त उनको ही आधे पेट का खाना मिलता था सो भूखों रहना पड़ता था। मेरे दिमाग में एक कल्पना आई। पिताजी ने बताया था कि अथनी से इंचलकरंजी जाना है। अब उनको ही खोज निकालेंगे। अनाज न हो तो भी अन्य परिवार के लोगों से पैसे तो उधार लेकर देंगे। जत में मेरी कोई खास जान-पहचान नहीं थी

इसलिए मुझे पैसे कौन देता ? मैंने अथनी जाना तय किया। किन्तु कैसे जाता ? अपने प्रश्न का उत्तर मैं खुद देता–पैदल जाऊँगा, एक गाँव में देखकर दूसरे गाँव। थोड़े दिन में ही हमारे लोग मिल जाएँगे। तब फिर स्कूल आ सकूँगा। मैंने खुद निर्णय किया कि पिताजी को खोजने के लिए जाएँगे।

सुबह उठकर मुँह धो लिया। कमरे के अन्य लड़के और तम्मा को बताया कि "मैं अपने लोगों को खोजने जा रहा हूँ...।" विरोध किसी ने किया ही नहीं। क्योंकि सबने मेरी नानी की चिट्ठी पढ़ी थी। मैं पैदल ही निकल पड़ा। जत से अथनी करीब-करीब पैंतीस मील थी। पाँव में कुछ भी नहीं था। एक कपड़े की फटी थैली ली। उसमें कुछ हो इसलिए एक बोरा ही था। उसका बोझ कहाँ-कहाँ ढोए, यह सोचकर उसे कमरे में ही रखा। सामान कमरे में ही छोड़ा और मैं पैदल निकल पड़ा। दिमाग में विचारों का तूफ़ान चल रहा था। अनेक विचार आते थे। यदि अपने लोग नहीं मिले तो क्या करें ? फिर तुरन्त ही दूसरा विचार आता कि यहाँ रहकर भी तो क्या खाएँ ? दवा लेना भी आवश्यक था। परन्तु उसके लिए पैसे कहाँ से लाएँ ? इस तरह विचारों और समस्याओं की शृंखला ही बनी थी। दिन माथे पर चढ़ आया था। धूप कड़ी थी। नंगे पैर चल रहा था इसलिए पैर जल रहे थे। एकाध पेड़ की छाया दीखती तो थोड़ी देर वहीं रुकता था। पैरों को थोड़ी राहत महसूस होने पर आगे निकल जाता था। दोपहर तीन बजे बसरगी पहुँच गया। बसरगी एक बड़ा देहात था जो जत से पन्द्रह मील था। गाँव के चारों ओर चक्कर काटा लेकिन हमारे लोग कहीं भी दिखाई नहीं दिए। गाँव के दूसरे छोर के एक घर में पूछा–"यहाँ जोशी लोग आए थे क्या...? तिरपाल डालकर रहते हैं वे जोशी...?" लेकिन उस घर में किसी को भी मेरी भाषा (मराठी) समझ में नहीं आती थी। उल्टे वे ही मुझे कन्नड़ में पूछने लगे। मुझे कन्नड़ नहीं आती थी। गाँव के भीतर गया। वहाँ एक चक्कीवाले से पूछा–"यहाँ जोशी लोग आए थे क्या...?" वह मेरी बात समझ गया। उसने बताया–"यहाँ कोई नहीं आया...?"

सोचा था कि यदि हमारे लोग यहीं कहीं रहे होते तो अनाज पीस लाने के लिए कम-से-कम लड़के तो गाँव में आते। मुझे यहीं पाँच बज गए। मैं आगे निकल पड़ा। धूप कम हुई थी। वहाँ से बाबानगर पहुँच गया। शाम के सात बजे थे। गाँव के बाहर चारों ओर घूमा लेकिन तिरपाल कहीं नहीं दिखाई दिए। गाँव में पूछा परन्तु इतना ही उत्तर मिला कि 'नहीं आए'। रात के आठ बजे थे। अब आगे नहीं जा सकता था। बाबानगर का एस.टी. स्टैंड गाँव के पूर्व की ओर था। स्टैंड केवल नाम के लिए ही था। वहाँ कोई दिखाई नहीं देता था। रास्ते के किनारे चार दीवारें खड़ी की थीं। उसमें दो-तीन बेंच डाले थे। रात को मैं उसी बेंच पर सो गया। सोचता था कि कल किस गाँव जाएँ ? मुझे उस इलाके के गाँव भी मालूम नहीं थे। आज तक उधर कभी गया ही नहीं था। दिनभर चलकर थक गया था। सोचते-सोचते ही नींद लगी। जाड़े के दिन थे। बदन को ठंडी हवा लगती थी। इसलिए शीघ्र ही जाग उठा। केवल एक खाकी हाफ पैंट और एक सफेद हाफ शर्ट ही पहनी थी। बेंच पर बिछौने की आवश्यकता न थी किन्तु ओढ़ने

के लिए कुछ होना आवश्यक था। ठंड काफी थी। थैली सिरहाने ली। पैर पेट में सिकोड़ लिए और पड़ा रहा। पूरी रात नींद नहीं आती थी। जाड़े से लगातार ठिठुरता था। रात भी बिताए नहीं बीत रही थी। मैं वैसे ही पड़ा रहा। काफी देर बाद मुर्गे ने बाँग दी। मैंने समझ लिया कि चार बजे होंगे। लगा कि उठकर चल दे किन्तु यदि कोई चोर समझकर पीटने लगे तो क्या करें ? उसकी अपेक्षा थोड़ी देर सोते रहना ही अच्छा होगा यह सोचा और इन्हीं सोच-विचारों से नींद नहीं आती थी, फिर भी आँखें मूँद लीं। थोड़ी देर बाद लोग घर से बाहर निकलने लगे। पौ फटी। मैं उठ गया। थैली हाथ में ली और जिस रास्ते से एस.टी. जाती थी उसी से चलने लगा। रास्ते में छोटे-बड़े गाँव दिखाई देते थे। मैं प्रत्येक गाँव के चारों ओर दूर-दूर तक जाकर देखता था। किन्तु अपने लोगों के तिरपाल न दिखाई देने पर निराश होता था और आगे बढ़ता था। धूप के आने से थोड़ी देर पेड़ की छाया में बैठता था। किसी तरह दोपहर के दो बजे अथनी पहुँच गया। अथनी तहसील का स्थान था। इसलिए गाँव काफी बड़ा था। सभी लोग कन्नड़ बोलते थे। मुझे कन्नड़ नहीं आती थी। यदि मैं उनसे कुछ पूछता तो वे कन्नड़ में ही बड़बड़ाते हुए आगे निकल जाते थे।

गाँव के पश्चिम की ओर कुछ तिरपाल दिखाई दे रहे थे। बड़ी आशा से मैं उनकी ओर गया। लेकिन तिरपाल के पास जाने पर मेरा आनन्द और उत्साह धूप में रखी बर्फ के समान पिघल गया। वे तिरपाल गुसाईं जाति के लोगों के थे। वह भी हमारे जैसे ही भटकनेवाली एक जाति है। बचपन से सिर के बाल बढ़ाए, दाढ़ी बढ़ाई और गेरुए वस्त्र पहने हुए लोग दीखने लगे। गुसाईं जाति के लोग गाय पालते हैं और भीख माँगने के लिए उन गायों का उपयोग करते हैं, उन्हें अपने साथ गाँव-गाँव घुमाते हैं। समाज गाय को माता समान पवित्र मानता है। इसलिए लोग गाय के पेट के लिए गुसाइयों को ज्वार, रोटी, आटा और पैसे आदि देते हैं। लेकिन गुसाईं लोग उसका उपयोग अपने पेट के लिए ही करते हैं। उनको भी तो क्यों दोष दें ? जीने का उनका वही एक साधन है। जैसे हमारी जाति का जीने का साधन पिंगला पंछी है वैसे गुसाइयों का जीने का साधन गाय है। तिरपाल के सामने गुसाइयों का एक बूढ़ा आदमी बैठा था। मैंने उसे पूछा—"बाबा...यहाँ थोड़े दिन पहले कोई जोशी रहने के लिए आए थे क्या...?" उससे आदमी ने एक बार मेरी ओर देखा और कहा—"किसका है तू...?" मैंने बताया—"मैं जोशी का हूँ...दो दिन से अपने लोगों को खोजता हूँ...।" फिर उस आदमी ने बताया—"एक महीना हुआ देखा...हयाँ से जाके।...उ-उधर रहे थे...।" सुनकर मुझे थोड़ी खुशी हुई। हमारा डेराडंगर कम-से-कम इधर आया तो था। कहीं-न-कहीं मिलेगा। मैं सोचता हुआ खड़ा था कि उस आदमी ने कहा—"नी-नीचे बैठ...ह-हमारी ही जाति का है।....तु-तुम क्या...आउर...ह-हम क्या...ए-एक ही हैं तो... ।" मैं नीचे बैठ गया। मुझे ढंग से बैठना नहीं आता था। किन्तु किसी तरह बैठ गया। उस आदमी ने तिरपाल की ओर देखकर कहा—"ता-ताने ऽ ऽ ऽ ए-एक लोटा भर पानी ला...रो-रोटी बी ला...ज-जरा चटनी डालके...छो-छोरा भूखा होगा... ।" मुझे लगा कि इन्कार करूँ लेकिन पेट में भूख

की आग भभक उठी थी। पिछले दो दिन से पेट में कुछ नहीं था। मैं चुप बैठा। मुझे उस वक्त उस वयस्क गुसाईं का बहुत बड़ा आधार मिला। उसने मुझे एक रोटी, चटनी और लोटाभर पानी दे दिया। मैं खाने लगा। यदि उस समय रोटी न मिलती तो मैं आगे चल न पाता। जैसे-तैसे वहाँ तक आया था। मैं रोटी हाथ पर लेकर ही खाने लगा। वह बूढ़ा नीचे बैठते हुए बोला—"क्या-क्या करने का बाबा...आ-आपरीशेन ने प-परिशान किया...इ-इसलिए गाँव से दूर रहे...।" मुझे मालूम हुआ कि इधर भी ऑपरेशन का डर है। मैंने रोटी खा ली। पानी पिया और उठकर खड़ा हुआ। उस आदमी को नमस्कार किया और बोला—"बाबा...आपका मुझ पर बहुत अहसान हुआ...दो दिन का भूखा था...मैं अब निकलता हूँ...हमारा डेराडंगर कहीं मिलता हो तो देखता हूँ...।" वह आदमी बोला—"ना-नाहीं...छोरे...अ-अहसान कइसा...? आ-आदमी कु आदमी की बुरे वक्त माँ मदद करनी चाहिए...ना-नाहीं तो वह आदमी कइसा...?"

मैंने उस बूढ़े आदमी का वाक्य अपने हृदय में दृढ़ता से रखा। सही था उनका। बुरा वक्त आने पर इन्सान की मदद मिलना आवश्यक होता है। वहाँ से मैं पश्चिम की ओर जाने लगा। शाम हुई थी। रास्ते में ही रात न हो इसलिए मैं तेजी से चल रहा था। दस-बारह मील पर मंगसुली नामक गाँव था। गाँव में पूछताछ करने पर यही उत्तर मिला कि 'यहाँ नहीं आए'। वह रात मैंने मंगसुली के हनुमान मन्दिर में बिताई। मन्दिर में ही सोया था। पुजारी आए और बोले—"कौन है...?" मुझे लगा कि सारा गाँव मराठी बोलता हो। मेरा डर थोड़ा कम हुआ। मैंने बताया—"मैं जाति से जोशी हूँ...हमारे लोग आगे गए हैं...मैं उनकी खोज में आया हूँ...।" पुजारी को एकदम गुस्सा आया। गुस्से में ही उसने कहा—"जोशी का है...आउर हनुमान मन्दिर में सोता है...? शरम नहीं आती...? चल उठ...बड़ा चतुर दीखता है...।" मैं उठकर मन्दिर से बाहर आया और बाहर के चबूतरे पर पड़ा रहा। नींद आने का प्रश्न ही नहीं था फिर भी चुपचाप पड़ा रहा। मन्दिर में जोशी के सोने से क्या होता है मेरी समझ में नहीं आ रहा था। मैं मन-ही-मन ईश्वर को दोष देता था कि "क्यों मुझे इस जाति में जन्म दिया। उसकी अपेक्षा कुत्ते का जन्म दिया होता तो अच्छा होता।" किन्तु ईश्वर मेरी सुननेवाला थोड़े ही था ? इस तरह के खूसट विचारों को लेकर मैं अपने-आप पर हँसा। वह रात जागते हुए बिताई। सुबह जल्दी ही उठा। सोचा कि किसी से पूछे, पास में कौन-कौन से गाँव हैं ? इसी विचार से मैं आगे बढ़ गया। सामने से एक आदमी आ रहा था। सूर्योदय से पहले ही वह किसी काम के लिए जा रहा था। मैंने उसे पूछा—"साहब...पास में कौन-कौन से गाँव हैं...? जहाँ भिखारियों के रहने की सुविधा है ऐसे गाँव...?" उस आदमी ने कहा—"यहाँ से आठ मील की दूरी पर कागवाड़ नामक गाँव है। आज इतवार है। कागवाड़ का बाजार होता है। वहाँ जाकर पूछताछ कर...रास्ते से सीधे जाना। दाहिने बाजू को 'कागवाड़ मार्ग' नाम का बोर्ड लगाया हुआ है...वहाँ से दक्षिण की ओर मुड़ना...।" उस आदमी ने बिना पूछे ही सभी जानकारी दी थी। मैंने उनका आभार माना और सीधे रास्ते से चलने लगा।

मुझे लगता था कि यदि हमारा डेराडंगर कहीं पास में हो तो बाजार में कोई तो अवश्य आएगा। इसी आशा से मैं तेजी से आगे बढ़ रहा था। पेट में कुछ नहीं था फिर भी जमकर चल रहा था। दोपहर को कागवाड़ आया। बाजार भरा हुआ था। मैं देखता था कि बाजार में कोई दीखता है या नहीं ? प्रत्येक व्यक्ति के चेहरे की ओर देखता था किन्तु एक भी चेहरा पहचान का नहीं दीखता था। शाम के छह बजे तक मैं बाजार में घूमता रहा लेकिन कोई दिखाई नहीं दिया। छह बजे मैं वहाँ से निकल पड़ा। रात के नौ बजे गणेशवाड़ी नामक देहात में आया। रात को अपना डेराडंगर कहाँ खोजता ? किसे पूछता ? एक टूटा हुआ स्कूल था। उसी स्कूल के बरामदे में पड़ा रहा। रात को नींद नहीं आती थी। एक रोटी खाकर दो दिन पड़ा रहा। वह भी अथनी में खाई थी और वहाँ से लगातार चल रहा था। ऊपर से खुजली से परेशान था। जख्म फैल रहे थे। गन्दगी पैंट को लग रही थी। उस टूटे स्कूल के बरामदे में चारों ओर से ठंडी हवा आती थी। फिर भी वैसा ही पड़ा रहा। सुबह होने पर उठकर चलने लगा।

एक के बाद एक गाँव देखना और प्रत्येक गाँव के चारों ओर डेराडंगर खोजने हेतु चक्कर काटना शुरू हुआ। पेट में भूख की आग लगी थी। एकाध गाँव में भीख माँगने को जाने पर भीख भी कोई नहीं देता था। बदन पर स्कूल के कपड़े पहने हुए थे। बाल बहुत ही बढ़ गए थे इसलिए लोग मुझे भिखारी का लड़का नहीं समझते थे। कोई चोर होगा यह समझकर कुछ लोग मुझे दरवाजे से ही खदेड़ देते थे। भूख के मारे चलना असंभव होने पर मैं रास्ते में बेरी के पेड़ से बेर तोड़कर खाता था, एकाध खेत से गन्ना लेकर खाते-खाते आगे बढ़ता था। एक बार भूख लगी इसलिए एक खेत से गन्ना ले लिया और खाने लगा। इतने में पीछे से पीठ पर गन्ने की चोट पड़ी। वह आदमी गुस्से में ही बोला—"क्यूँ रे...बोत चोरी करना चाहता है...? कहीं पर काम कु जा तो... ।" मैंने उसे समझाने का काफी प्रयास किया किन्तु उसने मेरी एक न सुनी। उसने मुझसे गन्ना छीन लिया। मैं भूखे पेट ही आगे जा रहा था। नौवें दिन मैं कवठेपिरान नामक गाँव पहुँचा। रात को मन्दिर में सोया। आँखें गहरी हुई थीं। बदन में शक्ति नहीं थी। भूखे पेट चलना पड़ता था। सुबह उठने पर गाँव में पूछताछ की तो मालूम हुआ कि आठ दिन पहले यहाँ से जोशियों के तिरपाल गए। थोड़ा धीरज आया। आगे बढ़ने के लिए स्फूर्ति मिली। वहाँ से पैदल दोपहर तक औरवाड़ आया। गाँव के पश्चिम की ओर कुछ तिरपालों के रहने के निशान दीखते थे। पत्थर के चूल्हे दिखाई देते थे। घोड़ों के बाँधने की जगह पर लीद दिखाई देती थी। मन में सोचा—'ईश्वर ने मेरी सुन ली है।' मैं नए उत्साह से आगे बढ़ता रहा। नृसिंहवाड़ी से आगे कुरूंदवाड़ आया। कुरूंदवाड़ आने पर गाँव के दक्षिण की ओर गया। वहाँ पर एक बस्ती थी। पास में तिरपाल के निशान दिखाई देते थे। चूल्हे दीखते थे और अधजली लकड़ियाँ दीखती थीं। मैंने सोचा कि यहाँ से हाल ही में गए हुए हैं। मैंने बस्ती की औरतों से पूछा—"मौसी...लगता है यहाँ जोशी रहे थे...कब गए वे...?" उस महिला ने बताया—"दो दिन हुए... ।" मेरी आशा बढ़ गई। पेट में कुछ नहीं था। बेर, डँगरियाँ और गोजिया की सब्जी खाकर मैं आगे बढ़ता था।

उस रात मैं कुरूंदवाड़ में रहा। धर्मशाला में सोया था। मन में खुशी के कारण अनेक विचार आते थे। हमारे लोगों को यहाँ से जाए दो दिन हुए, इसका मतलब वे यहीं कहीं होंगे। कल के दिन में उनको खोज निकालेंगे। पन्द्रह दिन से भूखे पेट भटकता हूँ यह सुनकर माँ-बाप मुझसे बहुत प्रेम करेंगे। अन्य लोग मेरी प्रशंसा करेंगे कि–"छोरा कितना सयाना है...हयाँ तक डेराडंगर के पीछे अनेक गाँवों से भटकता आया...।" इस प्रकार आशा के अनेक शिखर बाँधता हुआ मैं सो गया।

मुझे चलना नहीं आता था। पन्द्रह दिन से भूखा ही था। ऊपर से खुजली की परेशानी दिन-ब-दिन बढ़ती ही जा रही थी। सूर्योदय हो रहा था। मैं कुरूंदवाड़ से तेरवाड़ जा रहा था। एक आदमी से पूछा–"तेरवाड़ कितने दूर है....?" उसने बताया–"हयाँ से...बीच में से जा...तेरवाड़ लगेगा...।" उसके कहने पर मैं बीच के रास्ते से तेरवाड़ निकला। पक्का रास्ता छोड़ा और पगडंडी से तेरवाड़ गया। यह एक छोटा-सा देहात था। गाँव की दुकान में पूछताछ की–"दुकानदार...यहाँ जोशी लोग कहीं ठहरे हैं क्या...?" दुकानदार ने कहा–"दो दिन हुए आए हैं...कल जोशियों के बच्चे आए थे, गुड़, नमक, तेल आदि लेने को...गाँव के पश्चिम की ओर जंगल में एक बस्ती है। उस बस्ती पर रहे हैं....।" मेरी खुशी आसमान में नहीं समाती थी। पन्द्रह दिन वनवास भुगता था। उसका फल आज मिलनेवाला था। माँ-बाप से थोड़े पैसे लें और शीघ्र ही जत लौटें यह सोचा और बस्ती की ओर निकल पड़ा। बस्ती के पास गया लेकिन वहाँ तिरपाल नहीं थे। चूल्हे दिखाई देते थे, चूल्हे में अंगारा दिखाई देता था। खाने का जूठा पानी पड़ा हुआ दिखाई देता था। इससे स्पष्ट होता था कि कुछ ही देर पहले हमारे लोग वहाँ से निकल गए हैं। मैंने बस्ती के एक लड़के से पूछा–"बेटे ! जोशी यहाँ से कब गए...?" उसने कहा–"अभी गए...एक घंटा हुआ उनको जाकर...।" सुनकर आँखों से आँसू बहने लगे। फिर मैंने ही अपना धीरज बाँधा। एक घंटा यानी कुछ ज्यादा समय नहीं। यहीं कहीं रास्ते में होंगे। इसलिए मैं शीघ्रता से पक्के रास्ते पर आया। पक्का रास्ता होने के कारण घोड़ों के टापों के निशान भी दिखाई नहीं देते थे। मैंने सोचा कि हमारे लोग अब तक निचले इलाके से ऊपर की ओर आए हैं, अब वे ऊपर की ओर ही गए होंगे। इसलिए मैं तेजी से चलने लगा। करीब-करीब पाँच मील का अन्तर चलता गया। लेकिन कुछ भी नहीं दिखाई दिया। कहाँ गए होंगे इसी का विचार करने लगा। विचारों की धुन में ही आगे चल रहा था। थोड़ी दूर जाने पर एस.टी. स्टैंड (महाराष्ट्र राज्य परिवहन बस स्थानक) का बोर्ड दिखाई दिया। वहाँ पर चार रास्ते मिले थे। एक दक्षिण की ओर दत्तवाड़-दानवाड़ जाता था। दूसरा उत्तर की ओर इंचलकरंजी जाता था, तीसरा पूर्व की ओर मिरज जाता था और चौथा पश्चिम की ओर कोल्हापुर जाता था। उस एस.टी. स्टैंड में ही एक छोटा-सा होटल था। मैंने उस होटल मालिक से पूछा–"मालिक ...यहाँ से सुबह से कुछ भिखारियों के घोड़ों को जाते देखा क्या...?" उस होटल मालिक ने उत्तर दिया–"नहीं...सुबह से ही नहीं पिछले आठ-पन्द्रह दिन से इधर किसी तरह का घोड़ा दिखाई नहीं दिया...।" फिर मैं संकट में पड़ा। डेराडंगर किस दिशा में गया

होगा, तय करना मुश्किल था।

हमारे लोग सुबह तेरवाड़ से निकले हैं यह सच था। मैं दत्तवाड़-दानवाड़ के रास्ते से निकला। तेज रफ्तार से पैर उठाता था। दत्तवाड़ पहुँच गया पर वहाँ हमारे लोग नहीं थे। गाँव में पूछा तो उत्तर मिला कि "यहाँ कोई भिखारी नहीं आए" सोचा कि बीच में से एकाध रास्ता हो, और हो सकता है उस रास्ते से दानवाड़ गए हों। मैं दानवाड़ के रास्ते निकल पड़ा। दोपहर हुई थी। कड़ी धूप थी। मैं आगे ही जा रहा था। मैं दानवाड़ गया। किन्तु वहाँ भी कहीं कोई पता नहीं चला। मैं वापस लौटा। धूप कड़ी थी। पैर कच्चे रास्ते की धूल में पड़ रहे थे और लगता था मानो वे आग में पड़ रहे हैं। पेट पीठ से चिपक गया था। मन में अनेक विचार आते थे। लगने लगा कि यदि जत से ही न आता तो अच्छा होता। मैं उस चौराहे के होटल के पास आया। चार दिशाओं में चार रास्ते गए थे। मैं वहाँ बैठ गया। किस रास्ते से जाए यही समझ में नहीं आता था। इतने दिन से आशा की आड़ में छिपा हुआ दुख ज्वालामुखी के समान उभर आया। लगातार आँखों से आँसू बहने लगे। अब आँसुओं का मार्ग खुला हुआ था। जब आँखों के आँसुओं का सागर खत्म हुआ तब अन्तःकरण रो रहा था और आँखें सूख गई थीं। 'क्या करें ?' यही प्रश्न आँखों के सामने खड़ा था। जत भी यहाँ से काफी दूर था। वापस लौटने के लिए कम-से-कम पन्द्रह दिन तो लगने थे। पन्द्रह दिन में मैं जिन्दा रहूँगा कि नहीं इसका स्वयं मुझे ही विश्वास नहीं होता था। प्रश्न यह भी था कि जत जाकर भी तो क्या करें ? खाने के लिए कुछ भी नहीं था। पेट के लिए कुछ अनाज दिए बिना मानका माँ की ओर से खाना नहीं आनेवाला था। ऊपर से खुजली के कारण बैठ नहीं पाता था। दोनों पाँव फैलाकर बैठना पड़ता था। मुझे कुछ भी नहीं सूझ रहा था। आँखों के सामने घना अँधेरा दिखाई देता था। प्रकाश की एकाध किरण भी स्पष्ट नहीं दिखाई देती थी। शाम हुई थी। कहाँ जाना है यही निश्चित नहीं था तो फिर क्या शाम और क्या रात ? दोनों का होना समान ही था। मेरी दशा किसी जंगल में छोड़े गए छोटे बच्चे के समान थी। मैंने उस बस-स्टैंड में ही रात बिताई। भूख से आँतें मरी हुई थीं। इसलिए अब भूख भी नहीं लगती थी। पूरी रात रोता ही था। सिवा रोने के मेरे हाथ में क्या था ? सुबह उठा। होटल से एक प्याला पानी लिया। किसी तरह मुँह धोया। सोचा कि इंचलकरंजी जाएँ। वहाँ कोई मिला तो उससे ज्ञात होगा कि पिताजी किस गाँव में हैं। पिताजी से मिले बिना दूसरा पर्याय ही नहीं था।

इंचलकरंजी के रास्ते चलने लगा। वहाँ से इंचलकरंजी अठारह मील थी। मैं चलता जा रहा था। बदन में कोई दम न था। यदि तेज हवा आती तो भी मैं नीचे गिरता था। आँखों के सामने अँधेरा छाता था। चकराने जैसा लगता था। इस पर मैं आँखें कसकर मूँदके एक ही जगह पर खड़ा रहता और फिर चलना शुरू करता था। धूप कड़ी थी। पैर की हालत अंगारे में डाले मछली जैसी होती थी। रास्ते पर डामर तपा हुआ था। वह अपनी तपिश के साथ पैर में चिपक जाता था। थोड़ी देर के लिए मैं छाया का आश्रय लेकर आगे जाता था। जैसे-तैसे शाम के छह बजे मैं इंचलकरंजी पहुँचा। बाजार

का रास्ता पूछते-पूछते मैं बाजार में आया। हमारी जाति का कोई दिखाई देता है या नहीं सो मैं देखने लगा। मैं दो-तीन साल के मरीज जैसा दीखता था। दयनीय निगाहों से मैं इधर-उधर देखता था। इतने में ही हमारी जाति के वामन शिन्दे मुझे दिखाई दिए। मैं जल्दबाजी में उनकी ओर गया। उन्होंने मुझे देखा और डर के मारे काँपने लगे। मृत्यु की दशा मेरे चेहरे पर थी। डरते-डरते ही उन्होंने मुझे पूछा—"दादासाब...अरे...इधर किधर आया तू..आउर यह क्या हालत हुई...लगता है तेरी तबीयत ठीक नहीं...।" सुनकर मैंने कहा—"वामन मामा...। पिताजी कहीं मिले थे क्या ?" उन्होंने कहा—"नहीं, मलारी उधर करनाटक में गया था...आण्णा बिस्याबरू के साथ...पर तू काहे कु आया इधर ?" मैंने घटित हुई अपनी पूरी कहानी उनको बता दी। उनको भी बहुत बुरा लगा। मुझे बोले—"चल...हमारे तिरपाल पर रात कु रह...आउर मलारी का कब पता चलता है...देखें...।" मैं उनके साथ-साथ उनके डेराडंगर की ओर गया। वे इंचलकरंजी से दो मील की दूरी पर रहे थे। आठ-दस परिवार थे। मुझे साथ में आते देख वामन शिन्दे से अन्य लोग पूछने लगे। सयाजी दोरकर मुझे बोले—"अरे...दादासाहब...हयाँ कइसा आया...?" मैंने बताया—"पिताजी को खोजने के लिए आया था।" मेरी पूरी कहानी वामन शिन्दे ने सबको सुनाई। सयाजी दोरकर, नागू दोरकर, विट्ठल दोरकर आदि सब दुखी हुए। उस रात वामन मामा मच्छी खरीद लाए थे। मैंने उन्हीं के यहाँ खाना खाया। पन्द्रह दिन के बाद आज रोटी खाने को मिली थी। बदन में थोड़ी शक्ति आने का अहसास होने लगा। खाना खाकर उठा। तब तक मनोहर सालुंखे आया। मुझे देखकर बोला..."दादासाब...तू हयाँ आया...आउर तेरी माँ...तेरे कु पइसे देने के वास्ते जत गई ...मुझे मिरज के स्टैंड पर मिली थी...चार दिन हुए...।" सुनकर ऐसा लगा जैसे किसी ने मेरे सिर पर हथौड़ी से प्रहार किया हो। यह एक नया संकट सामने दिखाई देने लगा। सोचने लगा—माँ जत गई होगी। लड़कों ने उसे बताया होगा कि दादासाब डेराडंगर खोजने के लिए आपकी ओर ही गया है। उसके बाद माँ की हालत क्या बनी होगी ? पिताजी परिवार नियोजन-शस्त्रक्रिया के डर से नहीं आए होंगे। जब उनको मालूम होगा कि मैं उनकी खोज में गाँव-गाँव भटक रहा हूँ तब उनकी क्या हालत होगी ? मुझे यह सब सोचना असह्य लगने लगा। मैंने मनोहर सालुंखे से पूछा—"माँ वापस कब आऊँगी, बोली थी...?" उसने बताया..."मुझे वैसा कुछ बोली नहीं...।"

मैं पूरी रात रोता था। ईश्वर मेरी अच्छी-खासी परीक्षा ले रहा था। मेरी वजह से मेरे परिवार के सभी लोग मुसीबत में पड़े थे। पिताजी मेरी खोज में गाँव-गाँव भटकते रहेंगे। माँ खाना नहीं खाएगी। भविष्य के कई संकट एक के बाद एक सामने खड़े होने लगे। मैं विचारों की जंजीर में जकड़ गया। वामन मामा ने मुझे ओढ़ने के लिए एक गुदड़ी दी थी। कई दिनों के बाद आज ओढ़ने को मिला था। लेकिन नींद नहीं आ रही थी। पूरी रात जागते हुए बिताई। सुबह वामन मामा से कहा—"वामन मामा...मुझे थोड़े से पैसे दे दो...मैं जत जाता हूँ...आषाढ़ में जब आप आएँगे तब पिताजी को आपके पैसे देने को बताऊँगा...।" वामन मामा के पास सिर्फ पाँच रुपए ही थे। वे उन्होंने मुझे

दिए। ज्यादा पैसे भी कैसे माँगता ? उन्होंने जितना अहसान मुझ पर किया था उतना ही बहुत था। मैंने उनसे पैसे लिए। सोचा कि जहाँ तक जा सके एस.टी. से जायें और पैसे खत्म होने पर पैदल जायें। वहाँ से एस.टी. स्टैंड पर आया। इंचलकरंजी-मिरज एस.टी. लगी थी। मैं गाड़ी में बैठा। मिरज पहुँच गया। टिकट के लिए एक रुपया अस्सी पैसे गए। सिर्फ तीन रुपए बीस पैसे बच गए। मिरज से जत के लिए कितना टिकट है इसका पता लगाया। मिरज-जत टिकट पाँच रुपए दस पैसे का था। मुझे और दो रुपए कम पड़ते थे। सोचा कि स्टैंड पर भीख माँगें। परन्तु मेरे जैसे लड़के को भीख भी तो कौन देगा ?...और मुझ पर विश्वास भी कौन करेगा ? उल्टे चार गालियाँ ही मिलेंगी। अन्ततः मैं जत जाकर भी क्या करूँगा ? माँ को जत गए आज पाँचवाँ दिन था। मैं वहाँ नहीं हूँ यह मामूल होने पर माँ का जत में पाँच दिन रहना संभव नहीं था। मुझे कुछ भी नहीं सूझ रहा था। स्टैंड के पीछे गया। पाखाने के पास बैठा और जी भरकर रो लिया। मन में एक विचार आता था कि इस तरह का कुत्ते जैसा लाचार जीवन जीने की अपेक्षा इस दुनिया से हमेशा के लिए जाना ही ठीक होगा। कम-से-कम संकटों का सामना तो नहीं करना पड़ेगा। संकटों का सामना करने में मैं असमर्थ सिद्ध हुआ था। सहनशीलता की सीमा समाप्त हुई थी। सोचा कि जो तीन रुपए बीस पैसे बचे हैं उससे खटमल की दवा लेकर पी लूँ। यानी एक बार जीवन ही खत्म होगा। जब मैं ही खत्म हो जाऊँ तब मुसीबतें मेरे सामने क्यों आएँगी ? किन्तु तुरन्त मन में दूसरा विचार आया—मेरे मरने के बाद माता-पिता की स्थिति क्या होगी ? शायद वे भी अपनी जान दे देंगे। तब उनके जीवन को तबाह करने का कारण मैं ही हो जाऊँगा। इसलिए वह पाप भी मुझे ही लगेगा। पिताजी चिन्ता के कारण कम-से-कम बीमार पड़कर बिछौने पर पड़े रहेंगे। तब घर के लोग क्या खाएँगे। मेरी मनोदशा गाड़ी के पहिए जैसी घूम रही थी। उस पहिए में मैं स्वयं को भूल गया था। सोच-विचार करते-करते दिमाग चकरा गया था। कोई भी निर्णय लेना नहीं आता था। उठा और स्टैंड के आगे की ओर आया।

इस सत्य से इन्कार नहीं किया जा सकता कि ईश्वर जीवन में सुख-दुख समान मात्रा में देता है। मैं स्टैंड में पागल जैसे इधर-उधर भटक रहा था। मेरी निगाह अचानक स्थिर हुई। मैं आश्चर्यचकित हुआ। अपनी आँखों पर स्वयं मुझे ही विश्वास नहीं हो रहा था। मैं बार-बार आँखें बन्द करता, खोलता और देखता था। मेरी माँ वहाँ छोटी बच्ची को लेकर बैठी थी। पास में धोती की एक गठरी और दो-तीन महीने की छोटी बच्ची थी। मैं माँ के पास गया। अन्तःकरण का दुख आँखों से बाहर आने लगा। बात करने के लिए मुँह से शब्द नहीं निकल रहा था। माँ ने मेरी ओर देखा। फिर एकदम लिपटकर गले लगाया। स्टैंड पर सभी लोग हमारी ओर देख रहे थे। उनको क्या पता था कि हम किस हालत में थे। माँ ने आँचल से आँखें पोंछते-पोंछते कहा—"दादासाब, कहाँ गया था रे ऽऽऽ ? मैं तीन-चार दिन रोज जत के स्टैंड में बैठती थी।...हर गाड़ी की बाट देखती थी...तू हमारी ओर आया था सो लड़कों ने बताया...पन्द्रह दिन हुए तेरे कु जाके...सुनकर मेरा दिल दहल गया...मैंने गोंधले की वाड़ी को चिट्ठी भेजके माँ कु

बुला लिया...दादासाहब कुछ बता के गया क्या करके उसे पूछा...पर माँ बोली...मुझे कुछ बी नाही बताया...तब मेरा सब्र ही खत्म हुआ...जत से पंते लाई...तेरे कु खोजने... ।" माँ ने पूरी कहानी कह दी। मैं सुनता था। मन-ही-मन ईश्वर का आभार मानता था। उसने मुझे एक बहुत बड़े संकट से बचाया था। मैं बिना कुछ बोले चुप बैठा था। तब माँ ने पूछा—"तू कइसा आया रे...हयाँ...?" तब जाकर नाइलाज से सारी कहानी कहनी पड़ी। जत से निकलने से मिरज के स्टैंड में पहुँचने तक की कहानी। माँ ने सब सुना। फिर रोते-रोते बोली—"जला डाल तेरे स्कूल कु...चल मेरे साथ...उस दुकान से खुजली की बोतल ला... ।" इतना कहकर माँ ने पाँच रुपए दिए।

मैं मेडिकल की दुकान में गया। खुजली का मरहम माँगकर लिया। चार रुपए सत्तर पैसे दिए। फिर माँ की ओर लौट आया। तब तक वहाँ दुर्गाप्पा मोरे आए थे। मेरे लौटने तक माँ ने मेरी सत्यकथा उनको बताई थी। माँ ने मुझे कहा—"यह देख...दुर्गाप्पा बी था जाते वकत...मुझे जत में छोड़ा...आउर नराला कु गया था ।...हम आते वकत बी मिलके ही आए... ।" मैं दुर्गाप्पा चाचा की ओर देखता रहा। उनके कारण ही माँ जत में रही और भेंट हुई। मैं आँखों-ही-आँखों में उनका आभार मानता था। माँ के पास से नन्हीं बच्ची को लिया और पूछा—"माँ...! बच्ची का नाम क्या रखा है...?" माँ ने बताया—"बामड़ा !" थोड़ी देर में कुरूंदवाड़ की गाड़ी लगी थी। हम गाड़ी में बैठे। कुरूंदवाड़ उतर गए। कुरूंदवाड़ से अकीवाड़ के लिए शाम के छह बजे गाड़ी थी। हम स्टैंड में बैठे थे। मैंने माँ से कहा—"माँ...! यहीं पर, इसी स्टैंड में रात को सोया था। सुबह उठकर तेखाड़ गया...किन्तु वहाँ से एक घंटे पहले ही डेराडंगर उठाया गया था... ।" माँ दुख करते हुए बोली—"आपरीसन की गाड़ियाँ घूमने लगी थीं करके हम तेखाड़ में से वापस आए... तू सड़क से आता तो भेंट होती...पर वकत ही बुरा था...तब कइसा आता सड़क से...?" दुर्गाप्पा चाचा बोले—"देखो तो भाभी...कइसा होता है...एक घंटे में छोरा चूक गया...आउर उसकी कितनी बुरी हालत हुई... ।" अकीवाड़ की एस.टी. आ गई। हम उसमें बैठ गए। शाम के सात बजे गाड़ी अकीवाड़ पहुँच गई। हम गाड़ी से उतर गए। गाँव से दूर तक चलते आए। मैंने माँ से पूछा—"माँ... । कितने दूर जाना है...?" माँ ने बताया—"आउर एक मील है...आपरीसन की गाड़ियाँ आती हैं....करके अकीवाड़ की ढलान में रहे हैं... ।" रात के आठ बजे हम तिरपाल पर पहुँच गए।

चारों ओर पहाड़ और झाड़ी ही थी। हमें देखकर पिताजी उठ गए। तिरपालों के लोग अभी-अभी सोए थे। अँधेरा पड़ा था। कुत्ते भौंकते थे। आबास, छाया और तात्यासाब उठकर हमारे पास आए। पिताजी ने मेरी ओर देखा और कहा—"तबीयत ठीक नहीं थी क्या रे तेरी...? कइसा मरे जइसा काला पड़ा है...दवा कु बी छोरे के पास पइसे नहीं होंगे... ।" मैं क्या कहता ? सिर्फ आँखों से आँसू बहाना ही मुझे संभव था। माँ ने ही मेरी पूरी रामकहानी बता दी। सभी तिरपालों के लोग जमा हुए थे। पिताजी की आँखों से आँसू बहने लगे। हमारी जाति के लोग दुख प्रकट करने लगे। किसी तरह थोड़ा-सा खाना खाया। दुख से गला भर आया था। कौर नीचे नहीं उतर रहा था। घर

के लोगों को देखकर दुख का आवेग बढ़ता ही गया। पिताजी ने मुझे सीने से लगा लिया और कहा—"कहाँ खोजता हुआ भटक जाता तेरे कु...तेरी यह हालत मालूम होने पर ही मैं आधा मर जाता... ।" हम रात में आँखें पोंछते-पोंछते ही सो गए। पिताजी भोर के समय ही माँगने को गए थे। सुबह आबास माँगने नहीं गया। मुझे भी माँगने को जाना नहीं आता था। खुजली के फोड़े बड़े-बड़े हुए थे। सुबह खुजली का मरहम लगाया। पतीली में पानी लेकर नहाया। करीब-करीब बीस-बाईस दिनों के बाद मैं नहा रहा था। उस समय साथ में बावची के परिवार नहीं थे। सभी परिवार नराळ के थे। आण्णाप्पा भिसे, दुर्गाप्पा मोरे, लक्ष्मण, वासुदेव, राजाराम वाकुड़े, सुखदेव मोरे और अन्य दो-तीन परिवार थे। मैं उनको नहीं पहचानता था।

मेरे जीवन की दिशा बदल गई। फिर तिरपाल निकालना, सामान के बोझ बाँधना, घोड़े पर लादना और दूसरे गाँव जाना शुरू हुआ। ऑपरेशन के डर से हमारे लोग गाँव से दूर जंगल में ही रहते थे। आबास अकेला ही माँगने जाता था। परिवार के सदस्यों की संख्या एक-एक से बढ़ रही थी और खाने के लिए कम पड़ता था। ऑपरेशन भी नहीं करा लिया जा सकता था। सात-आठ दिन में मेरी खुजली चली गई। मैंने पिताजी से कहा—"पिताजी...मैं स्कूल जाता हूँ...कुछ पैसे हैं क्या...?" उन्होंने कहा—"आग लगे तेरे इस्कूल कु...यहीं रह...माँगके खाएगा...हमारी आँखों के सामने तो रहेगा...?" मैंने कहा—"पिताजी...! आज तक किसी तरह सीखा...और एक साल निकालने पर मैट्रिक हो जाऊँगा... ।" सुनकर पिताजी बोले—"भला...देखेंगे फिर...आउर सात-आठ दिन के बाद तेरे कु भला लगने पर... । मैंने पिताजी को ढंग से समझाया—"मेरी वार्षिक परीक्षा नजदीक आई है...एक महीना तो यों ही निकल गया...पेपर में क्या लिखूँगा...?" माँ ने भी कहा—"जाता बोलता है तब जाने दे तो...हमेशा कु ऐसे ही दिन रहते हैं क्या...? उसके इस्कूल के दिन अच्छे नहीं... ।" सुनकर पिताजी ने कहा—"भला...जा आउर चार दिन के बाद... ।" इस तरह फिर से स्कूल जाना तय हुआ। लेकिन मन में डर लगता था। एक महीना हुआ था। मैं स्कूल में उपस्थित न था। सर ने यदि हाईस्कूल से मेरा नाम काट दिया हो तो क्या करें ? आते समय उनको बताकर भी नहीं आया था। चार दिन बीत गए। मैंने सुबह ही अपनी थैली उठा ली। माता-पिता के चरणों को स्पर्श किया और निकल पड़ा। माँ मुझे देने के लिए जो पैसे ले गई थी वे वापस लाई थी। वे ही पैसे मुझे खाने के प्रबन्ध और परीक्षा के लिए दिए। कुल पचास रुपए थे। मैं निकला हूँ यह देखकर आण्णाप्पा भिसे ने कहा—"मलारी...छोरा जा रहा क्या इस्कूल कु...?" पिताजी ने उत्तर दिया—"जाता बोल रहा है...फिर कइसा करने का...?" उस पर आण्णाप्पा भिसे ने कहा—"जाता है तो जाने दे...उसकु इस्कूल में पढ़ना है...तब तू काहे कु ना बोलता...?" मैं निकल गया। पिताजी ने कहा—"धूपकाल की छुट्टी कु तेरी माँ आएगी लेने...तब आ...आउर मास्टर कुछ बोलने लगा तो उसकु सब बता... ।" मैं 'जी' कहकर चलने लगा कि तात्यासाहब कहने लगा—"दादा...तू कब आएगा फिल लौटके...आते वकत मुझे खिलौना ला...भला क्या...?" मुझे उसकी बात पर हँसी आई।

ईश्वर मेरे साथ ही खिलवाड़ कर रहा था, मैं खुद ईश्वर का खिलौना था तब मैं उसे क्या खिलौना ला देता। छाया बोली—"दादा...जल्दी आ लौटके...।" सबको 'हाँ' कहते हुए मैं जाने लगा। उस समय हम एकतपुर रहे थे। वहाँ से कुरूंदवाड़ के लिए एस.टी. थी। उसी से कुरूंदवाड़ आ गया। वहाँ से मैं मिरज और मिरज से जत आ गया।

दूसरे दिन सुबह ही हेड सर की ओर गया। हेड सर को मेरे अनुपस्थित रहने की खबर पहले ही मालूम थी। उन्होंने मुझे पूछा—"कितने दिए हुए तू स्कूल नहीं आया...?" मैंने हेड सर को खुजली की बीमारी से लेकर अब तक की कहानी बता दी। उसे सुनकर उनको भी बहुत बुरा लगा। वे बोले—"अब तुझे ज्यादा मेहनत करनी पड़ेगी ...अब यहाँ से आगे खूब अध्ययन कर...मैं एक चिट्ठी देता हूँ...। वह गडदे सर को दे दे। गडदे सर गुस्सा नहीं करेंगे।" मैं हेड सर की ओर आदर की दृष्टि से देखता था। वे चिट्ठी लिखने लगे। उन्होंने चिट्ठी लिखी और मुझे देते हुए बोले—"क्या अब तेरी खुजली ठीक हुई...?" मैंने कहा—"अपने डेराडंगर की ओर गया था तब दवा ली। अब ठीक हूँ...।" हेड सर को नमस्कार कर मैं कमरे पर आया। किताबें ढंग से रखी थीं। उनको निकाला। भोजन तो आनेवाला नहीं था। इसलिए स्टैंड पर जाने का सवाल ही नहीं था। अन्य लड़के अपना भोजन ले आए। मेरे पास भी घर से लाए हुए रोटी के बासी टुकड़े थे। वे ही सबके साथ खाए। हम स्कूल गए। हेड सर ने चिट्ठी दी थी। इसलिए गडदे सर के कुछ बोलने का डर नहीं था। मैंने उनको चिट्ठी दे दी। सर चुप बैठे। प्रत्येक विषय के अध्यापक अपने पीरियड में मुझसे पूछते थे—"कहाँ गया था...?" हर समय मेरा एक ही उत्तर था—"सर, मैं बीमार था।" स्कूल छूट गया। कमरे पर आया। नानी को पैसे दिए बिना मुझे भोजन आनेवाला नहीं था। मैं स्टैंड पर गया। जत-गिरगाँव गाड़ी से गोंधळेवाड़ी पहुँच गया। मुझे देखते ही नानी ने रोना शुरू किया। फिर आँखें पोंछते हुए बोली—"कहाँ गया था रे...?" मैंने अपनी कहानी कह डाली। मैं जैसे-जैसे बताता वैसे-वैसे नानी ज्यादा ही रोती थी। नानी ने कहा—"तेरे इस्कूल के पीछे परेशानी ही लगी है...।" उस रात वहीं रहा और सुबह जत जाने के लिए निकल पड़ा। निकलते समय नानी को बताया—"माँ मुझे लेने जत आनेवाली है। जाते समय मैं तुझे चिट्ठी भेजता हूँ...।" नानी ने पूछा—"तेरे कु खरच करने कु पइसे हैं क्या...?" मैंने बताया—"नहीं हैं...सभी पैसे तुझे ही दिए हैं...।" तब नानी ने मुझे उसी में से दस रुपए दे दिए। नानी काम पर ही जाती थी। एक के बाद एक दुर्दिन ही आ रहे थे। मैं एस.टी. बस की ओर जाने लगा। कोई कहता था—"मेरे छोटे कु हयाँ आके जा बोलना...!" कोई कहता था—"मेरे छोटे को बोलना ज्यादा मत भटक...।" मैंने सबके सन्देश सुन लिए।...और जत आ गया।

दूसरे दिन से स्कूल जाना, भोजन लाना और अध्ययन करना शुरू किया। जाँच परीक्षा के दो पेपर चूक गए थे। मुझे दो महीने की पढ़ाई पूरी करनी थी। इसलिए मैंने पढ़ाई पर ज्यादा ध्यान दिया था। अब दिन शीघ्रता से बीत रहे थे। वार्षिक परीक्षा के पेपर शुरू हुए। पेपर एक के बाद एक सम्पन्न होने लगे। परीक्षा समाप्त हुई। लड़के

गाँव जाने लगे। मैंने तम्मा से कहा–''तम्मा...तू दो दिन यहीं रुक...माँ आनेवाली है...तब मैं माँ के साथ जाता हूँ और तू गाँव जा... ।'' मैं और तम्मा जत में ही रहे। माँ आई। उसी दिन एक ओर मैं और माँ निकल पड़े तो दूसरी ओर तम्मा निकल पड़ा। मैं और माँ शिरढोंण पहुँच गए। हमारा डेराडंगर आषाढ़ के लिए बावची जा रहा था। रोज तिरपाल निकाल लेना, घोड़ों पर सामान के बोझ लादना और कुत्तों तथा घोड़ों को खींचते हुए अगले गाँव जाना शुरू हुआ। मैं और आबास भीख माँगने जाते थे।

जत तक जाकर नराळ के लोग नराळ जानेवाले थे और अकेला हमारा परिवार बावची जानेवाला था। जबर्दस्ती से ऑपरेशन करने का दौर शुरू ही था। इसलिए हमारे परिवार गाँव छोड़कर जंगल से ही दूसरे गाँव जाते थे। धूपकाल में अकाली वर्षा होती थी। हम बीच के रास्ते से ही डफलापुर से वाशाण आ रहे थे। रास्ता पूरी तरह से पहाड़ी था। पथरीले रास्ते के कारण ठेस लगती, लोग लड़खड़ाते, गिरते और फिर उठकर चल देते थे। तभी आसमान में बादल जमा होने लगे। बिजलियाँ कौंधने लगीं। हमारे लोगों की समझ में नहीं आ रहा था कि क्या करें ? रास्ता पहाड़ी था। इस वजह से तेजी से निकल जाना भी संभव नहीं था। तब भी लोग गिरते-उठते हुए घोड़ों को दौड़ाते थे। कोई दौड़ते हुए तो कोई पत्थर से अटककर गिरता था। किन्तु न जाने बारिश का हमारी जाति से किस तरह का रिश्ता था ? बारिश आरम्भ हुई। धूपकाल की बारिश वह। देखते-ही-देखते बारिश तेजी से आने लगी। हमारे लोग पहाड़ में ही थे। मूसलाधार बारिश हो रही थी। सामान के बोझ और लोग भी भीग गए थे। आण्णाप्पा भिसे ने कहा–''ऐ लोगों ऽ ऽ ऽ बोझ वहीं रखो आउर तिरपाल, गुदड़ी ओढ़ लो,... ।'' लोगों ने उस पहाड़ पर ही बोझ उतार लिए। बच्चे ठंडक से ठिठुर गए। हम पूरी बारिश अपने बदन पर ले रहे थे। तिरपाल और गुदड़ियों को ओढ़कर लोग उसमें अपनी जान बचाने लगे। थोड़ी देर में ओले पड़ने लगे। मुर्गियाँ मर गईं। कुत्ते अपनी जान बचाने के लिए लोगों के बीच में घुसने लगे। लोगों का बचना कठिन हुआ था। तब कुत्तों को अपने पास कौन लेगा ? हमेशा कुत्तों को अपने सामने बिठा लेनेवाली हमारी जाति आज अपनी जान बचाने के लिए कुत्तों को बाहर धकेल रही थी। बच्चों का रोना-धोना शुरू हुआ। बरसात ने भी पक्की ठान ली थी। उसकी बरसने की गति पल-पल में बढ़ रही थी। एक गुदड़ी अथवा तिरपाल में पूरा परिवार अपनी जान बचाकर बैठा था। ओले ऐसे पड़ रहे थे जैसे किसी ने पत्थर फेंके हों। हम सबके जिन्दा रहने की उम्मीद बहुत कम दीख रही थी। पाँव के नीचे से पानी बह रहा था। ऊपर से ओलों का प्रहार होता था। तब तक सुखदेव मोरे की माँ बेचैन होने लगी। वृद्ध महिला आखिर कब तक ऐसी बरसात सह पाती ? रोना-धोना शुरू हुआ। बरसात की आवाज में रोनेवालों की आवाज भी समझ में नहीं आती थी। थोड़ी देर बाद बरसात की गति कुछ धीमी होती गई। फिर बारिश पूरी तरह रुक गई। सब जन बोझ को पानी में ही छोड़कर सुखदेव मोरे के परिवार की ओर दौड़ने लगे। सुखदेव मोरे की माँ बनाबाई का शरीर ठंडे पानी के कारण अकड़ गया था। देखकर आण्णाप्पा भिसे ने कहा–''अरे ऽ ऽ ऽ आग करो नहीं तो बूढ़ी

मरेगी...।" सब लोग लकड़ियाँ खोजने के लिए इधर-उधर भागने लगे। लेकिन सूखी लकड़ियाँ वहाँ कहाँ मिलेंगी ? अपने सामान में से चिंदियाँ निकाल लीं। किसी ने 'कटाल' की अन्दर की बाजू फाड़ ली। लालटेन में जितना कुछ मिट्टी का तेल था उसे चिंदियों पर उड़ेल दिया। आग लगाई और बना दादी को उठाकर उस आग के सामने बिठा दिया। तब कहीं बना दादी होश में आने लगी। थोड़ी देर बाद उसके शरीर में कुछ दम आने लगा। लोगों ने सामान के बोझ घोड़ों पर लादना शुरू किया। किसी की भी मुर्गी जिन्दा नहीं बची थी। इसलिए मुर्गियाँ वहीं पर फेंक दीं। सामान के बोझ से पानी टपक रहा था। कुत्ते सिकुड़कर खड़े हुए थे। बोझ घोड़ों पर लादे और हम आगे निकल पड़े। कुत्ते लड़खड़ाते-लड़खड़ाते भागने लगे। जैसे-तैसे हम वाशाण पहुँच गए। गाँव के निकट ही बंजर भूमि पर गीली जगह सामान के बोझ उतार दिए।

एक दिन मैंने रात के समय पिताजी से कहा—"पिताजी ऽ ऽ ऽ मैं स्कूल जाता हूँ।" तब पिताजी ने कहा—"दो दिन के बाद जा...अनाज थोड़ा ही है...आउर थोड़ा मिलने दे...।" मैं और दो दिन रुका। सिवा उसके कोई चारा न था। नहीं तो पेट के लिए नानी को क्या लेकर देता ? दो दिन बीत गए। मैंने अपनी फटी गुदड़ी और बोरा ले लिया। पुस्तकें तो परीक्षा खत्म होते ही जमा करके आया था। मैं गोंधळेवाड़ी की ओर निकल पड़ा। पिताजी का अब ठीक था। मुझे पहुँचाने के लिए उनको नहीं आना पड़ता था। मैं अब स्कूल के लिए अकेला जाता था। पिताजी ने कहा—"तू इस बरस आषाढ़ कु बावची आ...।" मैंने 'हाँ' कहा और वाशाण से जत आया। वहाँ से फिर गोंधळेवाड़ी आया। अन्य लड़के अब तक स्कूल नहीं गए थे। अनाज नानी को दे दिया और मैं तथा तम्मा जत आ गए। रहने के लिए इस वर्ष माने के ही कमरे रखने को कहा था। मन्याप्पा ने हमारा परीक्षा-फल पहले ही देखा था। हम सब पास हुए थे। मैंने तम्मा से कहा—"तम्मा...इस साल मैं सुबह के शिफ्ट में एडमिशन लेता हूँ...अध्ययन के लिए समय तो मिलेगा।" तम्मा ने कहा—"अरे...पर तुझे खाना कैसे मिलेगा...? तुझे स्कूल से आने में साढ़े-बारह बजेंगे...।" मैंने कहा..."तू खाना लेकर आता जा...मैं स्कूल से लौटने पर भोजन करूँगा।" तम्मा ने स्वीकार किया। मैंने हेड सर को बताकर सुबह के शिफ्ट में नाम दर्ज कराया। दसवीं की पुस्तकों का संच लिया। हेड सर ने मुझसे कहा—"अच्छा अध्ययन कर...फर्स्ट क्लास मिलना चाहिए...तभी आगे फायदा होगा... वरना सिर्फ पास होने पर कोई पूछेगा भी नहीं...।" मैंने सिर हिलाया और वापस लौटा।

मैं प्रतिदिन सुबह सात बजे स्कूल जाता था। मेरा नाम दसवीं के 'क' डिवीजन में डाला था। सभी विषय पहले के ही थे। दसवीं की बोर्ड परीक्षा थी। इसलिए मैं प्रतिदिन नियमित रूप से स्कूल जाता था। गाँव के अन्य लड़कों से मेरी पहचानें हो रही थीं। मेरी दोस्ती जत के बालू कांबले और हरीश मालाणी से हुई थी। बालू कांबले की माँ बावची की थी। बालू मुझे घर ले गया। उसने अपनी माँ से मेरा परिचय कराया। बालू की माँ ने कहा—"मलारी के बेटे हैं क्या...तुमने...मुझे पहचाना क्या ...?" मैं पहचान नहीं सका। पहचानना संभव भी नहीं था क्योंकि बचपन से जंगल में ही भटकता था।

कभी गाँव आया तो आषाढ़ करके जंगल ही में भटकने के लिए जाता था। मेरे पिताजी बालू की माँ से उम्र में छोटे थे। उन दोनों की अच्छी पहचान थी। मैंने कहा–"मैं आपको पहचानता नहीं...।" बालू की माँ बोली–"अजी...! हरिजन के दगडू की भन नहीं क्या मैं...?" मेरे ध्यान में आया कि दगडू मामा को देखा है। तब बालू की माँ ने हमें चाय-वाय पिलाई। हमें जाते समय वह बोली–"दादासाब...आते जाओ कबी तो...बीच-बीच में...कहाँ रहे हो...?" मैंने बताया–"शिवाजीनगर में माने नामक आदमी के कमरे हैं। वहीं रहता हूँ।" बालू की माँ ने फिर प्रश्न पूछा–"अजी..इतने दिन जत में हो...पर घर नहीं आए...?" मैंने बताया–"मेरी पहचान कहाँ थी...? इस साल मैंने डिवीजन बदल ली इसलिए बालू से परिचय हुआ।" हम दोनों घर से बाहर निकले। वहाँ से मैं फिर हरीश मालाणी की ओर गया। हरीश मारवाड़ी का लड़का था। जत में उनकी कपड़े की बड़ी दुकान थी। हरीश स्वभाव से बहुत दयालु था। उसे अमीर-गरीब का भेद ही समझता नहीं था।

तम्मा प्रतिदिन भोजन लाता था। मैं स्कूल से लौटने पर भोजन करके अध्ययन करता था। कभी बालू कांबले के घर जाता तो कभी-कभी हरीश के साथ उसके भी घर जाता था। शुरू में हरीश के घर जाने में मुझे संकोच होता था। लेकिन जैसे-जैसे आना-जाना शुरू हुआ वैसे-वैसे मेरा संकोच भी ख़त्म हुआ। उसके घर के सभी लोग दयालु थे। यह कल्पना भी उनको स्पर्श नहीं करती थी कि यह गरीब लड़का है। एक के बाद एक दिन बीतते जा रहे थे।

आषाढ़ दो-तीन दिन पर आया था। मैंने सर की इजाजत ली और बावची गया। बावची जाने पर मुझे मालूम हुआ कि हुन्नूर में गरीब, अनाथ बच्चों के लिए आश्रमशाला खोली गई है। हमारे गाँव से हुन्नूर पाँच-छह मील की दूरी पर था। लाड़ गुरुजी ने मुझे उस आश्रमशाला के बारे में जानकारी दी। उन्होंने कहा–"उस स्कूल में भटकनेवाली जातियों के बच्चों को प्रधानता दी जाती है।" मैंने उनकी बात सुन ली। लाड़ गुरुजी को मुझ पर गर्व होता था। उन्होंने बड़े प्रेम से मेरी पूछताछ की। मैं गुरुजी की ओर से निकला। घर आ गया। रात को पिताजी से कहा–"पिताजी...तात्यासाब को हुन्नूर के आश्रमशाला में डाल दें...इससे कल उसे भीख तो नहीं माँगनी पड़ेगी...।" पिताजी ने कहा–"अरे...पर छोरे कु हयाँ आसरम में छोड़के...हम जंगल में जाएँ क्या...? माँग के खाएगा। हमारे साथ...।" मैंने कहा–"छोड़कर गए तो क्या हुआ ? जंगल में बारिश-तूफान होते हैं। कड़ी धूप में गाँव-गाँव भटकना पड़ता है। उसकी अपेक्षा यहाँ एक जगह पर रहकर पढ़ाई की तो क्या बिगड़ेगा...?" पिताजी सोचने लगे। तात्यासाब पास में ही खड़ा था। मैंने उसे पूछा–"तात्यासाब...तू हुन्नूर के स्कूल में रहेगा ? मेरे जैसा प्रत्येक छुट्टी में घर आते रहना...।" तात्यासाब ने कहा–"रहूँगा...पर छुट्टी होते ही मुझे लेने कु आना चाहिए...।" मैंने कहा–"तुझे छुट्टी होते ही तुरन्त आकर ले जाता हूँ...।" माँ ने कहा–"रहना हो तो रह बाबा...पर दूसरे छोरदा के साथ झगड़ना मत...तू अपना अकेला ही बैठना...।" तात्यासाब ने गर्दन हिलाई। पिताजी ने कहा–"तू

हमार कु याद करेगा...?" तात्यासाब ने कहा—"नहीं...मैं बी दादा जैसा पढ़ूँगा...।" सुनकर मुझे उस पर गर्व महसूस होने लगा।

दूसरा दिन आषाढ़ के मेले का था। सुबह से ही लोगों की भागदौड़ शुरू थी। देवी को नैवेद्य देना, शराब पीकर नशे में झूमना आदि शुरू हुआ। प्रतिवर्ष के अनुसार भेड़-बकरियाँ आदि काटी गईं। रात में बड़ी देर तक धाँधली चल रही थी। सुबह मैंने माँ से कहा—"माँ...एक-दो रोटियाँ बाँधकर दे...मैं आठ की गाड़ी से जानेवाला हूँ...।" माँ बोली—"अरे...तिरपाल-मेला हुए बगैर किसी कु जाना नहीं चाहिए...।" मैंने माँ को उन्हीं के शब्दों में समझाया—"माँ...तिरपाल-मेला किए बिना परिवारों को जाना नहीं आता...अकेले व्यक्ति को कोई बन्धन नहीं होता।" सुनकर माँ ने कहा—"अच्छा बाबा...फिर तू जा...।" माँ ने थोड़ी रोटियाँ बाँध दीं। मैं थैली लेकर निकला। पिताजी बोले—"छुट्टी शुरू होने पर मैं आऊँगा तेरे कु लेने...।" मैं उस स्थान पर आ गया जहाँ एस.टी. खड़ी रहती थी। हमारे गाँव में भी खुली जगह पर ही एस.टी. खड़ी रहती है। एस.टी. आई। मैं जत आ गया। तम्मा और अन्य लड़के उसी दिन आए थे। एस.एस. सी. की परीक्षा है। इसलिए मैं खूब अध्ययन करता था। तम्मा ने आते समय दोनों का भोजन भेजने को कहा था। छमाही परीक्षा शुरू हुई। बोर्ड की परीक्षा जैसे ही प्रश्नपत्र निकाले थे। हमने पेपर दिए। परीक्षा समाप्त हुई। मैंने, हरीश और बालू ने तय किया था कि अन्तिम पेपर के दिन ग्यारह बजे पेपर खत्म होने के बाद सिनेमा देखने जाएँगे। हम तीनों पेपर देकर आ रहे थे। मेरा रहने का कमरा नजदीक आया। मैंने कहा—"तुम दोनों आगे चलो...मैं कमरे पर जाकर आता हूँ...।" हरीश ने कहा—"जल्दी आ...हम छमीबाग में घूमने जाएँगे...।" अपनी स्वीकृति देते हुए मैं कमरे पर आया। आकर प्रश्नपत्र देखा। कितने अंक मिलेंगे इसका अनुमान लगाता था। मैं कमरे से बाहर निकलने ही वाला था कि इतने में बालू और मेरे पिताजी कमरे में आए। बालू ने कहा—"अरे...तेरे पिताजी...तेरा कमरा मालूम नहीं था इसलिए सुबह से हमारे घर में रुके थे...।" पिताजी को बालू के घरवालों की पहचान थी। उसका घर भी उनको मालूम था। पिताजी ने कहा—"चल, अपन कु म्हांकाल कवठे कु जाना...कल अपने लोग अगले गाँव जाएँगे...।" मैं अपना सामान समेटने लगा। बालू मुझे देखता ही रहा। हमारा आज का कार्यक्रम रद्द हुआ था। तम्मा का पेपर दोपहर में था। मेरे आने से पहले ही वह निकल गया था। मैंने उसके नाम चिट्ठी लिखकर रखी—

चि. छोटे भाई परशराम को,

दादासाहब का शुभाशीर्वाद। मैं पिताजी के साथ जंगल जा रहा हूँ। मानका माँ को बताना कि भोजन मत भेजो। मैं छुट्टी के बाद गोंधळेवाड़ी आता हूँ। तब तक तू गोंधळेवाड़ी में ही रहना।

तेरा भाई
दादासाहब।

चिट्ठी उसकी पुस्तक पर रखी और हम निकल पड़े। बालू पहले ही निकल गया

था। हम स्टैंड पर आए। एस.टी. से कवठेम्हंकाल आ गए। हमारे लोग अपने डेराडंगर के साथ गाँव से थोड़े दूर ही रहे थे। हम तिरपाल पर गए। उस समय नागू दादा, कृष्णा शिन्दे, नारायण शिन्दे, यशवन्त भालके और हमारा परिवार एक साथ था। हमारे पहुँचते ही हमारी जाति के लोग जमा होने लगे। शायद उनको लगता हो कि मैंने बहुत बड़ा पराक्रम किया है। कृष्णा बुआ ने कहा—"अनुसया...! दादासाब अब...कित्ता सीखा है...?" माँ ने बताया—"अब दसवीं में है... ।" सन्ता चाची बोली—"देख रही...सच नहीं लगता था किसी कु बी...इत्ता सिखेगा करके...छोरे का ध्यान ही पढ़ाई पर है... ।" सुनकर मुझे गर्व होता था। लेकिन मेरी पढ़ाई की हालत याद आई तो वह गर्व और उत्साह पानी में डाले गए नमक जैसा पिघल जाता था।

दूसरे दिन से हमारी दैनिकी पूर्ववत् आरम्भ हुई। तिरपाल निकालना, सामान के बोझ लादना और गृहस्थी को घोड़े की पीठ पर डालकर दूसरे गाँव चले जाना शुरू। दो-तीन दिन के बाद मैंने पिताजी से कहा—"पिताजी ! मैं तात्यासाब को लेकर हुन्नूर के स्कूल में डालकर आता हूँ... ।" पिताजी ने कहा—"अरे...इस्कूल सुरू होके इत्ते दिन हुए...आउर उसे अब स्कूल मां लेंगे क्या...?" मैंने कहा—"मैं गुरुजी को अच्छी तरह से पहचानता हूँ। पहली की परीक्षा होती है। यहाँ से आगे यदि पढ़ाई की तो भी वह पास होगा... ।" पिताजी बोले—"देख...तू अपना जाकर...खाली चक्कर न हो सो बस हुआ... ।"

दूसरे दिन तात्यासाहब को लेकर मैं हुन्नूर की ओर निकल पड़ा। आरली से हुन्नूर घोड़े से जाना था। सुबह जल्दी ही निकल पड़ा। शाम के पाँच बजे हुन्नूर पहुँच गए। वहाँ की भी छमाही परीक्षा हाल ही में समाप्त हुई थी। किन्तु आश्रमशाला को छुट्टी थी ही नहीं। सवाल यह था कि बच्चे छुट्टी में कहाँ जाएँ ? इसलिए अध्यापक और बच्चे वहीं थे। आश्रमशाला हुन्नूर से डेढ़ मील की दूरी पर थी। घोड़ा एक पेड़ को बाँधा और शाला में गया। हेडमास्टर तुपड़े गुरुजी थे। उनसे मिला और बोला—"गुरुजी ! हम भटकनेवाली जातियों में से 'डुग्गी जोशी' जाति के हैं। मेरे छोटे भाई को आश्रमशाला में रखने का विचार है।" हेडमास्टर ने कहा—'किन्तु शाला शुरू हुए छह महीने बीत गए। अब कैसे नाम दाखिल करा सकते हैं...?' मैंने बताया—"गुरुजी...! हमारी जाति गाँव-गाँव माँगकर खाने के लिए भटकती है। बच्चों को स्कूल में दाखिल करने का कोई नाम भी नहीं लेता। मैं छुट्टी पर आया था इसलिए इसे लेकर आया हूँ। अब यहाँ से आगे परीक्षा तक उसे नहीं ले जाता। तब तक वह अध्ययन करेगा... ।" हेडमास्टर ने पूछा—"नाम क्या है इसका...?" मैंने बताया—"तात्यासाहब महारी मोरे।" हेड गुरुजी ने दूसरा प्रश्न पूछा—"उम्र क्या है...?" मैंने कहा—"छह साल पूरे हुए हैं... ।" किसी तरह गुरुजी ने नाम दर्ज करा लिया और तात्यासाब से कहा—"यहाँ भोजन, कपड़े, और पुस्तकें मिलती हैं...तू घर की याद मत करना...तुझे कुछ कम-ज्यादा हुआ तो मुझे बताता जा... ।" तात्यासाब ने सिर हिलाया। फिर तुपड़े गुरुजी ने मुझसे पूछा—"तू कहाँ हैं पढ़ाई के लिए...?" मैंने बताया—"मैं जत में पढ़ता हूँ। इस साल एस.एस.सी. में हूँ... ।" तुपड़े

गुरुजी ने कहा—"शाबास ! ऐसे ही शिक्षा जारी रख। स्कूल को छोड़ना नहीं। तेरे भाई की कुछ भी चिन्ता मत कर...।" मैंने तुपड़े गुरुजी का आभार माना। उन्होंने छह महीने के बाद भी तात्यासाब को शाला में लिया था। मैंने रात को वहीं मुकाम किया और सुबह जल्दी ही वहाँ से निकला।

वहाँ से निकलते समय घोड़े के खोगीर की एक गुदड़ी निकालकर तात्यासाब को दी। घर से ही एक फटी थैली लाई थी। कपड़े का तो कोई सवाल ही नहीं था। वह एकमात्र फटी चड्डी ही पहने था। उसे आश्रमशाला में छोड़ा और वहाँ से डेराडंगर की ओर आने के लिए मैं निकल पड़ा। मैं दोपहर तक वापस आ गया। माँ ने पूछा—"लिया क्या रे...तात्यासाब कु इस्कूल में...?" मैंने बताया—"लिया"। माँ आँखों को आँचल लगाकर रोने लगी। कितनी अजीब जाति थी हमारी। डेराडंगर के साथ कुत्ते से भी बुरी तरह का जीवन जीना पड़ता था। तब भी बच्चे को आश्रमशाला में रखना उसे बुरा लगता था। मैं कुछ भी नहीं बोला। पिताजी को भी बुरा ही लगता था। मैं भीख माँगने जाता था। आबास, मैं और लक्ष्मण जीजाजी एक साथ ही माँगने को जाते थे। एक के बाद एक दिन बीत रहे थे। हम एक गाँव के बाद दूसरे गाँव में अपने दरिद्र जीवन की प्रदर्शनी लगाते थे। मैं गोंधळेवाड़ी जाने के लिए निकला। पिताजी ने नागू दादा से कुछ पैसे उधार लिए। वे पैसे मुझे दिए। मैं गोंधळेवाड़ी पहुँच गया। सभी लड़के जत गए थे। तम्मा मेरी प्रतीक्षा करते हुए रुका था। फिर मैं और तम्मा जत की ओर निकल पड़े। नानी की स्थिति दिनों-दिन खराब हो रही थी। फटी, थिगली लगाई हुई धोती पहनकर वह किसी तरह दिन बिताती थी। काम भी नहीं मिलता था। स्टेशनरी माल बेचती परन्तु उसे भी कोई नहीं लेता था। लोगों को पेट के लिए खाना मिलना मुश्किल था तब स्टेशनरी माल कौन लेगा ? नानी ने अब तक मेरे लिए और अपने पेट के लिए काफी पैसे उधार लिए थे। मैं एस.टी. से आते-आते ही सोच रहा था, यदि नानी की स्थिति और खराब हुई तो यह स्पष्ट था कि मेरी पढ़ाई खत्म हुई। हम जत के स्टैंड पर पहुँच गए। उसी समय मैं विचारचक्र से बाहर आया। हम कमरे पर आए। भोजन लाना, स्कूल जाना और अध्ययन करना जैसे काम फिर से दैनिक रूप से शुरू हुए। कैलेंडर की तिथियों के समान मेरी दैनिकी लगातार बदलती थी। देखते-देखते दिसम्बर महीना आया। प्रतिवर्ष के अनुसार यल्लमा का मेला शुरू हुआ। इस वर्ष लोगों की भीड़ नहीं दिखाई देती थी। देवी का नैवेद्य देकर लोग तुरन्त अपने गाँव को लौट जाते थे। दिन बहुत बुरे आए थे। मेले में एक-दो दिन रहने पर काम की अनुपस्थिति लगने लगती थी इसलिए लोग देवी के दर्शन करते और वापस लौट जाते थे। हमने अध्ययन करना शुरू किया। मैं बीच-बीच में हरीश और बालू के घर जाया करता था।

विविध गुणदर्शन का दिन उदित हुआ। इस साल पोतनीस सर ने 'हत्त्य को वाणी मिली' नामक एकांकी बिठाया था। सुबह से हम अपना-अपना सामान लेकर मुख्य इमारत के हॉल में जमा हो रहे थे। हमारे डिवीजन की बारी आई। हम मंच पर गए। इसके पूर्व भी मैं मंच पर गया था। इस वजह से मुझे डर नहीं लगता था। एकांकी

आरम्भ हुआ। सब जन खामोश बैठे थे। मैं साइकिल दुकानदार की भूमिका कर रहा था और नौकर की भूमिका दत्तात्रय काले कर रहे थे। मैं हाथ में हथौड़ी लेकर मंच पर रखी साइकिल को ठोक रहा था। नौकर साइकिल को कुछ पुर्जे बिठा रहा था। मैं उसे कहता था—"अरे मधू...साइकिल के नए पुर्जे निकालकर पुराने बिठाने होते हैं...तू नए पुर्जे कैसे बिठाता है...चार दिन में मुझे गोदरेज का ताला लगाकर दुकान बन्द करनी पड़ेगी... ।" सामने बैठे हुए छात्र और अध्यापक जोर-जोर से हँस रहे थे। मैंने मोटर मेकेनिक की पैंट और शर्ट पहनी थी। इसलिए तो सब जन ज्यादा ही हँस रहे थे। जब दूसरे पात्र मुझे गालियाँ देते तब दर्शक तालियाँ बजाते थे। हमारा विविध गुणदर्शन का कार्यक्रम दोपरह तीन बजे समाप्त हुआ। हम मेकअप पोंछकर कमरे पर गए। पूर्व परीक्षा समाप्त होने के बाद छात्र बोर्ड परीक्षा है इसलिए प्रायः घर से बाहर नहीं निकलते थे। एस.एस.सी. के छात्र हाईस्कूल से जानेवाले होते हैं इस वजह से हर साल विदाई समारोह होता था। इस साल भी विदाई समारोह सम्पन्न हुआ। हेड सर ने मार्गदर्शनपरक व्याख्यान दिया। छात्रों को अध्ययन के लिए छुट्टी दी। मार्च महीने में पुणे बोर्ड की ओर से परिपत्रक आया—"अध्यापकों की हड़ताल होने के कारण एस.एस.सी. की परीक्षा बाद में सम्पन्न होगी।" छात्रों का अध्ययन का उत्साह कम हुआ। परीक्षा की तिथियाँ अब अनिश्चित थीं। छात्र अध्ययन की ओर ज्यादा ध्यान नहीं देते थे। मार्च महीना समाप्त हुआ।

मैं कमरे से बाहर निकलनेवाला था कि इतने में पिताजी आए। मेरे ध्यान में तुरन्त आया कि मैंने ही घर में बताया था कि परीक्षा मार्च में समाप्त होगी। कोई तो लेने आना। लेकिन प्रतिवर्ष के अनुसार इस साल भी परीक्षा मार्च में समाप्त होगी यह मानकर मैंने घर में बताया था। पिताजी बैठ गए। थोड़ी देर बाद उन्होंने कहा—"हो गई क्या तेरी परीकशा...?" मैंने बताया—"अध्यापकों की हड़ताल है...इस वजह से परीक्षा आगे गई है... ।" पिताजी को गुस्सा आया। इसलिए नहीं कि परीक्षा आगे गई बल्कि इसलिए कि उनके आने-जाने का टिकट का खर्च अनावश्यक हुआ। इसलिए उनको बुरा लग रहा था। उन्होंने कहा—"की माँ की...इन मास्टरों कु काम ही नहीं... ।" मैंने पिताजी से घर के और सबके हाल पूछे। पिताजी ने कहा—"सब जन ठीक हैं... अब तू ही कब आता बता... ।" मैं कैसे बताता ? परीक्षा शुरू होने की तिथि मालूम नहीं हुई थी। मैंने पिताजी से कहा—"परीक्षा की तिथि मालूम नहीं है... ।" पिताजी सोचते बैठे। थोड़ी देर बाद बोले—"अगले मंगलवार कु..तेरी माँ कु...बाजार में भेजता हूँ...उसके पास बता...तेरी परीकशा कब है सो...मैं चलता हूँ... ।" इतना कहकर उन्होंने खर्चे के लिए मुझे दस रुपए दिए। मैं और पिताजी स्टैंड की ओर चलने लगे। पिताजी को विदा कर मैं कमरे पर आ गया। दो-तीन दिन बाद फिर परिपत्रक आया—"एस. एस.सी. की परीक्षा सोलह मई से शुरू होगी।" परिपत्रक के साथ परीक्षा की समय-सारणी भी आई थी। छात्र फिर अध्ययन में जुट गए। मैंने पिछले मंगलवार माँ के जरिए सन्देश भेजा कि पिताजी बाईस तारीख को लेने आयें। अध्ययन करते-करते ही समय कैसे

बीता, पता नहीं चला। एस.एस.सी. की परीक्षा शुरू हुई। मेरा बैठक-क्रमांक एफ 21096 था। हम पेपर देने लगे। आठ-दस दिनों में परीक्षा समाप्त हुई। परीक्षा समाप्त होते ही हरीश ने मुझे कहा—"अगले वर्ष कॉलेज के लिए सांगली आता है क्या...?" मैं मन-ही-मन हँसा। जत में खाने के लिए पेटभर भोजन तो मिलता था। सांगली जाकर क्या खानेवाला था ? लेकिन मेरी मनोदशा की उसे क्या कल्पना होगी ?

दूसरे दिन पिताजी आ गए। मैं और पिताजी डेराडंगर की ओर निकले। तम्मा गोंधळेवाड़ी के लिए निकला। मैंने अपने साथ अपनी फटी गुदड़ी, बोरे और फटी थैली को ले लिया। किताबें हाईस्कूल में जमा की थीं। हम स्टैंड पर आ गए। मैंने पिताजी से पूछा—"आज हमें किस गाँव जाना है...?" पिताजी ने बताया—"धूलीसूर।" हम शाम के पाँच बजे धोलेश्वर पहुँच गए। हमें आए देखकर नागू दादा ने अपना हमेशा का वाक्य सुनाया—"दादास्या...पास हुआ क्या...?" मैंने बताया—"पास-नापास बहुत दिनों बाद मालूम होगा...।" नागू दादा ने फिर पूछा—"तब...इत्ते दिन व्हाँ काहे कु रहा था...?" मैंने कहा—"परीक्षा आगे गई थी।" नागू दादा चुप हुए। दूसरे दिन तिरपाल निकालना शुरू हुआ ताकि दूसरे गाँव जाना था। तिरपाल निकाल लिए। सामान के बोझ बाँधे और दूसरे गाँव निकल पड़े। तात्यासाब की परीक्षा कब की हो चुकी थी। पिताजी उसे भी लाए थे। मैंने उसे पूछा—"तात्यासाब...! कैसी है तेरी पाठशाला... ?" तात्यासाब ने कहा—"दादा ! हमारी पाठशाला बोत अच्छी है...हमें सुब कु मक्का, गेहूँ की कणियाँ देते हैं...खाना, पुस्तकें आउर कपड़े देते हैं...मैं अब दूसरी में गया हूँ...मैं हमेशा पाठशाला जाऊँगा... ।"

तात्यासाब ने जो घटित हुआ सो बता दिया। उसमें भी स्कूल का आकर्षण बढ़ गया था। उसने भी समझ लिया था कि परिवार के साथ नंगा-धड़ंगा रहने और भूखे पेट भीख माँगने के लिए भटकने की अपेक्षा स्कूल में रहना अच्छा है। मैंने पूछा—"कितने बच्चे हैं तेरी कक्षा में...?" तात्यासाब ने कहा—"पाँच-छह 'डबरी'[1] के, दो-तीन चमार के...आउर मैं एक हूँ...।" मन को बहुत तसल्ली हुई। उसे शिक्षा के प्रति रुचि पैदा हुई सो अच्छा लगा। हम बावची के निकट जा रहे थे। आषाढ़ बहुत नजदीक आया था। हमारे सभी परिवार लवंगी में रहे थे। मैं और आबास भीख माँगने गए थे। दोपहर तक लवंगी में माँगा और तिरपाल पर वापस आने के लिए निकल पड़े। पाठशालाएँ शुरू हुई थीं। हम एक पाठशाला के सामने से ही आ रहे थे। सभी गुरुजी मिलकर बाहर चबूतरे पर पान खा रहे थे। बच्चे कक्षा में कोलाहल करते थे। लेकिन अध्यापकों का उधर ध्यान ही नहीं था। चार-पाँच अध्यापक गप्पों में रमे हुए थे। मैंने उनसे पूछा—"गुरुजी, एस.एस.सी. का रिजल्ट कब है...?" सभी अध्यापकों ने मेरी ओर देखा। कंधे पर झोला, गले में लटकाया हुआ 'भांबा'[2] और सिर को सिर्फ किनारे-किनारे से लपेटी गई फटी-पुरानी पगड़ी थी। सिर का बीचवाला हिस्सा खुला ही था। हाथ में

1. जोगियों की एक उपजाति जो जीविकोपार्जन हेतु भटकती रहती है।
2. वह वाद्य जिसे डुग्गी कहते हैं। 'जोशी' जाति के लोग उसे भांबा कहते हैं।

लाटी और हाथ से सी ली थिगली-थिगली की धोती थी। कमीज ऐसी थी जिसकी एक बाँह में से आधी बाँह थी ही नहीं। बटन का तो पता ही नहीं था।...और कॉलर तो दिखाई ही नहीं देती थी। आबास तो मुझसे भी विचित्र दिखता था। अध्यापकों को अजीब लगा। उनमें से एक ने कहा–"दीखता है तू भविष्य बताने के लिए जानकारी ले रहा है...?" दूसरे ने कहा–"अजी...! वह अच्छी भाषा बोलता है...शायद स्कूल जाता होगा...।" तीसरे अध्यापक बोले–"वह सब रहने दें...एस.एस.सी. का रिजल्ट अगस्त की पन्द्रह तारीख को है...।" सोचा कि जो भी हो, मुझे कम-से-कम रिजल्ट की तारीख तो मालूम हुई। जुलाई महीना शुरू था। वहाँ से हम गाँव गए।

आषाढ़ का दिन उदित हुआ। सब जन खुशी में थे। भेड़-बकरियाँ आदि की देवी को बलि दी जाने लगी। नैवेद्य देवी को पहुँचाए गए। लोग शराब पीकर नशे में धुत थे। दूसरे दिन केराप्पा चाचा के 'भेदिक' गीत का कार्यक्रम था। मुझे बहुत दिनों बाद केराप्पा चाचा का गाना सुनने को मिलनेवाला था। रात का भोजन होने के बाद सभी लोग गाँव के बाहर के मैदान में जमा होने लगे। मैदान बच्चों, स्त्रियों और पुरुषों से ठसाठस भरा था। गाने के कार्यक्रम में केराप्पा चाचा, आभंगा, भुजंगा और सगण्या का ही ग्रुप था। इस साल केराप्पा चाचा ने 'चन्द्रावली'[1] शुरू की थी। गणपति वन्दना का गीत गाकर उन्होंने 'लावणी'[2] शुरू की। केराप्पा चाचा ने डफ पर थपकी मारी। सगण्या ढोलकी बजाने लगा। मँजीरा और तूनतून अपने स्वर में गाने लगे। पूरा वातावरण मदहोश हुआ था। केराप्पा चाचा ने शुरूआत की–

नारी क्यों री गोपी चन्द्रावली
काली क्यों री चमकीली दंतावली
सारी पहनी, लम्बी, भारी, तंग चोली सीने पे
अग्नि से तराशी रंभा खूबसूरत दिखने में
हाँ...हाँ...जी...जी...जी...

केराप्पा चाचा अपनी मधुर वाणी से श्रोताओं को मोहित करते थे। कोई इनाम देता तो कोई तालियाँ बजाकर अपना आनन्द व्यक्त करता था। पूरी रात गाने का कार्यक्रम शुरू था। भोर के चार बजे कार्यक्रम समाप्त हुआ। सब लोग अपने-अपने घर गए। दो-तीन दिन बाद तिरपाल-मेला समाप्त हुआ। तात्यासाब को आषाढ़ के लिए लाया था। उसे पहुँचाने के लिए आबास को भेज दिया। आबास तात्यासाब को हुन्नूर पहुँचाकर शाम को वापस आया। कुछ दिनों के बाद हम सबके परिवार भीख माँगकर पेट पालने के लिए गाँव से जाने लगे। हम भी निकल पड़े। उस समय मारुती वायफळकर, वामन शिन्दे, नागू दोरकर, कबीर दोरकर, निवृत्ति शिन्दे, रामा शिन्दे, नामदेव दोरकर और हमारा परिवार–इन सबका समूह एक साथ था। अनेक गाँवों की यात्रा करना शुरू हुआ। जुलाई महीना गाँव में ही बीता था। हम भोसे नामक गाँव में रहे थे। अगस्त

1. एक प्रकार का आख्यान, आख्याननुमा गीत।
2. महाराष्ट्र में प्रचलित एक मशहूर काव्य प्रकार जो प्रायः शृंगारपूर्ण होता है।

की तेरह तारीख थी। दो दिन बाद रिजल्ट मालूम होनेवाला था। मैंने पिताजी से कहा—"पिताजी, मुझे गोंधळेवाड़ी जाना चाहिए...। पन्द्रह तारीख को पास-नापास समझनेवाला है।" उन्होंने कहा—"अरे पर तुझे कपड़े लेने चाहिए...पेट के लिए कुछ देना चाहिए...आसाढ़ करके आए हैं... तू ही देखता है...पास में एक धेला नहीं...कइसा जाएगा तू...?" माँ ने कहा—"धेला नहीं करके छोरे कु इस्कूल नहीं भेजते क्या...? देखो कहीं से तो उधार...बाद में चुका देंगे...।" पिताजी बोले—"हमेसा उधार लेता हूँ...इसका इस्कूल हमारा कुछ भला नहीं करता...कल कु लोगों के ढेर सारे पइसे उधार हुए तो...देंगे कहाँ से...?" सुनकर माँ बोली—"ये दिन क्या ऐसे ही रहेंगे...? जाएँगे तो कबी तो...अब तक वह मुसीबतों को सहकर पढ़ा...सो उसकु का मिट्टी में जाने दें...?" पिताजी सोचते बैठे। मुझे भी बहुत बुरा लगने लगा। मेरे आने पर पिताजी को प्रत्येक बार किसी-न-किसी से थोड़े-बहुत पैसे उधार लेने पड़ते थे। घर में खानेवाले अनेक थे और कमानेवाले सिर्फ पिताजी ही एक थे। आबास को कभी पाव-सेर तो कभी आधा पाव सेर अनाज मिलता था। वह भी मिलावटी अनाज, जिसमें अनेक प्रकार की चीजें रहती थीं। मेरा भी नाइलाज था। मैं कुछ भी नहीं कर सकता था। किन्तु छुट्टी पर आने के बाद बैठकर नहीं खाता था। भीख माँगने जाता था। किन्तु मेरे माँगकर लाए गए रोटी के चार टुकड़ों और पाव किलो अनाज से हमारी परिस्थिति सुधरनेवाली थोड़े ही थी। उस दिन रात में पिताजी ने सभी तिरपालों में से जमाकर साठ रुपए इकट्ठा किए। किसी के भी पास ज्यादा पैसे न थे। गाँव में आषाढ़ के मेले में सभी ने पैसे खर्च किए थे। मुझे बहुत बुरा लगता था। हमारी जाति के लोग अन्य समाज के लोगों से भीख माँगते थे किन्तु पिताजी मेरे लिए अपनी जाति के लोगों से ही भीख माँगते थे। लेकिन समय सब कुछ सिखाता है।

मैं सुबह निकल पड़ा। निकलते समय पिताजी ने मुझे पैसे दिए और कहा—"तू देखता है...अपनी क्या दशा चल रही सो...पइसे ढंग से खरच कर...कपड़े ले, एकाध पुस्तक ले आउर मानका जीजी कु थोड़े पइसे दे...।" सुनकर मैंने कहा—'जी'। क्योंकि इसके अलावा कोई दूसरा चारा ही नहीं था। मैंने माँ-पिताजी को चरण-स्पर्श किया।

फटी हुई गुदड़ी की लपेटन ली। थैली बगल में लटकाई। उस वक्त हमारी बिरादरी के स्त्री-पुरुष ऐसे इकट्ठा हुए थे जैसे मैं लड़ाई के मैदान में जा रहा हूँ। लक्ष्मी बुआ ने कहा—"दादासाब...बोत पढ़...मलारी का नाम कर...।" मैं गर्दन हिलाता हुआ आगे बढ़ गया। भोसे के एस.टी. स्टैंड पर आया। वहाँ से जत जाना पड़ता था और जत से फिर गोंधळेवाड़ी। टिकट के लिए ही पैसे ज्यादा खर्च होनेवाले थे। सोचा कि वहाँ से माड़ग्याल तक एस.टी. से जायें और वहाँ से गोंधळेवाड़ी पैदल जायें। इससे टिकट के पैसे तो बचेंगे। मांड़ग्याल के लिए एक घंटे के बाद गाड़ी थी। एक बेंच पर बैठकर सोचने लगा। पास में सिर्फ साठ रुपए थे। उसमें से कपड़े कितने रुपयों के लें ? बहियाँ लेना आवश्यक था सो कैसे लें ? नानी को कितने पैसे दे ? और एडमिशन लेना था सो उसे कितने पैसे दें ? मेरे खर्चे का सवाल तो दूर ही था। दिमाग में अनेक सवाल आने लगे।

टिकट के लिए भी पैसे उसी में से खर्च होनेवाले थे। मुझे कुछ भी नहीं सूझ रहा था। सभी जरूरतें साठ रुपयों में पूरी होना असंभव था।...और उसमें से हर 'जरूरत' आवश्यक थी। पैसों और जरूरतों का मेल करना चाहता था किन्तु उसमें अन्तर काफी था। मैं बार-बार सोचता था। तब तक गाड़ी आई। मैं गाड़ी में बैठा माड़ग्याल में उतरा और गोंधळेवाड़ी के रास्ते से चलने लगा। मन में अलग-अलग विचारों की तरंगें थीं। रिजल्ट के बारे में विचार करने लगा। क्या अपन पास हुए होंगे ? कितने अंक मिले होंगे ? इस वर्ष किस साइड में एडमिशन लें ? यहाँ तक तो विचार-प्रवाह सीधी तरह से आता था किन्तु यहाँ आकर अटक जाता था। साइंस में एडमिशन लेने जैसी परिस्थिति नहीं थी। कॉमर्स में एडमिशन लेता लेकिन कल बी.कॉम. हो पाऊँगा कि नहीं यह भी मालूम नहीं था। फिलहाल एक-एक दिन निकालना कष्टदाई था तब बी.कॉम. होना तो असंभव ही था। आर्ट्स साइड से तो एम.ए. हुए बिना नौकरी मिलनेवाली नहीं थी।...और एम.ए. करना तो कदापि संभव नहीं था। अन्त में विचार किया कि किसी भी साइड से क्यों न हो, जब तक निभेगा तब तक पढ़ना है। फिर साइंस करना क्या बुरा है ? मैंने महत्त्वाकांक्षा छोड़ी नहीं। मैं डॉक्टर बनने के सपने देखने लगा। इस तरह के विचारों में पूरा रास्ता समाप्त किया।

गोंधळेवाड़ी आ गया। नानी घर में ही थी। मैंने अनुमान किया कि शायद आज उसे काम न मिला हो। मैं घर में गया। सामान रखा। नानी ने पानी दिया। मैंने पानी पी लिया। फिर नानी ने मुझसे कहा—"आया सो भला हुआ...मैं ही आनेवाली थी तुम कु खोजते-खोजते... ।" मुझे आश्चर्य लगने लगा। मैंने उत्सुकता से पूछा—"क्या काम था ?" वह दुख-भरे स्वर में बोली—"क्या करना बाबा...लोगों के पइसे देने हैं...लोग रोज दरवाजे में आके बैठने लगे...तब मैं संकीसुर कु व्यापार करने जाना चाहती थी... ।" मेरे चारों ओर पूरा घर घूमने लगा। मनःस्थिति बड़ी विचित्र हुई। मेरे सपने पानी के बुदबुदे के समान लुप्त हुए। सवाल यह खड़ा हुआ कि आगे पढ़ेंगे कैसे ? मैं कुछ भी नहीं बोल सकता था। नानी को जीने के लिए कहीं तो जाना ही चाहिए था। मैं सिर पकड़कर बैठा। क्या कहूँ कुछ समझ में नहीं आ रहा था। मेरे चेहरे को देखकर नानी ने कहा—"दादासाब...मुझे बोत बुरा लगता है...तेरी पढ़ाई कइसी होगी करके...पर क्या करूँ...? कब तक भूखी-प्यासी दिन गुजारूँ...? तेरे बापू कु पूछके देख...आगे कइसा पढ़ना करके... ।" पिताजी भी तो क्या करेंगे ? ऐसा सुनकर मुझे स्कूल से ही निकाल देंगे। इसकी अपेक्षा पिताजी को न बताना ही ठीक है। नहीं तो स्कूल से निकालने के सिवा उनके हाथ में भी तो क्या था ? मुझे लगने लगा कि हम जैसों का न सीखना ही ठीक है। हर साल एक-एक नए संकट की वृद्धि होती थी। मैं दुर्बल था। उन संकटों का सामना करने जैसी मेरी स्थिति नहीं थी। फिर भी आशा नहीं छोड़ी। मन कड़ा किया। मन में विचार किया कि जत जाकर ग्राम-पंचायत में किसी तरह का काम करके कॉलेज करें। परिवार की ओर जाकर जिन्दगी-भर भीख माँगने की अपेक्षा ग्राम-पंचायत में काम करना क्या बुरा है ? गोंधळेवाड़ी के कुछ लड़के पढ़ने के लिए मिरज जानेवाले थे तो

कुछ लड़के जत में ही पढ़नेवाले थे। ऐसी स्थिति में साइंस करना तो असंभव था। तम्मा घर आया। मेरे चेहरे को देखकर बोला–"क्यों रे ऽ ऽ ऽ तेरी तबीयत ठीक नहीं क्या...?" मैंने उसे पूछा–"तू इस साल कहाँ पढ़नेवाला है...?" तम्मा ने बताया–"जत में ही साइंस-शाखा में पढ़नेवाला हूँ...।" उसे रोज घर से भोजन आनेवाला था। इसलिए उसे साइंस करना संभव था। मैं कुछ नहीं बोला। रात में नानी से कहा–"मानका माँ...। तू संकेश्वर जा...मैं किसी तरह दिन बिताता हूँ...पिताजी को बताकर भी कुछ लाभ होनेवाला नहीं। उल्टे मुझे ही स्कूल से निकाल देंगे...।" नानी ने कहा–"क्या करना बाबा...? ईश्वर बी गरीब के पीछे ही साढ़ेसाती लगाता है...।" मैं पूरी रात सोच-विचार करता था कि क्या करें ? कैसे करें?

सुबह की एस.टी. बस से निकल पड़ा। जत आ गया। बालू कांबले के घर गया। वह रिजल्ट देखने के लिए हाईस्कूल जाने की ही तैयारी में था। मेरे जाने के बाद उसने कहा–"मोरे...। आ गया क्या...? ठीक हुआ...आज अपना रिजल्ट है...कल से एडमिशन शुरू है...।" मैंने सामान रखा। थोड़ी देर बातें करते बैठा। हम दोनों हाईस्कूल गए। रिजल्ट देखा। साठ प्रतिशत अंक मिले थे। बालू भी पास हुआ था। हेड सर मार्क-लिस्ट देते हुए बोले–"अरे...तुझे अच्छे अंक मिले हैं...तू साइंस में एडमिशन ले...।" मैंने कहा–"सर...। मेरी परिस्थिति फिलहाल पढ़ने लायक नहीं है। मैं साइंस में एडमिशन नहीं ले पाऊँगा। संभव हुआ तो कॉमर्स में एडमिशन लेनेवाला हूँ...।" हेड सर ने मार्क-लिस्ट दी। मैं और बालू घर की ओर निकले। रास्ते में मैं विचारों की धुन में ही चल रहा था। बालू ने कहा–"क्यों रे ऽ ऽ ऽ तुझे अंक अच्छे मिले हैं...फर्स्ट क्लास है और तू नाराज क्यों है...?" मैंने कहा–"कुछ नहीं। कमरा देखना है। तू रहता है क्या...मेरा पार्टनर बनकर...?" बालू ने कहा–"अरे...मैं और आण्णासाहब सालुंखे ने अध्ययन के लिए शेख का कमरा लिया है...तू भी वहीं रह...।" मुझे थोड़ा चैन मिल गया। किन्तु दुख के सागर में आनन्द की चार बूँदों के समान ही था वह। फर्स्ट क्लास मिला था। परन्तु इसके बाद मेरी स्थिति क्या होनेवाली थी कौन जाने ? मैंने बालू से पूछा–"बालू...। तेरे घर में एकाध बन्द पड़ा हुआ स्टोव है क्या ?" उसने कहा–"किस के लिए रे ऽ ऽ ऽ ?" मैंने बताया–"नानी अपना पेट पालने के लिए दूसरे गाँव गई है...उससे भोजन आना बन्द हुआ है। इस वजह से चावल हाथ से पकाकर खाने के लिए स्टोव चाहिए था।" बालू ने कहा–"हमारे घर में एक स्टोव वैसे ही पड़ा है। तुझे देता हूँ और पतीली भी घर से ही ले...चावल पकाने के लिए...।" मैंने उसका आभार प्रकट किया। उस समय मुझे उसका बहुत बड़ा आधार महसूस हुआ। तब तक बालू का घर आया। हम घर गए। बालू की माँ ने हमें भोजन परोसा। फिर थोड़ी देर बाद पूछा–"पास हुए क्या तुम दोनों...?" बालू ने ही बताया–"हम दोनों पास हुए हैं...मोरे को अच्छे अंक मिले हैं...।" फिर बालू की माँ ने बताया–"भला हुआ देखो...अब कहाँ रह रहे...?" मैंने कहा–"बालू और उसके दोस्त ने कमरा लिया है। उस कमरे में ही रहता हूँ...।" बालू की माँ ने कहा–"बालू के साथ घर आते जावो...।" मैंने 'हाँ' कहा।

तब बालू ने कहा—"माँ...। मोरे को एक स्टोव और एक छोटी-सी पतीली दे...चावल पकाकर खानेवाला है वह...गोंधलेबाडी से उसका भोजन आना बन्द हुआ है...।" बालू की माँ ने पूछा—"क्यूँ बन्द हुआ...भोजन आना...?" मैंने बताया—"नानी अपना पेट पालने के लिए दूसरे गाँव गई है...।" बालू की माँ ने कहा—"तब हयाँ हमारे घर आते जावो तो...खाने कु...।" मैंने सोचा—इनको पेट के लिए मैं क्या दूँ...? दो वक्त बिना किसी मूल्य के मुफ्त खाना बहुत ही बुरा लगता था। वह भी थोड़े दिन के लिए नहीं। ईश्वर जाने ऐसे कितने दिन बिताने पड़ेंगे ? मैंने कहा—"नहीं...मैं कमरे में ही चावल पकाकर खाता जाऊँगा...।" बालू की माँ ने कहा—"तब...कबी-कबी तो आते जावो हयाँ भोजन कु...।" मैंने 'हाँ' कहकर अपना सामान लिया। बालू की दी पतीली थैली में डाली। लपेटन कंधे पर ली। बालू ने स्टोव लिया और हम शेख के कमरे पर आए। सामान कमरे में रखा। बालू से कहा—"चल हम थोड़ा सामान खरीद लें...।" हम बाजार में आए। स्टोव में मिट्टी का तेल डाला। तीन किलो चावल लिया। गुड़ और नमक लिया। एक बही ली। कई छोटी-मोटी चीजें लेकर हम कमरे में वापस आ गए। उस रात बालू ने मुझे चावल पकाने नहीं दिया। हम उसी के घर खाने के लिए गए। हरीश सांगली गया था। वह सांगली कॉलेज में एडमिशन लेनेवाला था। मुझे एडमिशन अभी लेना था।

दूसरे दिन मैं और बालू कॉलेज की ओर निकले। गाँव से दो मील की दूरी पर कॉलेज था। पुलिस स्टेशन और विद्युत बोर्ड रास्ते में ही पड़ते थे। कॉलेज की इमारत पुरानी थी जो रियासत के जमाने में बाँधी हुई थी। राजासाहब पहले उसमें घोड़ों को बाँधते थे। आज उसी इमारत का भाग्योदय हुआ था। वहाँ अब कॉलेज के छात्र बैठते थे। ऑफिस के सामने भीड़ बढ़ गई थी। कल ही रिजल्ट आया था। आज एडमिशन लेकर कल से कॉलेज शुरू होनेवाला था। रिजल्ट देर से लगने के कारण अब कॉलेज जल्दी ही शुरू होनेवाला था। हमने एडमिशन लिया। एडमिशन फीस दस रुपए भर दी। मैं और बालू कांबले—दोनों बी.सी. होने के कारण हमारी ट्यूशन फीस स्कॉलरशिप से ली जानेवाली थी। हम वापस निकल पड़े। चलते-चलते मैंने बालू से कहा—"बालू ! मुझे कहीं काम मिलना चाहिए। उसके बिना मेरी शिक्षा नहीं होगी।" बालू ने थोड़ी देर सोचा और कहा—"हमारे भैया से पूछकर देख। ग्राम पंचायत में कुछ तो काम मिलेगा...।" बालू के बड़े भाई जत ग्राम-पंचायत में बाबू थे। उनको हम भैया कहते थे। सोचा कि कमरे में जाने के बाद पहले गिर्मल भैया की ओर जाएँगे। हम बालू के घर तक आए। मैंने कहा—"बालू...तू घर जाकर आ...मैं कमरे पर जाता हूँ...जाते-जाते गिर्मल भैया से मिलकर जाऊँगा...।" बालू घर गया। मैं ग्राम-पंचायत की ओर मुड़ गया। ग्राम-पंचायत के कार्यालय में गिर्मल भैया बैठे थे। मुझे देखकर बोले—"दादासाहब...आ...क्यों आया था...?" मैंने कहा—"भैया, मुझे किसी तरह का काम चाहिए। सुबह के आठ से ग्यारह बजे तक। उसके बिना मैं कॉलेज की शिक्षा नहीं ले पाऊँगा। मुझे अपनी शिक्षा बन्द करनी पड़ेगी।" तब गिर्मल भैया ने कहा—"तुझे ग्राम-पंचायत में क्या काम मिलेगा ?

बोरिंग मशीन पर जाना, परनाले साफ करना जैसे काम ही ग्राम-पंचायत की ओर से किए जाते हैं... ।" मैंने विचार किया कि परनाले साफ करना यानी भीख माँगने से बुरा नहीं। मैंने कहा—"भैया...मैं इस तरह के काम करूँगा... ।" गिर्मल भैया मेरी ओर देखने लगे। थोड़ी देर बाद बोले—"कल से आ जा काम के लिए, तुझे काम देने को बोल दूँगा... ।" वहाँ से मैं कमरे पर आया। चावल पकाया और भोजन किया। तब तक बालू आ गया। मैंने उसे काम मिलने की बात बता दी। तब तक एक और मित्र आण्णासाहब सालुंखे भी आ गया। हम गप लगाते बैठे। रात को बड़ी देर तक हम कॉलेज-जीवन के बारे में बात करते रहे।

सुबह जल्दी उठा। नहा लिया और ग्राम-पंचायत की ओर गया। गिर्मल भैया आए थे। मुझे देखकर दूसरे व्यक्ति की ओर उँगली से निर्देश करते हुए बोले—"राम के साथ जा। उसके साथ ही आज काम कर... ।" हम दोनों लम्बे डंडे का फावड़ा और लोहे की टोकरी लेकर जाने लगे। शिवाजीनगर में आ गए। राम ने कहा—"तू उस तरफ से परनाले की गन्दगी निकालता आ...मैं इस तरफ से निकालते हुए आता हूँ।" मैं परनाले के दूसरे छोर की ओर गया। परनाले में फावड़ा डाला और बाहर निकाला। उसकी गन्दगी की बू नाक में गई। बू सहना मुश्किल हुआ। लगा कि कै होती है कि क्या ? पेट में उमड़कर आ रहा था। मन में विचार आता था इस तरह का जीवन जीने की अपेक्षा मरना अच्छा है। लेकिन गरीब और लाचार लोगों को मौत भी साथ नहीं देती। ऐसे लोग अनेक खतरों, संकटों से बच जाते हैं और अपनी जिन्दगी लाचारी में जीते रहते हैं। मैं आँखें मूँदकर फावड़ा बाहर निकालता था। गन्दगी परनाले की दोनों ओर बाहर की बाजू से लगाता था। जिनके दरवाजे में परनाले थे वे लोग कहते थे—"जरा दूर लगा तो गन्दगी...भला आया परनाला साफ करने...औरों के घर के सामने गन्दा करने... ।" मैं चुप सुन लेता था। मुझे अपने जीवन से नफरत हो रही थी। मैं खुद नहीं जानता था कि इस तरह का जीवन कितने दिन जीना पड़ेगा ? यह सच था कि हमारी जाति सुधरनेवाली नहीं थी। वह गाँव-गाँव, दर-दर भटकते ही रहनेवाली थी और आनेवाले संकटों का सामना मुझे करना पड़ता था। पौने ग्यारह बजे तक परनाले की गन्दगी निकाली, सार्वजनिक नल पर हाथ-पाँव, फावड़ा, टोकरी धो ली और ग्राम पंचायत में आ गए। गिर्मल भैया ने बताया—"काम बुरा है...तेरा मन नहीं होता होगा... ।" "नहीं काम अच्छा है। मैं काम पर रोज आऊँगा।" मैंने कहा। मुझे लगा अगर यह काम भी हाथ से गया तो पेट को क्या खायें ? गिर्मल भैया फिर बोले—"तुझे तीन रुपए रोज के हिसाब से वेतन मिलेगा। कल तुझे और राम को बोरिंग मशीन पर जाना है... ।" मैंने 'हाँ' कहा। गिर्मल भैया ने मुझे तीन रुपए दिए। शीघ्रता से कमरे पर आया। सालुंखे बलेट लाया था। चावल पकाने हेतु स्टोव पर पतीली रखी और पानी लाने गया। सार्वजनिक नल से पानी लाया। नहा लिया। तब तक चावल पक गया था। बालू मेरी ओर आया। हम कॉलेज के लिए निकल पड़े। मुझे हाफ पैंट और हाफ शर्ट ही था। पैरों में कुछ नहीं था। हाथ में एक बही लेकर मैं बालू के साथ चलने लगा। मैं खुद

की ओर देख रहा था और अपने मन को समझाता था कि अब तक जो शिक्षा प्राप्त की वही महत्त्वपूर्ण है, कपड़े चाहे जैसे हों, अपने को शिक्षा पाने के लिए कॉलेज जाना है। हम कॉलेज में जाकर ग्यारहवीं कॉमर्स की कक्षा में बैठे। कॉलेज में छात्र अलग-अलग कपड़े पहने हुए थे। हाईस्कूल में एक ही यूनिफार्म था। उसे देखकर सन्तोष होता था कि सब समान दिखाई देते थे। लेकिन यहाँ चारों ओर ईस्टमैन-कलर दिखाई देता था। उन सभी में मैं ही अलग दिखाई देता था। कक्षाएँ भर गईं। पीरियड शुरू हुए। एक पीरियड पैंतालीस मिनट के बाद समाप्त होता था। विषय नए ही थे। प्रत्येक विषय के अध्यापक आकर अपने-अपने विषय की जानकारी देते थे। कॉलेज छूट गया। हम कमरे की ओर निकल पड़े। अन्य छात्र मेरी ओर मुड़-मुड़कर देख रहे थे। आपस में कानाफूसी होती थी और वे जोर-जोर से हँसते थे। मैं गर्दन नीचे झुकाकर चल रहा था। ईश्वर ने ही अपने को हीन जाति में जन्म दिया था। तब मनुष्य ने नफरत की तो क्या बिगड़ेगा ? यही सोचकर मैं आगे चलता था। हृदय में पछतावे की आग लगी थी और मैं स्वयं उस आग में जलता था। मेरी इच्छा-आकांक्षाओं की राख होती थी। मैं अपने दुख को भीतर-ही-भीतर निगलते हुए कमरे तक आया। अन्य छात्र मेरी ओर हिकारत से देखते हैं। इसे देखकर बालू को भी बुरा लग रहा था। हम कमरे पर आए। बालू अपने घर गया। मैं सोच-विचार में पड़ा। रात को बालू ने अपनी पुरानी टूटी जूती मुझे लाकर दे दी।

दूसरे दिन सुबह नहाकर ग्राम-पंचायत की ओर गया। मैं और राम आज बोरिंग मशीन के साथ गए थे। जत रोड की ओर बोरिंग लगाना था। झोंपड़पट्टी में गए। वहाँ बोरिंग मशीन लगाई। पाइप लम्बे-लम्बे थे। वे उठाए नहीं उठ रहे थे। फिर जैसे-तैसे बल देकर उठाए, वेतन जो लेना था। एक-एक पाइप उठाते समय मन में कई विचार आते थे। लगता था छोड़ दे पढ़ाई। परन्तु तुरन्त दूसरा विचार आता, बिना कष्ट सहे फल कैसे मिलेगा ? कष्ट सहने पर निश्चय ही अच्छे दिन आते हैं। फिर तुरन्त ही प्रतिस्पर्धक विचार जाग उठता कि कितने दिन कष्ट सहे ? जीवन भर कष्ट सहे, लाचारी में दिन बिताए और अच्छे दिन क्या स्वर्ग में जाने पर आएँगे ? तब दूसरा विचार उसका सान्त्वन करता—घी खाते ही तुरन्त सुस्वरूप प्राप्त नहीं होता। उसके लिए कुछ दिन बीतने चाहिए। मेरे दिमाग में विचारों का तूफान आया था। मैं मन में सोचता था और तन से काम करता था। राम ने कहा—"मोरे...तू जा...पौने ग्यारह बज गए हैं...।" मैं अचानक होश में आया। तब ग्राम-पंचायत में आया। तीन रुपए लिए और कमरे की ओर निकल पड़ा। जाते-जाते राम के बारे में विचार आते थे। राम वाकई अच्छा है। वरना खुद काम करनेवाले और दूसरे को समय देनेवाले लोग बहुत कम होते हैं। कमरे पर आया। तब तक वहाँ बालू और आण्णासाहब आए थे। फिर हम कॉलेज की ओर निकल पड़े।

प्रतिदिन सुबह काम पर जाता था। लौट आने पर चावल पकाकर खाता था और कॉलेज जाता था। प्रतिदिन मेरे जीवन को एक नया मोड़ मिलता था। बीच-बीच में बालू

के घर जाता था। वहीं खाता था। उस समय मुझे उनका बहुत बड़ा आधार मिला था। लगता था मैं उनके परिवार का जन्म-जन्मान्तर का ऋणी हूँ। कभी हरीश के घर जाता था। उसके परिवार के लोग मुझे अपने परिवार का ही समझते थे। हरीश के पत्र आते थे। मैं किसी तरह दिन गुजारता रहता था।

आषाढ़ के लिए गाँव गया। जोशी मुहल्ला लोगों से काफी भरा हुआ था। भिखमंगों की पूरी जाति इकट्ठा हुई थी। मेले के दिन भेड़-बकरियों ने तड़प-तड़पकर प्राण छोड़े। वह दिन दौड़-धूप में ही निकल गया। दूसरे दिन हमारी जाति में 'न्याय' होनेवाला था। कृष्णा शिन्दे के बेट केशव शिन्दे ने हमारी ही जाति के नराळ के राजाराम घोड़राव की बेटी से शादी की थी। केशव और बकुला ने जंगल में अपने डेराडंगर के साथ भटकते समय एक-दूसरे से प्रेम किया था। प्रेम का परिवर्तन विवाह में हुआ। वह विवाह हमारी जति के नियम के अनुसार पंच लोगों में तय करके नहीं हुआ था। इसलिए कृष्णा शिन्दे को जाति में लेना कि जाति से बहिष्कृत कर उसका हुक्का-पानी बन्द करना इसका 'न्याय' होनेवाला था। जाति से बहिष्कृत करना यानी उसे कहीं भी शादी-ब्याह और अन्य कार्यक्रमों में न बुलाना। उसका और जाति का फिर कोई सम्बन्ध नहीं रहता। उसे स्वयं अपना परिवार लेकर ही अकेले भटकना पड़ता है। हमारे पूरे जोशी मुहल्ले को चिन्ता लगी थी कि कृष्णा शिन्दे का क्या होगा ? जाति में लिया जाएगा या जाति से बहिष्कृत किया जाएगा ? जोशी मुहल्ले का वातावरण तनावपूर्ण था। नराळ, बावची और गोंधळेवाड़ी—इन तीनों में से किसी भी गाँव के हमारी जाति के भिखारी ने यदि गलती की तो इन तीनों गाँवों के प्रसिद्ध न्यायाधीश (हमारी जाति के ही मुखिया लोग) गलती करनेवाले भिखारी के गाँव जाकर 'न्याय' किया करते थे। आज हमारे गाँव में भी नराळ के ख्यातकीर्ति न्यायाधीश बाबू मोरे आए थे। बाबू मोरे सातवीं तक पढ़े हुए थे। वे प्राथमिक स्कूल में अध्यापक की नौकरी करते थे। इसलिए हमारी जाति का प्रत्येक व्यक्ति उनको मास्टर कहता था। वैसे मास्टर होशियार थे। नराळ से आण्णाप्पा भिसे और यशवन्त मोरे भी आए थे। इस तरह नराळ से कुल तीन न्यायाधीश आए थे। गोंधळेवाड़ी से यजमान सुर्वे, सटवाप्पा भोसले, आप्पान्ना भोसले और शंकर गुरंव ये चार न्यायाधीश आए थे। हमारे गाँव के नागू दादा, बाबजी भोसले, बयाजी सालवे, मारुती वायफळकर और मेरे पिताजी ये पाँच न्यायाधीश थे। बाकी हमारे गाँव के अपनी जाति के लोग थे ही। न्याय सुनने के लिए नराळ और गोंधळेवाड़ी से भी कुछ अन्य लोग आए थे। हमारे गाँव में काफी भीड़ थी।

शाम के पाँच बजे सभी न्यायाधीश इकट्ठा बैठे। जोशी मुहल्ले का प्रत्येक व्यक्ति आया था। औरतों और बच्चों की भीड़ जमी थी। सबको जिज्ञासा थी कि पंच लोग क्या न्याय करेंगे ? न्यायदान का कार्य आरम्भ हुआ। बीचोबीच कृष्णा शिन्दे बैठे थे। वे लाचार होकर कह रहे थे—"अब इत्ते देवता जमे...मेरे छोरे ने गलती की...मैं उसके लिए देवताओं के सामने आँचल फैलाकर मापी माँगता हूँ...इत्ती गलती कु आप देवता लोग बड़ी उदारता से माप करें...।" नराळ के आण्णाप्पा भिसे ने

कहा–"अरे किसन...! आज हमने तेरे कु माप किया...तो कल किसी के भी छोरे किसी की भी छोरियों से शादी करेंगे...उसका क्या करें...?" कृष्णा शिन्दे ने कहा–"जो न हो सो हुआ...तब आप ही कइसा करते देखो...।" कहते हुए वह जाति के सभी लोगों को हाथ जोड़कर मिन्नतें करने लगा। बाबू मास्टर शान्त-संयत स्वर में बोले–"उन दो बच्चों ने जो किया है वह कानून के अनुसार सही है...।" गोंधळेवाड़ी के यजमान सुर्वे ने कहा–"अजी मास्टर ! आज तक अपनी जाति कानून के अनुसार आई नहीं...कानून का ही आसरा लेना हो तो हमारी जरूरत नाहीं...उसका और हमारा कुछ भी सम्बन्ध नहीं...।" नागू दादा ने कहा–"अजी, जंघा पर छोरा हगने से क्या जंघा को काट देंगे...? अब उसने गलती की करके उसकु जाति से कइसा निकालेंगे...?" पिताजी ने कहा–"सही है...अब छोरे ने गलती की करके किसना मामा कु दोष देना गलत ही है...पर अपनी जाति का नियम ही है...उसके अनुसार होना चाहिए...।" गोंधळेवाड़ी के सटवाप्पा भोसले ने कहा–"कल से किसना कु आधापाव देना बन्द करो...।" सुनकर कृष्णा शिन्दे ने कहा–"मैं देवताओं के पैर पकड़ता हूँ...इस बार मुझे जाति में लो...मैंने पंचों को छोरे की शादी करता हूँ करके बताया नहीं...इत्ती ही मेरी गलती है...अगर शादी न करता तो बी पंच-देवता पूछते कि छोरी कु तेरा छोरा भगा लाया...तो अब आप सोचिए...।" आण्णाप्पा भिसे ने कहा–"गलती हुई करके हम आ गए...पर आइसी गलती बाद में नहीं होनी माँगती...तो किसना कु अब 'मांडी' लागू करनी चाहिए...।" नागू दादा ने कहा–"पंच देवताओं के फरमान के अनुसार हमारे गाँव के छोरे की गलती है...इसलिए हमकु 'मांडी' कबूल है...।" आण्णाप्पा भिसे बोले–"तब हो गई बात... 'मांडी' के पइसे पंच देवताओं के बीच में लाके रखना...आउर अपने-अपने घर जाना...।" कृष्णा शिन्दे गए। वे घर जाकर पैसे लाए। 'मांडी' नाम की धारा के अनुसार एक सौ पचास रुपए जुर्माना किया था। नागू मोरे बोले–"पंच देवताओं कु अब पइसे मिल गए हैं...तब देवता हमारे छोरे कु जाति में लें...।" अन्ततः कृष्णा शिन्दे को जाति में ले लिया और न्याय-पंचायत समाप्त हुई। एक सौ पचास रुपए गोंधळेवाड़ी तथा नराळ के न्यायाधीशों ने पचहत्तर-पचहत्तर करके बाँटकर ले लिए। हमारे गाँव के भिखारी की गलती थी इसलिए हमारे गाँव के न्यायाधीशों को कुछ भी नहीं मिला। 'दांडी' और 'मांडी' ये दो हमारी जाति की धाराएँ थीं। 'दांडी' धारा लागू करने पर सौ रुपए तक तावान होता और 'मांडी' धारा लागू करने पर एक सौ पचास रुपए तावान देना होता है। हमारी जाति की अदालत समाप्त हुई। लोग अपने-अपने घर निकल गए।

मैं दूसरे दिन सुबह जत आया। काम पर जाना, कॉलेज जाना और अध्ययन करना प्रतिदिन का कार्यक्रम बन गया। दिन तूफान के समान तेजी से बीत रहे थे। कॉलेज देर से शुरू होने के कारण छमाही परीक्षा जल्दी ही होनेवाली थी। हम अध्ययन करते थे। परीक्षा शुरू हुई। एक के बाद एक पेपर होने लगे। विषय नए थे लेकिन पेपर लिखने की कला मुझे पहले से अवगत थी। परीक्षा समाप्त हुई। मैं दो-तीन दिन जत ही में रहकर काम पर जाता रहा। चौथे दिन पिताजी आए। हरीश सांगली से नहीं आया था इस

वजह से उससे भेंट होना संभव नहीं था। बालू और पिताजी कमरे में बैठे थे। मैंने पिताजी से कहा—"पिताजी...! आप ठहरो, मैं थोड़ी देर में आता हूँ...।" कहते हुए मैं बाहर निकला। मैं गिर्मल भैया की ओर ग्राम-पंचायत में गया। आकर गिर्मल भैया को बताया—"छुट्टी पर जा रहा हूँ...लौटने के बाद काम पर आऊँगा...।" गिर्मल भैया ने सकारात्मक गर्दन हिलाई। मैं कमरे पर आया। तब तक बालू, पिताजी और आण्णासाहब सालुंखे ये तीनों बातें करते बैठे थे। पिताजी ने मुझे कहा—"दादासाब...। तू हाथ से बनाके खाता है...?" मेरे 'हाँ' कहने पर उन्होंने फिर प्रश्न पूछा—"काम करना...कालीज जाना आउर हाथ से बनाके खाना...तेरे कु यह सब कइसा जमता है...?" मैंने कहा—"पिताजी ! परिस्थिति इन्सान को सब कुछ करना सिखाती है...। आप चिन्ता क्यों करते हैं ?' उदित हुए सूर्य का किसी तरह अस्त होता ही है। फिर चाहे उसका अस्त सुख में होता हो चाहे दुख में। समय कभी रुकता नहीं। रहती हैं सिर्फ यादें...।" पिताजी मेरे चेहरे की ओर देखते रहे। वे जानते थे कि अनेक संकटों का सामना करता हूँ इसलिए मैं इस तरह बोलता हूँ। मेरे आने से पहले ही बालू और आण्णासाहब सालुंखे ने पिताजी को मेरा इतिहास बता दिया था। यह बात मेरे ध्यान में बाद में आई। पिताजी ने कहा—"चल...अब अपुन कु सलगर कु जाना है...।" सलगरे का नाम लेते ही मुझे आनन्द हुआ। मेरे स्कूल का कँटीला रास्ता सलगरे से ही शुरू हुआ था। कई मोड़ लेते-लेते वह यहाँ तक आ पहुँचा था। जाने वह कहाँ खत्म होनेवाला था ? काम के पैसे में से मैंने जैसे-तैसे सीधे-सादे कपड़े सी लिए थे। एक कपड़े की थैली ली थी। पाँव में बालू की दी टूटी जूती थी। मैंने थैली हाथ में ली और पिताजी के साथ चलने लगा। पिताजी को लगता था मैं जरा सुधर-सा गया हूँ। हम एस.टी. स्टैंड पर आए। एस.टी. लगने में और पन्द्रह मिनट देर थी। मैं खड़ा होकर समय-सारणी पढ़ रहा था। अनजाने में मन में विचार आया कि पिछले वर्ष इसी एस.टी. स्टैंड में भूख से व्याकुल होकर एस.टी. बस की प्रतीक्षा कर रहा था। अब कभी-कभी ही यहाँ आता हूँ, मानो ऐसे जैसे ससुराल भेजी गई बेटी को बहुत दिनों के बाद माँ मिलती है। एस.टी. बस आ गई। हम उसमें बैठ गए। सलगरे में उतर गए। मैंने सलगरे के स्कूल की ओर देखा। वहाँ बचपन में जिस आँगन में बैठा था वह पूर्ववत् ही था। लेकिन मैं बढ़ता, सुधरता जा रहा था। कोंडिबा कुंभकार की बस्ती पर गया। वहाँ पर तीस-पेंतीस तिरपालों का समूह था। पुरानी यादें ताजा हुई थीं। प्रत्येक तिरपाल से लोग हमारे तिरपाल की ओर आ रहे थे। कृष्णा बुआ ने कहा—"दादासाब ! कालीज पढ़के आया....?" मैंने 'हाँ' कह दिया। पिताजी बता रहे थे—"दादासाब हाथ से खाना बनाता है...काम पर जाता है...आउर कालीज मां बी पढ़ता है...।" लोग मेरी प्रशंसा करते थे लेकिन पढ़ाई के लिए किन मुसीबतों का सामना करना पड़ता है वह उनको मालूम नहीं था। गंगाराम शिन्दे ने कहा—"मलारी...! तेरा छोरा...बहुत पढ़ा बाबा...!" उनकी बात पर मुझे हँसी आई। मैं छोटा था। इसी गाँव में मैं स्कूल गया था। अध्यापक ने मुझे बाहर आँगन में बिठाया था। पढ़ाया हुआ कुछ भी समझ में नहीं आया था। जब मैं

घर लौटा तब माँ ने कहा था—"दादासाब ! कित्ता सीखा...?" मुझे स्कूल में कुछ भी सुनाई नहीं दिया था और एक दिन में सीखता भी तो क्या सीखता ? मैंने माँ को जवाब दिया था—"माँ, मैं आज बोत सीखा... ।" यह सुनकर माँ ने कृष्णा बुआ से कहा था—"किसना भाभी जान...! दादासाब बोत सीखा... ।"...और आज वही वाक्य मुझे सुनने को मिला था। उस समय मेरी समझ में कुछ नहीं आया था। मुझे कुछ भी नहीं आता था, तब भी मैं बहुत सीखा था और आज दुनिया देखी थी, अनुभव से जानी भी इसलिए बहुत सीखा था। मैं विचारों में ही डूबा था।

हम सलगरे से मणेराजुरी गए। उस समय नागू दादा, नारायण शिन्दे, मचिन्द्र शिन्दे, यशवन्त भालके, नामदेव दोरकर और हमारा परिवार ये सब एक-साथ थे। हमने गाँव के निकट ही तिरपाल फैलाए थे। भोर के समय सभी पुरुष लोग माँगने को गए। सुबह मैं, आबास और लक्ष्मण जीजाजी भी माँगने गए। दोपहर में हम सब माँगकर लौट आए। पुरुष लोग सुबह ही माँगकर लौट आए थे। सिर्फ नामदेव दोरकर अब तक नहीं आए थे। सब लोग उनकी प्रतीक्षा कर रहे थे। हमारे पुरुष लोग दोपहर तक कभी नहीं रुकते थे। दिन ढल गया फिर भी नामदेव दोरकर नहीं आए। हम सबको बहुत ही चिन्ता लगने लगी। गाँव का एक लड़का तिरपाल की ओर भागते-भागते आया और बोला—"ऐं... जोशियों...तुम्हारे एक आदमी कु...हमारे गाँव में धोंडिबा के घर में बाँध के रखा है... आउर धोंडिबा उसे पीट रहा है... ।" उस लड़के का वाक्य सुनते ही हमारे लोग, औरतें और बच्चे रोते-बोंब मारते गाँव की ओर दौड़ने लगे। बच्चे नंगे-धड़ंगे जोर-जोर से बोंब मारते हुए भाग रहे थे। गाँव के सभी लोग हमारी ओर देख रहे थे। हम गाँव में धोंडिबा के घर गए। हमारे सभी परिवार के लोग आए थे। नामदेव दोरकर को घर में एक खम्भे से बाँधा था और वह आदमी उसे कोड़े से पीटता जा रहा था। यह देखकर उसे नागू दादा ने कहा—"मालिक ऽ ऽ ऽ यह क्या करते हो ?" उस आदमी ने कहा—"अरे... ऐं ऽ ऽ ऽ गरीब के बच्चे...तुम लोगों में बोत मस्ती है... ।" नागू दादा ने फिर से पूछा—"अजी !...पर उसने किया क्या...?" उस आदमी ने कहा—"मेरी औरत कु धागा देके उससे मुर्गी लेने लगा था...मुझ पर जादू-टोना करने के लिए धागा मन्तरके दे रहा था... ।" नामदेव दोरकर को मन्त्र-तन्त्र थोड़े ही आता था ? नागू दादा ने कहा—"अजी ! उसकु कइसा मन्तर-तन्तर आता है ? चुप ही हम माँग के खाते हैं... ।" उस आदमी ने कहा—"अरे ऽऽ ऽ तुम सबी जुशी एक जैसे ही...तुम कइसे बताओगे मन्तर आता करके...?" मेरे पिताजी बोले—"अजी ! मालिक वह वइसा नहीं करेगा...आपकी मालकिन कु तो पूछके देखो... ।" उस आदमी ने कहा—"काहे कु पूछे...? औरत जात धागा क्यूँ लेती है समझता नाहीं क्या...?" तब तक वहाँ गाँव के बहुत-से लोग जमा हो गए थे। उनमें कुछ सयाने और समझदार लोग भी आए थे। उनमें से एक आदमी ने कहा—"धोंडिबा...अरे पूछ तो तेरी औरत कु...चुप ही उस गरीब कु क्यूँ पीट रहा...?" धोंडिबा ने अपनी पत्नी से पूछा—"अरी ओ काली...! तू काहे कु धागा लिया था...?" उसकी पत्नी ने कहा—"मुझे कह रहा था...तेरे घर माँ बरकत लाता हूँ...बोत

पइसे मिलेंगे आइस करता हूँ...पर एक मुर्गी देनी पड़ेगी...इसलिए ज्यादा पइसे मिलेंगे करके मैंने मुर्गी दी... ।" नागू दादा ने कहा–"मालिक...आप चुप ही इस गरीब कु पीट रहे...दूसरों का भला होगा यह कहे बिना हमारे पेट के लिए कौन देगा...?" गाँव के लोगों ने धोंडिबा को गालियाँ दीं। एक ने कहा–"अरे...! तेरी औरत कु अकल नाहीं आउर तू उस गरीब कु पिटने लगा... ।" धोंडिबा ने नामदेव दोरकर को छोड़ दिया। नामदेव दोरकर को सीधी तरह से चलना नहीं आता था। बहुत पीटा था उसे इसलिए मुझे बहुत बुरा लग रहा था।

लेकिन मैं कुछ भी नहीं कर सकता था। हमारी जाति के बड़े गर्व से बोलनेवाले न्यायाधीश आज लाचार होकर बोल रहे थे। अन्याय होने पर भी वे सिर नीचे झुकाकर लौटने लगे थे। हम सब तिरपाल पर लौट आए। वहाँ से आगे हमारा जीवन-प्रवाह बहने लगा। तिरपाल निकालना, बोझ लादना और कुत्तों-घोड़ों को हाँकते हुए आगे ले जाना शुरू हुआ। एक के बाद एक दिन शीघ्रता से बीतने लगे। एक महीना हुआ। मैं जत लौट आया।

कॉलेज के गॅदरिंग का दिन आया। कॉलेज की ओर से तीन-अंकी एक ही नाटक बिठाया था। हम सब जन एक महीने से नाटक की रिहर्सल करते थे। प्रो. तुकाराम चव्हाण हमें मार्गदर्शन कर रहे थे। कार्यक्रम के दिन हम अच्छी रिहर्सल करते थे। नाटक का नाम था–'इच्छा मेरी पूरी कीजिए'। नाटक विनोदी था। उसमें राजा की भूमिका राजू हिरेमठ कर रहा था। कोतवाल की भूमिका आप्पा चव्हाण कर रहा था। हवलदार की भूमिका मैं स्वयं कर रहा था। प्रधान की भूमिका बालू सावन्त, चपरासी की भूमिका बालू सुरणीस और मोहना की भूमिका राजेन्द्र स्वामी कर रहा था। कार्यक्रम शुरू हुआ था। हम मेकअप करके ड्रेस पहनकर तैयार थे। लड़के गाना गा रहे थे। थोड़ी देर बाद नाटक आरम्भ हुआ। प्रथमतः लोकनाट्य का कथानक-गीत गाया गया–

सूर्यपुर नगर पाँच मील जी ! घेर
वहाँ राज्य करे राजा एक शूर-वीर
नाम उसका था राजा रणधीर
भोला-भालापन उसके स्वभाव का सार
राज्य की घटित घटना कह देता हूँ आपसे
राज्य में ऊधम निरन्तर मचे, वाकई पता नहीं था उसे
जी ऽ ऽ ऽ जी ऽ ऽ ऽ हो ऽ ऽ ऽ जी ऽ ऽ ऽ

नाटक शुरू हुआ। मंच पर दरबार भरा हुआ-सा लग रहा था। हवलदार का पात्र विनोदी था। उसने तलवार उल्टी पकड़ी थी और पुलिस सिपाही ने सीधी पकड़ी थी। तब भी हवलदार की भूमिका में मैं उसे कहता था–"ऐं ऽ ऽ ऽ सिपाही...तलवार कैसी पकड़ी है देख... ।" वह सिपाही बोला–"सीधी पकड़ी है... ।" मैंने फिर उसे पूछा–"यहाँ अधिकार से वरिष्ठ कौन है...?" उसने कहा–"आप ही हैं... ।" फिर मैंने कहा–"तब जैसे मैं तलवार पकड़लूँगा वैसे तू पकड़...पकड़ मेरे जैसी... ।" पुलिस सिपाही ही ने

तलवार उल्टी पकड़ी। लोग हँसने लगे। दूसरी हँसी के समय राजमहल में दरबार भरा था। राजा ने कहा—"पलंग कैसे चुराया गया...?" हवलदार ने बताया—"महाराज... पलंग कोतवाल ने चुराया...।" राजा ने फिर कहा—"इसका प्रमाण बतलाओ...?" हवलदार की भूमिका में मैंने कहा—"महाराज ! इसका कोई प्रमाण नहीं...इसको जला डालो...मैं कहता हूँ इसको जला डालो...।" दर्शक लोट-पोट होकर हँसते थे। फिर राजा ने कहा—"वैसे नहीं...प्रमाण यानी इसका सबूत क्या है...?" दर्शक ज्यादा ही हँसने लगे। मेरे चेहरे पर निराशा दिखाई देने लगी। मेरा सुझाव ठुकराया गया था। मैं लम्बे डग भरते हुए चल रहा था। इस तरह की विचित्र शुरुआत के कारण मैं विदूषक जैसा ही दिखाई दे रहा था। कार्यक्रम समाप्त हुआ। दर्शक अपने-अपने घर गए। उस नाटक की हवलदार की भूमिका के लिए मुझे प्रमाणपत्र मिला।

वार्षिक परीक्षा निकट आई थी। हम रात में जाग करके अध्ययन करने लगे। मैं बीच-बीच में बालू के घर जाता था। काम पर जाना, अध्ययन करना और कॉलेज जाना शुरू हुआ। वार्षिक परीक्षा समाप्त हुई।

दूसरे दिन पिताजी आए। छुट्टी के बाद लौटने पर काम पर आने की बात गिर्मल भैया को बताकर मैं पिताजी के साथ निकल पड़ा। बी.सी. स्कॉलरशिप मिली थी। मैंने उसमें से कुछ भी पैसे खर्च करने के लिए नहीं लिए थे। पैसे वैसे ही डाक में रखे थे। हम स्टैंड पर आए। पिताजी ने कहा—"अपन कु कुम्बारी की मोटर कब है....देख...।" मैंने पूछताछ की। कुम्भारी के लिए आधे घंटे के बाद बस थी। गाँव के निकट ही बंजर भूमि थी। वहीं पर तिरपाल डाले थे। उस बंजर भूमि को देखकर विमल की प्रसूति का प्रसंग याद आया। प्रतिवर्ष कुम्भारी आने पर हमारी जाति के लोग उसी स्थान पर रहते थे। उस समय बाबजी भोसले, तुकाराम मोरे, गुंडाप्पा मोरे, नराळ के सुभाषराव भोसले, शिवाजी भिसे, शेलार भिसे और हम—इन सबके तिरपाल एक-साथ थे। मैं तिरपाल के सामने बैठा था। लोग मेरी प्रशंसा कर रहे थे। जाई बुआ कहती थी—"छोरा कितना सयाना है...खुद कमाता आउर कालीज सीखता है...।" शिवाजी भिसे कहते थे—"मलारी मामा के छोरे ने नाम कमाया...भीख माँगके मुहल्ले में...।" पिताजी खुशी के मारे फूला नहीं समाते थे। छाया बड़ी हुई थी। वह विवाह योग्य हुई थी। हमारी जाति में बारह वर्ष पूरे होते ही लड़की की शादी करनी पड़ती थी। पिताजी को सभी ओर से चिन्ता लगी थी। मैं विचार करता था कि हमारी जाति कितनी पागल है? बच्चों को पहनने के लिए कपड़े नहीं होते, खाने को रोटी नहीं मिलती तब भी हमारे लोग परिवार नियोजन का कोई उपाय नहीं करते। पिताजी तात्यासाब को भी लाए थे। पिताजी की खींचातानी होती थी। माँ अब भी गर्भवती थी। खानेवालों की संख्या बढ़ रही थी लेकिन कमानेवालों की नहीं। मैंने पिताजी से कहा—"पिताजी ! इस बार माँ की परिवार नियोजन-शस्त्रक्रिया करेंगे...घर में बच्चों की संख्या बढ़ रही है। उनको पहनने के लिए कपड़े नहीं मिल रहे...।" पिताजी ने बीच में ही कहा—"ज्यादा सयाना मत बन...ईश्वर ने जनम दिया...सो इनकु कइसे जिलाना इसकी उसकु बोत चिन्ता है...।" मुझे पिताजी की बात

का गुस्सा नहीं आया बल्कि हँसी आई। मैंने कहा—"पिताजी, ईश्वर को आपके बच्चों की चिन्ता करने के सिवा दूसरा काम नहीं क्या ? सबकी चिन्ता करने के लिए खाली नहीं होगा ईश्वर। यह कैसे संभव है कि बच्चे आपको हो जाएँ और उसकी चिन्ता ईश्वर करें ? आपको ही अपने बच्चे जिलाने चाहिए। अगर आप उनके पेट को कुछ नहीं देते तो बच्चे ईश्वर के नाम से नहीं पेट भर सकते।" सुनकर पिताजी ने कहा—"सही है तेरा...पर तेरे कु क्या मालूम नहीं...अपुन कु एक-दो दिन मां अगले गाँव जाना पड़ता है...आपरीसन करके लोगु कु मार डालना है क्या...?" मैंने बताया—"ऑपरेशन करने के बाद आराम कर सके इसलिए सरकार पैसे देती है। वे पैसे लेकर ही एक ही गाँव में कुछ दिन ज्यादा रहे। इससे बोझ उठाने, अगले गाँव जाने के कष्ट से छुटकारा मिलेगा... ।" पिताजी ने पूछा—"कितने पइसे मिलेंगे...?" मैंने कहा—"अपने परिवार के सदस्यों की संख्या के आधार पर पैसे मिलते हैं। यदि परिवार में सदस्य कम हों तो पैसे ज्यादा मिलते हैं और ज्यादा हों तो कम मिलते हैं।"

हमारी जाति के सभी लोग ये बातें खामोश होकर सुन रहे थे। इतनी देर तक चुप बैठे हुए बाबजी भोसले ने कहा—"अरे ऽ ऽ ऽ पइसे के लिए लोगों कु मार डालना क्या...?" मैंने बताया—"सरकार ने लोगों को मार डालने के लिए ऑपरेशन शुरू नहीं किया...लोगों की चिन्ता हमसे ज्यादा सरकार को है... ।" फिर गुंडाप्पा चाचा ने पूछा—"अरे ऽ ऽ ऽ दादासाब ! लोग भीख माँगने कु कइसे जाएँगे...? एक दिन माँगने कु नहीं जाते तो पेट कु कुछ नहीं मिलता... ।" मैंने कहा—"अपनी जाति में पुरुषों का ऑपरेशन करना बुरा है। शायद खतरे से भी खाली नहीं है। लेकिन स्त्रियों का ऑपरेशन करवा लेने में क्या हर्ज है...?" बाबजी मामा ने कहा—"औरतों का आपरीसन करके...हम कु बी पकड़ते हैं तो...माँगने कु जाने पर... ।" मैंने उनको समझा दिया कि—"ऑपरेशन करने के बाद अपने को ऑपरेशन करवा लेने का प्रमाण-पत्र दिया जाता है। वह प्रमाणपत्र अपने साथ होने पर अपने को परिवार नियोजन के ऑपरेशन का डर ही नहीं रहता।" तुकाराम चाचा बोले—"वइसा हो तो भला है... ।" जब हमारी जाति के सभी लोगों को समझा दिया तब फिर पिताजी ने पूछा—"तब...हम तेरी दीवाली की छुट्टी में जत कु आएँगे...तब तू खुद ले जा...तेरी माँ कु...ऑपरीसन कु... ।" मैंने 'हाँ' कह दिया। मैंने स्वयं ही विचार किया कि यदि हमारी जाति के चार-पाँच परिवारों ने भी परिवार नियोजन का ऑपरेशन करवा लिया तो भी अन्य लोगों के मन में तत्सम्बन्धी डर नहीं रहेगा। हमारा दिशाहीन जीवन आरम्भ हुआ। गाँव-गाँव में तिरपाल फैलाए जाते थे। बच्चे नंगे-धड़ंगे हाथ में थालियाँ-पतीली लेकर भीख माँगने को भागते हुए जाते थे। मैं और आबास दोनों माँगने के लिए जाते थे। रोज आनेवाला दिन नया संकट लेकर आता था। लेकिन विशाल रातें उसे अपनी गोद में लेकर निकल जाती थीं। मैं जत में आ गया।

हमारा रिजल्ट लगा था। हरीश जत में ही कॉलेज की पढ़ाई के लिए आया था। बालू और हरीश ने प्रवेश लिया था। मैंने भी बारहवीं कॉमर्स में प्रवेश लिया। पिछले

साल की स्कॉलरशिप के तीन सौ पचास रुपए डाकघर में रखे थे। उसी में से कुछ पैसे निकालकर कपड़े ले लिए। हम तीनों और आण्णासाहब सालुंखे कॉलेज जाने लगे। गिर्मल भैया से मिलकर मैं काम पर जाता था। मेरे जीवन का मार्ग कॉलेज की ओर मुड़ गया था। दिन शीघ्रता से बीत रहे थे। मैं नाटक में अच्छा काम करता था इसलिए 'भरत-नृत्य-नाट्य-दर्शन जत' नामक संस्था के संचालक गुरु अग्नि ने मुझे 'आभूषण टूटा सुहाग का' नामक नाटक में शिवा डाकू की भूमिका दी। हम निरन्तर रिहर्सल करते थे। सुबह काम पर जाना, दिन में कॉलेज जाना और रात को नाटक के रिहर्सल के लिए जाना इसी में दिन बीत रहे थे।

गणेशोत्सव का आगमन हुआ। दूसरे दिन 'भरत नृत्य-नाट्य-दर्शन' का कार्यक्रम था। संगीतकार और लेडीज भूमिका करनेवाली लड़कियाँ सांगली की थीं। सांगली के कलाकार आ गए। गुरु अग्नि ने हमारा एक-दूसरे से परिचय करा दिया। हार्मोनियम मास्टर प्रकाश नातू थे। ढोलकी-वादक बबन सदाकाले थे। ट्रिपल और बेंजो वादक आर. के. शेख थे। गायक प्रदीप कुलकर्णी थे, पार्श्वगायिका संध्या कुलकर्णी थी और नाटक में लेडीज भूमिका करने तथा 'व्हरायटी शो' में नृत्य करने के लिए कु. सीमा कुलकर्णी और कु. रत्नमाला ये दो लड़कियाँ थीं। रात में रिहर्सल शुरू हुई। प्रदीप कुलकर्णी और कु. संध्या कुलकर्णी व्हरायटी गीत गाने लगे। प्रकाश नातू हार्मोनियम बजाते थे, बबन सदाकाले ढोलकी बजाते थे और आर.के. शेख ट्रिपल तथा बेंजो दोनों वाद्य एक साथ बजाते थे। हर एक आदमी अपनी-अपनी कला दिखा रहा था। हममें उपेन्द्र रानडे जो था वह नाटक में नौकर की भूमिका कर रहा था। उसने प्रकाश नातू से कहा—"अजी। हार्मोनियम मास्टर ऽ ऽ ऽ पीस गलत बजाया...वैसा नहीं था वह पीस... ।"

उपेन्द्र रानडे को मजाक करने की आदत थी। हमेशा की तरह वह जैसे दूसरों को बोलता था वैसे ही विनोद के रूप में बोलकर गया। लेकिन सुनकर प्रकाश नातू ने हार्मोनियम को एकदम जोर से उपेन्द्र की ओर धकेल दिया। उससे पाँच-छह स्वर निकल पड़े। फिर उठकर नातू ने कहा—"मुझे आपका कार्यक्रम नहीं करना। मुझे अपने से कला का कम ज्ञान रखनेवाले किसी भी व्यक्ति का बोलना या सूचना देना पसन्द नहीं। स्वरों का अच्छा-खासा ज्ञान मैंने पाया है। मैं अच्छी तरह से समझता हूँ कि पीस सही था या नहीं।" इतना कहते हुए नातू बाहर जाने लगे। गुरु अग्नि ने उन्हें रोका और कहा—"नातू सर ऽ ऽ ऽ अजी, उसको विनोद करने की आदत है...उसे कहाँ मालूम कि स्वर क्या है...?" नातू सर नें कहा—"कला के बारे में किया गया विनोद मुझे पसन्द नहीं होगा। मैं अपनी कला से निष्ठावान हूँ। इसीलिए तो मुझे कला हासिल हुई है।" अन्ततः अनेक प्रयासों से नातू सर को समझाया गया। उपेन्द्र रानडे गर्दन नीचे झुकाकर बैठा था। विचित्र आदमी दिखाई देने पर उस पर विनोद करने की सनक सवार होती थी। प्रकाश नातू वैसे दीखने में भी विचित्र थे। उनके सिर को सिर्फ किनारे-किनारे पर ही बाल थे। किन्तु बीच का पूरा हिस्सा ऐसे चमकता था जैसे तेल लगाया हो।

वह खोपड़ी ऐसी थी जैसे देखनेवाले को उसमें अपने चेहरे का प्रतिबिम्ब दिखाई

देता हो। बाल ऐसे थे जैसे खेत के किनारे-किनारे से ही बाड़ बनाई होती है। शरीर दुबला-पतला था फिर भी नातू सर इनशर्ट करते थे। शर्ट को पैंट में खोंसने से नातू सर अंजीब ही दिखाई देते थे। इस वजह से उपेन्द्र ने उनका मजाक किया। लेकिन वे स्वभाव से भी विचित्र निकले। परन्तु ढोलकी बजानेवाला सीधा-सादा था। वह कमीज और पतलून पहने हुए था। स्वभाव से भी वह गरीब था। रात में नाटक की रिहर्सल का आरम्भ हुआ। मैं लड़की के साथ नाटक में पहली बार काम कर रहा था। इस वजह से मुझे संकोच हो रहा था। संवाद जबानी याद होते हुए भी मुझे ढंग से बोलना नहीं आता था। मन पर एक प्रकार का दबाव आया था। विजय जोग हमें मार्गदर्शन करते थे। उस वक्त मुझे विजय जोग ने कहा—"अरे ऽ ऽ ऽ मोरे ! ऐसे शरमाता क्यों है ? यह नाटक है, सत्य-कथा नहीं...नाटक है यह मानकर बोल... ।" लेकिन वे लड़कियाँ निर्भीकता से बोल रही थीं और मैं शरमाता था। अनेक नाटकों में भूमिका करके वे अभ्यस्त हुई थीं। तब मैं भी ढाढस के साथ बोलने लगा। मैंने उस समय इतना ही याद रखा कि मैं एक शिवा डाकू हूँ। रिहर्सल समाप्त हुई।

दूसरे दिन सुबह काम पर गया। काम से लौटकर फिर कॉलेज गया। उसके उपरान्त कला संस्था के कार्यालय में गया। सभी कलाकार सोए हुए थे क्योंकि रात को जागना था इसलिए आराम करना आवश्यक था। लेकिन मेरे जीवन में ईश्वर आराम का खाता खोलना भूल गया था। इसलिए मुझे आराम नहीं मिलता था। मैं नाटक की पुस्तक लेकर कंठस्थ करने बैठा। थोड़ी देर बाद सभी उठ गए। प्रकाश नातू और आर.के. शेख के साथ मेरी अच्छी पहचान हुई थी। प्रकाश नातू ने मुझे कहा—"मोरे ! तू अच्छा कलाकार है...किन्तु जत में तेरी कला की कद्र नहीं होती। यहाँ सालभर में एक-दो कार्यक्रम करने को मिलते होंगे। तू सांगली आएगा तो तुझे गणेशोत्सव के दो महीने कार्यक्रम मिलेंगे। उतने पैसे भी कमा सकेगा और कॉलेज भी कर सकेगा।" मैंने कहा—"लेकिन सर ! वहाँ किसी भी कला संस्था से मेरा परिचय नहीं।" नातू सर ने कहा—"तू सांगली में आने पर मुझसे मिल। मैं किसी भी कला संस्था में तुझे भूमिका दिलवाऊँगा।" उन्होंने मुझे सांगली का पता लिखकर दे दिया। हम रात के कार्यक्रम की तैयारी में जुट गए।

गाँव के बीचोबीच कार्यक्रम के लिए मंच तैयार किया था। स्पीकर लगाया था। कुछ लड़के जोर-जोर से चिल्ला रहे थे—"थोड़ी ही देर में कार्यक्रम शुरू होगा। आएँगे तो हँसेंगे न आएँगे तो फँसेंगे !" हम मंच के पीछे मेकअप रूम में गए। दर्शकों की भीड़ थी। कोई सीटी बजा रहा था तो कोई चिल्ला रहा था। 'व्हरायटी शो' शुरू हुआ। संगीतकार मंच के सामने बैठे थे। प्रदीप कुलकर्णी और कु. संध्या कुलकर्णी, दोनों पार्श्वगायक का काम करते थे। मंच पर नृत्य चल रहा था। करीब डेढ़ घंटे बाद 'व्हरायटी शो' का कार्यक्रम समाप्त हुआ। फिर नाटक की शुरुआत हुई। शुरू में ही चन्द्रा 'मुरली' का नृत्य था। नृत्य खत्म होने से पहले ही प्रतिनायक पाटील आकर चन्द्रा का हाथ पकड़ता है। पाटील की भूमिका शरद निगडीकर कर रहा था। उसी समय शिवा डाकू की भूमिका में मैं था। शिवा भी उस समय वहीं था। पाटील ने हाथ पकड़ा है यह देखकर

शिवा की भूमिका में मैं था इसलिए मैंने कहा—"पाटील ऽ ऽ ऽ छोड़ो उसका हाथ... वह खंडोबा की मुरली है...तेरे जैसे को उसे हाथ तक नहीं लगाना चाहिए... ।" उस पर पाटील ने कहा—"तू कौन होता है बीच में दस्तदाजी करनेवाला...? मुझमें शक्ति है...शिवजी जैसे जहर हजम करने की.... ।" मैंने तुरन्त कहा—"अरे ऽ ऽ ऽ शिवजी ने...जहर हजम किया दुनिया की भलाई के लिए...आउर तू जो कर रहा है वह पापी वासना की पूर्ति के लिए... ।" लोगों ने तालियों की गड़गड़ाहट शुरू की थी। मेरा ध्यान दर्शकों की ओर था ही नहीं। मैं उस समय स्वयं को शिवा डाकू ही समझता था।... और उसी दौर में मैंने पाटील के बदन पर लाठी का प्रहार किया। यह देखकर दर्शक कह रहे थे—"शाब्बास ! मार ! और मार... ।" रात के दो बजे कार्यक्रम समाप्त हुआ। हम मेकअप पोंछकर अपने-अपने घर चले गए।

दूसरे दिन से काम पर जाना और कॉलेज जाना शुरू हुआ। मैं जब कॉलेज की ओर निकलता तब लोग कहते थे—"छोरा कॉलेज भी जाता है और नाटक भी करता है। होशियार है... ।" सुनकर मुझे आनन्द होता था। मैं काम पर जाने लगता तब लोग कहते थे—"छोरा मेहतर का लगता है इसलिए ऐसे काम करता है... ।" सुनकर मुझे बहुत बुरा लगता था। लोगों के आँखों की ऐनक लगातार बदलती थी। मेरा जीवन ही लगातार बदलता था तब उनकी ऐनक क्यों नहीं बदलेगी ? कभी लोगों के शब्द सुनकर आनन्द होता था तो कभी उनके शब्द जहरीले काँटे जैसे अन्तःकरण में चुभते थे। सुख-दुःख का अकाउंट समान हुए बिना जीवन का बैलेंस सीट कैसे टैली होगा ? इन्हीं विचारों से मैं अपने मन को समझाता था। दिन शीघ्रता से बीत रहे थे। मैं उनका सामना करता था। छमाही परीक्षा आरम्भ हुई। एक के बाद एक पेपर होने लगे। सभी पेपर समाप्त हुए। परीक्षा समाप्त होने के बाद मैं, हरीश और बालू तीनों दो-तीन दिन एक-साथ बैठते थे। घूमते थे। मेरा खर्च हरीश ही करता था। मैं जिस हालत में शिक्षा पा रहा था वह हरीश खुली आँखों से देखता था। इसलिए जब हम एक-साथ होते तब वह मुझे किसी भी प्रकार का खर्च करने नहीं देता था। चौथे दिन आबास कमरे पर आया। उसे देखकर मुझे आश्चर्य हुआ। मैंने आबास से पूछा—"आबा ऽ ऽ ऽ तू यहाँ कैसे आया...?" आबास ने बताया—"डेराडंगर की ओर से आते वक्त पिताजी ने कहा था...इसटेंड से सीधा आगे देखकर जा...आगे जाने पर एक मिल लगेगी...उसके आगे पानी का एक नल लगेगा...व्हाँ किसी कु बी पूछ...मोरे का कमरा कहाँ है करके...तब कोई बी बताएगा...जइसा उन्होंने बताया वइसा मैं वहाँ आया...हयाँ उस पार के घर में पूछा...तो उन्होंने कमरा दिखाया... ।" मैं जानता था कि हमारी जाति का कोई भी आदमी प्रायः रास्ता नहीं भूलेगा। उसे अनेक गाँवों में दर-दर भटकने का अनुभव होता है। मैंने पूछा—"डेराडंगर कहाँ है...?" आबास ने बताया—"डेराडंगर सनमाड़ी में है... ।" फिर मैंने घर के लोगों के बारे में पूछा, तब आबास ने बताया कि "माँ एक बच्चा जनी...छोरा हुआ...पिताजी ने उसका नाम बालासाब रखा... ।" मुझे पिताजी की बात अजीब लगी। घर में जन्म लेनेवाला प्रत्येक बेटा साहब था। पिताजी भी सोच-समझ

कर ही नाम रखते थे। एक साहब परनाले साफ करते, भीख माँगते और गड्ढे खोदते हुए शिक्षा लेता था तो दूसरा साहब आजीवन भिखारी हुआ था। तीसरा साहब अनाथ आश्रम में रहकर शिक्षा ले रहा था। अब इस चौथे साहब का क्या होगा कौन जाने ? मैंने आबास से पूछा—"तात्यासाब को लाया क्या ?" आबास ने बताया—"लाया...उसकु कपड़े बी आसरम से मिले...आउर...दादा अपनी छाया की शादी इस बरस आसाढ़ मां तय है...मेहमान धारवाड़ के हैं...आसाढ़ कु मानका माँ की ओर आए थे...मानका माँ उनकु लेने बावची कु आई थी...शादी इस बरस कु शादी के मुसम मां करनी है...मेहमान ने छाया कु देखा...आउर शादी तय की...।" मैंने गाँव में घटित सम्पूर्ण घटना सुन ली। थोड़ी देर सोचा। धारवाड़ के कौन मेहमान हो सकते हैं मुझे याद नहीं आ रहा था। मैंने पूछा—"धारवाड़ के कौन मेहमान हैं...?" आबास ने बताया—"अपनी मानका माँ की बहन का छोरा है...यानी अपनी माँ का मौसेरा भाई...कहते हैं कि उसका बाप धारवाड़ में पुलिस इंस्पेक्टर था...मानका माँ बताती थी...पिताजी ने बी उसके बाप कु देखा है...मान्याप्पा उसके बाप का नाम था...अब वह मर गया...।" आबास ने जितनी जानकारी सुनी थी उतनी बता दी। फिर उसने मुझसे कहा—"दादा ! चल अपन जाएँगे...पिताजी ने शाम कु लौटने कु कहा है...।" मैंने हाँ कह दिया। फिर अपना सामान लिया और हम दोनों बालू के घर आए। बालू की माँ ने कहा—"दादासाहब, यह कौन है ?" मैंने बताया—"आबासाहब...मेरा भाई है...मुझसे दो साल छोटा है...।" बालू की माँ ने कहा—"देख री ऽ ऽ ऽ कितना बढ़ा हुआ...।" मैं, आबास और बालू स्टैंड पर आए। थोड़ी देर बाद माड़ग्याल से सनमाड़ी जानेवाली एस.टी. से सनमाड़ी की ओर निकले।

हम सनमाड़ी आ गए। शाम के छह बजे थे। गाँव के उत्तर की ओर तिरपाल डाले थे। हमारे भिखमंगों का रहने का ठिकाना बिट्ठलनगर था। प्रतिवर्ष वहीं रहने के कारण वहाँ के लोग भी पहचानते थे। हम दोनों तिरपाल पर आए। सभी लोग तिरपाल के पास जमा हुए। उस समय नागू दादा, नारायण शिन्दे, यशवन्त भालके, मचिन्द्र शिन्दे और हम—इन सबके तिरपाल एक-साथ थे।

मचिन्द्र शिन्दे ने पूछा—"आसाढ़ कु क्यूँ नहीं आया...।" मैं नाटक की रिहर्सल करता था इसलिए आषाढ़ में आना-जाना संभव नहीं हुआ था। पिताजी बोले—"तू हर साल आता...करके मैं तेरे कु लेने नहीं आया...।" हर कोई पूछता था—"आसाढ़ कु क्यूँ चूका... ?" मानो उनको लगता हो कि मेरा आषाढ़ में गाँव जाने को चूकना याने बहुत बड़ी गलती करना था। उनके विचारों को लेकर मुझे क्या करना था ? किन्तु मैंने विचार किया। मन-ही-मन सोचा कि आषाढ़ को गाँव जाना चुकाया यानी जीवन का बहुत बड़ा अवसर नहीं खोया। भेड़-बकरियाँ काटकर खाने के लिए ही आषाढ़ में गाँव जाना चाहिए था। यदि मैं यह बात हमारे लोगों को बताता तो वे सीधे-सीधे कह देते "इस्कूल में पढ़ा तो क्या बोत सयाना नहीं हुआ...हमने तेरे से ज्यादा बसन्त देखे हैं...मलारी का छोरा खुद कु बोत सयाना समझने लगा...।" ऐसी एक से बढ़कर एक उपाधियाँ मिल

जातीं। मैंने उनको योग्य लगने लायक ही कारण बताया कि—"मेरी त्रैमासिक परीक्षा थी। पेपर शुरू थे। इसलिए आषाढ़ में नहीं आया।" असल में अगर देखें तो परीक्षा थी ही नहीं। किन्तु कहीं से बीच में ही परीक्षा घुसेड़ दी। हमारी जाति के लोगों को यह कारण सच लगा। सन्ता चाची ने कहा—"देवी कु बी उसकी अड़चन दीखती थी...करके उसने इसकु आसाढ़ कु नहीं लाया... ।" यशवन्त मामा ने कहा—"मरी माता की बोत किरपा है उस पर...करके वह इतना पढ़ा...देवी कु सब कुछ दिखाई देता है...तब परीकशा नहीं दीखता क्या...?" मैं चुपचाप सुन लेता था। कुछ बोलने पर भी उसका कोई उपयोग नहीं था। मेरे एकाध दूसरे वाक्य से, उनके मन पर विरासत के रूप में दृढ़ होता आया रूढ़ि-परम्परा का पर्दाफाश थोड़े ही होनेवाला था ?

दूसरे दिन से हमारा पूर्ववत् जीवन आरम्भ हुआ। मुझे छाया की शादी के बारे में पिताजी ने भी जानकारी दे दी थी। पिताजी शादी में खर्च होनेवाले पैसों की चिन्ता में थे। स्पष्ट था कि शादी के लिए ऋण लेना ही पड़ेगा। लेकिन लोगों से ऋण भी तो मिलना चाहिए। हमारे पास उनसे ऋण लेने हेतु गिरवी रखने के लिए था ही क्या ? एक घोड़ा था और एक बकरी थी। बकरी को भी माँ ने मेमना आनें पर बच्चों के दूध के लिए पाला था। तब हमें ऋण भी तो कौन देगा ? हम अचकनहली में थे। जत से वह गाँव निकट ही था। मैंने पिताजी से कहा—"पिताजी। माँ का परिवार नियोजन का ऑपरेशन करेंगे...जत में जाकर... ।" पिताजी बोले—"दादासाब ऽ ऽ ऽ पागल है क्या तू...? अरे...छोरी की शादी है...उसकु पइसे लगेंगे...अपुन आठ-पन्द्रह दिन जत में रहे तो पइसे कब मिलेंगे...?" मैंने पिताजी से कहा—"आप पन्द्रह दिन में कितने पैसे कमानेवाले हैं....? मुझे स्कॉलरशिप के पैसे मिलते हैं। वे पैसे ही आपको देता हूँ... ।" पिताजी ने कहा—"अरे...उतना ही एकाध छोटे-मोटे कपड़े का आधार होगा... ।" आधार काहे का होगा ? किन्तु आदमी की आशा कभी समाप्त नहीं हुई। पिताजी को भी आशा थी कि तब तक थोड़े-बहुत पैसे मिलेंगे। लेकिन यह उनको समझता नहीं था कि ओस चाटे प्यास नहीं बुझती। वे सोच-विचार में बैठे थे। उन्होंने मुझे कहा—"भला...तू कहता इसलिए करेंगे आपरीसन...जइसा होगा वइसा होने दे... ।" किसी तरह पिताजी की अनुमति पा ली। माँ को समझाना आवश्यक ही नहीं था। पिताजी ने निर्णय लिया सो हो गया। तब भी मैंने माँ से कहा—"माँ ! तू चिन्ता मत कर...कुछ भी नहीं होगा। मैं मानका माँ को गोंधलेबाडी से बुला लेता हूँ... ।" माँ को इससे बहुत बड़ा आधार मिला। रात में पिताजी ने नागू दादा से कहा—"चाचा...अजी, छोरा उसकी माँ का आपरीसन करने कु बोलता है...बच्चे बन्द होने का आपरीसन...तब मैं हयाँ से अकेला अपना डेराडंगर लेकर जत कु जाता हूँ... ।" नागू दादा बोले—"मलारी...अरे, आपरीशन करके छोरी कु मार डालता क्या ? अब बच्चे कु जनम देना बन्द करके अपुन कु अमीर होना है क्या...? खाएँगे माँगके... ।" पिताजी बोले—"दादासाब कुछ मानता नहीं...तब उसकु जो करना सो करने दे... ।" नागू दादा ने कहा—"दादास्या ऽ ऽ ऽ अरे, तेरी माँ का आपरीशन करके डेराडंगर करने के साथ कइसा होगा...?" मैंने कहा—"ऑपरेशन

करने के बाद दस-पन्द्रह दिन जत में ही रहेंगे।" फिर नागू दादा बोले—"भला बाबा...जइसा करना वइसा करो...तुम्हारे मन के मालिक हम हैं क्या...?" मैं चुपचाप बैठा। दूसरे दिन हम अपने परिवार के साथ जत आए और सम्भू नाले पर अपना अकेला तिरपाल फैलाया।

मैं कमरे पर आया। कॉलेज शुरू हुआ था। तम्मा आया था। उसके भोजन के डिब्बे में नानी को चिट्ठी भेज दी—

पूज्य नानी की सेवा में, पोते दादासाहब का सा. नमस्कार। वि.वि. दो दिन में माँ का सरकारी अस्पताल में परिवार नियोजन का ऑपरेशन है। इसलिए कल तू जत अवश्य आना। हम सम्भू नाले पर रहे हैं। एक ही तिरपाल है।

आपका पोता
दादासाहब

चिट्ठी डिब्बे में डाल दी और मैं तिरपाल की ओर लौट गया। दूसरे दिन सुबह ग्यारह बजे नानी आई। उसने मुझसे कहा—"क्यूँ भला कर रहे अनुसया का आपरीशन...छोरी कु कुछ हुआ तो...?" मैंने कहा—"मानका माँ...तुझसे ज्यादा मुझे माँ की चिन्ता है। अगर कुछ होनेवाला होता तो मैं ऑपरेशन करने को न बताता।" नानी ने कहा—"वहीं पर एक जगह पर रहना पड़ता है...तेरा बाप रोज गाँव-गाँव भटकता है... ।" मैंने कहा—"मैंने पिताजी को बताया है कि पन्द्रह दिन जत में ही रहना है।" तब नानी चुप बैठी। मैं कमरे की ओर गया। वहाँ से कॉलेज गया।

दूसरे दिन मैं, पिताजी, नानी और माँ चारों सरकारी अस्पताल में गए। अस्पताल 'श्री रामराव विद्यामन्दिर हाईस्कूल' के निकट ही था। मैंने केस-पेपर ले लिया। थोड़ी देर बाद सिस्टर को भेजा। हम डॉक्टर की ओर गए। डॉक्टर ने मुझसे कहा—"क्या ये आपकी माँ हैं...?" मैंने हाँ कहा तो डॉक्टर ने दूसरा प्रश्न पूछा—"प्रसूत होकर कितने दिन हुए...?" माँ ने बताया—"दो महीने हो गए होंगे... ।" डॉक्टर ने गर्दन हिलाई। कुछ तो लिख लिया। फिर बोले—"आपके पिताजी कहाँ हैं...?" मैंने बताया—"हैं...बाहर ठहरे हैं... ।" डॉक्टर ने कहा—"बुलाओ उनको...उनके हस्ताक्षर की आवश्यकता होती है। उसके बिना एडमिट नहीं किया जा सकता... !" मैंने पिताजी को बुला लिया। पिताजी ने अँगूठा लगाया। फिर डॉक्टर ने कहा—"परिवार नियोजन का ऑपरेशन करने के बाद बीस-इक्कीस दिन आराम लेना। मच्छी और भेड़ी का गोश्त नहीं खाना। भारी बोझ नहीं उठाना। उससे टाँके टूटते हैं। मनुष्य की जान को खतरा रहता है। कल आ जाओ, एडमिट कर लूँगा। तुरन्त ऑपरेशन करना संभव होगा। डरने का कोई कारण नहीं। लेकिन सुबह से कुछ खाना नहीं। चाय तक नहीं लेनी... ।" डॉक्टर ने अपनी बात कह दी थी। मैंने, पिताजी और माँ ने उसे ध्यान से सुन लिया। हम तिरपाल पर वापस आए। खाना खाकर मैं कमरे पर आया। दो बहियाँ लीं और कॉलेज गया। बालू और हरीश कॉलेज पर ही मिले। दो-तीन दिन में होनेवाली मेरी दौड़-धूप

वे दोनों भी देख रहे थे।

सुबह हम सब अस्पताल में गए। माँ को एडमिट किया। थोड़ी देर में ही ऑपरेशन किया जानेवाला था। हर-एक के चेहरे पर चिन्ता की रेखाएँ स्पष्ट उभरी हुई थीं। पिताजी बेचैन हुए थे। उनको ऑपरेशन का डर लगता था। एक घंटे के बाद सिस्टर ने आकर बताया कि "ऑपरेशन हो गया... ।" मैं डॉक्टर के कमरे की ओर गया और डॉक्टर से पूछा—"डॉक्टर ! ऑपरेशन कैसा हुआ...?" डॉक्टर ने हँसते हुए ही बताया कि "ऑपरेशन नॉर्मल है। डरने का कारण नहीं... ।" मैंने कहा—"पिताजी डरकर बैठे हैं... ।" डॉक्टर ने कहा—"पिताजी को बोलो ऑपरेशन बिल्कुल ठीक हुआ है। थोड़ी देर बाद तुम पेशेंट से मिलने जाओ। फिलहाल नर्स पेशेंट को जनरल वार्ड में ले जा रही है... ।" मैं पिताजी के पास आया। मुझे देखते ही उन्होंने कहा—"क्या हुआ रे...दादासाब ऽ ऽ ऽ ?" मैंने बताया "ऑपरेशन अच्छा हुआ है। डॉक्टर ने बताया है कि थोड़ी देर में मिलने के लिए जाओ... ।" फिर हम तीनों जनरल वार्ड में गए। नानी ने बच्चे को लिया था। एक खटिया पर माँ सोई हुई थी। सिस्टर ने बताया—"पानी पीने मत दो...टाँके गीले हो जाते हैं... ।" हम खटिया के निकट बैठे थे। माँ को बेहोशी का इंजेक्शन दिया था। पिताजी ने घबराकर पूछा—"दादासाब ऽऽ ऽ तेरी माँ बोलती क्यूँ नहीं...?" मैंने कहा—"पिताजी ! डॉक्टर ने बेहोशी का इंजेक्शन दिया है। उसके अलावा ऑपरेशन करना ही नहीं आता। माँ थोड़ी देर में होश में आएगी... ।" पिताजी गर्दन नीचे झुकाकर बैठे रहे। नानी बोली—"दादासाब ऽ ऽ ऽ तूने कुछ भला नहीं किया... ।" मैंने कुछ नहीं कहा। कम-से-कम माँ के होश में आने तक मेरी कोई न सुनता। थोड़ी देर के बाद धीरे-धीरे माँ होश में आने लगी। माँ ने आँखें खोलकर देखा। हम तीनों उसकी ओर उत्सुकता से देख रहे थे। माँ ने होंठों में ही स्मित किया। पिताजी की जान में जान आई। हम बहुत देर तक वहीं बैठे थे। मैंने पिताजी से कहा—"पिताजी ऽ ऽ ऽ हम तिरपाल की ओर जाएँगे...चलो...खाना खाकर मैं मानका माँ के लिए भोजन लेकर आता हूँ... ।" पिताजी दुखपूर्ण अन्तःकरण से उठ गए। तब हम वहाँ से चल दिए। तिरपाल पर आ गए। छाया, आबास और तात्यासाब को अब सब समझता था। इसलिए वे चुपचाप बैठे थे। लेकिन बायड़ा ने पूछा—"दादा ऽ ऽ ऽ माँ कहाँ है...?" फिर उसी ने प्रश्न पूछा—"असपताल कहाँ है...?" मैंने बताया—"अस्पताल दूर है और माँ अस्पताल में ही ठहरी है।" तब बायड़ा ने फिर पूछा—"माँ असपताल में का कलत है...?" सुनकर हम सब हँसने लगे। हमने भोजन किया। मैं नानी के लिए भोजन लेकर अस्पताल की ओर गया। नानी के पास से नन्हे बच्चे को लिया। नानी वहीं बैठकर खाना खाने लगी। माँ ने मुझे कहा—"तेरा बाप गया क्या...?" मैंने कहा—"हाँ, मैं खाना खाकर आया और पिताजी वहीं ठहरे... ।" तब तक सिस्टर ने आकर पूछा—"क्या अब आपको कोई कष्ट है...?" माँ ने उत्तर दिया—"नहीं, पर प्यास लगी है...पानी चाहिए... ।" सिस्टर ने बताया—"और दो घंटे तक पानी मत पीयो...टाँके गीले होंगे तो उसमें से पीप बाहर आती है।" तब माँ चुपचाप पड़ी रही। रात में नानी वहीं पर सो

गई। मैं कमरे पर चला गया। सुबह तिरपाल पर जाकर खाना खाया और नानी के लिए खाना लेकर अस्पताल में आया। माँ की तबीयत अब अच्छी थी। मैं वहाँ से कॉलेज गया। प्रतिदिन यही कार्यक्रम शुरू हुआ। डाकघर में मेरे स्कॉलरशिप के कुछ पैसे शेष थे। उसमें से थोड़े से पैसे निकाल लिए और माँ को खाने के लिए रोज कुछ-न-कुछ लेकर आता रहा। मेरी दौड़धूप शुरू थी।

दसवें दिन माँ को डिस्चार्ज मिला। सरकार की ओर से एक सौ पचास रुपए मिले। माँ को अब अच्छी तरह चलना आता था। निकलते समय भी डॉक्टर ने पहलीवाली सूचनाएँ ही बार-बार बताईं। हम तिरपाल पर आए। कॉलेज छूटने के बाद मैं सीधे तिरपाल पर जाता था। इस वजह से छुट्टी शुरू होने के पहले से काम पर नहीं गया था। सात-आठ दिन बीत गए। पिताजी ने कहा—"दादासाब...हम कल कु अगले गाँव जाएँगे...पेट कु कुछ भी नहीं मिलता...आबास्या तो झोली खाली लेके आता है...मुझे बी कुछ नहीं मिल रहा।" मैंने विचार किया कि ऑपरेशन हुए अठारह-उन्नीस दिन हुए हैं। खतरा कुछ भी नहीं। फिर भी सतर्कता के लिए पिताजी से कहा—"पिताजी ऽऽऽ माँ को जलावन, पानी आदि लाने के लिए मत भेजते जाओ। थोड़े दिन और सँभाल लो।" पिताजी बोले—"तेरी छुट्टी कब होगी...अपुन कु गाँव जाना है...छोरी की शादी है...।" मैंने कहा—"मुझे मार्च के अन्तिम हफ्ते में छुट्टी होगी।" उन्होंने फिर कहा—"तब भेज देता हूँ आबास्या कु...तेरी ओर...।" मैंने हाँ कहा। दूसरे दिन हमारा अकेला ही परिवार तिरपाल लेकर भटकने के लिए निकल गया।

मैं सुबह उठकर ग्राम-पंचायत गें गया। गिर्मल भैगा से मिलकर काम पर आता हूँ, यह बताकर लौट आया। मेरी दिनचर्या फिर बदल गई। काम पर जाना, कॉलेज करना और अध्ययन करते रहना शुरू हुआ। दिन शीघ्रता से बीत रहे थे। एच.एस.सी. बोर्ड की परीक्षा थी इसलिए अध्ययन पर जोर दिया था। मैं बीच-बीच में कभी हरीश के साथ उसके घर जाता था। हम तीनों अध्ययन करते थे। परीक्षा पन्द्रह दिन पर आई तब मैंने काम करना छोड़ दिया। ट्यूशन फीस की कटौती करके स्कॉलरशिप छह सौ रुपए मिली थी। वह डाकघर में रखी थी। इस वजह से खर्चे के लिए पैसे की कमी का कोई कारण नहीं था। परीक्षा शुरू हुई। पेपर देना खत्म हुआ। परीक्षा खत्म होने पर मैं, बालू और हरीश गप्पें हाँकने बैठे थे। हरीश ने कहा—"मोरे ! हम कॉलेज के लिए सांगली जाएँगे...तू चिन्तामणराव कॉमर्स कॉलेज में एडमिशन ले। वहाँ छात्रावास है। छात्रावास के लड़कों की भोजन की सुविधा हो इसलिए वहाँ कॉलेज में मेस शुरू की है। मुझे गणपतराव आरवाड़े कॉलेज में ही एडमिशन लेना पड़ेगा। क्योंकि मुझे अपनी बहन के घर में ही रहना पड़ेगा और वहाँ से वह कॉलेज निकट है...।" मैं सोचने लगा कि मेस बिल कहाँ से दें ? अपने को वहाँ कहाँ काम मिलेगा ? मैंने हरीश से कहा—"हरीश ऽऽऽ मैं तुझे सोचकर बताता हूँ...।" बालू कांबले तो सांगली जानेवाला नहीं था। इसलिए उसे पूछने का कोई सवाल नहीं था। आण्णासाहब सालुंखे भी जत में रहनेवाला था।

रात में मैं सोचते-सोचते ही बिछौने पर पड़ा रहा। नींद नहीं आती थी। दिमाग में

विचारों का तूफान मचा था कि यदि सांगली गया तो भोजन की समस्या कैसे हल करें ? छात्रावास की मेस लगाई तो मेस बिल के लिए पैसे कहाँ से लाएँ ? तब तुरन्त ही दूसरा विचार आता कि स्कॉलरशिप तो मिलती ही है। साल के अन्त में बिल चुका देंगे। लेकिन एक और प्रश्न खड़ा होता था कि क्या साल के अन्त में बिल लेंगे ? प्रत्येक महीने में बिल चुकाने को कहा तो क्या करें ? अपने प्रश्नों का मैं खुद उत्तर देता था कि सर को बताकर देखेंगे, वरना एडवांस लेकर बिल चुकाएँगे। बिल का प्रश्न तो किसी तरह थोड़ी देर के लिए मिट गया। पहनने के लिए कपड़े नहीं हैं। कपड़े के लिए क्या करेंगे ? तब दूसरे विचार ने अपना पक्ष प्रस्तुत किया कि अब छाया की शादी के लिए सीधे-सादे कपड़े तो सी लेने पड़ेंगे। कपड़े की समस्या भी हल हुई। उसके बाद महत्त्वपूर्ण प्रश्न यह था कि यदि छात्रावास नहीं मिला तो क्या करें ? छात्रावास में प्रवेश मिलने पर ही मेस लगाना संभव था। अगर छात्रावास में प्रवेश नहीं मिला तो सांगली में पढ़ने का विचार ही दिमाग से निकाल देना पड़ेगा यह स्पष्ट था। दूसरा विचार आता था कि छात्रावास मिलता है या नहीं, देखें कोशिश करके। नहीं तो जत में ही पढ़ेंगे। जत में पढ़ना यानी भूखे पेट से ही दिन बिताना था। तब एक और विचार दिमाग में आया कि यदि सांगली गया तो प्रकाश नातू सर से मिलकर एकाध कला-संस्था ज्वाइन कर सकूँगा। हर कार्यक्रम के लिए कुछ पैसे मिलेंगे। वे पैसे ही दैनिक खर्चे के लिए उपयोग में लाए जा सकते हैं। अन्ततः अपने को एक अच्छी शिक्षा-संस्था में पढ़ने को मिलेगा। सांगली जाने पर शिक्षा और कला, दोनों का भी विकास होगा। हरीश भी वहीं होता है। ज्यादा आवश्यकता पड़ी तो उसे कहेंगे। रात में कितनी देर तक सोचता था मेरी ही समझ में नहीं आया। अन्ततः निर्णय लिया कि सांगली में एडमिशन लेना है। तब कहीं विचारों की जंजीर समाप्त हुई।

चार दिन के बाद आबास आया। मैंने उसे पूछा—"आबास ! डेराडंगर किस गाँव में है...?" आबास ने बताया—"आंदलगाँव मां..." मैंने आबास को बताया—"आबास ! तू थोड़ी देर ठहर, मैं अभी आया। स्कॉलरशिप के पैसों में से चार सौ रुपए निकाले और दो सौ रुपए आगे की कॉलेज की पढ़ाई के लिए रखे। कमरे पर आया। अपना सामान लिया। गुदड़ी की लपेटन आबास ने ली और हम स्टैंड की ओर आए। शाम के सात बजे हम आंदलगाँव पहुँच गए। माकरे की बस्ती पर तिरपाल डाले थे। हम वहाँ गए। शाम हुई थी। हर तिरपाल के सामने चूल्हे जल रहे थे। बच्चों का रोना-धोना शुरू था। कोई खम्भे को टेककर गाना गाता था तो कोई मछली पकड़ने का जाल बिन रहा था। आसमान के नीचे बसी हुई हमारी खुली गृहस्थी दिखाई देने लगी। हमारे समाज के लोगों ने मेरी पूछताछ की। मैंने अपने साथ लाए हुए चार सौ रुपए रात को पिताजी को दे दिए। पिताजी भी चिन्ता में ही बैठे थे। पैसे मिलने के बाद वे बोले—"भला हुआ...कम-से-कम आधे पइसे तो मिल गए...आउर किसी से तो लूँगा...शादी तो बोत नजदीक आई... ।" वहाँ से दूसरे दिन हम गणेशवाड़ी की ओर निकले। तिरपाल निकाल लेना, सामान के बोझ घोड़ों पर लादना और कुत्तों-मुर्गियों को घोड़ों पर बाँधना शुरू

हुआ। मैं और आबास भीख माँगने को जाने लगे। एक दिन पिताजी ने कहा–"शादी अगले महीने की पाँच तारीख कु है...तब अपन कु बावची कु जाना चाहिए। वहाँ से लोगों को लेके गोंधलेबाड़ी जाना पड़ेगा...वहाँ के लोग लेके धारवाड़ कु जाना होगा... 'देवकार'[1] करना है...उसकु बकरा लेना चाहिए...पइसे आउर लेने पड़ेंगे...अपुन दो दिन मां बावची जाएँगे... ।" हम सुन रहे थे क्योंकि हम लोग अपनी बिरादरी के लोगों को इकट्ठा करने के लिए भटकनेवाले थे।

दो दिन के बाद हमारा अकेला परिवार बावची की ओर निकल पड़ा। बिरादरी के अन्य सब जन और थोड़े दिन तक जंगल में ही रहकर माँगकर खाने के लिए भटकनेवाले थे। हम बावची आ गए। घर की दुरावस्था कहने लायक न थी। हमारे घर की वर्षगाँठ सम्पन्न होने लगी। लिपाई-पोताई और मरम्मत का काम शुरू हुआ। पिताजी ने अमिन चाचा की ओर से पाँच सौ रुपए उधार लिए। उनकी ओर से ही एक बकरा 'देवकार्य'[2] के लिए लाया।

तब तक जोशी मुहल्ला भीड़भड़क्का बन गया था। आषाढ़ के लिए सभी लोग आए थे। दूसरे दिन रात को बकरा काटकर 'देवकार्य' किया। हमारी जाति के सभी लोगों को निमन्त्रण दिया। लोग आकर भोजन करके जाते थे। नागू दादा से पिताजी ने कहा–"चाचा ऽऽऽ कल चल तू हमारे साथ...शादी कु... ।" नागू दादा ने कहा–"मलारी ! पागल है क्या...? अरे...परवास नजिक का है क्या...?" पिताजी बोले–"अरे चाचा ऽऽऽ चतुर-सुजान लोग साथ में नहीं होने चाहिए क्या...? कल मेहमान क्या कहेंगे... ।" नागू दादा ने थोड़ी देर सोचा और बोले–"बात सही है...आऊँगा। कल... ।" येदू ताऊ ने शादी में आना इनकार किया। उन्होंने कहा अपने बदले में दामाजी और सत्यभामा को भेजूँगा। दामाजी भैया ने दसवीं से पढ़ाई छोड़ दी थी।

दूसरे दिन भोर के समय हम शादी के लिए धारवाड़ की ओर निकल पड़े। पिताजी ने हम सबको कपड़े लिए थे लेकिन खुद पुराने कपड़े पहनकर ही शादी के लिए निकले थे। मैंने पूछा–"पिताजी ऽऽऽ आपने अपने लिए कपड़े क्यों नहीं लिए...?" उन्होंने कहा–"दादासाब ऽऽऽ अपुन के साथ शादी में चार लोग आएँगे...उनकु टिकट खर्च अपुन को देना होगा...अपुन के वास्ते आते हैं वे...पइसे पास मां ना हो तो समाज मां बेइज्जती होगी... ।" मैं चुपचाप बैठा। क्या करता ? गोंधळेवाड़ी तक जाने के लिए पिताजी ने रात को ही एक बैलगाड़ी किराए पर ले रखी थी। हमारे साथ नागू दादा, दामाजी भैया, सत्यभामा, सखू, सोनादादी और वेणू बुआ जैसे कई लोग थे। आबास को पिताजी ने घोड़ा, घर और बकरी सँभालने के लिए घर में रखा था। कोई बैलगाड़ी में बैठा तो कोई पैदल जा रहा था। लेकिन सोना दादी बैलगाड़ी में ही बैठी थी। चलना उसको असंभव था। कूच-ब-कूच करते हुए हम गोंधळेवाड़ी आ पहुँचे। उस दिन का मुकाम हमने गोंधळेवाड़ी में ही मानका माँ के यहाँ किया। दूसरे दिन गोंधळेवाड़ी से

---

1. 'देवकार्य' शब्द का अपभ्रष्ट रूप। एक प्रकार की विधि जिससे देवता की पूजा की हुई होती है।
2. वही।

मानका माँ, धुर्पा मौसी, भवानी काका, मानका माँ की बहन जाईबाई और नारायण दोरकर जैसे लोग हमारे साथ शादी के लिए निकल पड़े। तुलसीराम मामा बाद में धारवाड़ आनेवाले थे। जहाँ एस.टी. बस खड़ी रहती थी वहाँ पर जत-बिजापुर बस से जाने के लिए हम आ गए।

बिजापुर बस आ गई। गठरियाँ बड़ी-बड़ी थीं। बोरे में सामान भरा और उसका मुँह बाँधा था। कुल मिलाकर लगता ही नहीं था कि ये लोग शादी के लिए जा रहे हैं। कोई एस.टी. बस में बैठने के लिए जगह पकड़ने का प्रयास कर रहा था तो कोई यह देख रहा था कि पीछे कौन-कौन रहे हैं। चीखना, चिल्लाना, गड़बड़ी, धाँधली और कोलाहल का उफान आया। एक के बाद एक सूचनाएँ मिल रही थीं। नागू दादा कहते थे—"अरे ऽ ऽ ऽ जल्दी बैटो...मोटार भागेगी...।" करीब आधे घंटे में सब जन एस.टी. में बैठ गए। कंडक्टर बेचारा परेशान हुआ था। लगभग बीस-पच्चीस लोग थे। अन्य समाज के लोगों से विचित्र लोग। एस.टी. में बैठे हुए सभी लोग हमारी ओर देख रहे थे। लेकिन हमें उनसे क्या लेना-देना था ? हमारी जाति ही समाज से अलग थी। उसका समाज से कोई रिश्ता नहीं था। हमारी दशा कूपमंडूक जैसी थी। हमारे लोग एस.टी. में जोर-जोर से इस तरह बोलते थे जिस तरह घर में बोलते हैं। एस.टी. में बैठे लोग इसे अच्छे तमाशे के रूप में देख और सुन रहे थे। उनका भी मनोरंजन हो रहा था।

एस.टी. बिजापुर में पहुँच गई। हम बिजापुर के स्टैंड पर उतर गए। वहाँ से रेल स्थानक की ओर जाना था। रेल से हुबली जाकर हुबली से सी.टी. बस पकड़कर धारवाड़ जाना था। पिताजी ने कहा, "गठरियाँ लेके नल के पास चलें...सब जन थोड़ी-थोड़ी रोटियाँ खा लें...।" हर एक ने गठरियाँ और सामान से भरे बोरे उठाए और पानी की टंकी के पास आ गए। गठरियाँ छोड़ीं। माँ ने रात में ही रोटियाँ और दाल बनाकर रख ली थी। रोटियों की बड़ी गठरी छोड़ी। लोग हाथ पर ही रोटी और उस पर दाल लेकर खाने लगे। हमारे लोग खाते-खाते ही फेरीवाले जैसे चिल्लाते थे। नागू दादा कहते थे—"ऐं...दादास्या ऽ ऽ ऽ रोटी खा ले...।" भवानी काका कह रहे थे—"ऐं ऽ ऽ ऽ दामाजी...! पीने कु पानी ला...।" सूचनाएँ जोर-जोर से दी जा रही थीं। पिताजी कह रहे थे "अजी...लोगों...बोत खाओ...रोटियाँ बोत हैं...सरमाना मत...।" स्टैंड में करीब-करीब सभी लोग सुन रहे थे। मुझे और दामाजी भैया को जरूरी काम बताए जाते थे। हम दोनों लगातार गगरी से पानी लाते थे। बस ! किसी तरह भोजन का कार्यक्रम समाप्त हुआ। गठरियाँ फिर से बाँधीं। पिताजी ने कहा—"चलो अब रिलवी टेसन पर...।" सभी लोग उठ गए। नागू दादा बोले—"छोरो, गठरियाँ ले लो...।" किसी के सिर पर धोती से बाँधी गठरी थी तो किसी के सिर पर साड़ी से बाँधी गठरी थी। हर एक के पास कुछ-ना-कुछ तो था। कोई छोटे बच्चों को लेकर चल रहा था तो कोई गगरी लेकर। मेरे और दामाजी भैया के कंधों पर सामान के बोरे थे। लगभग सभी ने फटे कपड़े पहने थे। पुराने कपड़े ही साबुन लगाकर धोकर रखे थे और धारवाड़ में जाने पर पहनने के लिए बाँधकर रखे थे। हम रास्ते से जा रहे थे। आने-जानेवाले लोगों को समझ में नहीं

आ रहा था कि ये लोग किस दशा में जन्म ले चुके हैं। आदिमानव की दशा में या जंगली दशा में? किन्तु हमारी जाति के लोगों को उनकी कोई परवाह नहीं थी। हम उस समय न भिखारी लगते थे, न बाराती और न ही सामान्य आदमी जैसे भी लगते थे। हमारी एक अलग ही मानव-जाति उस समय निर्माण हुई थी। बीच-बीच में सूचनाएँ मिलती थीं–"अरे ऽऽऽ ऐं–मोटार आ रही...मोटार के नीचे आओगे...दूर से आओ...।" रास्ते से सभी ओर कोलाहल ही था। मेरे पास सभी लोगों के एस.टी. के टिकट थे। मैंने शासन के नियम के अनुसार वे टिकट फाड़ डाले। शासन का नियम था कि 'यात्रा खत्म होते ही टिकट फाड़ डालो। शायद उसका दुरुपयोग होने की संभावना होती है।' इसलिए मैंने टिकट फाड़ डाले। जैसे-तैसे हम बिजापुर के रेल-स्थानक पर पहुँचे।

सामान लेकर लोग स्टेशन के बाहर ही बैठे थे। नागू दादा ने कहा–"दादास्या ऽऽऽ तू आउर दामाज्या जाके गाड़ी कब है देखो...।" मैं और दामाजी भैया स्टेशन में गए। प्लेटफॉर्म-टिकट लेना हम दोनों भूल गए थे। जल्दबाजी में अन्दर गए। पूछताछ की। टिकट मास्टर ने कहा–"हुबली के लिए गाड़ी प्लेटफॉर्म नम्बर छह पर लगी है।" हम प्लेटफॉर्म नम्बर छह कहाँ है सो देखने के लिए गए। तब तक मुम्बई-बिजापुर एक्सप्रेस आई थी। यात्री उतरकर जा रहे थे। हम वहाँ आ गए। प्रवेशद्वार पर दोनों बाजू दो चेकर खड़े थे। यात्री अपना टिकट देकर जाते थे। हम दोनों के पास टिकट नहीं थे। हम भारी संकट में फँस गए थे। जब हम दोनों भी जाने लगे तब टिकट चेकर ने कहा–"टिकट कहाँ है...?" मैंने कहा–"साहब, हम गाड़ी देखने गए थे। हुबली की ट्रेन कब छूटनेवाली है इसकी इन्क्वायरी करनी थी।" टिकट चेकर ने गरजकर कहा–"झूठ बोलते हो। बैठो वहाँ !" हमने खूब मिन्नतें कीं लेकिन चेकर ने हमें नहीं छोड़ा। सभी यात्री निकल गए।

हमें कार्यालय में ले गए। हमारी जेबें टटोलकर देखीं। मेरी जेब में दो रुपए पचास पैसे थे। टिकट चेकर ने पूछा–"कहाँ से आए हो ?" मैंने कहा–"साहब ! हम बावची से आए हैं। मेरी बहन की शादी है। हम लोग हुबली जा रहे हैं। हमारे बाकी लोग बाहर बैठे हैं।" टिकट चेकर ने कहा–"तुममें से एक जन जाओ और तुम्हारे पिताजी को ले आओ।" दामाजी भैया बाहर गया। उसको लगता था कि कब यहाँ से बाहर निकलना संभव होगा। मैं गर्दन नीचे झुकाए बैठा रहा। सोचता था कि यदि प्लेटफॉर्म का टिकट लेता तो बहुत अच्छा होता। लेकिन हमें क्या मालूम था कि गाड़ी आनेवाली है ? दामाजी भैया और पिताजी आ गए। टिकट चेकर ने पूछा–"ये तुम्हारे लड़के हैं ?" लेकिन पिताजी को हिन्दी कहाँ आती थी ? उन्होंने मुझे कहा–"दादासाब...क्या कहता है वह साब...?" मैंने बताया–"ये पूछ रहे हैं कि क्या ये बच्चे आपके ही हैं...?" तब पिताजी ने बताया–"जी, ये हमारे बच्चे हैं...क्या काम था...?" टिकट चेकर ने पूछा कि "तुम सब कितने आदमी हैं ?" पिताजी ने फिर मुझसे पूछा तब मैंने बताया–"ये पूछ रहे हैं कि तुम्हारे कुल मिलाकर कितने लोग हैं ?" पिताजी को इस प्रश्न के पूछने का

प्रयोजन मालूम नहीं था इसलिए उनको गुस्सा आया। उन्होंने कहा—"हमारे लोग कितने बी हो...इनको क्या करना पूछके...? हम सब पूरे बीस-पच्चीस लोग हैं...।" चेकर समझ गया कि यह आदमी एकदम अनपढ़ है। उसने फिर प्रश्न पूछा—"तुम यहाँ तक कैसे आए हो ? मेरा मतलब बस से आए या रेल से ?" दामाजी भैया ने कहा कि "हम बस से आए हैं...।" टिकट चेकर ने कहा—"बस के टिकट दिखाओ ! कहाँ से आए हैं...यह समझ जाएगा !" लेकिन अब मैं पूरी तरह से मुसीबत में फँसा था। मैंने शासन के नियम के अनुसार यात्रा खत्म होते ही टिकट फाड़ डाले थे। अब टिकट चेकर बस के टिकट माँग रहा था। मुझे कुछ भी नहीं सूझ रहा था। लगने लगा कि इस तरह मुसीबत में फँसे इसीलिए 'महाराष्ट्र राज्य परिवहन महामंडल' ने नियम बनाया होगा। मैंने कहा—"साहब ! हम बस से नीचे उतर गए उसी वक्त मैंने टिकट फाड़कर फेंक दिए हैं।" टिकट चेकर ने कहा—"पाँच रुपए जुर्माना देना पड़ेगा। नहीं तो यहाँ से जा नहीं सकते।" मैं सोच में पड़ गया। हमारे पास बस के टिकट भी नहीं थे और सच पूछें तो गलती हमारी ही थी। हम प्लेटफॉर्म का टिकट लिए बिना ही अन्दर गए थे। दे डालें पाँच रुपए इसी विचार से मैंने पिताजी से कहा—"पिताजी ! पाँच रुपए भरने पड़ते हैं...।" पिताजी एकदम आगबबूला हो गए—"काहे कु भरने पड़ते पाँच रुपए...?" मैंने बताया कि "हम प्लेटफॉर्म का टिकट लिए बिना ही अन्दर गए थे।" तब पिताजी ने कुछ तो बुदबुदाते हुए पैसे निकालकर दे दिए। हमने पैसे भर दिए और किसी तरह छूट गए। हम अपने लोगों के पास आ गए। पिताजी बोले—"बोत पढ़े-लिखे हुए...चुप ही पाँच रुपए गँवाए कि नहीं...?" मैं कुछ भी बोल नहीं पा रहा था क्योंकि गलती हमारी ही थी।

इसी झंझट में रात के नौ बज गए। दस बजे दूसरी रेल थी। शादी का मुहूर्त सुबह ग्यारह बजे था। लोगों की दौड़धूप शुरू हुई। सबके हुबली तक के टिकट ले लिए। रेलगाड़ी आ गई। हम सबके लिए एक ही डिब्बे में जगह मिलनी चाहिए थी और किसी भी डिब्बे में पच्चीस सीट के लिए जगह नहीं थी। हमारे पुरुष और औरतें गगरी, गठरी, बोरे और बच्चे आदि लेकर रेल इंजिन से अन्तिम डिब्बे तक दौड़ते जाते थे और दौड़ते हुए ही वह इंजिन की ओर लौट आते थे। लेकिन जगह कहीं भी नहीं मिल रही थी। गाड़ी ने सीटी बजाई। इंजिन शुरू हुआ। अब गाड़ी जाएगी यह देखकर हमारे लोग एक डिब्बे में घुस गए। डिब्बा लोगों से खचाखच भरा हुआ था। छोटे बच्चे रोने लगे। कोई गठरी नीचे डालकर उस पर बैठा तो कोई संडास के दरवाजे के पास बैठा। किसी तरह सुबह आठ बजे हुबली पहुँच गए। रेल से सामान लेकर उतर गए। टिकट सँभालकर रखे थे। हम बाहर आ गए। गठरियाँ और बोरे सिर पर, कंधे पर लेकर हमारे लोग एस.टी. स्टैंड की ओर भागने लगे। बारातियों की सिर्फ भागदौड़ चल रही थी। हुबली के बस स्टैंड पर आ गए। सी.टी. बस आ गई। सब सामान उसमें चढ़ाया। सी.टी. बस में भी हमारा पूरा कोलाहल था। कोई कहता—"सबी सामान लिया क्या...?" दूसरी आवाज आती—"लिया-लिया, कुछ भी नहीं छूटा...?" धारवाड़ का एस.टी. स्टैंड आया।

हमने सामान उतार लिया। सब जन स्टैंड में एक बाजू को बैठ गए। पौने-नौ बजे थे। नागू दादा ने नारायण दोरकर से कहा–"नारायण ! तू जा आउर लड़कीवाले लोग आए करके बता...।" नारायण दोरकर उठकर जाने लगे। शायद उनको पता मालूम हो। इधर हमारे लोगों ने गठरियाँ छोड़ लीं और धोकर रखे हुए कपड़े पहनना शुरू किया। हमारे लोगों को अन्य समाज के अस्तित्व का अहसास भी नहीं होता था। पुरुष धोती पहनते थे तो महिलाएँ साड़ियाँ पहनती थीं। हमारे लोगों के जीवन के खाते में ईश्वर ने लज्जा नाम का अकाउंट ही नहीं खोला था।

नारायण दोरकर के साथ तब तक दो ताँगे लेकर कुछ मेहमान आ गए। ताँगे में सामान रखा और हम लोग जाने लगे। ताँगे शुक्रवार पेठ से होकर जोशी गली में आए। एक घर के सामने कपड़े का मंडप दिखाई देता था। सोचा कि अपने मेहमान का घर यही होगा।...और हुआ वही, मेहमान का घर वही था। हमने सामान उतारा। हमारे लिए एक कमरा दिया था। वहाँ के लोग सुशिक्षित थे। हम सब शीघ्रता कर रहे थे। दस बज गए थे। ग्यारह बजे शादी थी। छाया को नहलाया गया। हल्दी लगाई। एक-एक प्रक्रिया शीघ्रता से सम्पन्न होने लगी। हम कपड़े लेकर मंडप में आए। जयराम मामा पैंट, शर्ट, कोट पहन सिर को सेहरा बाँधकर बाहर आए। हमारी औरतें कहती थीं–"छायड़ी का भला हुआ...दुल्हा खूब अच्छा है, खूबसूरत है...।" शादी का समय हुआ। पुरोहित मन्त्र कहने लगे। मन्त्र कन्नड़ में कहे जाते थे। हमें समझ में नहीं आता था। अन्य लोग अक्षत डालने लगते तब हम भी डालते थे। उसके उपरान्त सौगातें दी जाने लगीं। भोजन की पंक्तियाँ बैठीं। वह दिन खुशियों में ही बीत गया। दूसरे दिन हमारे लोग बावची की ओर निकल पड़े। छाया को वहीं छोड़कर लौटना पड़ रहा था। माँ-पिताजी रोने लगे। मेरी आँखों से भी अनजाने में ही आँसू बहने लगे। यह स्पष्ट था कि इतनी दूर कभी मिलने के लिए आना भी संभव होनेवाला नहीं था। माँ रोते-रोते ही कह रही थी–"ढंग से रह बेटी...हमारा नाम कमाना...।" छाया भी रोती थी। मेहमान ने हमें एस.टी. स्टैंड तक पहुँचाया और वापस निकल गए। पिताजी की कमीज वही थी। धोती फटी हुई थी। हम बावची आने के लिए निकल पड़े।

बावची लौटने पर थोड़े ही दिन में आषाढ़ आया। भेड़-बकरियाँ अपनी जानें गँवाने को विवश हुए। लोग शराब पीकर बेहोश हुए। खुशी का उफान आया था। मेरा एच.एस.सी. का रिजल्ट निकले काफी दिन हुए थे। सभी कॉलेजों में एडमिशन शुरू हुए थे। मुझे जत आना चाहिए था। मैंने पिताजी से कहा–"पिताजी, रिजल्ट निकले काफी दिन बीत गए...मुझे एडमिशन लेना है। मैं इस साल कॉलेज के लिए सांगली जानेवाला हूँ...।" बीच में ही पिताजी ने कहा–"क्यूँ...? सांगली कु काहे कु जा रहा...?" मैंने बताया–"यदि सांगली जाऊँगा तो मुझे नाट्य-संस्था में काम मिलना सुलभ होगा...। वही पैसे खर्च के लिए उपयोग में आ सकेंगे...।" सुनकर पिताजी चुप बैठे। वे भी तो क्या करते ? कॉलेज की पढ़ाई का खर्च हमारी परिस्थिति के बूते की बात थी। दूसरे दिन मैं जत आया। रिजल्ट कब का घोषित हो चुका था। अंक तिरसठ प्रतिशत मिले

थे। मैं मार्क्सलिस्ट लेकर सांगली आया।

मिरज और सांगली के बीचोबीच विश्रामबाग में 'चिन्तामणराव कॉलेज ऑफ कॉमर्स' है। मैं सांगली आ गया। एडमिशन पहले से ही कब का शुरू हुआ था। मैंने एडमिशन फॉर्म लिया और भरकर दे दिया। अंक अच्छे मिले थे इसलिए एडमिशन मिल गया। स्कॉलरशिप में से कुछ पैसे बचाकर रखे थे, उसी से एडमिशन ले लिया। अब छात्रावास में प्रवेश मिलना आवश्यक था। चिन्तामणराव और विलिंग्डन राव; इन दोनों कॉलेजों का छात्रावास एक ही था। छात्रावास के रेक्टर चिन्तामणराव कॉमर्स कॉलेज के देवधर सर थे। मैंने छात्रावास के प्रवेश हेतु आवेदन किया। फिर देवधर सर से जाकर मिला। देवधर सर ने मार्क्सलिस्ट देखी। मैंने अपनी परिस्थिति की पूरी जानकारी उनको बता दी। उन्होंने मुझे छात्रावास में प्रवेश दे दिया। बी. कॉम भाग-एक का और छात्रावास का प्रवेश लेकर मैं कॉलेज से बाहर निकल पड़ा। कॉलेज की इमारत छोटी किन्तु आकर्षक दिखाई देती थी।

मैं और एम.एन. साले छात्रावास में कमरा नं. अठासी में एक साथ रहते थे। साले भी जत का ही था। हम दोनों बारहवीं की कक्षा में एक साथ पड़ते थे। इसलिए हमारा परिचय पहले से था। हमने नियमित रूप से कॉलेज जाना तय किया। साले ने मुझसे कहा—"मोरे ! क्या तूने मेस लगाई है ? मैंने असनारे सर से मिलकर मेस लगा दी है।" मैंने साले से कहा—"अभी तक तो नहीं लगाई। असनारे सर से पूछता हूँ...।" मैं असनारे सर की ओर गया। वे छात्रावास के निकट ही रहते थे। मैंने उनसे पूछा—"सर ऽ ऽ ऽ मुझे चिन्तामणराव कॉमर्स कॉलेज में एडमिशन मिला है...छात्रावास में भी एडमिशन मिला है...मेरी परिस्थिति कॉलेज की पढ़ाई करने लायक नहीं है। मुझे मेस लगाने की सुविधा दी तो मेरी पढ़ाई में बहुत बड़ी मदद होगी। मैं अपनी बी.सी. स्कॉलरशिप से मेस का बिल चुकाऊँगा...।" असनारे सर ने अनुमति दी। अब मेरे भोजन और निवास की समस्या हल हुई थी। हम दोनों कॉलेज जाया करते थे। कक्षा में छात्र अपरिचित ही थे। इसलिए हम दोनों ही एक साथ बैठते थे। मैं सोचता था कि अपने को यहाँ कहाँ काम मिलेगा ? काम मिले बिना दैनिक खर्चे और कपड़े के लिए पैसे मिलनेवाले नहीं थे। मेरे दिमाग में विचार आया कि नातू सर ने पता दिया है। उस पते पर उनको खोजने जाएँ। वे शायद किसी नाट्य संस्था में भूमिका दिलवा देंगे।

मेरा चचेरा भाई राजेश मोरे भी इस वर्ष ग्यारहवीं साइंस में पढ़ने हेतु विलिंग्डन कॉलेज में आया था। मेरे पिताजी के चचेरे भाई भगवान मोरे और एकनाथ मोरे को बचपन से शिक्षा के प्रति रुचि थी। उन्होंने अनेक संकटों का सामना करते हुए सातवीं तक की पढ़ाई पूरी की थी। तत्पश्चात् दोनों की पढ़ाई के लिए पैसों की आवश्यकता महसूस होने लगी थी। तब भगवान चाचा फौज में भर्ती हुए और अपने भाई एकनाथ की पढ़ाई हेतु मदद करने लगे। एकनाथ चाचा ने विलिंग्डन कॉलेज में प्रवेश लेकर बी.ए. किया। तत्पश्चात् उनको हाईस्कूल शिक्षक की नौकरी मिल गई। फिलहाल वे 'शंकरराव मोहिते प्रशाला यशवन्तनगर' में हेडमास्टर के रूप में नौकरी करते थे।

भगवान चाचा फौज में ऊँचे अधिकारी हुए थे। उनके बेटे राजू ने एस.एस.सी. तक की पढ़ाई यशवन्तनगर में ही पूर्ण की थी। एकनाथ चाचा को विलिंग्डन कॉलेज के बारे में पूरी जानकारी थी। वे इस कॉलेज के पूर्व-छात्र थे। उन्होंने ही राजू को विलिंग्डन कॉलेज में पढ़ाई के लिए रखा था। राजू भी छात्रावास में कमरा नं. आठ में रहता था। हम एक-दूसरे से मिलते थे। मुझे लगता था कि यहाँ कोई तो अपना है। कॉलेज के माहौल में दिन बीत रहे थे।

एक दिन मैं नातू सर से मिलने टिम्बर एरिया में गया। पूछ-पूछकर उनका कमरा खोज निकाला। वे पत्तर के एक कमरे में रहते थे। मुझे देखकर बोले—"मोरे ! तू कब आया ?" मैंने बता दिया—"कुछ दिन पहले यहाँ आकर मैंने कॉलेज में एडमिशन लिया है। मैं आपके पास इसलिए आया हूँ कि किसी नाट्य संस्था में काम मिलता हो तो पूछूँ...।" नातू सर सोचने लगे। उनका स्वभाव गुस्सैला और सनकी था, यह जत में ही एक घटना से मैं समझ गया था। इसलिए मैं उनको डरते-डरते ही बता रहा था। उन्होंने मुझसे कहा—'सीमा नृत्य नाट्यदर्शन' नामक कला-संस्था में 'मैं नारी कोल्हापुरी ढंग की' नाम का नाटक बिठाया है। वहाँ एक नौकर का पात्र बचा है, वह तुझे देने को बताता हूँ। मैं भी उसी संस्था में काम करता हूँ...।" मैं समझ गया कि नातू सर स्वभाव से जितने गुस्सैले उतने ही अच्छे थे। हम 'खणभाग' इलाके में आए। वहाँ सौ. रजनी कुलकर्णी के घर गए। नातू सर ने मेरा परिचय करा दिया। कु. संध्या, कु. सीमा और प्रदीप कुलकर्णी—ये सब सौ. रजनी कुलकर्णी के ही बच्चे थे। मैं उनको पहचानता था। मैं नाटक में अच्छी भूमिका करता हूँ यह उन्होंने जत में देखा था। आ.दे. पाटील लिखित नाटक 'मैं नारी कोल्हापुरी ढंग की' में मुझे कृष्णा नौकर की भूमिका दी गई। सौ. रजनी कुलकर्णी ने कहा—"आप कल से रोज रात को नाटक की रिहर्सल के लिए आना...।" मैंने हाँ कहा और नातू सर के साथ वहाँ से राममन्दिर तक आया। नातू सर टिम्बर एरिया की ओर गए और मैं छात्रावास की ओर आया।

प्रतिदिन कॉलेज जाना, अध्ययन करना और रात को नाटक की रिहर्सल के लिए जाना शुरू हुआ। रिहर्सल कभी रात को दो बजे समाप्त होती तो कभी तीन बजे। मैं और सर्जेराव गायकवाड़ रात में विश्रामबाग तक पैदल ही आते थे। सर्जेराव गायकवाड़ हमारे दिग्दर्शक थे। उनको दिग्दर्शन की अच्छी कला हासिल हुई थी। अब छात्रावास के कई छात्रों से मेरा परिचय हुआ था। उनमें से दिलीप डोईफोडे, बबनराव खरमाटे और वसन्तराव शिन्दे—ये तीनों एम.कॉम. भाग-एक में पढ़ रहे थे। हमारे आपसी सम्बन्ध अत्यन्त निकट के निर्माण हुए थे। एक दिन हम चारों दिलीप डोईफोडे के कमरे में गप्पें हाँकने बैठे थे। खरमाटे और शिन्दे मुझे नाटक के बारे में पूछ रहे थे। उनको मैं नाटक कैसे होता है, गीत कैसे चुने जाते हैं आदि की जानकारी बता रहा था। दिलीप डोईफोडे ने मुझसे कहा—"मोरे ! तेरे माता-पिता क्या करते हैं...?" मैंने बताया कि "हम जाति से जोशी हैं। मेरे माता-पिता प्रतिदिन एक गाँव से दूसरे गाँव अपनी गृहस्थी लेकर भटकते हैं। पिताजी भविष्य बताकर भीख माँगते हैं...।" मेरी बात सुनकर उन तीनों

के चेहरे पर आश्चर्य की रेखाएँ उभर आईं। उनको लगता था कि मैं जो बता रहा हूँ वह झूठ ही है। शैक्षिक उन्नति के साथ-साथ मेरा रहन-सहन भी सुधर गया था। पहने हुए कपड़े भी ठीक ढंग के थे। इसलिए उनको विश्वास नहीं हो रहा था कि मैं भिखमंगे का हूँ।

बबनराव ने कहा–"मोरे ! तू हमारा मजाक मत कर...।" मैंने कहा–"मैं क्यों आपका मजाक करूँ ? जिस जाति में जन्मा हूँ उसी का नाम बताना चाहिए...।" उन तीनों की उत्सुकता बढ़ी। वसन्तराव शिन्दे ने कहा–"जो गाँव-गाँव में तिरपाल डालकर हाथ में डुग्गा लेकर माँगते रहते हैं उनमें से है तू...?" मेरे हाँ कहने पर दिलीप डोईफोडे ने पूछा–"आपकी जाति के लोग कैसे जीते हैं...? क्या माँगकर लाए गए अनाज से उनका पेट पल सकता है...?" मैंने बताया–"हमारे प्रत्येक परिवार के छोटे-छोटे बच्चे, बड़े और लड़कियाँ हाथ में थालियाँ, पतीली आदि लेकर भीख माँगने को जाते हैं...रोटी के जितने भी टुकड़े मिलें, घर में सब मिलकर खाते हैं...मिलावटी अनाज बेचकर अपना रोजाना खर्चा चलाते हैं...।" वसन्तराव शिन्दे ने कहा–"क्या आपकी जाति का कोई गाँव होता है...?" मैंने बताया–"हमारी जाति नराल, बावची और गोंधलेबाडी इन तीनों गाँवों में थोड़ी-थोड़ी बिखरी हुई है। प्रतिवर्ष मरगम्मा देवी के मेले के लिए सब जन अपने-अपने गाँव में आ जाते हैं...वह भी सिर्फ एक महीने भर के लिए ही। बाकी पूरा साल पेट के लिए ही भटकते हैं...।" बबनराव ने पूछा–"तब तो तू भविष्य समझता होगा...?" मैंने कहा–"भविष्य कोई भी नहीं समझता। जो घटनाएँ, स्थितियाँ हमारे घर में घटित होती हैं, लगभग पचहत्तर प्रतिशत वे ही दूसरों के घर में होती हैं। अपनी ही घटना-स्थिति दूसरों को बताना–इसी को भविष्य कहते हैं...।" दिलीप डोईफोडे ने कहा–"वह कैसे...?" मैंने बताया–"हमारे लोग बताते हैं–'चवन्नी की आय और अठन्नी का व्यय, कुछ इसी तरह का आपका वर्तमान कालखंड है।' किन्तु यह स्थिति प्रत्येक घर में होती है और समाज को लगता है कि यह जोशी सही कह रहा है...।" वे तीनों मेरे चेहरे की ओर देख रहे थे। मैं कहता जा रहा था और वे आतुर होकर सुनते जा रहे थे। मेरे बारे में उनके मन में सहानुभूति पैदा हो रही थी। दिलीप डोईफोडे को जो मैंने कहा वह सच लगा। फिर बबनराव ने पूछा–"तुम लोग इस तरह गाँव-गाँव भटकते रहते हो तब तेरी आज तक की पढ़ाई कैसे हुई...?" मैंने उनको अपनी पढ़ाई की शुरू से आज तक की कहानी बता दी। वे तीनों बड़ी रुचि से सुन रहे थे। वसन्तराव ने कहा–"सच मोरे ! जो असंभव था वह तूने संभव करके दिखलाया...अब कॉलेज मत छोड़...।" मैंने कहा–"देखेंगे....आज तक तो अनेक संकटों का सामना करते हुए यहाँ तक आया हूँ...यहाँ से आगे जो अपने नसीब में लिखा होगा सो होता रहेगा। कोशिश करना अपने हाथ में है। सो कोशिश करते रहेंगे।" फिर हम सब भोजन के लिए मेस की ओर चल दिए।

गणेशोत्सव के कार्यक्रम शुरू हुए थे। हम अनेक गाँवों में नाटक के कार्यक्रम करते थे। लौटने में कभी भोर के चार तो कभी पाँच बजते थे। कभी-कभी तो सुबह के सात

बजे लौटते थे। सुबह लौटते ही मुझे कॉलेज जाना पड़ता था। तब भी अपने खर्च के लिए पैसे पाने हेतु कार्यक्रम करने ही पड़ते थे। प्रत्येक कार्यक्रम के लिए मुझे पूरी नाइट के बीस रुपए मिलते थे। एक बार हम इस कार्यक्रम के लिए इंचलकरंजी गए थे। रात साढ़े-नौ बजे कार्यक्रम शुरू हुआ। 'व्हरायटी शो' सम्पन्न हुआ। अब नाटक शुरू हुआ था। मंच पर मैं, रत्नमाला और सर्जेराव अपनी-अपनी भूमिकाओं को प्रस्तुत कर रहे थे। मैं घुटनों तक की धोती और बनियान पहने हुए था। सिर पर तिरछी टोपी पहनी थी और कंधे पर मैला तौलिया था। मैं मुख टेड़ा-तिरछा करके बोलने में असंगति पैदा कर रहा था। इससे दर्शक हँसते थे। इतने में दर्शकों में से किसी ने पत्थर फेंका और वह सर्जेराव के सिर को लगा। खून बहने लगा। तब कार्यक्रम बन्द कर हम मेकअप रूम में आ गए। कार्यक्रम बीच में ही बन्द किया था इसलिए दर्शक चीखने-चिल्लाने लगे थे। सौ. रंजना कुलकर्णी को हम सब भाभी कहते थे। भाभी ने कहा—''अब हम आगे कार्यक्रम करें या न करें...?'' सर्जेराव गायकवाड़ ने कहा—''भाभी ! कार्यक्रम को शुरू कीजिए। एकाध दर्शक ने मूर्खता की तो हम सभी दर्शकों की खुशी को क्यों कुचल दें...?'' हमने कार्यक्रम शुरू किया। दर्शक खामोश होकर देखने-सुनने लगे।

छमाही परीक्षा शुरू हुई। विषय ग्यारहवीं से जो लिए थे वे हीं थे। इसलिए अध्ययन करने में कोई ज्यादा मुश्किल नहीं थी। सिर्फ एकमात्र अलग विषय था आर्थिक भूगोल। परीक्षा समाप्त हुई। मैंने दो-चार दिन इधर-उधर भटकते हुए ही बिता दिए। एक दिन आबास छात्रावास में आया। मैंने उसे पूछा—''आबास...! तू यहाँ कैसे आया...?'' आबास ने कहा—''मिरज तक मोटार से आया...मिरज से पैदल...यहाँ तक पूछते-पूछते आया... ।'' मैं राजू को बुला लाया। आबास और राजू बातें करते बैठे। मैंने कहा—''आबा...तू और राजू बातें करते यहीं ठहरो, मैं कुलकर्णी भाभी को बताकर आता हूँ...।'' मैं कला-संस्था के कार्यालय में आया। भाभीजी बैठी थीं। मैंने उनसे कहा—''भाभीजी, मुझे मेरा भाई घर ले जाने के लिए आया है...मैं घर जाकर जल्दी ही लौट आता हूँ...।'' भाभी ने इजाजत दी। मैं कमरे पर आया। फिर मैं और आबास ढालगाँव की ओर निकले और राजू यशवन्तनगर जाने के लिए निकला। हम रात के आठ बजे ढालगाँव पहुँच गए। तिरपाल गाँव के निकट ही थे। मैं तिरपाल के निकट गया। एक समय उसी जगह पर पारधी रहे थे इसलिए हम डरकर भागते-भागते दूसरे गाँव जाकर रहे थे। एक जैसे ही समान रूप से जीनेवाले समाज के लोग एक-दूसरे से दूर-दूर भागते थे। उनका अपने समाज पर ही भरोसा नहीं था। उस समय मारुती वायफळकर, मचिन्द्र शिन्दे, निवृत्ति शिन्दे, शिवाजी मोरे और हमारा परिवार एक साथ था। लोग हमारे तिरपाल के सामने जमा हो रहे थे। मेरी पूछताछ करते थे। दूसरे दिन से तिरपाल निकालना, बोझ घोड़े पर लादना और दूसरे गाँव चल देना शुरू हुआ। मैं और आबास माँगने को जाने लगे। केरप्पा भी हमारे साथ माँगने आता था। आठ-दस दिन निकल गए, तब मैंने पिताजी से कहा—''पिताजी ! मुझे सांगली जाना चाहिए... नाटक के कार्यक्रम हैं...।'' पिताजी ने कहा—''अरे जल्दी कैसे जा रहा है...?'' मैंने

बताया—“पिताजी ! मैं अकेला भी न रहूँ तो नाटक ढंग से खेलना उनको मुश्किल होगा। मेरी वजह से पूरी नाटक संस्था मुसीबत में पड़ेगी... ।” सुनकर पिताजी भी चुप बैठे। दूसरे दिन सुबह मैं सांगली जाने के लिए निकल पड़ा, तब पिताजी बोले—“धूपकाल की छुट्टी कु आब्या कु...तेरे पास भेज दूँगा... ।” मैं सिर हिलाता हुआ ही आगे निकल पड़ा। सांगली आ गया।

मेरी शिक्षा और कला, दोनों का ही विकास हो रहा था। कॉलेज जाना, अध्ययन करना और नाटक के कार्यक्रम करना शुरू हुआ। कॉलेज और छात्रावास के कई लड़कों से मेरा परिचय हुआ था। मैं भिखमंगे का हूँ इसलिए किसी के मन में मेरे बारे में सहानुभूति उत्पन्न हुई थी तो कोई मुझसे दूर रहने की कोशिश कर रहा था। कोई समझता था कि मैं अपने लक्ष्य के लिए प्रयास करनेवाला छात्र हूँ जो अपनी कला का उपयोग करके शिक्षा पा रहा है। इसलिए कुछ छात्र इस विचार से मुझसे निकटता स्थापित कर रहे थे। वे मेरे जीवन के बारे में, हमारी जाति के बारे में जिज्ञासा से जानकारी पाते थे। इस तरह दिन बीत रहे थे।

वार्षिक परीक्षा समाप्त हुई। इस वर्ष मेरी स्कॉलरशिप मंजूर नहीं हुई। मेस बिल चुकाना था। मेरे नाम कुल सात सौ रुपए थे। मैंने देवधर सर से कहा—“सर ! इस साल स्कॉलरशिप मंजूर नहीं हुई। इसलिए मेस बिल चुकाना संभव नहीं।” देवधर सर बोले—“आप पता लगा लीजिए कि मेस छात्रों के पैसों से ही चलानी होती है। अगर पैसे नहीं दिए तो मेस चलाना संभव नहीं होगा। है कि नहीं...?” मैंने कहा—“सर ! अगले साल दोनों वर्षों की स्कॉलरशिप एक साथ मिलेगी। क्या उस समय मेरा बिल दिया तो चलेगा...?” सुनकर उन्होंने कहा—“आप असनारे सर से मिलकर पता करें।” मैंने हाँ कहा और कमरे की ओर लौट आया।

आबास आ गया। मैं और आबास डफलापुर आए। डफलापुर के पूरब की ओर हमारे तिरपालों की भीड़ दिखाई दे रही थी। बावची, नराळ और गोंधळेवाड़ी के कई भिखारी वहाँ जमा हुए थे। मुझे वहाँ जाने पर मालूम हुआ कि बावची के बाबजी भोसले की बेटी शिरमा की शादी गोंधळेवाड़ी के शिवराम धुमाल के बेटे रावसाहब से तय की जानेवाली थी। उसकी कल मंगनी होनेवाली थी। मंगनी के कार्यक्रम का भोजन मिलनेवाला था इसलिए सब जन खुशी में थे। दूसरा दिन उदित हुआ। भोर के समय लोग भीख माँगने के लिए गए थे। वे सुबह वापस आ गए। दोपहर के समय करीबन बीच-पच्चीस परिवार के लोग इकट्ठा बैठे। उसमें नेता के रूप में नागू दादा, आण्णाप्पा भिसे, शिवराम धुमाल, बाबू मोरे और मेरे पिताजी थे। नागू दादा ने कहा—“बाबू और शिवराम...! अब छोरे ने छोरी कु देखा आउर छोरी ने छोरे कु देखा...तब उन दोनों की क्या राय है...” शिवराम दादा बोले—“दोनों कु बी पसन्द है जी... ।” नागू दादा ने कहा—“तो अब लेन-देन की बोलो... ।” शिवराम दादा ने कहा—“मेहमान ही बता दें...छोरे कु क्या देंगे वे...?” सुनकर बाबजी मामा बोले—“अजी ! छोरे कु छोरी ही देता हूँ...आउर क्या चाहिए...?” शिवराम दादा ने कहा—“अजी, यह क्या नया है क्या...

छोरी तो देनी ही चाहिए...नहीं तो शादी कैसे होगी...?" नागू दादा बोले—"हूँ...बोल बाबू ! क्या देगा छोरे कु...?" बाबजी मामा ने कहा—"छोरे कु कपड़े ले लूँगा...पर उनको छोरी कु कपड़े लेना पड़ेगा...।" आण्णाप्पा भिसे ने कहा—"शिवराम ! आप क्या कहते हैं...?" शिवराम दादा ने कहा—"मेहमान छोरे कु आधे तोले की अँगूठी दे...।" बाबजी मामा ने कहा—"मुझसे छोरी देना जमेगा नहीं...अजी ! आधे तोले की अँगूठी देने कु छोरा क्या नुकरी करता है क्या...? मेरी छोरी कल कु तीन पत्थरों का चूल्हा बनाएगी और भीख माँगकर खाती भटकती रहेगी।" मेरे पिताजी ने कहा—"अजी...! इस तरह गुस्सा करके कहीं शादी तय होती है क्या ?...जरा व्यावहारिकता की बात करो तो...।" बाबजी मामा बोले—"सज्जनो...मैं छोरे और छोरी के कपड़े का खर्चा करूँगा...खाना जो खिलाना पड़ेगा उसका आधा खर्चा दूँगा...जमता हो तो देखो...नहीं तो हमें नहीं जमेगा...।" आण्णाप्पा भिसे ने कहा—"शिवराम ! ऐसा करो...जैसे बाबू कहता वैसे शादी होने दे...।" शिवराम दादा बोले—"अजी ! वैसे कैसे ? कम-से-कम भोजन का पूरा खर्चा तो मेहमान को करना चाहिए...।" नागू दादा ने कहा—"बाबू ! तेरा क्या विचार है...?" बाबजी मामा बोले—"मैं भोजन दूँगा...पर शादी मेरे यहाँ होनी चाहिए...।" गोंधळेवाड़ी के बाबू मोरे ने कहा—"वैसा नहीं जमेगा...अजी दुल्हा हमारे गाँव का आउर शादी आपके गाँव में कैसे होगी...?" बाबजी मामा बोले—"ठीक है...शादी आपके गाँव में करेंगे परन्तु हमारे लोगों का आधा खर्चा आपको देना पड़ेगा...।" शिवराम दादा ने कहा—"मैं कबूल करता हूँ...शादी पक्की हुई...।" नागू दादा बोले—"तो अब मंगनी का भोजन आधा-आधा खर्च डालकर आप दोनों को आज शाम को देना चाहिए...।" बाबजी मामा और शिवराम दादा ने शाम को भोजन देना मान्य किया। रावसाहेब और शिरमा की शादी तय हुई। शीघ्र ही गाँव में दो-तीन आदमियों को भेजकर दो आढ़क गेहूँ और एक आढ़क दाल, गुड़, तेल तथा अन्य आवश्यक सामान लाया गया। गेहूँ वहीं से ही पिसवाकर लाए थे। प्रत्येक तिरपाल की औरत को थोड़ा गेहूँ का आटा और दाल दी थी। तेल दिया था। 'पुरण पोली' बनाने का कार्यक्रम शुरू हुआ। सूर्यास्त होने जा रहा था। आटे में हवा के साथ मिट्‌टी उड़कर आती थी। आटे का रंग काला हुआ था। 'पुरण पोली' ईस्टमैन कलर की दिखाई दे रही थी। खाना पकाने का कार्यक्रम समाप्त हुआ। शाम को भोजन की पंक्तियाँ बैठ गईं। कोलाहल शुरू हुआ। थालियाँ, पतीली लेकर लोग भोजन के लिए बैठ गए। खाना परोसा जा रहा था और हवा से उसमें मिट्‌टी, कूड़ा-कचरा और गन्दगी तक मिलती जा रही थी। लोग खाते जा रहे थे। बर्तन में गन्दगी आने का भी किसी को अहसास नहीं था। रात को बड़ी देर तक भोजन का कार्यक्रम चलता रहा।

दूसरे दिन से एक दिशा से गोंधळेवाड़ी के तो दूसरी दिशा से हमारे परिवार जाने लगे। तिरपाल निकालना, सामान के बोझ बाँधना और अपनी गृहस्थी घोड़े की पीठ पर लादकर आगे के गाँव जाना शुरू हुआ। मैं और आबास माँगने को जाते थे। पढ़ाई के साथ-साथ भीख माँगने में भी मेरी उन्नति हो रही थी। दिन शीघ्रता से बीत रहे थे।

हमारा दिशाहीन भ्रमण शुरू ही था। उस भ्रमण का कोई अन्त न था। सिर्फ जीते रहना ही उसके पीछे एक मात्र ध्येय था। जून महीना शुरू हुआ। मैं सांगली आ गया। कॉलेज में जाकर रिजल्ट देखा। चौवन्न प्रतिशत अंक प्राप्त हुए थे। बी.कॉम. भाग-दो सेमिस्टर एक में एडमिशन लिया। इस साल देवधर सर ने छात्रावास का इक्यानवे क्रमांक का कमरा दिया गया था। देवानन्द धोतरे पार्टनर थे। वे निकट के गाँव के यानी कुपवाड़ के थे। शरीर से अपाहिज यह छात्र अपने प्राकृतिक व्यंग्य को मात देकर खड़ा होना चाहता था। मुझे उस पर गर्व होता था। मैं 'सीमा नृत्य नाट्यदर्शन' नामक संस्था के नाटक में काम करता था। इस वर्ष के लिए 'मैं तुलसी तेरे आँगन की' नाटक बिठाया था। प्रतिवर्ष के अनुसार रिहर्सल आरम्भ हुई थी। मुझे पांडा नामक नौकर की भूमिका दी थी। मैं विनोद पैदा कर लोगों को हँसाता था। इसलिए मुझे नौकर की ही भूमिका मिली। सुबह कॉलेज जाना, अध्ययन करना और नाटक के कार्यक्रम करने हेतु रिहर्सल करना शुरू हुआ।

गणेशोत्सव शुरू हुआ। नाट्य संस्था के कार्यक्रम होने लगे। हम रोज नाटक के कार्यक्रम हेतु अलग-अलग गाँव जाने लगे। कलाकारों से मेरी अच्छी पहचान हुई थी। मैं जाति से जोशी हूँ यह प्रत्येक को मालूम हुआ था। हमारे जीवन के बारे में सभी पूछते रहते थे। मैं उनको अपना जीवन बताता था। उनको उत्सुकता रहती थी। कोई कहता—"आपका समाज फिलहाल क्या करता है...?" तब मैं बताता—"ऐसे ही गाँव-गाँव भटकता रहता है...।" कोई कहता था—"बारिश के दिनों में आप कैसे दिन बिताते हैं...?" मैं कहता—"हम तिरपाल डालकर रहते हैं। किसी तरह सब जन उस तिरपाल में बैठते हैं। सामान के बोझ और कुत्ते तक तिरपाल में ही होते हैं। कभी-कभी बारिश तिरपाल में भी आती है। हमें भीगना पड़ता है...।" सब जन मेरी जिन्दगी और जाति के बारे में पूछते थे। मैं भी उनको बताता था। मेरा जीवन कॉलेज और नाटक के बीच में बहता रहता था।

बी.कॉम भाग दो सेमिस्टर तक की परीक्षा समाप्त हुई। दो दिन के बाद आबास मेरी ओर आया। मैंने उससे घरवालों की राजीखुशी पूछी।

मैंने कहा—"राजू की परीक्षा इस साल जल्दी ही समाप्त हुई। इस वजह से वह यशवन्तनगर गया है...।" मैंने आबास को कमरे पर ठहरने के लिए कहा और नृत्य संस्था के कार्यालय की ओर गया। वहाँ भाभीजी को बताया—"भाभीजी, मैं घर जाता हूँ...भाई लेने आया है। यदि कार्यक्रम हो तो भी मेरी भूमिका प्रशान्त करेगा।" भाभी जी ने अनुमति दे दी। मैं कमरे पर आया। उस दिन आबास कमरे पर ही ठहरा। रात के समय मुझसे बोला—"भैया...अपने बाल्या को 'व्हरी'[1] बिठाना है...उसकु अब तक 'व्हरी' नहीं बिठाया...। हमारे जाने पर 'व्हरी' बिठाना है...।" सुबह हम दोनों बलापुर पहुँच गए। मैं तिरपाल के सामने चला गया। तब हमारे समाज के लोग जमा होने लगे।

1. लड़के को गोद में बिठाकर उसके नाम से अन्य लोगों को घुँघनियाँ बाँटने का छोटा-सा कार्यक्रम। एक विधि।

नागू दादा ने कहा—"दादास्या...पास हुआ क्या ?" मैंने बताया—"पास-नापास जुलाई में मालूम होगा... ।" वह दिन पूछताछ में ही बीत गया।

सुबह लोग भीख माँगकर वापस आए। सब जन इकट्ठे जमा हुए। मेरे छोटे भाई बालू को लाया गया और उसे वहाँ बैठे हुए बाबजी भोसले तथा कुंभारकर पाटील की गोद में बिठाया। माँ ने मिलावटी अनाज को एक फूटी हुई पतीली में पकाया, उसकी घुँघनियाँ बनाईं और एक-एक मुट्ठी बालू के नाम पर हमारे समाज के प्रत्येक व्यक्ति को बाँट दी। लोग कहने लगे—"बालू के नाम की घुँघनियाँ खा लीं।" पिताजी बाबजी मामा की गोद में बैठे बालू को लेने लगे। तब बाबजी मामा ने कहा—"मलारी...पहले कुंभारकर पाटील का मानदेय यहाँ रख...तबी छोरे कु ले...कुंभारकर का मानदेय सात रुपए दें... ।" पिताजी ने बाबजी मामा को कुंभारकर का सात रुपए मानधन दिया। नागू दादा ने कहा—"मलारी...छोरे कु 'व्हरी' बिठाया...तब सरवदे का तीन रुपए मानदेय इधर ला... ।" पिताजी ने उनको भी तीन रुपए दे दिए। मान-मनौती हमारी जाति में देनी ही पड़ती है। शादी के समय लड़के को 'होरी' बिठाते समय हमारी जाति में इस तरह का नियम ही है। इस वजह से पिताजी को पैसे देने पड़ रहे थे। मैं उनके चेहरे की ओर देखता हुआ खड़ा था। आज तक के परम्परागत रूप से चले आए मान-सम्मान की पूर्ति किए बिना जाति में नहीं लिया जाता था। जन्म लेनेवाले लड़के को 'होरी' बिठाना पड़ता था। 'होरी' बिठाने का कार्यक्रम समाप्त हुआ। हमारा बहता जीवन पुनः बहने लगा। तिरपाल निकालना, सामान के बोझ घोड़ों पर लादना और एक गाँव से दूसरे गाँव जाना शुरू हुआ। कुत्तों और लोगों की खींचतान शुरू हुई। मैं, आबास और लक्ष्मण जीजाजी, तीनों मिलकर भीख माँगने जाने लगे। मुझे ज्यादा कुछ मिलता ही नहीं था। लेकिन पिताजी और छोटा भाई भीख माँगकर लाए और मैं बैठकर खाऊँ यह मेरी बुद्धि को ठीक नहीं लगता था। आबास और लक्ष्मण भीख माँगने में होशियार हुए थे। आनेवाला प्रत्येक दिन हम कभी खुशी से तो कभी लाचारी से जीते थे।

छुट्टी खत्म हुई। मैं सांगली आ गया। बी.कॉम. भाग-दो सेमिस्टर-दो में एडमिशन ले लिया। छात्रावास का कमरा वही था किन्तु छात्रावास तथा मेस का बिल नहीं भरा था। मैं मेस लगाने के सम्बन्ध में असनारे सर से मिलने गया। उन्होंने कहा—"मोरे ! तुम मेस में खाना नहीं खा सकोगे...क्योंकि तुम्हारे नाम पर आज तक रुपए सत्रह सौ का बिल रहा है... ।" मैं कुछ नहीं बोल सकता था। मेरा नसीब फटी झोली के समान था। कितनी सारी सहूलियतें दीं तब भी वे कम ही पड़नेवाली थीं। मैं कमरे पर आकर सोचता बैठा।...भोजन का क्या करें ? दोनों वर्षों की स्कॉलरशिप मिले बिना बिल नहीं भर सकता था। फिर से दुख की आग में जीवन के झुलसने की संभावना दिखाई देने लगी। लगने लगा कि जैसे पानी पानी की ओर जाता है, वैसे दुख दुख की ओर जाता है। शायद ईश्वर ने बड़ी उदारता से मुझे अपने जीवन में दुख का खजाना बहाल किया हो। इसीलिए तो हर साल एक नया संकट सामने मौजूद रहता था। मैं तुरन्त दूसरा विचार करता था कि दुख का पेड़ लगाने से उसमें सुख के फल लगने की अपेक्षा इन्सान

क्यों करे ? आज तक दुख में ही दिन बिताए हैं तो अब दुख आया तो क्या बिगड़ा ? मेरे दिमाग में एक विचार आ गया। पुलिस हेडक्वार्टर में गोंधळेवाड़ी का मेरा चचेरा भाई जयवन्त मोरे रहता था। वह पुलिस में नौकरी कर रहा था। उसकी पत्नी कांचन भाभी ने अपने मायके की पहचान करा दी थी। कांचन भाभी की माँ सुमन नराळ के बाबू मास्टर की लड़की थी। सुमन जीजी का विवाह गोंधळेवाड़ी के माणिक भोसले के साथ हुआ था। माणिक मामा पुलिस हेड कांस्टेबल थे। जयवन्त भैया और सुमन जीजी के घर भी मैं बीच-बीच में जाता था। लगा कि दो-तीन महीने पैसे लेकर भोजन देती हों तो सुमन जीजी से पूछकर देखें। जैसे-जैसे नाटक के कार्यक्रम होंगे वैसे-वैसे पैसे देंगे। मैं पुलिस लाइन में गया। तब सुमन जीजी ने पूछा—"क्यों रे ऽऽऽ ? बहुत दिनों से घर नहीं आया...?" सुमन जीजी की सातवीं तक पढ़ाई हुई थी और वे शहर में ही अपना जीवन जीती थीं। इस वजह से उनका रहन-सहन सुशिक्षित एवं सुधारित था जो उनके लिए संभव था। मैंने कहा—"मुझे आपसे थोड़ा काम था...।" उन्होंने पूछा—"कैसा काम...?" मुझे बताने में संकोच हो रहा था। लेकिन कहना ही चाहिए था इसलिए मैंने कहा—"मुझे मेस बन्द करनी पड़ी है। दो महीने के लिए आपके घर में यदि भोजन की व्यवस्था होती हो तो बहुत अच्छा होगा...मैं प्रत्येक महीने में थोड़े-थोड़े करके मेस बिल जितने पैसे देता हूँ...।" सुमन जीजी बोली—"पागल है तू...अरे तुझ पर बुरा वक्त आया इसलिए तू मेरे दरवाजे पर आया...ऐसे समय तेरी सहायता करनी चाहिए। इन्सान इन्सान की मदद न करे तो किसकी करे ? मुझे तेरे पैसे नहीं चाहिए...तू आकर भोजन लेता जा...अपना ही घर समझ ले...।" माणिक मामा बोले—"तू परिस्थिति का सामना करता हुआ जो पढ़ रहा है वही महत्त्वपूर्ण है। हमारे समाज में ऐसे बच्चों को पढ़ना चाहिए। बिना उसके अपनी जाति सुधरेगी नहीं।" मुझे उस समय उनका बहुत बड़ा आधार मिला। मुझे प्रत्येक संकट में कहीं-न-कहीं आधार मिलता था। मैं उसी में सन्तुष्ट था। पैसे दिए बिना भोजन लेना उचित नहीं लगता था। दूसरों को कष्ट देना ठीक नहीं था। मैंने कहा—"आप पैसे लेंगे तो भोजन लूँगा...नहीं तो कहीं भी भोजन का प्रबन्ध करूँगा...लेकिन पैसे एकदम नहीं मिलेंगे...जैसे-जैसे नाटक के कार्यक्रम होंगे वैसे-वैसे देता जाऊँगा...।" सुमन जीजी हँस दी और बोली—"मैं तुझे पैसे ही मत दो कह रही थी, तब तू कह रहा पैसे जल्दी नहीं मिलेंगे...कभी भी दे...जब तुझे जमेगा तब....तब तो हो गया...?" मैं वहाँ से कमरे पर आया।

प्रतिदिन कॉलेज जाना, सुमन जीजी के घर भोजन के लिए जाना, अध्ययन करना और नाटक के कार्यक्रम करना शुरू हुआ। मैं सुमन जीजी के घर में मिल-जुलकर रहते हुए दिन बिताता था। मार्च महीने में मेरी दो साल की स्कॉलरशिप मंजूर होकर आ गई। ट्यूशन फीस की कटौती होकर मुझे इक्कीस सौ पचास रुपए मिल रहे थे। उसमें से छात्रावास के एक सौ चौवन रुपए और मेस बिल सत्रह सौ रुपए काट लिए गए। शेष रुपए मुझे दिए गए। मैं सुमन जीजी को भोजन के पैसे प्रत्येक महीने में थोड़े-थोड़े देता था। परीक्षा नजदीक थी इसलिए मैं अध्ययन करने लगा। ग्रन्थालय में अध्ययन के लिए

चिन्तामणराव कॉमर्स कॉलेज में अच्छी सुविधा थी।

बी.कॉम., भाग-दो सेमिस्टर-दो की परीक्षा समाप्त हुई। काफी दिनों तक अपने परिवार से मेरी ओर कोई नहीं आया। मैं सुमन जीजी के घर में भोजन करता था। एक दिन आबास आया। हम दोनों हातीद की ओर निकल पड़े। उसी दिन वहाँ पहुँच गए। गाँव के निकट ही तिरपाल फैलाए थे। उस समय मारुती वायफळकर, निवृत्ति शिन्दे, तायाप्पा मोरे, विट्ठल शिन्दे, मचिन्द्र शिन्दे और हम, इन सबके तिरपाल एक साथ थे। फिर हम हातीद से निकट ही जुनोनी नामक गाँव गए। गाँव से थोड़ी दूरी पर तिरपाल फैलाए। औरतें पतीली, गगरी लेकर पानी लाने गईं। नंगे-धड़ंगे बच्चे रोते-बोंब मारते भागने लगे। निकट ही मान नदी थी, वहाँ दोपहर को लोग मछलियाँ पकड़ने गए। सुबह हम भी भीख माँगने को गए। दोपहर तक लौट आए। किन्तु जब तिरपाल तक लौट आए तब हमारे लोगों का कोलाहल शुरू था। तायाप्पा मोरे जोर-जोर से कह रहे थे—"इटूबा...मेरी पहचान का गाँव तूने क्यों माँगा...?" विट्ठल शिन्दे बोले—"तेरे पहचान के घर नहीं माँगे...।" इस तरह तू-तू, मैं-मैं शुरू हुआ। औरतों ने भी झगड़ना शुरू किया। तायाप्पा मोरे की पत्नी कह रही थी—"मेरे खाविन्द का गाँव तेरे खाविन्द ने कैसे माँगा...?" विट्ठल शिन्दे की पत्नी तायाप्पा मोरे की पत्नी से कह रही थी—"तेरे खाविन्द ने उस गाँव का ठेका नहीं लिया...।" झगड़ा ज्यादा होगा यह देखकर मारुती मामा ने कहा—"अरे...जरा चैन से पूछो...क्या हुआ सो ठीक बताओ...।" तब तायाप्पा मोरे ने कहा—"इस जुनून में मेरे पहचान के घर हैं—वह सब इटूबा माँगकर आया... मेरा नाम बताकर...।" हमारी जाति के कुछ लोगों की विशिष्ट गाँवों में अच्छी पहचान रहती है। वह गाँव या वहाँ के विशिष्ट घर के लोग जोशी का बताया भविष्य सच हुआ यह कहकर उस जोशी को मानते हैं। सच बात तो यह कि वक्त अच्छा हो तो मिट्टी का भी दवा के रूप में लाभ होता है। ठीक इसी तरह एकाध व्यक्ति का समय अच्छा हो और उसी में एकाध जोशी ने उसके अच्छे होने का भविष्य बताया हो और अगर इत्तिफाक से अच्छी घटना घटित होती हो तो उस गाँव के लोगों को लगता है कि जोशी सच्चा भविष्य बताता है। इसीलिए उस गाँव में एकाध जोशी का एकाधिकार रहता है। इस अर्थ में कि वहाँ के उसके पहचान के घर अन्य जोशियों को माँगने का अधिकार नहीं होता।...और आज विट्ठल शिन्दे ने तायाप्पा मोरे के पहचान के घर माँगे थे। मेरे पिताजी ने विट्ठल शिन्दे से कहा—"इटूबा...तेरे कु यह गाँव तायाप्पा के पहचान का था यह मालूम था कि नहीं...?" विट्ठल शिन्दे ने कहा—"मेरे कु मालूम था...पर मैंने उसके पहचान के घर नहीं माँगे...।" तायाप्पा मोरे बोले—"हमें कैसे पता चले कि तूने घर नहीं माँगे करके...कल मेरी आबरू जाएगी...?" मारुती मामा ने बात आरम्भ की—"इटूबा, गलती तेरी है...गाँव तायाप्पा के पहचान का है यह मालूम होते हुए भी तूने माँगे...तो आज तेरे कु जितना मिला होगा वह सब तायाप्पा को दे दे...।" सुनकर विट्ठल शिन्दे ने कहा—"दिन भर मैं भीख माँगूँ और उसे दे दूँ यह कहाँ का इंसाफ...?" तायाप्पा मोरे गुस्से से बोले—"फिर कल कु तेरे माँगने के घर मैं माँगने लगूँ

तो तेरे कु भला लगेगा क्या...?" तब विट्ठल शिन्दे को कुछ भी बोलना संभव नहीं हुआ। मेरे पिताजी ने कहा—"इटूबा, तेरे कु आज क्या मिला...?" विट्ठल शिन्दे ने कहा—"एक सेर अनाज और सवा रुपया मिला...।" पिताजी ने फिर से कहा—"उतना तायाप्पा कु दे डाल...चुप झगड़ा काहे कु करेंगे...।" विट्ठल शिन्दे ने एक सेर कई प्रकार की मिलावटी ज्वार और सवा रुपया लाकर दिया। झगड़ा समाप्त हुआ।

दूसरे दिन से हमारी भटकन शुरू हुई। भीख माँगने को जाने पर अलग-अलग अनुभव आते थे। कुत्ते भौंकते हुए आते थे। किसी की गालियाँ खानी पड़ती थीं। फिर भी हम वैसे ही दिन बिताते थे। हमें उसका कुछ भी नहीं लगता था। हमारी जाति का प्रत्येक व्यक्ति जंगल में जन्म लेता था और जंगल में ही लाचारी में मर जाता था। उनको कितने सारे अनुभव जलाते थे। उनको इतना ही मालूम था कि जन्म मिला है सो जीना चाहिए। प्रतिदिन जो मिलेगा सो खर्च करना और जीवन जीना, अलावा इसके उनके जीवन का कोई दूसरा लक्ष्य नहीं था। दूसरों की गालियाँ खाना और मारपीट सहना, उनकी जिन्दगी की जमा राशि में इतना ही शेष था।

मैं सांगली आ गया। रिजल्ट लगा हुआ था। बी.कॉम. भाग-तीन सेमिस्टर-तीन में प्रवेश लिया। छात्रावास का इक्यानवे क्रमांक का पहलेवाला ही कमरा था। पार्टनर भी देवानन्द भोसले ही थे। मैंने असनारे सर से मिलकर मेस में भोजन मिलने सम्बन्धी बात बताई। उन्होंने अनुमति दी। मैंने पिछला मेस बिल पहले ही चुका दिया था। मेरा कॉलेज जीवन फिर से शुरू हुआ। मेरा जीवन इन्द्रधनुष के रंग जैसा सप्तरंगी बना था। इस साल मैं 'कलारत्न म्युजिकल पार्टी सांगली' नामक नाट्य संस्था में काम करता था। उसमें कुछ कलाकार पुराने तो कुछ नए लिए थे। सर्जेराव गायकवाड़ पुराने ही थे। दिग्दर्शन वे ही करते थे। रत्नमाला शेलके, प्रकाश नातू, आर.के. शेख और बबन सदाकाले आदि पहलेवाले ही कलाकार थे। नए कलाकारों में आप्पा चराटे, सौ. वन्दना चराटे, मीना गुणे, आशा गौस और दीपक कुलकर्णी थे। आप्पा चराटे प्रतिदिन शराब पीकर ही रिहर्सल और कार्यक्रम के लिए आते थे। बिना शराब पीए उनको मंच पर अपनी भूमिका ढंग से करनी नहीं आती थी। शराब न पीने पर उनके हाथ-पैर काँपते थे। कलाकार व्यसनी होते हैं इस पर मेरा विश्वास नहीं था। लेकिन जैसे-जैसे भिन्न-भिन्न कलाकारों के निकट सम्पर्क में जाता था वैसे-वैसे मालूम होता था कि कलाकार व्यसनी होते हैं।

कॉलेज जाना, अध्ययन करना और नाटक के कार्यक्रम करना शुरू हुआ। बीच-बीच में हरीश और शेखर स्वामी मेरी ओर आते थे। मैं भी उनकी ओर जाता था। शेखर स्वामी भी जत में हमारी ही कक्षा में पढ़ता था। उसने और हरीश ने गणपतराव आरवड़े कॉलेज में एडमिशन लिया था। हरीश बीच-बीच में मेरी आर्थिक मदद करता था। बी.कॉम. भाग-तीन सेमिस्टर-तीन की परीक्षा शुरू हुई। पहले नाटक के कारण जागते रहना पड़ता था। उसके बाद परीक्षा के लिए जागते रहना पड़ा। परिणामतः कमजोरी बढ़ती गई और पहले दो पेपर होने के बाद मैं बीमार पड़ा। परीक्षा न देने से

चलनेवाला नहीं था। नाटक के पैसे और स्कॉलरशिप में से एडवांस लेकर मेस बिल भर दिया था। पास में पैसे नहीं थे। क्या करें कुछ सूझ नहीं रहा था। मैंने अपने बीमारी की बात देवधर सर से कही। उन्होंने सौ रुपए दिए और कहा—''डॉक्टर के पास जाओ और पेपर चूकना मत...।'' मैं कमरे पर आया। देवधर सर ने अनेक बार मेरी आर्थिक सहायता की थी। गलती हुई हो तो वह दिखा दी थी। गलती कैसे सुधार लें इसके बारे में मार्गदर्शन किया था। उनको गरीब छात्रों के बारे में हमदर्दी थी। मैं अस्पताल गया। इंजेक्शन और दवा ली। इस तरह मैं परीक्षा दे रहा था। अन्तिम पेपर के दिन आबास मेरी ओर आया। परीक्षा समाप्त होने के बाद 'कलारत्न म्युजिकल पार्टी' के निर्माता सदाशिव माने को बताकर मैं आबास के साथ डेराडंगर की ओर निकल पड़ा।

हमारा डेराडंगर इंचलकरंजी में था। हम इंचलकरंजी पहुँच गए। एक समय इसी इंचलकरंजी में मैं दुख का पहाड़ लेकर आया था। इस बार नागू दादा, यशवन्त भालके, अभिमान भोसले, सिद्राम भोसले, आप्पा शिन्दे और हम, इन सबके तिरपाल एक साथ थे। हम नियमित रूप से माँगने के लिए जाने लगे। हमारी जाति के लोग कहते थे—''दादासाब...! अब नुकरी पकड़...इतना जो सीखा...।'' मैं सुन लेता था। क्या बताता उनको ? मैंने कहा—''देखते हैं...यह वर्ष समाप्त होने पर बी.कॉम. हो जाऊँगा...।''

हमारा पूर्ववत् जीवन शुरू हुआ। उस जीवन की कोई दिशा नहीं थी। हमारी जाति इस तरह कितने दिन भटकनेवाली थी कौन जाने ? इसके जीवन में कहीं स्थिरता मिलनेवाली थी या नहीं यह समझना मुश्किल था। मैं सिर्फ सोच ही सकता था। बोरे के बनाए तिरपाल में, हवा में और बारिश में अपना जीवन जीनेवाली हमारी यह जाति कभी स्थैर्य पा सकेगी इसमें मुझे सन्देह था। पिताजी तात्यासाहब को आश्रमशाला से लाए थे। वह भी छुट्टी में भीख ही माँगता था। इस वर्ष वह सातवीं कक्षा में था। उसे भी शिक्षा के बारे में रुचि पैदा हुई थी। बालू को तो स्कूल में ही भरती नहीं किया था। मैं उसे भी आश्रमशाला में भरती कराने की सोच रहा था। किसी तरह दिन बिताते हुए हमारी जाति जी रही थी। उसे कहीं कोई अपमान नहीं लगता था और नहीं लगता था कि जीने का अपना कोई लक्ष्य हो। छुट्टी खत्म हुई। मैं सांगली आ गया।

बी.कॉम. भाग-तीन सेमिस्टर-चार में प्रवेश लिया। मेरे जीवन को अब अलग ही मोड़ मिल गया। अपने डेराडंगर के साथ जब था और उस समय में जो विचार आए थे वे जंगल में ही अटक गए। इधर मैं कॉलेज और नाटक में अटक गया। इन दोनों के बीच से होकर मेरा जीवन आगे बढ़ता जा रहा था। कई लोगों की सहायता से आज तक मैं अपना उद्देश्य प्राप्त करता आया था। एक समय बी.कॉम. होना असंभव लगता था। किन्तु आज मैं बी.कॉम. की अन्तिम सेमिस्टर का अध्ययन कर रहा था। कालचक्र घूमता था। उसमें मैं अपना जीवन तराशने का प्रयास करता था।

बी.कॉम. भाग-तीन सेमिस्टर-चार मेरे स्नातक के उपाधि की अन्तिम सेमिस्टर थी। अध्ययन करना जरूरी था। परीक्षा खत्म होने के बाद तिरपाल पर जाना...गाँव-गाँव भटकते रहना...यह इसी तरह चलनेवाला था। आगे क्या होनेवाला है, कौन जाने...?

यह जीवन जाने और किन-किन रास्तों से भटकाएगा इसे अब समय ही तय करेगा...। यहाँ तक तो अनेक दुःखों, संकटों से भरसक कोशिश करते हुए आया। अपनी यायावर और लाचार जिन्दगी से बाहर आकर मैं आज थोड़ा-बहुत मजबूती से खड़ा होना चाहता हूँ...। अपने भविष्य के बारे में वैसे तो मैं अँधेरे में ही हूँ।...मेरे जैसे अँधेरे के यात्री को सिवा अँधेरे के दूसरा कौन साथ देगा...? क्यों देगा...? मन में तो अनेक बार कब का सबेरा हुआ है...लेकिन प्रत्यक्ष जीवन में उसमें सबेरा कब होगा, कौन जाने...???

●●●